# 被遺忘的中亞

# CENTRAL ASIA

## A New History from the Imperial Conquests to the Present

Adeeb Khalid
阿迪卜·哈利德

黃楷君——譯

# 目次



## 第一部　帝國時代

## 第二部　革命時代



## 第三部　共產時代

## 第四部　後共產時代

# 導讀　熊與龍環伺下的近代中亞

蔡偉傑　國立中正大學歷史學系助理教授

中亞位處歐亞大陸的核心地帶，住著主要以游牧、經商與綠洲或河谷農業維生的不同人群。他們不僅遠離舊世界的主要定居農業文明，還被視為是與定居文明對立的他者甚至是死敵。在冷兵器時代，由於中亞的游牧民擁有大量的馬匹與嫻熟的騎射技術，使得他們成為勇猛的馬上戰士。他們不僅成為周邊定居農業文明的夢魘，並且還締造了許多大帝國，例如突厥帝國與蒙古帝國。不過，正如美國著名蒙古學家拉鐵摩爾（Owen Lattimore）所言：「唯一可以真正整合以農業為主和以畜牧為主的社會的橋梁是工業化。」*中亞隨著鐵路、科技與火器的發展，一方面發展灌溉設施，成為棉花與番茄等作物的重要產地；另一方面，卻也日漸受制於東西兩邊的鄰國——俄羅斯與大清帝國。本書《被遺忘的中亞》作為近年來最新也最重要的近現代中亞史概述，就探討中亞在近兩百五十年來的重大轉變，並且揭示這些轉變如何與現代歷史上的主要潮流相關聯。

本書作者阿迪卜・哈利德（Adeeb Khalid），現任美國明尼蘇達州卡爾頓學院（Carleton

---

* 拉鐵摩爾，《中國的亞洲內陸邊疆》，唐曉峰譯（南京：江蘇人民出版社，二〇〇五），頁三五一。

College）歷史系主任、珍與拉斐爾．伯恩斯坦亞洲研究與歷史學教授。他的研究聚焦在穆斯林世界與俄羅斯帝國及後繼的蘇聯之間的互動。關注的領域包括了文化、文化變遷、帝國、殖民主義與民族性。代表作包括了《穆斯林文化改革的政治：中亞的扎吉德主義》（加州大學出版社，一九九八）、《後共產主義的伊斯蘭：中亞的宗教與政治》（加州大學出版社，二〇〇七）、《建構烏茲別克：蘇聯初期的民族、革命與帝國》（康乃爾大學出版社，二〇一五）。而本書《被遺忘的中亞》則是作者的最新力作，英文原版於二〇二一年由普林斯頓大學出版社發行。

本書除了〈序言〉、〈結語〉與第一章外，作者將第二章至第二十五章的內容，根據時間順序與主題分為四個部分，分別是帝國時代（Empire）、革命時代（Revolution）、共產時代（Communism）與後共產時代（Postcommunism）。

作者在〈序言〉中，首先交代了本書的寫作背景，特別是如何定義中亞。在本書中，作者並未採取聯合國教科文組織所編的六卷本《中亞文明史》（*History of Civilizations of Central Asia*）一書中對中亞的廣泛定義，但也未按照蘇聯的傳統狹義說法，將中亞（Middle Asia）定義在土庫曼、烏茲別克、塔吉克與吉爾吉斯四個共和國的範圍內，而是採取一個折衷的立場，將中亞定義為前述四個後蘇聯共和國加上哈薩克，外加中華人民共和國的新疆維吾爾自治區。這些地域涵蓋了自十八世紀末以來受到俄羅斯帝國與大清帝國所統治的穆斯林社會。筆者推測，採取這種中亞定義的原因大概也與這個區域與作者本身的專業領域重合較高有關，而作者較不熟悉的蒙古與西藏等所謂的內亞東部的佛教世界（Buddhist Inner Asia）則未包括在內。不過這種寫法情有可原，而且也更有利於作者的發揮。

作者在第一章以相對簡短的篇幅將有關十八世紀末以前的中亞歷史遺產做了回顧，這些遺產包括了古老的綠洲都市、草原游牧、伊斯蘭教與成吉思系帝國。此處首先介紹了中亞的氣候環境和語言文化。作者提到了匈奴與斯基泰為中亞東西兩端最早的兩大帝國。而西元六至七世紀的突厥人不僅建立了龐大帝國，他們所留下的鄂爾渾碑銘也是最早的突厥文文本，而影響後來中亞歷史發展最重要的關鍵之一則是八世紀初阿拉伯帝國的伍麥亞王朝入侵中亞河中地區，這導致了伊斯蘭教傳入中亞。後來十三世紀蒙古帝國的興起則不僅是游牧帝國的完美典型而且還建立了成吉思世系的統治原則，意即非成吉思汗的父系後代者不得稱汗。後來的帖木兒王朝則發展出對後世影響深遠的高尚宮廷文化，包括了突厥語的察合台文學，與西邊的鄂圖曼文學互相輝映。然而十五世紀末帖木兒王朝崩潰後的中亞呈現了高度分權的混亂狀態。而伊斯蘭教的神祕主義蘇非派在政治上的影響力則與日俱增。

第一部「帝國時代」共有七章，大致說明了中亞東西兩大部分如何分別由大清與沙俄兩個帝國分治及帝國統治下的中亞發展。十八世紀中葉，大清帝國征服了準噶爾汗國與阿勒提沙爾的和卓政權，大致控制了今日的新疆全境。雖然後來和卓的殘餘勢力得到浩罕汗國的支持，圖謀再次占領新疆，但是都未能長久維持其成果。最成功的一次是十九世紀末阿古柏所建立的哲德沙爾汗國。清廷內部針對應優先對新疆用兵還是鞏固海防兩者也出現了一場激烈的辯論，最終由左宗棠所代表的塞防派勝出。大清帝國擊敗了阿古柏，並重建了它對新疆的控制。在一九一二年大清帝國崩潰後，雖然新疆名義上仍舊是繼起的中華民國的一部分，但基本上屬於軍閥楊增新的地盤，處於半獨立狀態，新疆社會也陷入停滯。至於沙俄在一八二〇年代以前主要是透過以構築要塞線為主的方式來抵禦中亞的游牧民，並由哥薩克人作為在哈薩克草原上擴張的先鋒。稍早沙俄政府在一七八三年成立了穆斯林宗教會議來管理伊斯蘭教事務。到了一八二二年後，沙俄透過頒布《西伯利亞哈薩克人法規》將哈薩克人納入其行政體系，但要到十九世紀下半葉才鞏固了對哈薩克草原的統治。另外由於沙俄與南亞的英國勢力競爭，以確保其邊界安全，因此展開了所謂的「大競逐」（或稱為「大博弈」）。俄羅斯帝國透過軍事手段，於一八七六年併吞了浩罕汗國，另外又將布哈拉汗國與希瓦汗國的地位降為其保護國，並且在中亞建立了突厥斯坦總督區。在經濟上，種植棉花逐漸成為重要產業。然而，在法律上，中亞人則被視為「異族」（*inorodtsy*），與俄羅斯公民負有不同的責任與義務。俄屬中亞與俄國內地之間仍舊存在制度與地位上的鴻溝。不過，透過俄羅斯政府，鐵路、新式教育與民族主義各種現代新事物也引入俄屬中亞的突厥穆斯林社會中。

第二部「革命時代」共有八章，說明了一九一七年自俄國二月革命與十月革命以降至一九四九年間中亞的歷史發展。在這段時期，俄國內部的民主革命與布爾什維克革命造成了俄屬中亞內部不同派系的分裂，他們針對要留在新成立的俄國內維持自治或完全獨立爭執不下。宗教保守人士、民主溫和派與共產主義者各自鼓吹自己的理想。但最終蘇聯紅軍成功取回了中亞的控制權，而中亞則成為向亞洲輸出共產革命的前哨站。然而隨之而來的「民族劃界」以及土地改革與恐怖整肅，使得中亞在各種層面更加受到蘇聯意識形態的掌控。至於在中亞東部的發展，則是受到蘇聯影響，導致新疆突厥穆斯林的民族主義發展，並且趁著金樹仁取代楊增新主政新疆局勢不穩的時機，於一九三三年建立了東突厥斯坦伊斯蘭共和國，但這個短命的政權很快就遭到東干（回民）部隊的入侵而消逝。金樹仁與繼起的盛世才都與蘇聯緊密合作，但蘇聯並無意將新疆納入其版圖。此時蘇聯領袖史達林的對外政策重點在於鞏固其邊疆地區的安定，並準備對抗納粹德國及其盟友。二次大戰的爆發使得中亞人民被大量徵召往前線作戰，不過也導致中亞人民變成蘇聯公民，且大量工廠轉移到中亞，使得中亞得到發展並更加整合進入蘇聯體系內。而戰後許多中亞民族被指控通敵遭到整肅與強迫遷徙。至於新疆的情勢也有所轉變，一九四〇年代初期，蘇聯在西線戰場的困境致使盛世才企圖轉投國民政府，但是後來在新疆所推行的一系列同化政策引發民怨，因此導致了另一個東突厥斯坦共和國成立。蘇聯透過大力支持第二個東突國來確保它在新疆的特權與勢力。但這個情況在中蘇友好同盟條約簽署以及中共在內戰中崛起後發生轉變，蘇聯不再需要東突國來保證其在新疆的利益，最終東突國被併入新成立的中華人民共和國。

第三部「共產時代」討論一九四九年至蘇聯解體這段時間的中亞變革。一九六〇至一九七〇年代是蘇治中亞的黃金時代。然而這段時期的新疆則被捲入大躍進和文化大革命的騷亂當中。在這段時期新疆並未經歷蘇治中亞所擁有的發展，與過去的兩個時代相較，中亞的東西兩個區塊在這個時代差異最大。在蘇治中亞，基礎建設大幅成長，道路、鐵路、灌溉計畫與水壩的興建得到了開展。礦業和化學工業有所發展。中亞也變成俄羅斯的核武計畫與太空計畫的基地。赫魯雪夫推行了一系列去史達林化運動，平反了許多過去在整肅中被指控有罪的中亞人民，此時也有大量俄羅斯移民進入中亞，投入農業與工業發展，棉花產業持續成為中亞的經濟支柱之一。後繼的布里茲涅夫時代，給予中亞的地方政治菁英更多的政治發展空間，這批中亞五個共和國的民族領袖長期執政。中亞的社會福利與教育得到了長足發展，城市生活也日漸活躍。然而，這種由同一批菁英長期執政的情況也導致了政治腐敗，而一味追求經濟發展，犧牲環境的結果，也導致了中亞河流乾枯與土壤鹼化的生態危機。在宗教上，伊斯蘭教則成為中亞民族身分的表徵，但宗教狂熱不再。至於中共統治下的新疆，初期以軍事統治為主，並派遣大批內地移民移入新疆，且在綠洲與交通要地設立生產建設兵團，獨立於地方政府之外。一九五五年設立了新疆維吾爾自治區，然而民族自治權仍舊嚴重受限。一九五〇年末期的大躍進運動與中蘇交惡，導致了一九六二年跨中蘇邊境的大規模人口遷徙。哈薩克族與維吾爾族的人們大量湧入蘇聯境內。隨後一九六六年文化大革命爆發，新疆政局也出現動盪，維吾爾族的生活也遭到擾亂。一九七六年文化大革命結束，雖然新疆在隨後的一九八〇與九〇年代迎來了相對自由開放的時代，但少數民族的表述空間仍舊受限。

第四部「後共產時代」則介紹到了自一九八九年至今的中亞歷史發展。一九八九年中亞東西兩大部分的政治和文化都發生了劇變。戈巴契夫的改革開放政策導致蘇聯內部的不滿浮上檯面，蘇聯的統治最終解體，而蘇治中亞的五個共和國則變成主權民族國家，原先受到壓制的各中亞民族文化如今得到頌揚。相較於蘇聯的解體，中華人民共和國對國內的民主抗議採行武力鎮壓，一方面大力發展經濟，另一方面緊抓一黨專政。新疆在這種情況下，雖然內部的民族自治與傳統文化仍舊受限，但是如今新疆在經濟上的發展已經超過了中亞五國，成為中亞的經濟火車頭。中亞五國如今雖然獨立，但原先蘇聯時期遺留下來的本土政治菁英仍舊長期執政，民主程度相對低落，貪腐仍舊盛行，甚至陷入內戰。不過五個國家如今都各自走上自己的發展道路。至於新疆在一九九一年後地方民族權利縮減，維漢關係日漸緊張，維吾爾族發動了數起抗議，都遭到政府鎮壓下來。中共先將這些問題怪罪於泛突厥主義，後來又怪罪於民族分裂主義、宗教極端主義和暴力恐怖主義等「三股勢力」，但未能解決問題。二〇〇九年至二〇一四年的新疆動亂升溫，中共對維吾爾族的打壓也愈趨系統化，將許多維族人送入再教育營。作者稱之為「文化種族滅絕」（cultural genocide）。

最後在結論中，作者指出中亞的歷史走向並非注定如此，有許多歷史偶然性居中發生作用。而共產主義與伊斯蘭教這兩股全球性的力量在中亞所具有的歷史意義也會讓我們重新認識這兩者。共產主義在蘇治中亞意味著民族解放與去殖民，然而在中國，共產主義與漢族的發展進步連在一起，而維吾爾人則成為共產主義的受害者。在今日的中亞五國中，伊斯蘭教被塑造成一種民族形象，但是在中國，伊斯蘭教則被視為一種對新疆安全的威脅。這也提醒我們伊斯蘭教並非一元的整體。

除了前面的主要內容之外，本書還附有許多圖表與照片，書末的延伸閱讀建議更能讓對中亞有興趣的讀者可以按圖索驥，找到更多相關的研究與作品。

其次，書中部分內容也需要澄清。例如第一章在介紹十二世紀初征服費爾干納谷地和阿勒提沙爾的西遼（Qara Khitay）時，提到他們是游牧民族，最有可能是說通古斯語。但事實上，目前學界一般認為契丹語應該更接近蒙古語，或是用契丹語文專家康丹（Daniel Kane）的說法——類蒙古語（paramongolic）。*另外，作者認為蒙古大汗的頭銜在一二九四年忽必烈死後便失傳

* Daniel Kane, *The Kitan Language and Script* (Leiden: Brill, 2009), x.

了。但實際上沒有失傳，根據蕭啟慶的說法，在元成宗鐵穆耳的統治末期與察合台汗國達成和平後，基本上恢復了元朝大汗的宗主地位。*

此外，這裡也提供一些資訊給讀者，作為本書內容的補充或參照。例如第十九章中提到大躍進導致了一九六二年大量新疆居民跨越中蘇邊境湧入蘇聯的伊塔事件。現任香港樹仁大學歷史系助理教授毛升運用檔案材料對此事件做了詳盡的分析。他指出伊塔事件的成因相當複雜，除了饑荒以外，中蘇貿易的政策改變、漢族與少數民族之間的關係緊張、對民族菁英的政治鬥爭，以及中蘇交惡等都是重要因素。而且在伊塔事件後，北京當局才成功鞏固對原先三區革命根據地的主權。因此就這點來說，現代新疆的出現實際上是始於一九六二年，而非一九四九年。† 另外，關於文化大革命在新疆的情況，作者表示相關紀錄不多，而且幾乎沒有這個主題的相關研究，也沒有跡象顯示維吾爾或哈薩克族青年被動員去參加文化大革命。很明顯地，作者應該是忽略了美國印第安納大學歷史系博士、前奧古斯塔大學歷史系助理教授 Sandrine Emmanuelle Catris 的研究。她的博士論文《來自邊緣的文化大革命：新疆的暴力與革命精神（一九六六－一九七六）》就是關於這個問題的研究。根據她的研究，事實上也有維吾爾族人參加了文化大革命，即便有可能是受到逼迫的。‡ 至於近年來中國對中亞影響力日益擴張的情況，讀者也可以參考新近出版的拉菲羅．龐圖奇（Raffaello Pantucci）、亞力山卓司．皮德森（Alexandros Petersen）合著的《中國斯坦：不經意創造的中亞帝國》（台北：麥田，二〇二三）。

綜上所述，本書作為目前市面上最新也最重要的近現代中亞史概述，一方面提供了讀者對於學界在中亞史上最新的研究綜述，另一方面也填補了台灣在中亞相關出版品較少的缺口，相信對於中亞史、共產主義史以及帝國史有興趣的讀者而言，閱讀本書將是一場愉快的探索旅程。

* Hsiao Ch'i-ch'ing, "Mid-Yuan Politics," in *Alien Regimes and Border States, 907–1368*, ed. Herbert Franke and Denis Twitchett, vol. 6 of *The Cambridge History of China*, ed. Denis Twitchett and John K. Fairbank (Cambridge and New York: Cambridge University Press, 1994), 504.

† Sheng Mao, "More Than a Famine: Mass Exodus of 1962 in Northwest Xinjiang," *China Review* 18, no. 2 (May 2018), 155–183.

‡ Sandrine Emmanuelle Catris, "The Cultural Revolution from the Edge: Violence and Revolutionary Spirit in Xinjiang, 1966–1976" (PhD diss., Indiana University, 2015), 58; "Echoes from the Past: Repression in the Uyghur Region Now and Then," in *The Xinjiang Emergency: Exploring the Causes and Consequences of China's Mass Detention of Uyghurs*, ed. Michael Clarke (Manchester: Manchester University Press, 2022), 50.

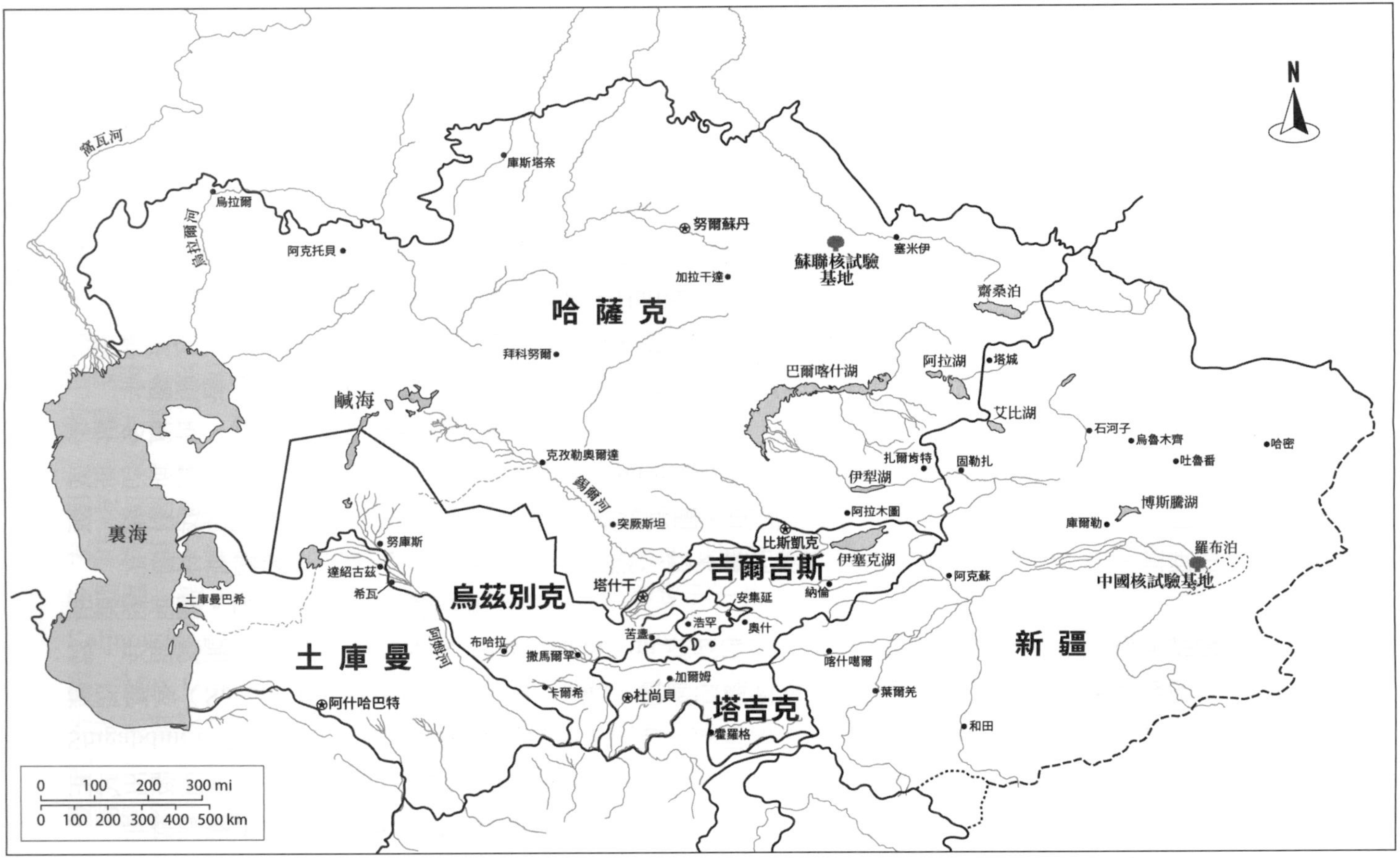
N
窩瓦河
烏拉爾
烏拉爾河
阿克托貝
庫斯塔奈
努爾蘇丹
加拉干達
蘇聯核試驗基地
塞米伊
齋桑泊
哈薩克
拜科努爾
巴爾喀什湖
阿拉湖
塔城
艾比湖
鹹海
克孜勒奧爾達
錫爾河
扎爾肯特
伊犁湖
固勒扎
石河子
烏魯木齊
吐魯番
哈密
博斯騰湖
庫爾勒
羅布泊
中國核試驗基地
阿拉木圖
突厥斯坦
比斯凱克
伊塞克湖
吉爾吉斯
納倫
阿克蘇
裏海
努庫斯
達紹古茲
希瓦
烏茲別克
塔什干
安集延
浩罕
奧什
苦盞
土庫曼巴希
土庫曼
阿姆河
布哈拉
撒馬爾罕
加爾姆
卡爾希
杜尚貝
塔吉克
霍羅格
喀什噶爾
葉爾羌
和田
新疆
阿什哈巴特
0 100 200 300 mi
0 100 200 300 400 500 km

地圖 0-1　現今的中亞

# 序言

中亞的幾個共和國因蘇聯解體而被捲上國際舞台時，外界對這個區域幾乎一無所知。其複雜的現代歷史發生時遠離世界的注視，不僅事件鮮為人知，消息來源也受到嚴密的封鎖。關於這個區域的專門知識非常稀缺，而外界的觀察者能夠了解當地的管道少之又少。初期出現的反應將這些新興國家描述成人造、虛弱、缺乏任何歷史或正當性，而且可能動盪不穩。評論者汲取過去的參照，藉以理解出乎意料的現在——他們利用絲綢之路（Silk Road）和大競逐（the Great Game）等陳腔濫調的概念來理解新出現的國家，而異國情調化是很容易的解方。關於中亞的評論讓人聯想到廣袤波動的草原上滿是騎馬的游牧民族、中世紀建築的宣禮塔和穹頂，以及穿著民俗服飾的當地人。要特別說明的是，異國情調化並非西方獨有的現象。一九八〇年代的一部日本紀錄片也為這個區域染上異國色彩，駱駝在空蕩沙漠艱辛前行的長鏡頭，配上喜多郎的新世紀音樂（New Age）。今天，來自中國本土（China proper）的遊客視新疆為富有異族情調的國內觀光地，而在更廣大的穆斯林世界，撒馬爾罕（Samarqand）和布哈拉（Bukhara）之名總讓人聯想到中世紀的富麗奢華，同樣與當前的情況相去甚遠。在最盛行之時，異國情調的觀點將中亞浪漫化並置於歷史之外。而在最沒落之時，這種觀點仍能讓這個區域成為空白的石板，所有人都可以在上頭刻寫任何所欲的事物。中亞已經成為幾部角色並不討喜的好萊塢動作片場景，而在二〇〇六年的電影《芭樂特：哈薩克青年必修（理）美國文化》（*Borat*）中，英國喜劇演員薩夏・拜倫・柯恩（Sacha Baron Cohen）藉由一位虛構的哈薩克（Kazakh）記者拜訪美國的一連串不幸遭遇，來呈現對於西方國家天真輕信的批判。然而，電影中描繪的哈薩克與該國的實際樣貌毫無關聯。片中假裝是哈薩克的場景其實是在羅馬尼亞（Romania）拍攝的，而電影向觀眾呈現了完全虛構的哈薩克概念。對柯恩來說，哈薩克的功用只是要體現異國情調、神祕莫測與相異的他者。

這些情況或許有部分是無可避免的。在現代時期的多數時間，中亞都不為外界所見。十九世紀間，歐亞大陸已經被區分為俄羅斯和中國兩大相鄰的陸地帝國。在世界的政治版圖上，「俄羅斯」和「中國」看似都是各自獨立存在的實體。外界很容易就會將兩者皆視為一定程度的單一種族國家，而非實際上族群高度混雜的帝國空間。實際情況確實如此。蘇聯（Soviet Union）存在的多數時間，外界僅視之為俄羅斯（Russia）。我初次造訪華盛頓特區（Washington, D.C.）時，很驚訝地發現地鐵的告示牌上寫著「俄羅斯大使館」。當時是一九八四年，冷戰愈演愈烈，但美國的公共機構卻無法分辨俄羅斯和蘇聯之間的不同，絲毫沒有察覺其首要敵國的多民族特質——美國大眾就更別說了。若說新疆的情況有所不同，那裡甚至更不為外人所見，只被視為名為「中國」的神祕莫測（且富異國情調）領土的一部分。然而，就算是在這兩個帝國內，中亞也是遙遠的後花園，甚至連專門研究其一或兩個帝國的人士對中亞也幾乎一無所知。沙俄（Tsarist）政權視中亞為軍事敏感區域，並禁止外國臣民到那裡旅行。後繼的蘇維埃統治者甚至更遮遮掩掩，在蘇聯時期的大多時候，外人都無法造訪中亞。我在巴基斯坦（Pakistan）長大，越過帕米爾高原（Pamir Mountains）的另一頭就是中亞。當時中亞最大的城市塔什干（Tashkent）距離我的家鄉拉合爾（Lahore）僅一千兩百公里之遙，但那裡簡直就像是不同的星球。要到那裡旅行非常困難，而當地目前情勢的消息也十分稀缺。最初吸引我前往中亞的，正是對於那片如此靠近卻又如此遙遠的土地——那如此熟悉卻又截然不同之地——感到好奇。冷戰結束和蘇聯瓦解後，情況有所改變。中亞不再與世隔絕。事實上，在中國野心勃勃要翻新歐亞大陸的交通運輸和商貿基礎建設的一帶一路倡議中，中亞占據了關鍵地位。然而，將該區域視為亞洲遙遠中部地帶的看法依然存在。中亞依然默默無聞，位處荒無人煙之地，與外界隔絕或陷入某種時間錯位之中，在大眾的認知中肯定如此，而在政治圈亦然。這解釋了外界為何不斷提及絲路，因而讓世人更加認定，了解中亞地區的最佳方式是透過其富有異國情調的遙遠過去，同時強化了一項未言明的假設，亦即該區域的近代和現今發展遠更無足輕重或無趣。

再也沒有比這更偏離事實的認知了。中亞非但不是時間遺忘之地，也無法讓身處當地的人遺忘時間，中亞是歷史的交叉路口。中亞經歷了現代歷史上的每次波瀾、現代性的每個成就與災難，以及二十和二十一世紀的每個極端。沙皇（或俄羅斯）帝國和大清帝國征服這個區域標誌著其歷史上的一次斷裂，後續影響不容小覷。自那時起，中亞經歷了接連的殖民統治；許多革命性的國家與文化建設計畫，以及許多共產黨主導的經濟與社會改造計畫；還有更近期的新自由主義全球化。二十世紀的多數時候，中亞都是現代性的實驗室和蘇聯發展模式的展示櫃。這些經歷從根本上改變了中亞的斯土斯民。那裡的地景為工業所用；廣大空地受道路、鐵路和機場所馴化；城市被改造；鄉村開墾耕犁的程度前所未有。中亞各個民族的世界觀，以及他們看待自己、其社群和國家的方式，都經歷了巨大的轉變。民族的概念大大改變了社群概念。現代時期也歷經人口結構的劇變。人口翻倍成長，而遷移、驅逐或國家資助的屯墾為這個區域注入了新興人口。如今生活在中亞的大量俄羅斯人和中國漢人是這類活動最明確的例子，但許多其他族群也在現代時期現身中亞——德意志人、波蘭人、阿什肯納茲猶太人（Ashkenazi Jew）、韃靼人（Tatar）、回族（也稱作東干人〔Dungan〕）、朝鮮人和車臣人（Chechen）。二十世紀帶來了普及的識字能力與女性社會地位的重大改變。這個時期也帶來環境災難。蘇聯和中華人民共和國的核武計畫都位於中亞，兩者都執行了長期影響當地居民的露天試驗。除此之外，蘇治中亞（Soviet Central Asia）過度灌溉，造成生態浩劫。鹹海（Aral Sea）曾是世界上第四大的淡水水體，如今已劇烈縮減，改變當地氣候並嚴重破壞生活在鄰近地區居民的健康狀況。中亞與十八世紀中葉的情形已經截然不同，其轉變有好有壞。本書試圖條理分明地描述這些轉變。中亞完全不是富有異國情調或不受時間影響之地。反之，中亞在很大程度上是歷史的產物，而且是與其他所有社會所共享的歷史，歷經了殖民主義、反殖民主義、現代化與過去數世紀的發展。

◆ ◆ ◆

有許多方式可以定義中亞。這個名詞與其他的名稱共存，比如「內亞」（Inner Asia）或「中央歐亞」（Central Eurasia），每個稱呼都有不同的變化與範圍。我們可以廣泛定義中亞，涵蓋整個歐亞草原及其鄰近區域，從匈牙利擴展到滿洲（Manchuria），再往南延伸至阿富汗，甚至是巴基斯坦和印度北部。這是聯合國教育、科學及文化組織（United Nations Economic,

Social, and Cultural Organization）所採用的定義。然而，按照蘇聯的說法，中亞只涵蓋土庫曼（Turkmenistan）、烏茲別克（Uzbekistan）、塔吉克（Tajikistan）和吉爾吉斯（Kyrgyzstan）四個共和國。我選擇了中間的立場，將中亞定義為包含五個後蘇聯國家和中華人民共和國的新疆地區。如此定義的中亞涵蓋了那些十八世紀末以降，受羅曼諾夫王朝（Romanovs）和清朝的大陸帝國統治，並以穆斯林為多數的社會。這些社會在帝國征服以前便已相互聯繫，不過在征服後，他們不僅與那些帝國沒有征服的鄰近地區區隔開來，更導向了獨特的發展軌跡。當然，俄羅斯和中華帝國在二十世紀都經歷了革命性的轉變，深遠地改變了他們的中亞領地。過去兩百年的經歷已經讓這些社會之間的共通點，遠多過他們與其他鄰居間的共同之處。俄羅斯征服止步於阿姆河（Amu Darya River）的偶發歷史事件，導致阿富汗在二十世紀走上截然不同的道路。因此，阿富汗不屬於這個故事的一部分。基於類似的原因，我定義的中亞並沒有包括韃靼人和巴什基爾人（Bashkir）的土地，他們的地區在地理上與中亞的草原地帶相連，並住著說突厥語（Turkic）的穆斯林，但與俄國的關聯遠遠更加悠久。我也依照類似的理由將蒙古國（Mongolia）和西藏（Tibet）排除在我書寫的範圍之外。他們在文化上和本書聚焦的區域相當迥異，而其政治歷史和這個區域的現代歷史也幾乎沒有共通之處。

儘管如此，我所探討的中亞並非由單一族群組成，而是游牧和農業人口交界的地區，當地的民族認為這種分野不言自明。河中地區（Transoxiana）的河谷和阿勒提沙爾（Altishahr）的綠洲擁有世界上最古老的幾座城市。不過，直到一九三〇年代，多數周圍的草原都仍是游牧人口的居地。游牧和定居社會在歷史上一直都有所互動，但他們在現代時期的發展軌跡並不相同，帝國強權以不同的方式對待他們，也對他們採取不同的政策。另一個差異的核心是帝國。中亞的「俄國」和「中國」區域所經歷的統治政權既相似又相異。中華人民共和國的許多新疆政策是模仿「俄屬」中亞的蘇聯政權前例，但又將之導向不同的方向。這本書是寫作整體現代中亞歷史的一次實驗。「俄國」和「中國」區域的統治政權不同，意味著多數的章節都是聚焦在某一半的中亞。然而，我確實比較了蘇聯和中國處理民族差異、經濟發展和社會轉型的政策中影響中亞的部分。

◆ ◆ ◆

本書主張，帝國征服將中亞推入歷史的新時代。當時的征服行動標誌著與過去的斷裂，導致在理解新時代時，過去的歷史變得較為次要且無用。帝國是人類歷史上最常見的政治組織形式，中亞歷史上也曾出現許多帝國。然而，十八和十九世紀的征服有所不同。當時的征服行動讓並非以中亞為基地的龐大帝國控制了中亞。那些征服也完成了十七世紀便已持續進行的草原圈地行動，並翻轉該區與其鄰近地區的長期關係。俄羅斯和中國統治以不同的方式將新政權引入中亞。帝國統治帶來新的體制布局、新的關稅制度，以及與世界整體牽連的新方式，最終帶來嶄新的世界觀。過去當然沒有消失，但新秩序大相逕庭。中亞人開始以不同的方式與世界建立連結。在二十世紀，以現代化與開發為目標的社會流動政權推翻並取代了這兩個帝國。中亞被捲入那些進程之中。這個區域的現代歷史告訴我們許多關於現代性、殖民主義、世俗主義、共產主義與發展的意義，而這些都是形塑我們所身處的世界的部分關鍵現象。本書提議這段現代歷史本身值得深入了解，並且初次嘗試去理解之。

帝國征服後的時期也產生出看待自我和社群的新方法，並創造出新形式的認同。當代中亞人認同的民族標籤——哈薩克人、吉爾吉斯人、塔吉克人、土庫曼人、維吾爾人（Uyghur）和烏茲別克人——是在二十世紀期間出現的，取代了其他形式的社群。這些標籤存在已久，但是在現代才獲得新的意義。舉例來說，十六世紀和二十一世紀的烏茲別克人並不相同，而今天的「土庫曼」一詞也和十八世紀的定義不同。這些名稱意義的轉變和新形式認同的出現是本書首要關注的重點。

◆ ◆ ◆

本書主要探討的是兩個帝國體系——俄羅斯和中國。這兩個帝國形塑了過去兩百五十年中亞人生活場域的背景，但兩國之間的相互關係一直都不穩定，也不對等。兩個體系的變化都十分巨大。我追溯兩個政體所經歷過的巨大變化（帝國瓦解、革命、內戰和國家主導的轉型），無論是各自或與彼此相關的改變都有所著墨。在十八世紀中葉，中國是遠更富裕強大的帝國。不過情況在十九世紀翻轉，當時俄羅斯在中國領土內取得了軍事優勢和治外法權，而內外交困的中國正如俗話說，面臨被外國強權「瓜分」的危機。在二十世紀的多數時間，中國都在接受蘇聯的援助和建議。今天，中國成為世界強權，對中亞屬地的控制比以往都更加穩固，但俄羅斯對中亞的統治已不復存在。這段帝國的歷史也對我們思考和書寫中亞的方式蒙上漫長的陰影。大陸帝國並沒有像跨海帝國那樣殖民母國和殖民地之間形式上的分隔，因為沒有接壤，帝國中心和被征服領地之間的關係會變得更加曖昧不明。我們很容易就會認為大陸帝國比跨海帝國的族群同質性更高。二十世紀時，蘇聯所發表的論調為了試圖盡可能淡化蘇維埃政府的帝國淵源，聲稱各個非俄羅斯族領地是自願加入帝國的，而蘇聯是建立在深厚「跨民族情誼」的基礎上。然而，正如我們接下來將看到的，俄羅斯在中亞的領地完全可以媲美歐洲帝國的海外殖民地。自蘇聯滅亡後，中亞人已或多或少質疑過這樣的說法，而俄國公眾比較不願接受這些挑戰。今天，俄國的民眾以鍾愛驕傲的情緒記憶著沙俄帝國，但對於任何人提及殖民地或征服都極其反感。蘇聯時代的觀念就是如此導致後蘇聯時代對於俄羅斯帝國十分健忘。

中國的情況截然不同。自清末起，所有的中國政府無論意識形態的傾向為何，都堅稱中國不是帝國，而是國界不可侵犯、領土不可分割的民族國家。清朝於一九一二年覆滅，並被共和國取代，這只是更強化了對中國一統的堅持。今天，人民共和國聲稱，目前國界內的中國是中華民族國家的完美典型，在歷史上一直都是以單一國家的形式存在。據中華人民共和國國務院的官方聲明所述，這意味著新疆「自西漢（西元前二〇六－西元二四）起……成為中國統一的多民族國家不可分割的組成部分」。[1]按照此邏輯，新疆完全不是中亞的一部分，而是在一個超越歷史的中華民族國家中構成所謂的西域。中國這種強硬的目的論觀點以及中國與新疆的關係正是新疆衝突的核心，在我寫下這段文字時，新疆的衝突事件正處於關鍵階段，數百萬名維吾爾人因為沒有當個足夠忠誠的中國人，未經司法程序就遭到拘留。從中亞的角度觀看中國，一如我在本書中的做法，可以讓我們用全新的方式理解中國。中國政府所援引的「中國」是二十世紀的國家幻影，將無數朝代的痛苦歷史——其中許多朝代都是由內亞的民族所建立的——納入名為中國的永存實體的單一敘事之中。這種目的論的說法與歷史紀錄並不吻合，實際的歷史充斥著中斷與斷裂。有人或許不會將中國視為單一國家，而是視之為政治或文化傳統——但就算如此，其連貫性也值得商榷。每個新朝代都會頌揚其新穎且與前朝不同之處，而非在任何事情上延續了中華傳統。中華傳統與中國本土（內地）的中原以外的地區格格不入。對我們探討的重點來說更重要的是，不同朝代政權的領土範圍差異甚鉅，鮮少有朝代能夠掌控中國本土的所有領地，更別說是目前中華人民共和國國界內的所有國土。唐朝（六一八－九〇七）曾將統治拓展到今日的新疆。唐朝覆滅後，直到一七五〇年代清朝征服前，都沒有任何以中國本土為基地的朝代掌控過任何一部分的中亞。「新疆」的意思是「新闢疆土」，這個名稱強調了那裡是大清帝國的新領地。中國目前的國界是滿洲朝代於十八世紀的帝國征服所建立的。我的這本書正是以這些征服行動為始。

過去兩百五十年間的中亞歷史都受到往往起源於其他地區的改變（帝國征服、俄羅斯與中國革命和新自由主義革命）所影響。這本書是關於中亞人如何面對這些改變。我在統治他們的國家官方機構內部和外部，都曾尋找過他們所發揮的作用。人會在特定情況下採取行動，但他們是以自己的方式行動。那些方式與眾不同，而且總是非凡獨特。對於應該做些什麼和社會必須如何運作，不同的中亞族群都抱持不同的見解。本書所涵蓋的時期內曾發生數次重大的轉變——帝國征服、革命以及社會主義的建立與瓦解——每次都導致社會中的新興族群主張擁有領導權。在中亞社會內部多有權力爭奪，而我希望能夠非常明確地表達這一點。在本書中，我們將看到中亞人之間互相爭執的頻率，和與俄國或中國人爭執的頻率不相上下。

◆ ◆ ◆

中亞西起裏海（Caspian Sea），東至阿爾泰山脈（Altai Mountains），南端為克佩特山脈（Köpet Dagh Mountains），北端深入大草原。其範圍非常廣闊，大約等同於密西西比州（Mississippi）以西的美國，並且涵蓋大量多元的地理環境。然而，這個區域最根本的特點是距離開放水域非常遙遠。陸地極點——亦即地球上距離開放水域最遙遠的點——位於北緯四十六度十七分、東經八十六度四十分，接近新疆和哈薩克之間的邊界，距離最近的海岸線兩千六百四十五公里。[2]中亞屬於大陸性氣候，溫差極大，普遍十分乾燥。這意味著這個區域的許多部分都是草原或沙漠，農業和都市生活往往必須仰賴灌溉。該區由一系列的內陸流域盆地組成——亦即河川流入內陸海或湖泊，而非排入海洋的地區。（唯一的例外是哈薩克最北部的流域，水會洩流到額爾濟斯河〔Irtysh River〕，再流入北冰洋〔Arctic Ocean〕。）中亞擁有世界最高的幾座山脈，但其餘的地形都是波狀丘陵地或平原。山脈的融雪形成河流，向西流入鹹海。河谷創造出灌溉農業的可能性。一如前述，這些河谷是世界上最古老的幾座城市的所在位置。乾燥也產生大範圍的沙漠，以及北方廣袤綿延的草原。中亞既擁有人口稠密的地區，也有大片人口稀少或無法居住的土地。其超過九千萬的人口分布不均（見表0-1和地圖0-2）。

正文開始前，讓我們先快速導覽一下這個區域，以便熟悉該區的地形和整本書都會使用的地理名詞。我們從位於裏海東岸、現今名為土庫曼巴希（Türkmenbasy）的港口城市（一九九〇年代前，這座城市是以克拉斯諾沃茨克〔Kransovodsk〕或克孜勒蘇〔Kizilsu〕之名為人所知）出發朝

**表 0-1　當代中亞**

| 國家或地區 | 首都 | 面積（平方公里） | 人口（千人） |
|---|---|---|---|
| 哈薩克 | 努爾蘇丹 | 2,724,900 | 18,320 |
| 吉爾吉斯 | 比斯凱克 | 199,951 | 6,304 |
| 塔吉克 | 杜尚貝 | 143,100 | 9,101 |
| 土庫曼 | 阿什哈巴特 | 491,210 | 5,851 |
| 烏茲別克 | 塔什干 | 448,978 | 32,476 |
| 新疆 | 烏魯木齊 | 1,664,897 | 24,870 |
| 總計 | | 5,673,036 | 96,922 |

資料來源：五個主權國家的人口數據引自 2018 年聯合國的年中預估（United Nations, *United Nations Demographic Yearbook 2018* [New York: United Nations, 2019], 693）；新疆的人口數則是 2018 年年底的數據（*China Statistical Yearbook 2019* [Beijing: China Statistics Press, 2019], table 2-6）。

東飛行。名為卡拉庫姆（Karakum，或拼作 Garagum，意為「黑色沙地」）的廣闊沙漠在我們的腳下拓展開來。在南方，克佩特山脈由東向西綿延，跨過山嶺則是伊朗高原。不久我們便抵達阿姆河河岸（希臘人稱之為烏滸水〔Oxus〕，阿拉伯人稱之為質渾河〔Jayhun〕）。跨越這條河流後，我們來到河中地區（「Transoxiana」意為「越過烏滸水的土地」），阿拉伯人稱之為越河之地（Mā warā' al-Nahr，或拼作 Maverannahr，意為「越過河流的土地」）。所有伊斯蘭化（Islamicate）的語言都用這個名詞來指稱阿姆河和錫爾河（Syr Darya）之間的區域。河中地區有一大部分也是沙漠，名為克孜勒固姆（Kyzylkum，或拼作 Qizil Qum，意為「紅色沙地」），但這兩條河流和其餘注入其中的河流（澤拉夫尚河〔Zerafshan，

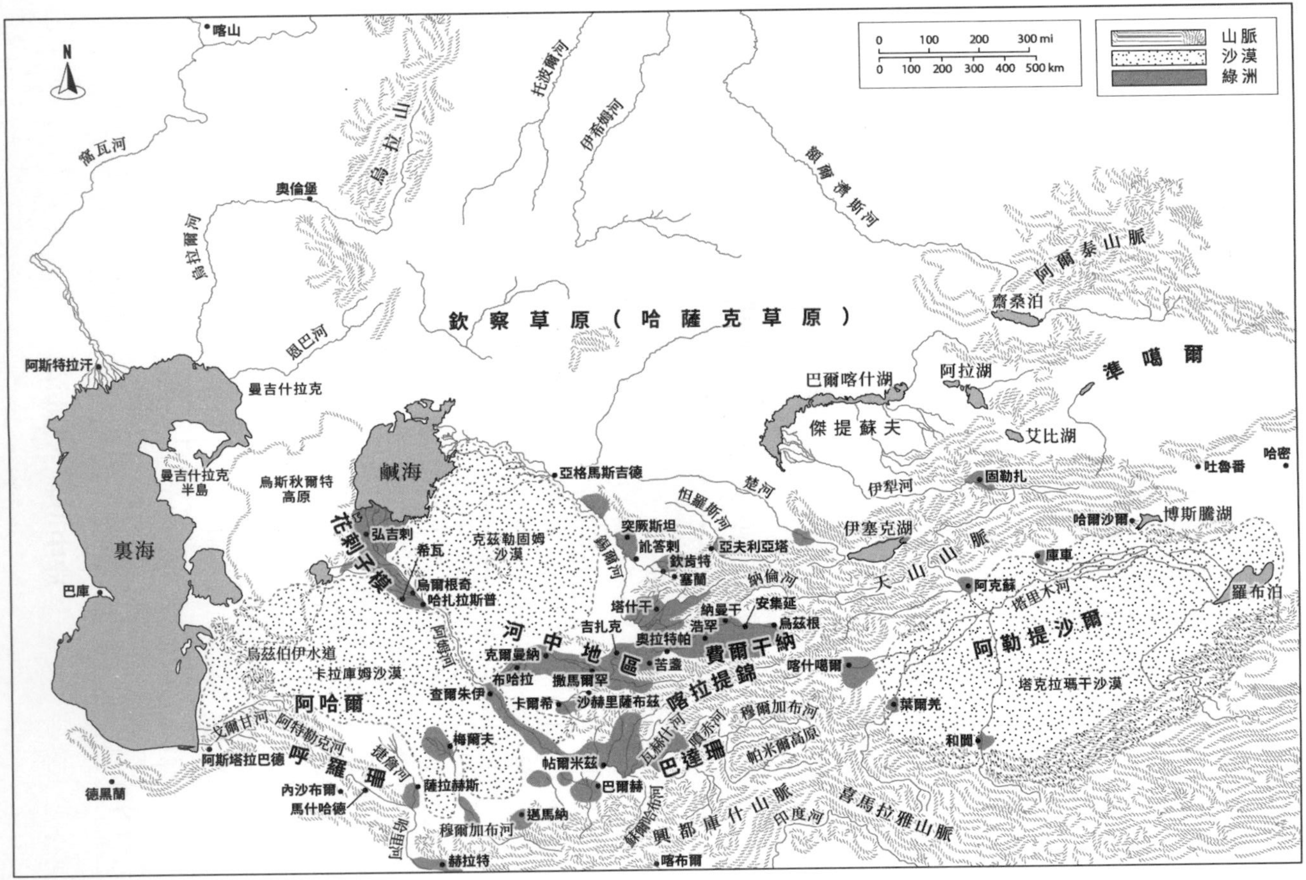


地圖 0-2　中亞：地理特徵與前現代地理名詞

意為「黃金贈與者」）、瓦赫什河（Vakhsh）、噴赤河（Panj）和蘇爾漢河（Surkhan Darya））的沿岸土地支撐著農業，並且擁有長久存續的都市生活。撒馬爾罕和布哈拉正好位處河中地區的中央。位於阿姆河注入鹹海的下游地區的則是花剌子模（Khwarazm），這是另一座古城，數百年來都是重要的商業和政治中心。我們在上游會看到肥沃的費爾干納盆地（Ferghana valley），這是今日中亞人口最稠密的地區。

當繼續朝東飛行，我們會發現世界上最大的山系。東南方是有「世界屋脊」之稱的帕米爾之結（Pamir knot），有幾個山系都在此匯聚。達爾瓦茲山系（Darvaz）從西南方進入，喀喇崑崙山脈（Karakorum）和喜馬拉雅山脈（Himalayas）往東延伸，天山則往北拓展。這難以通行的地形將中亞和南亞分隔開來。天山也縱向穿越中亞，將之分為東西兩半。讓我們再留在西邊一會兒。帕米爾山脈的東北方是三面環山的費爾干納盆地。天山山系的西部山麓是許多錫爾河支流灌溉的草木茂盛地區，因而得名——吉爾吉斯語和哈薩克語稱之為傑提蘇夫（Jettisuv），俄語稱之為塞米列琴（Semirech'e），兩者皆意為「七河」。到錫爾河以北，我們便來到大草原本身，這裡是地勢大多平坦的廣大草原或沙漠區域，向北延伸直到融入西伯利亞的北方寒帶針葉林。在中世紀的伊斯蘭文獻中，這裡被稱作欽察草原（Dasht-i Qipchaq），欽察是當時掌控這個地區的游牧突厥民族。在現代稱之為哈薩克草原十分合理，因為那個時代居住在那裡的是哈薩克人。草原的多數地帶是高原，中部地區以貝帕達拉（Betpak Dala，意為「飢餓草原」）之名為人所知，證明了大自然對嘗試在那裡生活的人們所造成的艱辛。然而，在傑提蘇夫以東，我們會看見另一座名為準噶爾（Zungharia）的盆地，這個名稱是源自於直至十八世紀占居當地的游牧民族（準噶的時期，我則是根據那位人物最認同的語言來轉寫其名，我一直都明白徹底一致不可能達成，也不甚理想。

最後，我要來解釋「突厥斯坦」一詞及其變體。突厥斯坦（字面意義為突厥人的土地）是中亞和阿姆河以北、主要是突厥語民族居住的領域所使用的通稱。這個名稱非常廣泛應用，以至於俄羅斯人一八六五年建立一個新省分時，也以此為該省命名。一八六五至一九二四年間，突厥斯坦指的是具體的行政區域，但這個名稱更古老通用的意義從未消失。在十九世紀和二十世紀初，當地和歐洲的慣例都是將中亞區分為俄羅斯或西突厥斯坦以及中國或東突厥斯坦，大約以天山作為區隔。二十世紀初葉，清朝說突厥語的穆斯林臣民開始把「東突厥斯坦」當作他們居住地區的名稱。如果不是中華人民共和國堅稱，東突厥斯坦是外國帝國主義者所發明的詞彙，目的是要逐步瓦解中國，而今使用該詞的都是所謂的「分離主義者」和「極端分子」，那麼這些說明都不值得一提。中國政府唯一允許的名稱是新疆。即使這個名稱蘊含著帝國征服的典故，但無法意譯為維吾爾語。維吾爾語對這個地區的稱呼是「Shinjang」，是中文名稱新疆的轉寫形式。今天，多數的維吾爾人都只有在受到逼迫時才使用這個名稱。在本書中，我使用「新疆」這個名詞時，所指的僅限於那個名稱的行政區。在其他脈絡提到那個地區時，我會採用「東突厥斯坦」或「阿勒提沙爾」，而我通常會沿用我的資料來源偏好的用法。

# 第一章　中亞的眾多遺產

歐亞草原和圍繞其四周的農業社會（中國、印度、伊朗和歐洲）民族長久以來的互動歷史形塑了現代中亞。歐亞草原是從匈牙利延伸至韓國的廣大草地和沙漠區，基於環境因素，無法支撐稠密的人口。早期的人類社會發現，在草原生存的最佳策略是游牧生活，由動物（駱駝、綿羊、牛和馬）來供應生計基礎。游牧群體主張擁有清楚區別的牧區，並按照固定路線在冬季與夏季牧草地間遷移。在過去數百年間，草原游牧民族透過劫掠、貿易和征服來與鄰近的定居社會互動。馴養馬匹賦予了游牧民族機動性和軍事優勢長達一千五百年。在這段期間內，他們在草原建立了一些帝國，能夠強迫他們定居的鄰居接受某些條件，偶爾還能完全征服他們。游牧民族經常出現在歐亞大陸邊緣的農業社會邊界，這些農業社會認為幾乎不可能掌控廣大的草原地帶。農業帝國視游牧民族為蠻族和有待解決的問題。中國長城十分貼切地呈現出這種態度，其建造目的是要將北方蠻夷隔絕在外（並將中國農民限制在內）。長城同樣貼切地隱喻了兩個世界之間的關係，因為城牆從未成功區隔兩者。反之，兩者在共生且可互相滲透的關係中保持著交織連結。長城所在的邊疆是長期的互動場域。許多中國朝代都是由來自北方或西北方的「蠻夷」所建立的，然而在歷史敘事中，他們的外族根源經常被掩蓋。我們是從十八世紀中葉開始描述這個故事，當時草原邊緣的定居帝國初次包圍並征服草原，草原及其鄰近地區的地緣政治關係開始翻轉。

◆ ◆ ◆

長達一千五百年，草原都處於優勢。從匈奴開始，草原游牧民建立了幾個帝國，從他們的鄰居身上榨取貿易權利或貢金，有時還征服他們。這類的帝國有幾個共同的特點。這些帝國出現時都圍繞著一位富有領袖魅力的領導人，他會聲稱君權神授，因此能夠將不同的部族（根據譜系想像而成的政治單位）收編進可以存續的聯盟之中。第一個龐大的草原帝國就是匈奴所建立的，我們所知的名稱是中國文獻對他們的稱呼。這個帝國存續遠超過兩百年（西元前三世紀至西元一世紀），並擁有可觀的都市聚落和分支錯綜的行政制度。在草原西部，斯基泰人（Scythian）和薩馬提亞人（Sarmatian）大約在同一時間建立帝國。於西元六和七世紀，一群名為突厥人（Türk）的游牧民族在現今的蒙古國建立了另一個帝國。其中心位於鄂爾渾河谷（Orkhon valley），並留下了魯尼文（runic）碑文，是現存最古老的突厥語言文本。八世紀時，另一個突厥部族聯盟組成了回鶻（Uyghur）帝國（其帝國名於二十世紀重新被用來當作新疆突厥穆斯林人口的民族名）。

河谷和綠洲擁有足量的水源可供取用，孕育了以農業為基礎的定居社會和國家。河中地區和塔里木盆地的綠洲是這個農業世界的一部分。所謂的巴克特里亞－馬爾吉阿納文明體（Bactria-Margiana Archaeological Complex）可以追溯到西元前二二〇〇至前一七〇〇年，與埃及、安納托利亞（Anatolia）和印度河河谷的文明同時代。西元前五三九至前三三〇年，阿契美尼德（Achaemenid）帝國以伊朗高原為基地，拓展進入河中地區，當時那個區域被稱作索格底亞那

（Sogdiana，或作粟特〔Sughd〕）。亞歷山大大帝（Alexander the Great）擊敗阿契美尼德王朝，而索格底亞那成為他帝國最東邊的地區。據說他建立了苦盞城，並將之命名為絕域亞歷山卓（Alexandria Eschate，意為「最遙遠的亞力山卓」）。西元前三世紀時，索格底亞那是獨立的希臘－巴克特里亞（Greco-Bactrian）國，而後才落入來自東方的游牧民族手中，最終建立了貴霜帝國（Kushan empire），往南延伸至印度。瑣羅亞斯德（Zoroaster）於索格底亞那出生，其所創立的祆教（Zoroastrianism）於中亞的歷史十分悠久。不過貴霜人信奉佛教，而佛教正是靠著他們傳入中國的。到了西元一世紀，遠距貿易將這些帝國與中國、印度和伊朗連結在一起。

這些貿易活動是我們現今陳腔濫調的「絲路」的基礎。德國地理學家費迪南・馮・李希霍芬（Ferdinand Freiherr von Richthofen）於一八七七年創造「絲綢之路」一詞，用來描述中國絲綢從漢朝帝國（西元前二〇六－西元二二〇）出口至中亞的路線。然而，自那時起，這個用詞的意義已經擴大涵蓋到數百年間表面上連結「中國」和「西方」的所有貿易，直到被歐洲大航海時代（Age of Discovery）的海上貿易取代。據說這些陸路貿易為中亞的經濟打下基礎，並讓其文明存活下來。這個觀點問題重重。獲利最多的貿易是沿著南北軸流通，而非由東至西，「西方」（亦即歐洲）也不是東西貿易的重要夥伴。很少有貨物沿著這條路的一端流動到另一端，如此旅行的人也就更少了。然而，對我們探討的重點來說更重要的是，絲路的概念將中亞變成只是路徑，而非憑本身條件就值得關注的地區。絲路比較適合當作跨文化連通性的隱喻，而非具體歷史現象的描述。[1]

草原的游牧民族使用的是各式各樣屬於阿爾泰語系（Altaic）的語言，包含蒙古語（Mongolian）、通古斯語（Tungusic）和許多突厥語言。多數的定居人口使用的則是各式各樣的印度伊朗語族（Indo-Iranian）的語言，與現今阿富汗和伊朗的民族相同。河中地區一直都是兩個語系最密切互動的交界地帶，是「伊朗」和游牧民族之地「圖蘭」（Turan）之間的邊界。這裡的「伊朗」所涵蓋的範圍比現今同名的民族國家遠更廣闊。阿布・卡西姆・菲爾多西（Abu'l Qasim Firdausi，或拼作 Ferdowsi，約九四〇－一〇二〇）所著的《列王紀》（*Shahnameh*）是紀念前伊斯蘭時代波斯諸王的史詩，其中多數的情節都不是發生在現今的伊朗，而是河中地區。中亞在宗教遺產方面的組成也相當多樣。游牧民族是薩滿教徒（shamanist）——也就是說，他們相信特定人物可以在物質和神靈世界之間來回遊走的能力，要不是為了獲得不同神靈力量的支持，以追求在戰爭中得勝，就是為了確保族人的健康與幸福。祆教和佛教是在定居人口間盛行的宗教。八世紀時，回鶻人開始信奉摩尼教（Manichaeism），而聶斯托留派基督教（Nestorian Christianity）則在西元一千紀期間，在這個地區的綠洲城市蓬勃發展。中亞的宗教遺產確實十分多元。

◆ ◆ ◆

八世紀初，屬於伍麥亞哈里發政權（Umayyad caliphate）的阿拉伯軍隊征服了河中地區。伊斯蘭於七世紀初出現在阿拉伯半島的綠洲城市，其信徒也是畜牧的游牧民族，展開了一系列驚人的征服行動，導致伊朗的薩珊帝國（Sassanid empire）滅亡，將拜占庭帝國（Byzantine empire）擊退回安納托利亞，並在八世紀初創立了從西班牙延伸至河中地區的阿拉伯國家。阿拉伯人於六七一年征服梅爾夫（Merv），七〇九年征服布哈拉，將河中地區併吞到他們的帝國之中。阿拉伯征服與截至當時為止最大規模的中國王朝擴張行動同時發生。唐朝掌控了現今新疆的多數地區。兩支軍隊於七五一年的怛羅斯戰役（Battle of Talas，戰場位於現今的吉爾吉斯境內）正面交鋒，唐朝軍隊潰敗，該朝的西進也就此畫下句點。七五〇年，阿拔斯朝（Abbasids）推翻了伍麥亞朝，而前者的許多支援都來自於伊朗和河中地區的叛亂分子。

然而，改信伊斯蘭是個長期的過程，多數說波斯語的定居人口歷經了幾個世代才成為穆斯林。儘管如此，到了九世紀，河中地區已經完全信仰伊斯蘭，並已成為穆斯林世界不可或缺的一部分。在接下來的兩百年間，那裡孕育出許多伊斯蘭歷史上最至關重要的傑出人物。先知穆罕默德（Prophet Muhammad）的聖訓（*hadith*）很快便取得僅次於《古蘭經》（*Qur'an*）的宗教權威，聖訓的採集和分類成為學者間的首要關注。遜尼（Sunni）穆斯林認為有六大聖訓集。六位聖訓集的彙編者中，有兩位來自河中地區，分別是阿布・伊斯瑪儀・布哈里（Abu Isma'il al-Bukhari，八一〇－八七〇）和阿布・以撒・穆罕默德・提爾米迪（Abu 'Isa Muhammad al-Tirmidhi，八二五－八九二），極具影響力的法學家阿布・曼蘇爾・穆罕默德・瑪圖立迪（Abu Mansur Muhammad al-Maturidi，約卒於九四四年）和布爾漢丁・阿布・哈珊・瑪吉納尼（Burhan al-Din Abu'l Hasan al-Marghinani，卒於一一九七年）也出身於此。數學家穆罕默德・伊本・穆撒・花剌子密（Muhammad ibn Musa al-Khwarizmi，七八〇－八五〇）創立了代數學（algebra，這個名稱經拉丁文訛用後，給了我們「algorithm」（算法）一詞）；天文學家伊本・卡希爾・法爾加尼（Ibn Kathir al-Farghani，卒於八七〇年）；人稱（繼亞里斯多德之後）「第二導師」的偉大科學家阿布・納斯爾・穆罕默德・法拉比（Abu Nasr al-Muhammad al-Farabi，約卒於九五諸城納貢，並掌控了草原地帶，他們唯一的挑戰來自阿姆河河口、花剌子模的一個新政權。然而，真正讓中亞改頭換面的是十三世紀初蒙古帝國的入侵。十三世紀伊始，某個名叫鐵木真的人物成功團結並率領所有蒙古部族，發起一系列在歷史上無可比擬的征服行動。一二〇六年，他採用了帝王頭銜成吉思汗（可汗），並指揮一連串驚人的軍事行動，將歐亞大陸的多數地區納入蒙古統治之下。他在一二二七年逝世前征服了中國和中亞。他的兒子們接手征服大業，而在顛峰時期，蒙古帝國的疆土納入整個草原地帶、河中地區、高加索地區（Caucasus）、伊朗全境和東歐。中國和俄羅斯在十三世紀都是同一個帝國的一部分。

蒙古人實現建立游牧帝國的完美典型。就像他們所有的前人，他們也利用帝國領袖魅力、神聖授權和高效率的軍事組織制度來取得成功。和早期游牧帝國不同的是，蒙古人征服他們的定居鄰居並統治他們，徵用中國和伊朗的官僚，來打造行政和賦稅制度。軍事行動極度暴力，蒙古的殘暴在全歐亞大陸都變得眾所周知，但蒙古帝國也創造出新的連結。歷史學家會提及蒙古治世（*pax Mongolica*），將歐亞大陸的多數地區變成單一經濟區，並以前所未有的方式促進跨大陸的貿易。征服行動也改造了那個區域的政治。他們摧毀了舊有的菁英階層，並重塑歐亞大陸各地的團結與從屬關係。成吉思家族成為全歐亞大陸的皇室氏族，而唯有成吉思汗的父系後代有權統治，有很長一段時間，這在全蒙古疆域都被奉為神聖不可侵犯的原則。

在成吉思世系的政治制度下，統治權屬於成吉思家族全體。他們並未採行長嗣繼承制度，所有成吉思汗的父系後代都擁有統治的資格和可汗的頭銜。這最終成為導致政權不穩的內建機制。成吉思在遺囑中將他的疆土劃分為四個部分（兀魯思〔*ulus*〕*），並分別遺贈給他嫡妻的四名兒子。祖傳的蒙古疆土和中國分配給他最小的兒子拖雷，而成吉思的孫子拔都（他的父親朮赤比成吉思更早離世）則收到草原西部及其通往歐洲的道路。成吉思指定他的三子窩闊台擔任他的繼承人和大汗，也就是朝代領袖和帝國一統的象徵性人物。帝國持續擴張。拔都的軍隊征服了基輔羅斯（Kyivan Rus）的斯拉夫（Slavic）公國，並威脅匈牙利後並未征服而返。他的兀魯思史稱金帳汗國，統治羅斯的農業聚落和黑海以北的草原。一二五八年，成吉思的孫子旭烈兀入侵中東，摧毀阿拔斯哈里發政權，將伊朗全境和肥沃月灣納入蒙古統治。另一名孫子忽必烈則將蒙古統治拓展到中國南部，最終於一二七九年擊潰宋朝。一二六〇年，忽必烈在戰役期間成為大汗。他將首都遷移至北京，並採用中國朝代名「元」來稱呼他的帝國。「大汗」這個頭銜曾引發一些爭議鬥爭，而一二九四年忽必烈死後，這個頭銜便失傳了。不同的汗國分崩離析，甚至兵戎相向。

蒙古統治在十三世紀期間重塑了中亞。儘管相較於其他蒙古人征服的區域，中亞稍微逃過一劫，但對當地經濟和文化傳統的破壞依舊相當嚴重。更古老的朝代被殲滅，伊斯蘭的基礎建設大受打擊。成吉思汗一二二〇年於布哈拉的行動是蒙古征服初期的象徵。他洗劫那座城市後，騎馬進入主要的清真寺，登上講道臺，向聚集的群眾高聲宣告：「鄉村地區的飼秣已經耗盡；填飽我們馬匹的肚子吧。」受雇於蒙古人的穆斯林歷史學家阿塔・瑪利克・志費尼（Ata Malik Juvaini）是最適合我們了解這些事件的資料來源，他描述蒙古人「打開鎮上所有的軍用倉庫，開

---

＊ 譯注：「兀魯思」一字在蒙古文中有百姓、國、部族聯合體等意思，詞義會隨著不同時期而有所轉變。本書根據行文脈絡譯為「國」、「國土」或「汗國」。

始奪取穀糧。接著他們將存放《古蘭經》的盒子帶到清真寺的中庭，左右拋擲玩弄經書，並將那些盒子變成他們馬匹的飼槽。之後，他們傳著酒杯，叫來鎮上的歌女為他們表演歌舞；蒙古人高聲唱著他們自己的曲調。與此同時，那個時代的眾多伊瑪目（*imam*）、長老（*shaikh*）、先知後裔（*sayyid*）、醫師和學者在幾位掌馬官的監督下，在馬廄看管他們的馬匹，執行他們的命令。」[4]然而，最終蒙古人大多對他們征服的人民的宗教漠不關心，並沒有大肆迫害伊斯蘭教。不過，宗教的權威地位遭到剝奪，成吉思汗札撒（Chinggisid yasa）取代伊斯蘭法（*shariat*），成為律法和政治想像的架構。

然而在一百年間，蒙古帝國已經四分五裂。在中亞，新秩序制定來維護成吉思世系政治制度的許多層面，但這套秩序在穆斯林中亞徹底在地化。成吉思給予他的次子察合台阿勒提沙爾、準噶爾、河中地區和花剌子模的土地——基本上就是本書將探討的中亞地區——當作他的兀魯思。因為察合台的兄弟及其後代覬覦他的領土，不斷為之爭鬥，就算實際國土的走向動盪不安，察合台這個名號仍在中亞存留許久。一三三〇年左右，察合台世系的可汗答兒麻失里（一三三一至一三三四年在位）改信伊斯蘭教。他不是世系中改信的第一人，但和前人不同的是，他試圖讓伊斯蘭成為他領土內的官方宗教。這引發了推翻他的叛亂，並導致汗國分裂，其他忠於蒙古傳統的察合台世系成員在東方（阿勒提沙爾和吐魯番窪地）擁立了一位新可汗。答兒麻失里的後代繼續留在西方的河中地區，與當地全為穆斯林的居民共存。因此，到了一三四〇年代，東西突厥斯坦的分裂已成事實。東部的汗國在穆斯林的文獻中被稱作「蒙兀兒斯坦」（Mugholistan，意為「蒙古人的土地」——亦即屬於非穆斯林的游牧民族）。然而，宗教差異並未存在許久，東部汗國可汗禿忽魯帖木兒（一三四七至一三六三年在位）登基時與其他王子一同改信伊斯蘭。到了十四世紀中葉，儘管察合台汗國已經一分為二，但東西方的統治者皆已成為穆斯林，並改說他們多數臣民使用的突厥語。他們也仰賴他們的突厥臣民提供軍力。只有聲稱是成吉思汗直系後裔的男性可以統治，但其後代人數眾多，而成吉思的後裔間鬥爭不斷。這提供了非成吉思世系的部族領袖擁立統治者的機會，而他們大多是突厥穆斯林。成吉思世系的王子經常成為野心勃勃的突厥軍事領袖的傀儡，這些領袖通常被稱作埃米爾（emir）。最著名的埃米爾是帖木兒（一三三六－一四〇五），他創立了自己的世界帝國，將首都設於撒馬爾罕。

帖木兒是巴魯剌思部族（Barlas）的突厥穆斯林，到了一三七〇年，他已經打敗他的突厥對手，並讓察合台世系的王子淪為傀儡領袖。然而，他從未憑藉自己的能力自稱可汗或統治者，而是繼續以成吉思汗後裔的名義統治。他在一三七〇年與成吉思家族的一位公主成婚後，取得了「駙馬」（*küräkän*）的頭銜，終其一生若非企圖超越，就是在努力效仿成吉思汗。他對不同的後蒙古政權發動戰爭，揮軍深入金帳汗國的領地（位於今日的俄國和烏克蘭）、敘利亞和伊朗，更四度入侵蒙兀兒斯坦。他的其他戰役開創出新的局面。他侵略安納托利亞（他在那裡打敗蘇丹巴耶濟德〔Beyazit〕，幾乎扼殺了初期的鄂圖曼帝國）和印度（他在一三九八年惡名昭著地劫掠德里〔Delhi〕）。他於一四〇五年逝世時，正在與明代中國打仗。無論是在規模或殘暴程度，他的征服大業都比得上成吉思汗，而在顛峰時期，帖木兒的領袖魅力已經開始能夠與成吉思汗匹敵。不過，他的魅力是以不同的政治語言來表達。對許多時人而言，尤其是他的後繼者，帖木兒是「吉星合相之主」（Sahib Qiran）——這種占星學的分類最可能源自到了十四世紀已經徹底伊斯蘭化的波斯。據說帖木兒出生時恰逢火星和木星合相的吉時。他於是成為星象預言的神授救世統治者。就隱喻意義而言，他也象徵著游牧民族的軍事本領與定居文明的民族治理理想的結合，蒙古戰士傳統與伊斯蘭文明的融合。帖木兒能夠同時體現成吉思世系的政治制度，以及復興（即使已經過改造）的伊斯蘭化政治傳統。他是位穆斯林君主，以富麗堂皇的清真寺妝點他的首都，並贊助伊斯蘭學術研究。他的戰利品資助了打造宏偉帝國首都的工程，但他自己卻住在都城外的豪華帳篷中，過著游牧式的生活。他的身分將蒙古遺產轉譯為伊斯蘭風格。因此，二十世紀的建國者只要能夠看見他政治遺產中草原和耕地傳統的交織，就會深受吸引。

帖木兒的帝國在他死前便已沒落，但他的後代仍掌握著阿姆河兩岸頗大面積的領土。他們也遠離成吉思世系的遺緒，強調他們的伊斯蘭資歷。十五世紀間，帖木兒世系的宮廷——起初設於撒馬爾罕，接著遷移至赫拉特（Herat，位於今日的阿富汗）——主導著高尚文化的蓬勃發展，兼具伊斯蘭化的感性和中亞的獨特性。帖木兒的孫子兀魯伯（Ulughbek）在撒馬爾罕建立了多座經學院（madrasa）、醫院和一座天文台。他是位成就斐然的天文學家，曾計算出地球橢圓平面確切的傾斜角度，並彙編了托勒密（Ptolemy）以後最全面的星表。帖木兒宮廷也曾資助詩人賈米（Jami，卒於一四九二年）、畫家比赫札德（Bihzad，卒於一五三五年）和詩人兼政治家阿里希爾・納沃伊（Alisher Nava'i，卒於一五〇一年）。帖木兒宮廷最值得注意的一點是突厥文以高尚文化語言之姿嶄露頭角。早在十一世紀，突厥語言就已經以阿拉伯字母書寫。喀喇汗朝政治家巴拉薩袞的玉素甫（Yusuf of Balasaghun，卒於一〇七七年）曾寫作《福樂智慧》（*Qutadgu Bilig*）一書，提供皇室王子借鏡典範，而瑪赫穆德・喀什噶里（Mahmud of Kashgar，卒於一一〇二年）在巴格達以阿拉伯文編纂了《突厥語大辭典》（*Compendium of the Languages of the Turks*）。然而，突厥語文是在帖木兒宮廷才變成完全得體的文學語言，而納沃伊是提倡突厥語文的第一人。這種文學標準語言被稱作察合台文（Chaghatay）。大約在同一時間，在伊斯坦堡（Istanbul）的鄂圖曼宮廷，突厥語文的不同文學變體正在成形。察合台文和鄂圖曼文（Ottoman）平行發展，成為東突厥文和西突厥文。這兩種語言在感性層面具有伊斯蘭特色，詞藻華麗，還有大量來自波斯文和阿拉伯文的借用語。它們是表達高尚文化的媒介，而非日常交流的形式，與生活用語截然不同。波斯文依然是河中地區表達用的語言，但突厥文如今與其並駕齊驅。十五世紀在帖木兒宮廷產出的高尚文化——詩歌、史料編纂、繪畫與宮廷禮儀——在中亞和其他地方都留下長久的遺產。

◆ ◆ ◆

十六世紀伊始，來自朮赤兀魯思——亦稱金帳汗國——的成吉思世系游牧民族遷徙兼征服帶來成吉思世系的復辟，推翻了帖木兒朝。那個汗國遵循的發展軌跡類似於相像的察合台汗國。一三二七年，該國的可汗烏茲別克（Özbek，或作 Uzbek）開始信奉伊斯蘭教，而後該汗國被稱為烏茲別克汗國（*ulus* of Özbek）。當多名王位爭奪者之間內部鬥爭的戰事摧毀了所有政治團結的假象，烏茲別克汗國開始衰弱瓦解。幾個基輔羅斯公國變得比以往都更加獨立，而穆斯林和說突厥語的後繼政權在克里米亞（Crimea）和窩瓦河（Volga）河畔嶄露頭角。烏茲別克汗國的東部主要仍是游牧社會。十五世紀時，朮赤五子昔班（Shïban）的後代阿布海爾汗（Abulkhayr Khan，

同控制他們的追隨者。到了十八世紀初，哈薩克草原已經分裂成三個政體，並被稱作「玉茲」（*jüz*），在西方文獻中通常翻譯為「帳」（Horde）。這三個群體分別是小玉茲（Kishi Jüz）、中玉茲（Orta Jüz）和大玉茲（Ulï Jüz）。以城市為據點的河中地區政權和蒙兀兒斯坦也同樣分權。可汗都是成吉思世系的資深成員。他們必須同時應付其他成吉思世系的成員和非成吉思世系的突厥部族，後者供應汗國的軍事人力。突厥軍事菁英（即埃米爾）要求分享從農業和貿易徵收的稅收，而且他們總是可以轉而效忠另一位成吉思世系成員。這導致政權能力低落，政治永久動盪。

成吉思世系復辟後的時期經常被視為孤立和式微的時期。歐洲海上貿易崛起將跨歐亞大陸的貿易轉移到海洋，因此讓中亞陷入長達數百年的衰弱期，據說給予了絲路致命的一擊。近期的學術研究已徹底質疑這種示例背後的基本假設，但這樣的觀點仍頑強地支配著我們的想像力。學者已經記錄了歐亞大陸貿易歷久不衰的強度，將中亞與南方的印度、東方的中國、北方的俄國和西南方的伊朗連結起來。[5]俄羅斯和中國之間的貿易也會途經草原地帶。事實上，橫跨歐亞草原的貿易由來已久。幾個羅斯公國在九世紀時出現，這些公國是由大多來自斯堪地那維亞（Scandinavian）的商人所建立的貿易站，以便掌控將中亞和中東的銀帶往歐洲的貿易。那項貿易從未式微。其實，保護這些貿易路線正是十八世紀俄羅斯擴張至草原地帶的一個主要原因。對中國來說亦然，中亞貿易至關重要——足以促使於一三六八年取代蒙古元朝的明朝，透過限制允許進入中國的商人數量來控制之。在本書講述的故事中，帝國控制貿易的企圖扮演了重要角色。

成吉思世系的政治制度延續了下來，但受到其他類型的領袖魅力挑戰。帖木兒便是一例。其他人則屬於伊斯蘭領域。蒙古征服的創傷和隨之而來的破壞促使無數的宗教運動崛起，從虔敬主義（pietistic）、千禧年主義（millenarian）到反律法主義（antinomian）皆有。十五世紀時，跨越中亞的蘇非主義（Sufi）網絡鞏固。蘇非主義是相當複雜的現象——經常被注解為「伊斯蘭密契主義」，但這個說法有些疑義——透過念記儀式（*zikr*，字面意義為「銘記神」）和冥想（*muraqaba*），來追求接近神的境界。蘇非主義是集體性質——有位大師會帶領追尋者進入道團（*tariqa*，字面意義為「道路」），他的權威來自於他的系譜。這種導師與門徒的關係極其重要，而且會創造出強烈的忠誠。跨越世代，師徒關係轉變成多條傳承鏈（*silsila*），每個系譜都有自己的儀式和詮釋模式。蒙古入侵的亂世催生出各式各樣的蘇非道團。到了十五世紀，這類道團已經變成既是宗教實踐，也是社會組織的一種形式。蘇非導師（*shaykh*）可以累積巨大的影響力，成為統治者的顧問，並轉換成土地財富。中亞是穆斯林世界部分最具盛名的蘇非道團的誕生地。巴哈烏丁・納格什班德（Baha'uddin Naqshband，卒於一三八九年）成立的納格什班底教團（Naqshbandi order）目標就是要傳播至世界各地。他的門徒讓許多察合台世系的統治者改信伊斯蘭。蘇非行者會向剛伊斯蘭化的察合台朝統治者提供道德建議（因此取得政治和金錢資本），但他們也可以將自己營造成另一種權威來源並爭奪政治權力。

到了十五、十六世紀之交，前一千年途經中亞的各式宗教旅行隊已成過去。河中地區和阿勒提沙爾的農業區人口絕大多數都是穆斯林。草原依然是宗教的交界，佛教在準噶爾占優勢，而伊斯蘭則深深滲透進草原游牧民族之中。然而，伊斯蘭徹底在地化，並且成為社群與身分的關鍵標誌。社群並非透過入侵、征服和改宗的歷史敘事，而是透過將統治者改宗與新穆斯林社群成形結合為一的起源神話，來記憶他們改信伊斯蘭的歷史。改信通常是聖人的功勞，一般都是蘇非導師，他們因為接近神而具有施展奇蹟的能力。喀什噶爾綠洲的喀喇汗朝統治者薩圖克·博格拉汗（Satuq Bughra Khan，約九二〇－九五五）據說是第一位改宗伊斯蘭的突厥王子。他在青少年時與河中地區的商人接觸後祕密成為穆斯林。接著他背叛他的叔叔（當時的統治者），罷黜他並讓他的臣民改信伊斯蘭。金帳汗國的成吉思世系統治者烏茲別克汗（Özbek Khan）在某場蒙古的飲酒儀式上，有四位聖人到場，邀請他改宗伊斯蘭。可汗命令他的薩滿和初來乍到的訪客辯論。結果辯論變成奇蹟的競賽。雙方同意以火來試煉——雙方陣營各派一名成員進入十車檉柳枝條燃燒加熱的一座爐灶中，而「只要從爐灶出來時毫髮無傷的那人，他的宗教就是真理」。時候到了，其中一位穆斯林聖人巴巴·突克勒斯（Baba Tükles）自願接受這嚴酷的考驗。他走進灶中，朗誦著蘇非的念記並存活了下來，而他的對手必須被強行推入爐灶，火焰立即吞噬了他。於是可汗和所有在場的人都成為穆斯林。[6]蒙兀兒斯坦的察合台世系可汗禿忽魯帖木兒，曾在青年時期見過某位賈瑪魯丁導師（Shaykh Jamaluddin）。那次的會面令他留下深刻印象，他承諾如果他有天成為可汗，他就會改信伊斯蘭。那天來臨時，賈瑪魯丁已不在人世，但他的兒子雅夏杜丁（Arshaduddin）提醒可汗他曾許下的承諾。禿忽魯帖木兒履行承諾，成為穆斯林，他的王子也全都入教，只有一人例外。那位抱持懷疑態度的男子名叫賈拉斯（Jaras），他堅稱除非賈瑪魯丁可以打敗他的一位冠軍摔角手，否則他不會改宗。雅夏杜丁按其要求，一擊便擊敗那名摔角手，接著「聚集的群眾發出一聲驚叫。當天共有十二萬人剃頭並成為穆斯林。可汗自己執行割禮，而伊斯蘭之光消滅了偶像崇拜的黑暗，照耀察合台可汗的領土全境」。[7]

十一世紀時，瑪赫穆德．喀什噶里曾宣稱，「突厥人的血緣……全都能追溯到突爾克（Turk），也就是諾亞之子雅弗（Japheth）的兒子」[8]，而這個故事在中亞的所有穆斯林社會都成為公理。根據伊斯蘭信仰，亞當和諾亞是第一批大量使者之二，他們是神派遣給人類的神聖指引傳遞者。他們是神介入人類生活的一連串行動的一部分，最後終於穆罕默德——「眾先知的封印」。因此，雅弗的孩子從一開始就是穆斯林，但他們偏離了正確的道路，不再當穆斯林。於是，他們並非因為神聖人物改宗，而只是回復到先前的狀態。其他神話還主張，先知穆罕默德的女婿阿里（Ali）的陵墓位於馬扎里沙里夫（Mazar-i Sharif，位於現今的阿富汗），或費爾干納盆地的夏伊馬爾丹（Shah-i Mardan）。後者地點附近的一座山峰被稱作「所羅門的王座」（Solomon's Throne），據說是所羅門初次向神求援之地。這類的聖人遺址消解了時空，將中亞與伊斯蘭傳統的核心連結在一起。

重要的是要記得在這個時代，身為穆斯林等同於隸屬於一個天生就是穆斯林的社群，而非純屬個人信仰。伊斯蘭在社群生活中的意義總是開放各方詮釋，因此也會引發爭論。伊斯蘭的社會與政治影響一直都和不同力量之間的鬥爭有關。那些行使政治權力和那些擁有詮釋伊斯蘭權威的人士之間，雙方的關係不斷改變；後者——亦即宗教學者（*ulama*）和蘇非行者——決定了伊斯蘭在特定歷史時刻的意義。伊斯蘭詮釋的變化與相關的爭論是本書的重要主題之一。

◆ ◆ ◆

這段關於截至十八世紀的中亞歷史的飛快概述，目的是要介紹中亞人在進入現代時期時所擁有的遺產，具有哪些特定的關鍵特點。眾多遺產並存——綠洲的古老都市生活、草原游牧、伊斯蘭與成吉思系帝國。中亞人透過一些二元概念來理解他們自己的社會——突厥與塔吉克、游牧與定居、草原與耕地。這些概念對於中亞的文化想像十分重要，但不應與社會現實混為一談，現實總是更加複雜難解。在河中地區，游牧和農業的族群不僅生活場域接近，許多游牧民族也會務農。語言的情況也同等複雜。到了十一世紀，波斯文已經成為高尚文化的語言，而來到十五世紀，察合台突厥文亦然。在這兩個案例中，書面語言都距離一般口語十分遙遠，不同方言的口語大相逕庭。書寫是一項專業活動。書面文字的目的既是要展現精湛技藝和對文化符碼的精通，也是要傳達意義。波斯文和察合台文共享許多文化典範、共同的意義與象徵世界，以及共通的字彙。將現代早期的中亞文化視為突厥－波斯（Turko-Persian）文化，效益會比較好。波斯文在哈薩克人之間的重要性遠遠較低，而到了十八世紀，哈薩克和阿勒提沙爾也漸漸不再使用之。許多人——尤其在河中地區——都會兩種語言，但實際讓這個文化突厥－波斯化的是跨越語言分歧的共同文化關聯與實踐。

【第一部】

PART ONE

# 帝國時代

CENTRAL
ASIA
A New History from
the Imperial Conquests to the Present

在一八八一年二月的一個冬日，俄羅斯外交部長尼古拉・格爾斯（Nikolai Giers）與清朝外交家曾紀澤握手，兩人簽署了終結所謂伊犁危機（Ili Crisis）的條約。這場危機牽涉到中亞伊犁地區的領土爭議，中國主張伊犁為其所有，但俄羅斯一八七〇年在中亞戰勝清朝統治的一場起義中占領了這塊土地。《聖彼得堡條約》（Treaty of St. Petersburg）正式規範將該地區歸還給中國的方法。今天記得這場危機的多數人，都是因為這是十九世紀深陷困境的清帝國與一個歐洲強權在外交角力中獲得勝利的時刻。然而，這份條約也是中亞歷史上的重要里程碑。這份條約藉由界定兩個帝國之間的穩固邊界——如今這條邊界受國際法規範——雙方正式瓜分了中亞。草原已被圈地，確立界線。

中亞的俄羅斯區和中國區的區分後來證實相當持久。儘管俄羅斯和大清帝國早已不復存在，但在聖彼得堡制定的邊界或多或少存續至今。然而，導致這次領土劃分事件的過程漫長且複雜，我們應該先從了解這部分開始，接著再探討如此劃分可能對中亞造成的影響。我們將會在帝國是政治生活常態的世界中運行——這個世界擁有自己的邏輯，我們將必須按照其本身的方式來理解之。而我們將會發現這兩個帝國在中亞的崛起幾乎毫無前兆可言。偶然事件和意外，與任何其他因素都同樣深深影響中亞在帝國時代的樣貌。

# 第二章　滿洲人征服東突厥斯坦

一七五五至一七五九年間，滿洲帝國的軍隊在準噶爾和阿勒提沙爾橫行，將東突厥斯坦的穆斯林納入以中國為基地的政治秩序。滿人在十七世紀前半葉已經征服中國，並建立清朝。大約同一時間，準噶爾草原的西部蒙古人建立了最後一個草原帝國。雙方競逐權力長達百年，最後清朝得以靠著在一七五〇年代一連串閃電般快速的勝仗殲滅準噶爾人——清朝的資源取自中國的農業經濟，遠比蒙古人更多。當時準噶爾人已經統治阿勒提沙爾數十年之久，但如今成為清帝國的屬地。於是，兩個內亞帝國的衝突讓新疆變成中國的一部分。

◆　◆　◆

阿勒提沙爾的穆斯林菁英之間激烈競爭，讓這個區域落入準噶爾人的統治。到了十七世紀中葉，成吉思世系的政治制度受到來自多方的挑戰。蒙古征服動盪後出現的蘇非道團取得大量的財富和影響力。蘇非大師擔任統治者性靈導師的職務，賦予他們另一層次的正當性。大師則享有土地和稅收的授予作為回報。阿勒提沙爾最重要的蘇非人物是納格什班底教團大師阿赫瑪德·卡薩尼（Ahmad Kasani）的後代，這位大師人稱「偉大導師」（Makhdum-i A’zam），於一五八〇年代從河中地區搬遷至阿勒提沙爾，並在葉爾羌（Yarkand）的察合台世系宮廷獲得極大的影響力。源自偉大導師兩個兒子的兩條支系很快就開始爭奪勢力和追隨者。一六七〇年代期間，阿帕克（Afaqi）支系的齊名之首阿帕克和卓（Afaq Khoja）*失去葉爾羌的察合台世系統治者的寵幸，被迫流亡。他耗費十年的時間在喀什米爾（Kashmir）、西藏和甘肅說服群眾改信。據說他在旅行期間曾與第五世達賴喇嘛阿旺羅桑嘉措（Ngawang Lobsang Gyatso）會面。我們從遠較晚期的聖徒傳描述中得知，這位和卓和喇嘛曾比賽施展奇蹟，而不出所料，阿帕克和卓輕鬆獲勝。達賴喇嘛大為震驚，詢問阿帕克和卓的身分與來歷。「我是穆斯林部族的學者和導師。」他答道，「具體來說，喀什噶爾和葉爾羌的人民是我的門徒和追隨者。近期有人從我手中奪走這些城市，將我驅逐出境。我請求你指示某人讓我重新取回我的家鄉。」這位達賴喇嘛是個強大的統治者，曾以某個佛教改革派的名義一統西藏的多數地區，他的宗教影響力可以擴展至西蒙古。他告訴阿帕克和卓，儘管要派遣一支軍隊從西藏到阿勒提沙爾非常困難，但他很樂意請他的蒙古門徒提供協助。他寫信給準噶爾人的統治者噶爾丹汗（Galdan Khan），請他將那兩座城市歸還給阿帕克和卓。[1]

準噶爾人是一群西部蒙古部落的鬆散邦聯，生活在天山以北的土地，一六三五年由巴圖爾琿

* 譯注：和卓原為波斯文的「大師」之意，是中亞和新疆地區用來稱呼顯貴的敬稱，後也成為人名的一部分。本書這個詞的譯法，清代以前按清代文獻之慣例譯為「和卓」，清代以後則按民國慣例譯為「和加」，或按原文發音音譯為「霍賈」。

態和中國組織方法的絕佳綜合體，來治理當時人口最多的帝國。清朝是由滿人和蒙古戰士結盟治理的王朝帝國，他們自視不同於各式各樣他們所征服的臣民人口。他們起初與準噶爾人建立的關係相當友善，準噶爾人於一六五三年曾派遣外交使團到北京，但雙方的關係很快就惡化了。清朝期望準噶爾人能夠表現得像他們的臣屬，但征服阿勒提沙爾的噶爾丹（一六七七至一六九七年在位）懷抱更大的野心。情勢來到緊要關頭，清朝和準噶爾的第一場戰爭於一六八七年開打，之後雙方便征戰不休。清朝因為可以自由運用廣大農業帝國的資源而占了上風，但在距離和空間、速度和機動性方面，都對準噶爾人有利，他們得以一再避開清朝的攻勢。準噶爾人一直都是清朝的肉中刺，但後者已經意識到帝國不自量力的危險，於是耗費數十年建造防禦工程，在西方規劃軍事路線。這些加強工事讓清朝的影響力擴展到東突厥斯坦。哈密和吐魯番地區的穆斯林伯克（*beg*）＊成為臣屬，並被納入軍府的八旗制度中。

準噶爾統治者噶爾丹策零（Galdan Tsereng）於一七四五年逝世後，觸發了繼承鬥爭，讓清朝有機可趁。其中一位競爭者阿睦爾撒納（Amursana）一七五五年向清朝求助時，乾隆帝樂意答應請求，最終清朝軍隊擊潰了阿睦爾撒納的敵手達瓦齊（Dawachi）。然而，阿睦爾撒納不甘於當個清朝的臣屬，於是起而叛變。至此，乾隆似乎已經失去耐性。他下令全面入侵準噶爾領地，目標要一勞永逸地解決問題。「絕對不要對叛亂分子手下留情。」他命令，「惟老幼羸弱之人，或可酌量存留，另籌安插，前此兩次進兵皆不免過於姑容，今若仍照前辦理，則大兵撤回，伊等復滋生事端。」[4]那是場大規模的戰爭，跨越荒涼疆土的補給線拉得極長，但清軍拿下勝仗。接下來兩年內的一系列戰役摧毀了準噶爾民族。清軍殺害了五分之一的男性人口，並將準噶爾的婦孺分配給指揮官，當作奴僕。另外五分之二的準噶爾人死於大花，其餘則往西逃亡。準噶爾國多數地區皆已人口滅絕，並遭清朝併吞。「透過此一政策，」一首屈一指的清史學者濮德培（Peter Perdue）寫道，「清朝成功對中國西北邊疆問題強制執行『最終解決方案』†。」[5]

清朝的擴張行動或可在此時停下，但情勢繼續推波助瀾。準噶爾人將阿帕克和卓的孫子波羅尼都（Burhan ud-Din）和霍集占（Jahan）關押在固勒扎，挾為人質。清朝釋放了他們，並給予他們運籌資源，擁立他們為清朝在阿勒提沙爾的臣屬。然而，阿睦爾撒納叛變時，兄弟兩人也宣告不再效忠清廷，企圖以他們自己的名號建立政權。乾隆皇帝批准討伐，在接下來的兩年內，清軍追殺這對和卓兄弟和他們的追隨者，跨越阿勒提沙爾，進入西突厥斯坦。兄弟兩人向巴達克山（Badakhshan，現今位於阿富汗北部）的統治者素勒坦沙（Sultan Shah）尋求庇護，但後來證實那只是暫時解救。清軍緊追抵達時，素勒坦沙蓄意拖延，但最終仍下令殺害兄弟倆，並將霍集占和卓的首級上繳給滿人。這項戰利品被帶回北京，遵照儀禮呈獻給皇帝，而後掛在紫禁城的主城門上展示。[6]

追捕兩位和卓的行動讓清軍比這一千年內任何以中國為基地的軍隊都前進到更西方的地區。清軍在塔什干的郊區紮營，而其中一支部隊抵達了怛羅斯鎮（Talas），也就是一千年前中國和阿拉伯軍隊著名戰役的戰場所在。清軍所到之處皆向當地統治者招降。等到這場追捕行動取消

---

* 譯注：中亞和新疆地區對統治者或首領的稱呼和頭銜，源自突厥語。

† 譯注：「最終解決方案」指的是納粹對歐洲猶太人施行的種族滅絕計畫。

時，幾個哈薩克和吉爾吉斯部族；費爾干納盆地新建立的浩罕汗國統治者；以及遠至巴達克山、契特拉（Chitral）和巴提斯坦（Baltistan）的無數小統治者都已經投降。清朝並沒有占領這些土地，他們往往只是名義上的歸順。然而，準噶爾和阿勒提沙爾遭到占領，並被納入以中國為基地的國家。滿清帝國的版圖已擴大三倍之多。

◆ ◆ ◆

雖然清朝以中國為基地，但其與中國相關的成分有多高？在近數十年內，有群所謂新清史學派的歷史學者曾極具說服力地主張，清朝不只是另一個徹底被中華文化同化的朝代。反之，清朝是征服而來的內亞帝國，而中國只是遠更廣大的帝國的一部分（即使是非常重要的一部分）。清朝同時採用內亞和中國政治傳統。清朝和任何其他的內亞帝國相同，視差異為常態，並對不同的臣民群體採用不同的統治方法，每個族群都和統治宗族擁有相等的關係。清朝的中國臣民組成人口的一大部分，但他們依然只是帝國內幾個文化實體之一。如米華健（James Millward）所述：「雖然這個帝國向心，但（位）於中心的既非抽象的『中華文明』，甚至更非儒家的天子，而是代表多面向的清朝皇帝的愛新覺羅宗族。」[7]皇帝對他的不同臣民群體都會展現出不同的一面。對漢人來說，他是「皇帝」，是受命於天的帝王。對滿人和蒙古人來說，他是內亞傳統的可汗；而對西藏人來說，他是佛法的轉輪聖王（*chakravartin*）。在穆斯林中亞，皇帝展現出成吉思世系和伊斯蘭統治者的樣子，是正義與秩序的維護者。[8]這種帝國意識形態會導致在帝國各地有所區別的統治方法。在中國本土（內地），清朝甚至在和漢人人口保持距離的狀態下，仍吸收了中

地圖 2-1　滿人征服準噶爾與阿勒提沙爾

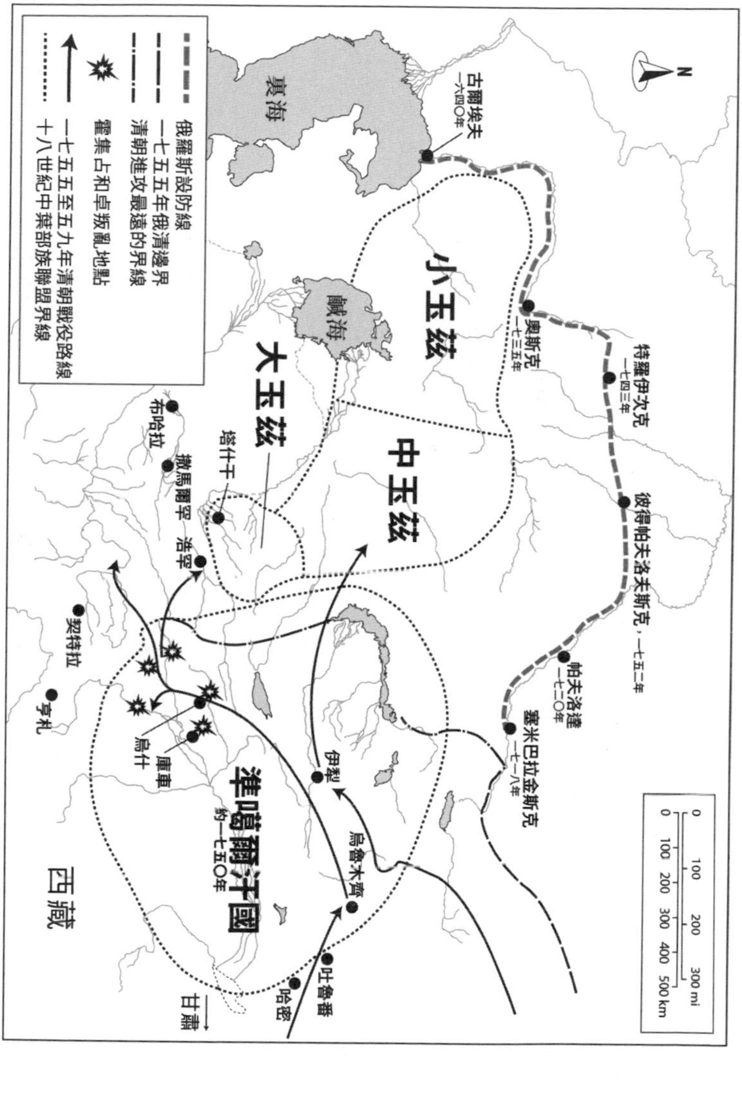

俄羅斯設防線
一七五五年俄清邊界
清朝進攻最遠的界線
霍集占和卓叛亂地點
一七五五至五九年清朝戰役路線
十八世紀中葉部族聯盟界線
N
0 100 200 300 mi
0 100 200 300 400 500 km
裏海
古爾埃夫
一六四〇年
鹹海
小玉茲
奧斯克
一七三五年
特羅伊次克
一七四三年
彼得帕夫洛夫斯克，一七五二年
帕夫洛達
一七二〇年
塞米巴拉金斯克
一七一八年
大玉茲
中玉茲
塔什干
布哈拉
撒馬爾罕
浩罕
契特拉
亨札
喀什
庫車
伊犁
準噶爾汗國
約一七五〇年
烏魯木齊
吐魯番
哈密
甘肅
西藏

國官僚政治、考試制度和儒家的宇宙論秩序。在中國各地的城市，清朝駐軍住在有圍牆的建築群中，在空間上與當地人口區隔開來。在非中國地區，清朝渴望的不是與中國核心同化，而是藉由肯認差異來維持權力。正是在這樣的條件下，準噶爾帝國的廣袤疆土被併入大清帝國。

清朝稱他們征服的領土為新疆（一如前述，其意為「新闢疆土」）。滿洲和蒙古八旗軍隊占領新疆後，透過地方菁英間接統治。清朝的關注聚焦在北部，那裡的草原能夠提供騎兵足夠的秣料，而與俄羅斯的地緣政治競爭也愈來愈緊迫。新疆是伊犁將軍的管轄地區，他是新領土的行政長官，也是大批占領軍隊（截至十九世紀中葉，其人數大約有四萬人，滿洲和蒙古旗人與一般漢族士兵各占半數）的領導人。清廷也贊助中國農民定居在國有農田，填補大多因準噶爾人大屠殺而無人居的土地。墾民每人都會獲得三十畝（大約兩公頃）的土地、工具、種子、一匹馬和一筆二銀兩的貸款，用以自立安家。[9]雖然響應並不十分熱烈，但不久後北部就成為清朝勢力在該區域的要塞。在東部，哈密和吐魯番的綠洲占據特殊地位。他們和中國本土已經建立長期的歷史連結，商貿和政治方面皆有，而他們的穆斯林統治者早在準噶爾人戰敗前便已降服於清朝。南部的情況則相當不同（清廷稱之為「回部」，意為「穆斯林的區域」）。駐軍較少，大多限縮於三年一輪的部隊。每個綠洲都由辦事大臣監督，他們必須對喀什噶爾和葉爾羌的參贊大臣負責，最終也需對固勒扎的伊犁將軍負責。這些辦事大臣大多都是滿洲或蒙古旗人，主要致力於防禦事務。民政管理——收稅事務、裁決糾紛、監管集市——大多交由穆斯林官員負責，而地方的穆斯林人口則繼續服從於伊斯蘭法，由伯克和阿訇（*akhund*）*負責執法。許多這些穆斯林官員都來自哈密和吐魯番，東部區域和清朝往來的歷史較為悠久。吐魯番的伯克額敏和卓（Emin Khoja）受封郡王，並被指派為阿勒提沙爾的首任辦事大臣，總部設於葉爾羌。他負責在征服行動剛結束後，與清帝國外部屬國的多數聯繫工作，亦曾協助將兩位叛變和卓的遺體運回北京。[10]在清朝的軍事占領下，治理阿勒提沙爾的是穆斯林菁英。

清朝的強權是奠基在新疆各地建造的多座圍牆要塞之上（清朝在中國本土的駐地也有圍牆圍繞）。在北方，清朝的要塞會擴大為重要的城鎮，並有許多中國人的身影。烏魯木齊相當早就發展成商業中心。一七七七年的一名旅人形容那裡是「關外最繁榮且人口最為眾多之地」。[11]在南部的綠洲城市，清廷緊鄰現存城市興建要塞。這些城市被稱作新城或滿城。在喀什噶爾，那附有圍牆的建築群——建於舊城區西北方兩里（一公里）處——包括了兵營、軍械庫和政府建物。圍牆駐地是防禦必不可少的設施，同時也在空間中刻下統治者與被統治者的區別。統治者是滿人和蒙古人，被統治者則是當地的突厥穆斯林。漢人在這樣的政治制度中占據了特殊地位。中國農民被安置在北方。在南方，他們大多是以商人的身分去到當地。供應軍隊物資是筆大生意，但漢族商人也從區域各地的零售貿易，以及與俄羅斯的貿易中獲取利益。清廷並未允許漢族商人永久居住在阿勒提沙爾，或攜家帶眷到那裡去。這代表著混雜警戒的心態——清廷試圖避免在人口相對稠密的綠洲，對分布密集的穆斯林人口造成過多負擔，以防動搖初萌芽的秩序——以及對南方缺乏興趣。漢族商人住在舊城外，清廷建造的要塞內部或附近。抵達新疆的中國人口中有一大部分是穆斯林。說漢語的穆斯林現今被稱作回族，當時已經在中國建立了一個明確的社群長達數百年

＊ 譯注：波斯文稱謂，後為中國穆斯林（回族）所用，指伊斯蘭的老師或學者，或是對宗教圈德高望重者的尊稱。

之久。在新疆，他們在當地的突厥語中被稱作東干人，他們擁有雙重身分，與新邊疆的突厥人口共享信仰，又與漢族商人和其他墾民共享語言。清朝視他們為漢族之下的一個族群，要求他們服從清朝律法，而非伊斯蘭法。由於統治新疆的是滿人軍官，而非漢人，東干人在該區並沒有明確的中介角色。確實，他們與漢族商人或農民更為親近，也經常為清廷服務。伊斯蘭信仰的團結並沒有成為他們與清朝新邊疆突厥語穆斯林人口的關係基調。

突厥穆斯林菁英成員擁有許多不同的頭銜，但全體都被稱為王公。他們其中最高階者會定期受到北京朝廷的接待，他們的傳記被納入官方紀錄，而他們的肖像也被展示在紫禁城的紫光閣中。哈密的王公以實際上自治的領主身分統治他們的區域，享有強制其臣民徭役的權利。其他王公則沒有那麼高尚，但無論如何仍屬於帝國貴族階級的一部分。間接統治制度讓地方的穆斯林得以想像，他們仍隸屬於某種伊斯蘭信仰的秩序。穆斯林王公對清廷和地方的穆斯林社會呈現出兩種不同面貌。面對清廷時，他們會說滿語，後來又說漢語，並以清朝儀禮的語彙頌揚他們的征服。面對穆斯林社會時，他們會表現出伊斯蘭信仰之奴僕的樣子，鮮少提及清廷。額敏和卓死後，其子蘇賚璊（Sulayman）王公在吐魯番建造了一座經學院來榮耀紀念他。建築立面的銘文以中文和突厥文刻寫。中文的銘文公開描寫額敏的身分是「大清乾隆皇帝」的「舊僕」。[12]突厥文的銘文則沒有提到清朝，只是向神致謝。穆斯林文獻提及清朝皇帝時，會稱他為「中國大汗」（Khaqan-i Chin，意即「中國皇帝」），這是中亞早已在地化的成吉思朝代稱呼。間接統治讓清領新疆的穆斯林菁英得以想像自己仍身處伊斯蘭秩序之中。還有其他方法能夠假裝阿勒提沙爾仍未被非穆斯林征服。穆薩・賽拉米（Molla Musa Sayrami）＊曾在二十世紀初聲稱，第一批王公在面對地方動亂時，其實曾要求清廷負責。他寫道，許多男性聚集討論家鄉的危機。他們主張，因為和卓不夠稱職，「土地和人民都遭到破壞」，而他們決定要向「中國大汗」尋求軍事協助。「如果幾支部隊來從和卓手中接管政府，阿勒提沙爾成為中國汗國的一部分，那麼我們的土地將會繁盛，我們的子孫將能安穩度日。」七名男子去找中國大汗請願求助。皇帝不僅派遣大量部隊，以利恢復阿勒提沙爾的秩序，更為那七名男子的服務獎勵他們高階官位和頭銜。賽拉米也描述了一則聲稱中國皇帝在過去曾是穆斯林的傳說。[13]這樣的歷史詮釋沖淡了阿勒提沙爾遭併入一個非穆斯林帝國的事實。

然而儘管如此，清朝統治新疆的正當性仍不甚穩固。伯克或許會以伊斯蘭和中亞的語彙來闡述清朝權威，但清朝從未完全收編伊斯蘭權威。滿人官員和穆斯林伯克治理不善和濫權所引發的民怨，混雜著對於穆斯林婦女注定要點燃多次叛亂的焦慮。第一次的動亂於一七六四年在遙遠的西部城鎮烏什（Ush，或作Uch Turpan）爆發。清廷並未允許部隊或中國商人攜家帶眷。於是性交易蓬勃發展，清朝的行政官員和旗人軍隊納穆斯林婦女為妻妾。[14]在一七六四年的烏什，清朝辦事大臣素誠及其子經常綁架地方婦女，而當地的阿奇木伯克（hakim beg）†阿布都拉（Abdullah）也時常向人民勒索錢財。素誠強迫兩百四十名男子替他回京的官方車隊搬運行李，叛亂因此一觸即發，鎮民屠殺了阿布都拉、素誠和清廷駐軍。這座圍牆城鎮堅守數月之久，對抗

---

＊ 譯注：穆薩．賽拉米（一八三六－一九一七）為新疆歷史學者。

† 譯注：清代新疆伯克中最高官階之官名。

抵達的鎮壓遠征部隊。清朝的報復行動十分激烈。該城終於投降時，約有兩千三百五十名男性遭到處決，八千名左右的婦孺被當作奴隸遣送伊犁。不過，尚有許多叛亂接踵而至。其他的動亂將與清朝疆域以外的西突厥斯坦發展有所關聯。

# 第三章　浩罕與清朝的白銀

額爾德尼比伊（Erdene Biy）＊是清朝將領襲擊中亞時遇上的其中一位小國王子，他是在費爾干納盆地新建立的浩罕國的統治者。額爾德尼別無選擇，只能歡迎清朝使節，並順服於乾隆皇帝。然而，臣服幾乎沒有對他造成任何限制。確實，他和他的繼承者利用與清朝的關係，確保國力大幅成長，讓浩罕成為區域強權，甚至短暫強制阿勒提沙爾接受其要求。

十八世紀初，長期區域危機導致統治布哈拉的成吉思暨禿花帖木兒世系（Tuqay-Timurid）朝代衰弱，而浩罕汗國正是在這樣的背景下出現。要維繫成吉思世系的正當性，仍須仰賴統治者大量的慷慨付出，以取悅他們的追隨者。長期的財務危機，讓這個朝代愈來愈難讓其非成吉思世系的烏茲別克埃米爾保持忠誠服從。埃米爾的不滿體現在拒絕上繳稅收給首都，或是在可汗宣戰時拒絕被徵召。在這樣的過程中，費爾干納盆地逐漸脫離朝代的掌控。有群與阿勒提沙爾的和卓有親戚關係的和卓因為渴望政治權力，在政權真空狀態下趁勢而入。一七〇六年左右，有位名叫沙魯克（Shahrukh）的烏茲別克埃米爾屠殺他們，並以自己的名義掌權。沙魯克及其後代某方面

＊ 譯注：「比伊」為中亞地區民選法官和行政官員的頭銜。

來說十分幸運，因為在十八世紀前半葉，費爾干納盆地逃過了許多重創河中地區其他地方的災難，讓他們的政權得以維繫。

準噶爾人的擴張行動導致他們與哈薩克人發生衝突。一七二三年，準噶爾一次重大的勝利導致哈薩克人在後人所謂的「赤腳逃亡」時四散南方和西方——哈薩克族絕望撤退至河中地區，而他們的到來致使這個禿花帖木兒世系朝代幾近瓦解。不過，真正敲響成吉思世系在河中地區統治的喪鐘的事件，是來自伊朗的土庫曼征服者納迪爾沙（Nadir Shah）的軍隊斷斷續續的侵略。納迪爾起初只是馬什哈德（Mashhad）附近一幫土匪的三流頭頭。當薩法維（Safavid）王朝因其東部邊陲地帶（位於現今的阿富汗）軍閥的一場叛亂而瓦解時，納迪爾順勢鞏固他的勢力，最終親自奪得王位。他四處揮軍征戰——西至鄂圖曼帝國；東至印度，他在那裡洗劫德里，導致蒙兀兒帝國走向滅亡；北至河中地區，他的軍隊於一七三七和一七四〇年皆曾入侵當地。納迪爾的力量在於他率領一支多種族大軍，並使用大炮和火器。他的軍隊規模估計有八萬至二十萬名士兵，人數龐大。這支軍隊是從許多他征服的領地所徵召的男性所組成，定期支薪並以十進制來組織。他的火藥武器在中亞前所未見。單單一場戰役就說服布哈拉的阿布法伊茲汗（Abulfayz Khan）投降，而非繼續戰鬥。雖然納迪爾讓阿布法伊茲以諸侯身分續留王位，但前者的征服行動已經定下了這個朝代的命運。一七四七年，納迪爾遭到某位追隨者暗殺時，他軍隊的一位烏茲別克人軍官——曼吉特（Manghit）部族的穆罕默德・拉希姆（Muhammad Rahim）——在布哈拉策畫政變。他命人暗殺阿布法伊茲，並換上一位出身成吉思世系的傀儡可汗。十年後，穆罕默德・拉希姆放棄繼續裝模作樣，以自己的名義完全掌權。他所建立的曼吉特朝一直存續至二十世紀。[1]

納迪爾沙的河中地區戰役讓該區跌入深淵。撒馬爾罕的人口已大幅減少，導致其貿易衰退，經學院荒廢，農業和灌溉系統毀壞。布哈拉的情況稍微好一些，並且很快就迎來重大的復興。曼吉特人為了彌補自己缺乏成吉思世系的正當性而改信伊斯蘭。他們資助宗教學者和經學院，因此到了十九世紀中葉，這座城市已經變成著名的「高貴布哈拉」（*Bukhara-yi sharif*），被視為主要的伊斯蘭學術中心——吸引來自中亞各地和窩瓦－烏拉地區（Volga-Urals）的學生前往北方。[2]與俄羅斯的遠距貿易持續，布哈拉的埃米爾也將他們的軍隊現代化。曼吉特人藉由設立直接對宮廷負責的常備軍，並將個別受惠於他們的外邦人（通常是在戰爭中俘虜的伊朗或準噶爾奴隸）拔擢至高位，試圖削弱部族的勢力。在北方的花剌子模，弘吉剌（Qonghirat）的烏茲別克人以他們自己的名義治理當地。他們與鄰近的土庫曼人培養出親近關係，讓他們能夠擊退敵對的烏茲別克部族。希瓦（Khiva）因為是轉口港而繁榮，城內在十九世紀完成許多重要建設。無論是清朝或俄羅斯人，都對這些發展無足輕重。河中地區依然隸屬於不同的外交舞台，與南方的關係遠更密切。

費爾干納盆地躲過了納迪爾沙的注意。事實上，河中地區的普遍衝突導致居民大規模移入盆地，於是當地逐漸變成人口稠密的農業生活中心，並在整個十八世紀人口都穩定成長。清朝正是在這樣的背景下，將浩罕納入其勢力範圍。然而，額爾德尼降服於清朝，幾乎沒有對他造成任何限制，還帶給他許多好處。他獲准派遣朝貢使節團拜訪清廷，帶著皇帝慷慨奢華的贈禮歸來，而且還能有商人同行，享有免除一般關稅的福利。額爾德尼開始了這個在清廷許可範圍內，盡可能派遣最多朝貢團的習俗。有項統計顯示，在一七六一至一八二一年間，浩罕總共派遣了四十八個朝貢團到喀什噶爾，其中八個獲准前往北京。[3]降清也賦予了浩罕的商人在新疆以有利稅率進行交易的權利。費爾干納的商人在東突厥斯坦做生意的歷史十分悠久。而今，浩罕與清朝的關係更讓他們的活動大幅擴張。在接下來的兩、三個世代內，浩罕汗國的安集延（Andijani）商人在東突厥斯坦建立廣大的網絡，並且鞏固了俄清貿易中的中介地位。

商業成長刺激了顯著的區域擴張。[4]在十八、十九世紀之交，浩罕已經成為區域強權。額爾德尼的曾孫愛里木汗（Alim Khan，一七九九至一八一一年在位）執行了一系列的軍事改革——包括設立常備軍——讓浩罕汗國得以大量擴增其領土。浩罕軍隊向北推進吉爾吉斯和哈薩克游牧民族掌控的土地，以便更完整掌控貿易路線。部隊沿著楚河（Chü River）河岸、遠至錫爾河下游都建造要塞，比任何自帖木兒的時代以來曾掌控過草原地帶的定居政權，都更穩固支配該區。費爾干納盆地成為吸引來自河中地區和阿勒提沙爾移民的磁鐵。此外，浩罕的可汗監督灌溉渠道的建造工程，促使農業大幅成長。費爾干納盆地變成人口稠密的農業生活中心。

愛里木也採用了崇高的「可汗」頭銜，按照慣例，這個頭銜應該保留給能夠主張自己的父系親屬為成吉思後代的人士。愛里木主導創造出一個新神話來合法化他的地位，透過印度蒙兀兒帝國的建立者查希爾丁．穆罕默德．巴布爾，將沙魯克朝代和帖木兒的血統連結起來。巴布爾是具有帖木兒血統的小王公，被昔班尼汗的烏茲別克征服部隊逐出他祖先的家鄉。根據傳說，他在金色搖籃裡留下他幼年的兒子，當地的村民拯救了他，而後他成為明格（Ming）部族的始祖，也就是沙魯克朝代所屬的部族。提出虛構的帖木兒血統主張之外，愛里木的弟弟兼繼承者烏瑪爾汗（Umar Khan，一八一一至一八二二年在位）還打造了明確模仿帖木兒朝代的宮廷文化，資助中亞各地的詩人、藝術家和歷史學家。烏瑪爾本身也是頗有成就的詩人。他的正妻努迪拉（Nodira）也創作詩歌，兩人都會舉辦文學沙龍。浩罕成為察合台文學文藝復興的中心。愛里木也耕耘他在伊斯蘭方面的資格地位。他贊助興建一座大清真寺和許多經學院，並提供錢多事少的閒職給學者。他採用「穆斯林統領」（*amir ul-muslimin*）的頭銜，與「可汗」並行。編年史家十分善待他，賦予他虔誠統治者的聲譽，並鍾愛地紀念他的統治。

烏瑪爾得年三十六歲，他早逝的部分原因是喜好飲酒。他的兒子穆罕默德．阿里（Muhammad Ali，或作瑪達里〔Madali〕）時年十四歲，於一八二二年登基時相當剛愎自用。他喜愛享樂，毫不掩飾他對賭博、飲酒和女色的癖好。不過，真正引發醜聞的是他迷戀他父親的一名較年輕的妻子。瑪達里只比漢帕蒂莎（Khan Padishah）年輕一些，他的父親在（誠然相當短暫的）人生將盡時娶她為妻，而瑪達里甚至在她喪夫前就已經迷上她了。瑪達里一成為可汗，就打破所有禁忌，娶他的繼母為妻。[5]他甚至找來幾位宗教學者批准他們的婚約，他們提出的理由是瑪達里從母親的子宮出生時已經長出陰莖，而既然他的陰莖已經碰觸過她的陰道，那麼再碰觸他繼母的陰道也沒有什麼好反對的。如此有彈性的詮釋並未說服許多人，但瑪達里仍在位超過二十年，期間浩罕汗國持續成長。

◆ ◆ ◆

與此同時，阿勒提沙爾的和卓的一連串事件仍在繼續，將會在進入十九世紀後影響浩罕的命運。清朝成功讓巴達克山的蘇丹遣送一七六三年公然反抗他們的那對兄弟，同趟被移送的還有波羅尼都和卓四名兒子中的三人（他的弟弟霍集占膝下無子）。不過四子薩木薩克（Sarimsaq）存活了下來。侍從帶他到安全的地方避難，而他最終現身在浩罕。一七八八年，清朝要求引渡他，但當時浩罕汗國的統治者納爾巴圖比伊（Narbuta Biy）拒絕了。浩罕雖然降清，但從未對其內政事務造成任何真正的阻礙。而今，拒絕引渡薩木薩克代表著納爾巴圖並未自視為清廷實質的臣屬。[6]朝貢團繼續出訪，但清朝無法控制浩罕。進入十九世紀後，權力平衡逐漸倒向對浩罕有利的一方。此時浩罕汗國已經成為不容小覷的軍事勢力，其商人更在阿勒提沙爾的貿易中扮演支配角色。

薩木薩克和卓似乎是被愉快地囚禁在浩罕，度過他的餘生。可汗一直都十分提防宗教菁英不受控制的權威，而他們不希望他妨礙他們與清朝經營有成的關係。薩木薩克的兒子張格爾和卓（Jahangir Khoja）比較不配合他的主公。一八一四年，他趁著夜黑溜出浩罕，召集超過三百名吉爾吉斯族人攻擊喀什噶爾。阿勒提沙爾只有四、五千人的部隊駐紮在那裡，但他們顯然足以擊退張格爾的入侵。他折損許多人馬，但成功逃回浩罕，烏瑪爾汗為他的行動責罵他，但放了他一馬。然而，敗仗似乎沒有動搖他的決心，他在一八二〇年故計重施，並再度遭到擊退。烏瑪爾此時開始軟禁他。兩年後，烏瑪爾離世讓他的小兒子登基後不久，張格爾再次逃脫，這次逃往吉爾吉斯游牧民族的地區，他在那裡待上兩年，為後續行動做準備。

一八二六年，他對阿勒提沙爾發動全面入侵，率領一支數百人的軍隊，成員包括吉爾吉斯游牧民族，以及其他來自浩罕和布哈拉的追隨者。他成功抵達薩圖克・博格拉汗的陵墓，也就是首位改信伊斯蘭的突厥統治者，位於喀什噶爾附近的阿圖什鎮（Atush）。他在那裡遇上了一支包圍他人馬的清軍。他的一些追隨者成功逃到鄰近的聚落求助，而張格爾則和兩名同伴整夜躲在陵墓建築群的墓穴內。正當他的行動看似失敗時，救援及時抵達。許多當地的村民都是阿帕克道團的成員，他們聽聞張格爾歸返後前往陵墓。接著發生了一場血洗屠殺，清軍遭擊潰。張格爾一直到戰鬥結束後才離開墓穴。浩罕的一名編年史家告訴我們，他一被發現，「那支伊斯蘭軍的所有人都走近墓地的張格爾和卓，在他面前跪下。接著，他們滿懷尊崇和敬意，將張格爾和卓放上一匹高貴的快馬。民眾聽聞此事時，不分老幼，所有人都在張格爾和卓前往喀什噶爾途中出來歡迎他」。[7]民眾視張格爾為解放者並迎接他，他的人馬占領了清軍駐守的要塞古勒巴格（Gulbagh），清軍則逃往東方。到了秋季，張格爾已經採用頭銜「先知後裔張格爾蘇丹」（Sayyid Jahangir Sultan），並將其勢力範圍拓展到葉爾羌和和闐。對張格爾而言，這只是要討回他的權利。「喀什噶爾和（其他）那些地方是我祖先的土地。」他後來如此告訴清朝。[8]不同城市的富商支援張格爾人力和資金的事蹟，代表著許多人將他的到來視為六十年前被清朝篡位的和卓統治終於復辟。人民起義恢復了和卓的勢力。

起義的規模令清廷措手不及。一八二六至一八二七年的冬季期間，清朝從北方調遣數千名士兵，並在一八二七年三月殘暴奪回喀什噶爾。張格爾逃亡，數千人的清軍耗費多月才追捕到他。他終於在一八二八年二月落網，並由兩千人的護衛隊帶回北京。他在那裡受審，接著遭凌遲處死。恢復清朝統治的過程所費不貲且屈辱，並引發關於阿勒提沙爾在帝國中地位的辯論。新疆的滿人參贊大臣主張縮減阿勒提沙爾的開支，舉出占領該區域的高昂花費。「西四城環通外夷，處處受敵，地不足守，人不足臣。」喀什噶爾參贊大臣武隆阿（Wulonga）寫道，「似無需更守此漏卮。」[9]確實，要維護新疆領土一直都相當昂貴。當地徵收的歲入從未足夠，唯有透過每年從中央政府調撥大量的白銀，清朝才能繼續統治該區。這個共享歲入的制度稱為「協餉」（意為「分擔支出」），是中國常見的做法，而新疆一直都在仰賴這些資金調度。到了一八二八年，調撥到新疆的協餉高達白銀八十三萬兩。[10]

武隆阿言之有理，但他的意見遭受北京的一些文人和官吏高聲反對，他們長期都抱持相反的主張——堅持應該讓包括阿勒提沙爾在內的新疆更緊密融入帝國和引入當地的中國本土行政架構。帝國面臨新挑戰促使一支經世學派出現。一八二〇年，該學派的年輕學者龔自珍（一七九二－一八四一）寫成〈西域置行省議〉，並在其中強而有力地反對認定新疆對帝國資源造成負擔的「淺見愚儒，下里鄙生」。上天已帶領清朝前往西域，滿洲旗人和一般漢族士兵的犧牲不得稱之為損失。「欲因功而續加之，則莫如酌損益之道。」龔自珍寫道，「何謂損益之道？曰：人則損中益西，財則損西益中，兩言而已矣。」龔自珍建議，由帝國出資，進行土地改良結合私人中國農民殖民開墾，將能夠提高新疆的生產力，並緩解中國本土人口過剩的問題。這些舉措必須配合設置文職的官僚行政制度，以取代新疆的軍事和伯克制度。龔自珍坦承，他的提案將需要「極厚」花費，但他確信在二十年內，收益將有「萬倍」。龔自珍含蓄地批駁清廷新疆政策的基礎，把那個區域視為滿人的保留區來經營，與中國本土區隔開來。龔自珍所展望的文官行政體系將擁有超越旗人的權威，而旗人的差別待遇在於他們的稅率較低，以及「有事不得受知縣以下杖責」。[11]新疆將由漢人定居和治理。龔自珍寫作這份提案時，尚未通過考試，沒有資格將他的論說文當作陳情書呈交給朝廷。這篇文章一直到一八二七年才發表，當時關於縮減開支的辯論正在開展。那時清廷並未執行任何文中的建議，儘管如此這篇文章仍具先見之明。一百五十年後，中國的政策與龔自珍的提議離奇地相似。

一八二八年，清廷的回應是提升阿勒提沙爾的軍隊等級，驅逐浩罕商人，並將他們的財產充公。這導致了反效果。瑪達里汗（也就是娶繼母為妻的那名男子）如今沒什麼可失去的，於一八三一年現身喀什噶爾，張格爾和卓的哥哥緊隨其後。瑪達里發動另一次的聖戰（jihad），這次是為了他自己的利益。而今人民的熱情已經消退，並沒有代表和卓起義。浩罕人無法趕走清朝勢力，但他們能夠利用撤退，談判達成商業和外交勝利。清廷同意允許浩罕商人歸返，補償他們在驅逐期間的財產損失。更出乎意料的是，他們賦予浩罕商人免稅貿易的特權，並給予瑪達里派遣他手下的白鬍長者（*aqsaqal*，即社群長老）監督浩罕商人，並以他的名義收稅的權利。浩罕從屬國轉變成在新疆擁有治外法權的特權。

◆ ◆ ◆

河中地區的其他部分也逐漸從十八世紀中葉的危機中恢復原狀，但政治情勢依然非常動盪不安。統治者可以藉由鑄造錢幣，並要求星期五晡禮——也就是每週最重要的禮拜儀式——前的講道中提及他們的名字，來主張君權。但實際行使權力是另一回事。試圖成為統治者的人若要行使權力，總是需要與那些預期應屈從於他們的人達成協議。統治者會授予官等和頭銜，象徵著地位與權威，但這些虛名並非相當於穩定的官職，畢竟這樣的官職並不存在。那些治理行省的人士與統治者共享君權（以及他們籌得的歲入），他們也可能輕易轉而效忠其他人，或憑藉己力主張權

# 第四章　喀什噶爾的哈薩克民族誌學者

一八五八年十月從塞米巴拉金斯克（Semipalatinsk，現今的哈薩克塞米伊城〔Semey〕）抵達喀什噶爾的商隊一如往常由說突厥語的穆斯林組成，他們都是俄羅斯的臣民。長久以來，俄羅斯與中亞和中國的貿易都受來自窩瓦河流域的穆斯林所掌控，今天這群人被稱作韃靼人。走過阿勒提沙爾所經歷的諸多動盪，包括近期倭里罕和卓所率領的入侵行動，俄羅斯與這兩地的貿易依然存續。不過，在商人之中，有位自稱亞林貝（Alimbay）的青年。如果審問者搜他的身，會在他身上找到寫著俄文筆記的文件。這名年輕商人是偽裝的軍官，肩負蒐集阿勒提沙爾內政情報的任務。他之所以能夠融入其他商隊成員，是因為他真實人生是個名叫喬罕・瓦里漢諾夫（Shoqan Wälikhanov，或作Choqan Valikhanov）的哈薩克人。

瓦里漢諾夫生於一八三五年，他的曾祖父是曾在十八世紀統治哈薩克人的中玉茲的阿布賚汗（Ablay Khan）。他畢業於鄂木斯克（Omsk）的西伯利亞軍訓隊（Siberian Cadets Corps），成為俄羅斯軍隊的軍官，同時身兼學者和公務員。身為西西伯利亞（Western Siberia）總督的副官，他曾參與許多哈薩克草原的遠征，鄰近伊塞克湖（Issiq Köl）並進入固勒扎。一八五七年，他獲選加入俄羅斯帝國地理協會（Russian Imperial Geographic Society），正是這個組織資助他隱姓埋名到喀什噶爾旅行。瓦里漢諾夫在喀什噶爾待了六個月，期間沒有暴露身分。他蒐集到一批當地的手抄本和錢幣，並帶回俄羅斯。他在一八六〇至一八六一年加入這個聖彼得堡協會的十五個月內都深受歡迎。他成為俄羅斯學術圈的一分子，也和費奧多爾・杜斯妥也夫斯基（Fyodor Dostoevsky）成為好友，他是在杜氏流亡塞米巴拉金斯克期間認識他的。瓦里漢諾夫普遍是以俄文寫作出版，他部分關於東突厥斯坦的描述曾於一八六六年被翻譯成英文。遺憾的是，瓦里漢諾夫因結核病而英年早逝，這場病在他尚未過完三十歲那年就奪走他的性命。

在帝國時代，勘查和間諜活動與科學和征服行動密切相關。瓦里漢諾夫不尋常的是，他是在俄軍中探勘和蒐集中亞情報的哈薩克軍官。瓦里漢諾夫太過短暫的職業生涯，能讓我們深入理解俄羅斯帝國和十九世紀中葉地緣政治局勢的本質。他造訪喀什噶爾當下，大清帝國正在衰弱，俄羅斯占據優勢，而英屬印度帝國正在成為影響中亞的重要因素。

◆ ◆ ◆

俄羅斯沒有天然邊界可以和草原地帶及其居民區隔開來，而自從西元七、八世紀，第一批斯拉夫人（Slav）出現在歐亞草原的極西邊緣以來，與草原游牧民族競爭已經成為俄羅斯生活常年的特徵。蒙古人征服了羅斯公國，導致這些公國加入與中國、中東和中亞同樣的帝國。蒙古勢力逐漸消退時，莫斯科大公國崛起成為東斯拉夫人中的卓越強權。起初，莫斯科大公國是蒙古的後繼政權，但到了十六世紀，其自我定位已經開始轉變。伊凡四世（恐怖伊凡）在一五四七年的加冕典禮上，採用沙皇頭銜及其基督宗教意涵，並且不久就發起對抗莫斯科大公國前封建領主的再征服戰役。莫斯科大公國的軍隊在一五五二年奪下繼承金帳汗國的穆斯林政權喀山汗國，一五五六年奪取阿斯特拉汗，公國因而獲得大量的穆斯林臣民和在裏海地區的立足點。一五八〇年代的第二波擴張行動期間，俄羅斯劫掠者和哥薩克人（Cossacks）的軍事集團將莫斯科大公國的統治範圍拓展進入草原北方的森林地帶。成吉思世系的西伯利亞汗國（khanate of Sibir）的庫楚姆汗（Küchüm Khan）於一五八二年戰敗，這起事件是個里程碑，在這之後，哥薩克人開始強制森林地帶的原住民族納貢。斯拉夫移民隨後來到，壓垮了為數不多的當地人口。從森林地帶榨取的主要商品是毛皮（經由貿易或納貢獲取——但兩者的差異微乎其微，當地民族往往無法辨別），而大多都是由國家授權的民間商人在取用資源，這些人都比斯特羅加諾夫家族（Stroganov family）＊更默默無聞。自由企業結合強行掠奪，將莫斯科大公國橫跨現今西伯利亞廣袤區域的統治，拓展到太平洋地區。俄羅斯在西伯利亞的勢力薄弱且遠離帝國中心，但比任何其他勢力都更強大。一六八九年，莫斯科大公國軍隊與遠東的滿清勢力交鋒。這兩個帝國簽署了《尼布楚條約》（treaty of Nerchinsk，由清廷的耶穌會〔Jesuit〕傳教士以拉丁文起草），劃定兩國在遠東地區的疆界。儘管草原地區無人有所意識，但兩個農業國在草原邊陲接壤是災難的惡兆。這份條約標誌著草原自治終結的開端。

十八世紀伊始，彼得大帝（Peter the Great，一六八九至一七二五年在位）以一連串由上而下的改革，重整了莫斯科大公國。彼得改造了莫斯科大公國的軍隊和政府，也改變該國菁英思考、工作和表現的方式。他深受北歐和中歐吸引，因此他的改革是有自覺地仿效歐洲現象。軍事改革的目的是要讓他的軍隊能夠與他對戰長達二十年的瑞典軍隊匹敵，並且讓俄羅斯出現在歐洲地圖上。這些改革措施伴隨著將文化重新定位，從莫斯科大公國的過去轉向中歐的現下。彼得將莫斯科大公國重新命名為俄羅斯帝國，自詡統治普世並繼承羅馬。帝國必須設立新首都，其僕役也必須像歐洲人一樣做事和穿著。彼得命令他的貴族剃掉他們的鬍子（他甚至不恥親自用剪刀剪去那些拖延者的鬍子），女性和男性往來互動，而所有人都必須遵從時下歐洲宮廷的最佳慣例。彼得真正的野心是覬覦歐洲，但他明白帝國在東方擴張遠更容易。他以特有的冷靜沉著，開始探索新的貿易路線、歲入來源和可以併吞的領土。謠傳有條河道可以從裏海通往印度，而且阿姆河蘊藏金礦，因此彼得於一七一四年派遣一個使節團到希瓦，去評估當地的政治情勢並尋找金礦。使團帶回來的消息相當肯定，足以讓彼得在一七一六年派遣第二個使團，由亞歷山大・貝科維奇－切卡斯基王子（Prince Aleksandr Bekovich-Cherkassky）率領，任務是要在裏海南岸建造一座堡壘、尋找金礦，並說服希瓦的可汗派遣俄羅斯和希瓦的聯合商業代表團到印度。貝科維奇－切卡斯基帶著兩千兩百名男子的團隊出現時，希瓦人不出所料將使團視為入侵者，並發動戰爭來挑戰之。俄羅斯人在最初的衝突中得勝，但後來幾乎所有人都被屠殺。另一個受黃金誘惑驅動的使團——這次是派遣到阿勒提沙爾的葉爾羌——就算損失沒那麼慘重，也稱不上成功。當時掌控葉爾羌的準噶爾人趕走了由中校伊凡・布霍爾茲（Ivan Bukgoltz，或作Buchholtz）率領、來自托波爾斯克（Tobolsk）的武裝使團。然而，布霍爾茲設法在鄂木河（Om River）河畔興建一座堡壘，後來發展成為鄂木斯克鎮。[1]彼得高瞻遠矚的計畫鮮少產出立即的成效，但在他逝世時，俄羅斯無疑

＊譯注：十六至二十世紀初俄羅斯著名的商業貴族家族。

已經成為草原的一大勢力，一座座俄羅斯堡壘沿著草原邊緣排成一列。

俄羅斯與中亞和中國貿易的歷史悠久。[2]商隊將俄羅斯與河中地區和中國的市集連結起來。這些貿易活動牽涉到草原游牧民族——哈薩克人和準噶爾人——他們會收取過路費和保護費，因此逐漸捲入遠距的政治關係之中。在俄羅斯這一方，多數的貿易都是由韃靼商人操手。韃靼人受莫斯科大公國統治的過程起初相當痛苦。莫斯科大公國征服後，隨之而來是強迫改宗的戰役，造成韃靼人的浩劫，但莫斯科大公國很快就與其穆斯林人口達成暫訂協議。這份協議將韃靼人和巴什基爾人納入全帝國的階級與地位制度，這個制度決定了每個群體的權利和義務。俄羅斯在草原地帶的邊界是以設置成排防禦設施的方式來界定，藉此抵禦游牧民族，並綏靖防線後方的土地。[3]這些防線通常都遠離俄羅斯政權中心，並配有哥薩克人負責管理。直到十九世紀初，防線前方的地區都依然是邊緣地帶，俄羅斯政府及其代表在這裡並沒有決定性的權力優勢。反之，哥薩克人的生活以從貿易到通婚等多種方式，和他們的哈薩克族鄰居交織在一起。[4]這並不令人意外。「哥薩克」（俄文作「*Kazak*」）這個稱呼源自於突厥語的「Qazaq」，也就是「Kazakh」（哈薩克）一詞的原文。哥薩克人和哈薩克人都是參與了以草原地帶為主、更廣泛的劫掠現象才興起。[5]到了十八世紀末，俄羅斯政府降服哥薩克人，讓他們為帝國服務。他們管理的防線後方的土地開放給俄羅斯農民定居，徹底改變了土地的使用方式。

準噶爾人的擴張行動開啟了與哈薩克人血腥至極的戰爭循環，過程中準噶爾人逐漸占據上風。一七二三年，準噶爾一次重大的勝利導致哈薩克人在「赤腳逃亡」時四散南方和西方——哈薩克族絕望撤退至河中地區，而他們的到來徹底動搖了這個區域的幾個農業政權。其他哈薩克族領袖轉而向俄羅斯求助。一七三〇年，小玉茲（Junior Horde）的統治者阿布勒海爾汗（Abulkhayr Khan）派遣大使團隊到聖彼得堡，請求俄羅斯庇護哈薩克族，以躲避準噶爾人的攻勢，並在他的領土興建一座堡壘。女皇安娜（Anra）非常樂意答應他們的請求。阿布勒海爾在一七三一年宣誓效忠她，承諾為她效勞、進獻貢品（*yasak*），並在俄羅斯貿易商經過他的領土時保護他們。中玉茲的謝梅克（沙穆罕默德）汗（Shemeke [Shah Muhammad] Khan）於一七三二年跟進，大玉茲（Great Horde）的眾蘇丹也在一七三三年宣誓效忠安娜。

忠誠誓約對雙方的意義不同。[6]俄羅斯人以為哈薩克人藉由宣誓來臣服於他們的君權。而哈薩克人則將誓約視為暫時的結盟，而非永久的臣服。俄羅斯使節——一位名為穆罕默德・捷夫克列夫（Muhammad Tevkelev）的巴什基爾穆斯林——抵達接受阿布勒海爾的效忠宣誓時，他發現哈薩克貴族間意見極度分歧，他們認為他們是要求阿布勒海爾提議簽訂和平條約，而非對帝國俯首稱臣。[7]清朝征服準噶爾後，哈薩克人如今意識到自己被夾在兩大帝國之間。許多曾宣誓效忠俄羅斯帝國的哈薩克領袖如今臣服於清朝，清廷允許他們出使到北京，並授予他們贈禮、頭銜和在邊界城市的貿易特權。[8]對哈薩克人來說，對清朝的誓約是基於短期的擔憂而做出的實際手段，而非長期效忠。草原地帶的長遠距離和無邊無際提供了緩衝，兩個帝國都無法強迫履行誓約。在南方，哈薩克人在與河中地區政權或納迪爾沙的軍隊互動時，所作所為都像是擁有主權的行動者，絲毫沒有受他們對兩大帝國的誓約所限制。進入十九世紀，哈薩克人得以在俄羅斯人和清朝間運籌帷幄，尋找最佳利益。俄羅斯人只能藉由挾持已臣服的統治者的子女，來確保哈薩克族維持忠誠。這些兒童人質接受俄羅斯教育，有部分成為哈薩克人和俄羅斯政府間的中間人。儘管如此，哈薩克人經常叛變，也沒有依約納貢，他們的領袖往往必須重新宣誓。

情勢在十九世紀的進程中有所轉變。清朝面臨財務問題，因此大多已經撤離設有警戒哨的新疆邊界以外的草原地帶，而俄羅斯人透過興建堡壘，鞏固他們在草原地帶的控制權，甚至更深入其中。一八二二年，他們首次試圖主張實際在行政面掌控中玉茲的哈薩克人。《西伯利亞哈薩克人法規》（Statute on the Siberian Kazakhs）向他們徵稅，並將他們強制納入一個行政體系。那份法令也廢除了可汗的職位，並以一群由不同行政單位的長老所選出的蘇丹來取代之。法令也禁止中玉茲的哈薩克人與清廷有任何接觸。在接續的數十年間，俄羅斯人在哈薩克草原的其他地區引入類似的法令，並建造愈來愈多的堡壘，不過讓哈薩克人融入俄羅斯帝國的過程一波三折。由於不同的哈薩克群體拒絕納稅，並劫掠俄羅斯的聚落和防禦設施，起義經常發生。肯薩里蘇丹（Qenesarï Sultan）想要被認定為可汗，並以自己的名義統治。一八三七至一八四七年間，他成功壓制俄羅斯軍隊，在草原地帶創立了一個實質政權。這起事件通常被稱作對抗俄羅斯統治的起義，但更正確的說法應該是曾存在一個獨立政權。一直到十九世紀下半葉以降，俄羅斯人才確實占領了哈薩克草原。

在一八四〇年代，俄羅斯人已經開始擴張到該區域的南部。一八三九至一八四〇年的冬天有場對抗希瓦的戰役以災難告終，一支由瓦西里・佩羅夫斯基將軍（General Vasily Perovsky）率領的軍隊在仍遠離希瓦時便止步，撤回鹹海北方的艾姆巴堡（Fort Emba）基地，不但折損一半的駱駝，更有半數的士兵死亡或重傷。然而，這次的慘敗並無損俄羅斯的野心。在接下來的幾年內，俄羅斯人在鹹海地區和錫爾河下游流域，也就是希瓦的可汗主張擁有的領地，建造了許多堡壘。一八五三年，佩羅夫斯基利用其中一座堡壘去占領錫爾河河畔的浩罕堡壘亞格馬斯吉德（Aq Masjid），因此在河中地區取得據點。這座堡壘被重新命名為佩羅夫斯克（Perovsk），來向這位征服者致敬。與此同時，由於俄軍一八四七年在阿拉套山脈（Alatau Mountains）山麓的科帕勒（Kopal）興建多座堡壘，西伯利亞要塞線（Siberian Line）已經南移。另一座一八五四年在維諾（Vernoe，即現今的阿拉木圖〔Almaty〕）建造的堡壘讓俄羅斯得以掌控傑提蘇夫（塞米列琴）。佩羅夫斯克和維諾相隔一千公里，但俄羅斯已經成為該區域的強大勢力。

◆　◆　◆

一八二二年的《西伯利亞哈薩克人法規》是俄羅斯帝國典型的法律。俄羅斯帝國是征服而來的王朝帝國，視差異為理所當然，並試圖兼容並蓄。帝國以題寫在憲章或法律的特定條款來併入新領地和族群，每個新征服的對象都有專屬的法規。舉例來說，《西伯利亞哈薩克人法規》並不適用於西伯利亞的哥薩克人，就算他們和西伯利亞哈薩克人居住在同一塊領地依然如此。這是特殊主義（particularist）帝國的特徵，其中的每個群體都和沙皇有著獨特——不同且不平等——的關係。凱薩琳大帝（Catherine the Great）一七七三年在諸信寬容法令（Edict of Toleration of All Faiths）中將對差異的認可法典化，允許帝國內所有的宗教實踐。這並不等同於宗教自由，更別說是信仰自由，但依然意義重大。臣民必須隸屬與某個宗教，而政府會監督每個宗教社群的運作。彼得讓東正教會（Orthodox Church）臣服於政府，並以服從世俗權威的神聖大公會議（Holy Synod）取代牧首。凱薩琳將此一原則延伸適用於伊斯蘭教，在奧倫堡（Orenburg）創立穆斯林宗教會議（Muhammadan Spiritual Assembly）。在許多層面，這個組織是伊斯蘭教的教會，也是代表政府整頓宗教權威的階層機構。凱薩琳視之為在韃靼定居人口間，為伊斯蘭教帶來秩序的方式。她也希望伊斯蘭會「教化」給帝國惹出許多麻煩的哈薩克人。為此，她贊助在哈薩克草原地帶興建清真寺，並把宗教會議當作外交工具來運用。這樣的機構在當時的穆斯林世界獨一無二，第一位伊斯蘭大法官（mufti）必須費一番心力才能讓他的權威獲得認可。不過，宗教會議逐漸成為窩瓦－烏拉地區宗教風景不可或缺的一部分。

最後，俄羅斯帝國並不是以俄羅斯人的名義來統治的——直到十九世紀晚期才正式出現這種族群分類。俄羅斯族人並沒有因為俄羅斯人的身分享有任何特權。事實上，多數的俄羅斯人直到一八六一年解放前都是農奴，而農奴制度並不存在於帝國斯拉夫核心地帶以外的地方。反之，治理帝國的是為朝代服務的多元民族貴族菁英。每塊新領土的菁英都可能被吸收進入俄羅斯帝國的貴族階層，其中除了俄羅斯人之外，還有波羅的海德意志人（Baltic German）、波蘭人、喬治亞人（Georgian）、烏克蘭人，以及不少的韃靼人和巴什基爾人。關鍵是要對朝代忠誠，而非族裔歸屬。

這正是為什麼喬罕・瓦里漢諾夫可以如此為帝國服務。俄羅斯帝國在每個征服的區域都會尋找中間人，但瓦里漢諾夫不只是個中間人。他是帝國的僕役，在國內隸屬於帝國多民族官僚、軍事和學術菁英的階層制度。他也是中亞的例外。後文將會說明，中亞是以不同的條件被征服的。中亞人並未被納入俄羅斯的貴族階層，而沒有任何其他中亞人升遷至瓦里漢諾夫達到的官階。

◆ ◆ ◆

自從清朝展開征服行動後，歐亞大陸的地緣政治平衡已經大幅改變。滿清帝國的地位已經不同於一世紀前迅速攻占中亞的時期。人口成長和經濟蕭條弱化了帝國的監管，同時叛亂已經開始在許多地方突發。其中最重大的是太平天國起義，這場大規模的動亂在一八五〇至一八六四年間摧殘中國本土，導致清廷付出龐大的人力和財務資源代價。與此同時，歐洲勢力愈來愈果敢強勢，與他們訂定的貿易條件開始轉變，而歐洲人為了捍衛他們的貿易，開始展示軍事力量。事態在第一次鴉片戰爭（First Opium War，一八三九－一八四二）時來到緊要關頭，英國為了捍衛在中國販售鴉片的權利而開戰，讓清廷吞下一次慘烈的敗仗。一八四二年八月在南京簽署的和平條約首開向清廷強索不平等條約的先例，之後清廷接連簽署放棄對英國商人在中國販售商品課徵進口關稅的權力。英國國民也享有治外法權——也就是說，就算他們在中國犯罪，也只能在領事法庭受英國律法審判。最終，英國得以在開放自由貿易的所謂通商口岸開設領事館。美國在一八四三年簽署了類似的條約，法國在一八四四年跟進，最後所有歐洲強權（包括俄羅斯）都受惠於這樣的條約。滿清帝國已經成為帝國主義的受害者。這是後來被稱作中國百年國恥的濫觴，並且將會極為顯著地影響中國的學術和政治歷史。

於是，到了一八五〇年代，清朝與俄羅斯帝國的關係已經翻轉，俄羅斯人占有優勢。有份一七二七年的條約要求兩個帝國之間的所有貿易都必須通過恰克圖（Kiakhta），那是座位在貝加爾湖（Lake Baikal）南方的邊境小鎮。然而，到了一八四〇年，俄羅斯國民已經開始在未經許可的狀態下，在新疆交易買賣。一八五一年的《中俄伊犁塔爾巴哈台通商章程》（Treaty of Ghulja）讓這類的貿易活動成為正規，允許俄羅斯商人在伊犁谷地自由貿易，俄羅斯也能夠在固勒扎和塔爾巴哈台（Tarbagatay）開設領事館。對俄羅斯人來說，阿勒提沙爾的混亂既是威脅，也是契機。

與此同時，另一個帝國已經嶄露頭角——那就是大英帝國。東印度公司在十八世紀中葉開始征服領地，而到了十九世紀，印度已經成為最有價值的英國殖民地。伴隨著占領，英國持續擔憂殖民地的安全。英國決策圈的辯論聚焦在保護帝國的印度屬地，以免可能受到英國的歐洲敵人煽動或發動攻擊。拿破崙戰爭（Napoleonic Wars）期間，拿破崙一世（Bonaparte）占領埃及的目的是要切斷英國和印度的連結，同時俄羅斯皇帝保羅一世（Paul I）正值與拿破崙一世結盟的時期，已經下令趁機從陸路入侵印度。為了對付可能到來的入侵，英國以一連串的附庸國包圍印度，藉此提供對抗潛在入侵者的緩衝。該如何劃定印度的邊界讓英國決策者爭論不休。最終，所謂的前進派（Forward School）勝出，而在十九世紀上半葉，英國領土朝西北方大幅擴張，同時俄羅斯正在加強對哈薩克草原的掌控。

英國要確保安全也需要地理勘查和蒐集情報。當時外人對中亞地理幾乎一無所知。印度的英國當局也組織了軍事和地理勘查任務，去探索印度北方的山區。始於一八一〇年代，英國探員（許多都是印度人）仔細觀察地形，尋找通往西藏、阿富汗和河中地區的通道。一八二五年，在一支小型考察隊的陪同下，任職於東印度公司的獸醫威廉．穆克羅夫特（William Moorcroft）抵達布哈拉。他是東印度公司軍隊的種馬管理員，主要是在尋找馬匹，但他還有另一個任務是要更深入調查連接印度到中亞的路線。穆克羅夫特以埃米爾海達爾（Emir Haydar）的賓客身分待在當地的公國六個月。他沒有找到他在尋覓的種馬，但他記錄了大量關於他所發現的幾條路線的筆記。他抵達布哈拉時已在外旅行六年之久。他離開布哈拉時已經染病，並在回程現今阿富汗境內的安德胡伊（Andkhoy）附近過世。

接下來的幾年內，還有其他英國調查團抵達中亞，尋找情報、貿易以及對抗英國人眼中的俄羅斯陰謀的防禦措施。這些調查團經常遭受質疑，成員更曾捲入當地的政治鬥爭。一八四二年，布哈拉的埃米爾納斯魯拉囚禁了兩名英國探員，接著處死他們。納斯魯拉的臣民稱他為「屠夫埃米爾」（*amir-i qassāb*），而這兩人的處決讓布哈拉在英國變得惡名昭彰，並在西方奠定了中亞野蠻形象的頑固敘事基礎。這些事件也引發大競逐的迷思，認定中亞的帝國擴張行動是由長期以來的帝國敵對狀態所驅動的。這種迷思導致大量文獻產出，「全都是根據同一批範圍狹隘的英文資料來源（大多是出版著述），而且內容大多是留著濃密八字鬍的官員和探險家，在風景如畫但描繪手法欠佳的中亞背景下，所展開的一系列冒險和英勇軼聞」。[9]因為是根據十九世紀利己敘述那種無批判力的解釋，這些文獻誇大了英國在中亞的重要性，並錯誤地描述了那個時代的地緣政治。英國的首要目標是保衛印度，而不是在中亞征服領土。英國決策者經常抱持一種非理性的恐懼，擔心俄羅斯人會入侵印度。英國探員尋找俄羅斯人可能利用的山區通道，並希望印度被友國環繞，成為印度和俄羅斯之間的緩衝。然而，真正的問題在於歐洲的英俄對立，以及歐洲危機可能會波及印度。俄羅斯帝國擴張時，必須考慮英國對印度的憂慮，但那並非俄羅斯在河中地區擴張的主要動力。[10]

◆　◆　◆

瓦里漢諾夫的喀什噶爾之旅融合了間諜活動與地理和民族文化方面的發現，屬於十九世紀中葉開始圍繞中亞的更廣泛現象的一部分。阿勒提沙爾和河中地區正開始吸引外部帝國的注意力。在這方面，俄羅斯所占的優勢明顯勝過英國或清朝。他們和中亞貿易的時間更長，和當地的來往也更長久。而他們將要成為帝國競爭的贏家。

# 第五章　帝國征服

喬罕．瓦里漢諾夫造訪喀什噶爾後三十年，中亞發生了深遠的改變。俄羅斯軍隊迅速前進到河中地區，征服該區的定居政權。同時但獨立發生的是，清朝在新疆的統治瓦解，導致當地的地緣政治局勢完全對外敞開。這次的動盪給予浩罕戰士阿古柏（Yaqub Beg）在清朝統治的廢墟上，建立最後一個中亞政權的機會。在過程中，他成為史上第一位在全球新聞界掀起轟動的中亞人。清朝垮台和俄羅斯進軍吸引英國人來到這個區域，造成英國和俄羅斯帝國間的多次外交危機。不過，俄羅斯和英國帝國間的對峙從未瀕臨危急關頭，而清朝出乎眾人所料，捲土重來，再次征服了東突厥斯坦。到了一八八〇年代中，中亞出現新的帝國秩序，這個區域被俄羅斯和大清帝國瓜分，而英國已經退回旁觀者的狀態。中亞新的劃分方式是以國際法為根據——國際法本身也是新出現的現象，但讓帝國的領土主張能夠獲得全球認可。在本章中，我們將試圖了解這喧譁騷動的年代，檢視中亞人如何理解之。

◆　◆　◆

十九世紀上半葉俄羅斯鞏固對哈薩克草原的統治，讓帝國與河中地區相連，並且注定將會與該區域的定居政權發生衝突。俄羅斯進軍背後的根本原因是戰略考量。俄羅斯與其鄰居之間沒有天然屏障相隔。因為終於得以掌控草原的大片區域，俄羅斯軍方希望找到能夠容易區分和防禦的「天然邊界」。這樣的邊界必須超越草原地帶，落在河中地區的肥沃土地。[1]這一點，再加上維護俄羅斯在草原地帶威望的渴望，就是驅使俄羅斯擴張的動力。與英國人敵對，以及想要搶在英國人抵達當地前占領中亞，這兩個因素幾乎沒有影響到俄羅斯的進軍行動。對棉花的渴望也影響不大。蘇聯的歷史學者認為征服行動有經濟動機，西方史家也經常提出棉花的論點。確實，在征服行動前，棉花是中亞輸出到俄羅斯的商品之一，但俄羅斯剛剛起步的紡織產業大多是仰賴從美國進口的棉花。美國內戰中斷了棉花的供應，讓產業陷入危機。然而沒有證據顯示，俄羅斯的決策者在辯論俄羅斯在中亞採取的路線時，棉花是考慮的重點。[2]貿易會順應趨勢，而且就沙皇的思維而言，貿易是次要考量。

俄羅斯前進哈薩克草原以南的行動始於兩個方向。在西部，經歷一八三九至一八四〇年與希瓦的戰役慘敗後，俄羅斯人在鹹海地區和錫爾河下游流域建造堡壘，也就是希瓦的可汗主張擁有的領地。一八五三年，瓦西里．佩羅夫斯基將軍占領錫爾河畔的浩罕堡壘亞格馬斯吉德，讓俄羅斯帝國取得在河中地區的據點。亞格馬斯吉德堡壘被改名為佩羅夫斯克。與此同時，在東部，西伯利亞（額爾濟斯河〔Irtysh〕）國界開始南移，一八四七年在阿拉套山脈山麓的科帕勒建造堡壘，一八五四年，也就是占領亞格馬斯吉德後一年，則是在維諾（現今的阿拉木圖）興建堡壘。這波新的拓展行動讓傑提蘇夫（塞米列琴）的多數地區和阿拉套山脈林木茂盛的山麓納入俄羅斯掌控的版圖之中，但佩羅夫斯克和維諾之間仍存在長達一千公里的缺口。有人在談論要連結這兩

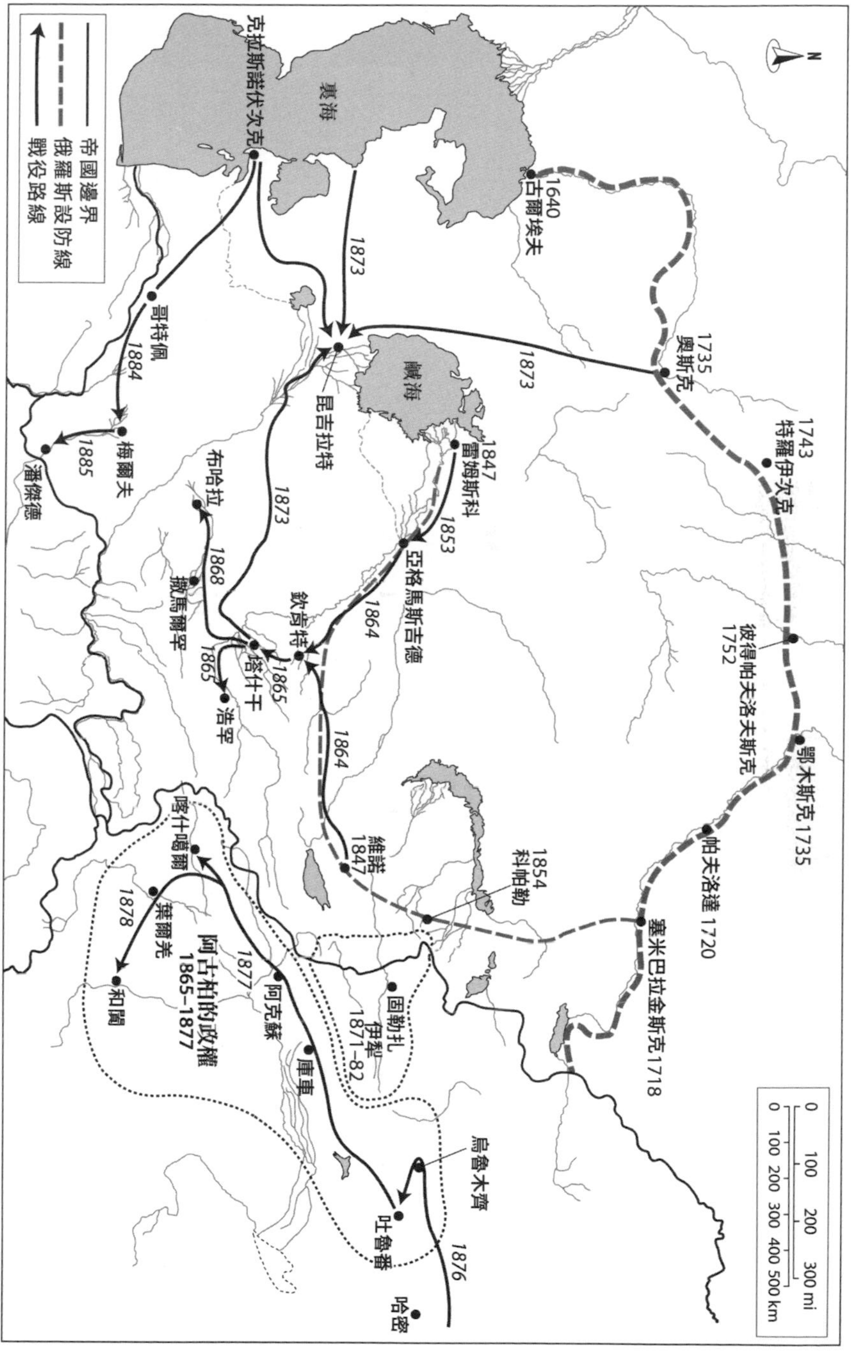
N
帝國邊界
俄羅斯設防線
戰役路線
克拉斯諾伏次克
裏海
鹹海
1640
古爾埃夫
1735
奧斯克
1743
特羅伊次克
彼得帕夫洛夫斯克
1752
鄂木斯克 1735
帕夫洛達 1720
塞米巴拉金斯克 1718
1854
科帕勒
維諾
1847
1847
雷姆斯科
1853
亞格馬斯吉德
1864
1864
欽肯特
塔什干
1865
1865
浩罕
撒馬爾罕
1868
布哈拉
1873
1873
1873
1873
昆吉拉特
哥特佩
1884
梅爾夫
1885
潘傑德
喀什噶爾
葉爾羌
1878
和闐
阿古柏的政權
1865–1877
1877
阿克蘇
庫車
固勒扎
伊犁
1871–82
烏魯木齊
吐魯番
1876
哈密
0 100 200 300 mi
0 100 200 300 400 500 km

地圖 5-1 十九世紀中葉的帝國征服行動

條堡壘防線，但更進一步的行動大多因克里米亞戰爭（Crimean War，一八五三－一八五六）而擱置。雖然俄羅斯在英法的攻勢下恥辱戰敗，但這場戰爭增強了中亞對俄羅斯軍方的吸引力。俄羅斯需要重振威望，而中亞提供了大量相對容易勝利的機會——尤其是一八五七年印度的大規模起義分散了英國人的注意力。到了一八六〇年，俄羅斯軍隊已經繼續他們在河中地區的行動。初期的進軍犧牲了浩罕汗國，俄羅斯人奪走他們的托克馬克（Toqmaq）和皮斯佩克（Pishpek）堡壘（即現今的比斯凱克〔Bishkek〕）。一八六四年，米凱勒·切爾納伊夫將軍（General Mikhail Cherniaev）率領的俄羅斯軍隊拿下突厥斯坦（Turkistan）、欽肯特（Chimkent）和亞夫利亞塔（Avliya Ata）三座城鎮，並試圖占領塔什干未果。

塔什干因為是草原貿易的貨物集散地，在十八世紀變得赫赫有名。那裡的商人和俄羅斯的生意往來十分密切。在十八世紀下半葉，該城的貴族邀請一位擁有成吉思世系血統的哈薩克人來治理城市。愛里木汗在一八〇九年為浩罕征服該城，自此之後，布哈拉和浩罕就不斷爭奪這座城市。俄羅斯人也注意到塔什干。到了一八六〇年，俄羅斯的戰略家開始討論要將塔什干變成「天然邊界」的支柱，讓設防的奧倫堡和西伯利亞國界可以連接在一起。他們將會從浩罕手中奪走塔什干，把該城變成要塞線，並指派一名順從的統治者。這個屬國將會當作俄羅斯與中亞其他地方的緩衝，提供俄羅斯一條天然邊界。

浩罕一八四二年遭布哈拉入侵後便一蹶不振。沙魯克朝雖然復辟，但已經失去實質權力，而儘管沙魯克朝曾讓不同派別團結一致，此時浩罕的政治已經變成一場沒有盡頭的派系鬥爭。復辟後，這兩個派系——吉爾吉斯和欽察部族與定居人口，雙方都說突厥語和塔吉克語——分崩離析的程度相當驚人。[3]俄羅斯進軍草原地帶，搶奪浩罕的資源，也讓混亂情勢幾乎不可能有一絲緩解。一八四二年後的二十年內，政變和反政變一再發生，不同派系輪流將他們的候選人推上王位。阿勒提沙爾局勢動盪，再加上俄羅斯入侵北方，剝奪了曾促進浩罕成長的稅收，讓危機更加惡化。比起籌備對抗俄羅斯人，布哈拉的埃米爾納斯魯拉對擊敗浩罕更感興趣。一八五四年，浩罕的胡達雅爾汗（Khudayar Khan）派遣外交使團到東印度公司，請求軍事援助。透過英國官僚翻譯他的信件，我們讀到這段文字：「我滿懷信心，希望您們能夠派遣一、兩位專精於化學技術、冶煉金屬技術和採礦器械的人員；還有一些軍用發動機和武器，可以用來驅逐這幫總是在破壞秩序、為非作歹的俄羅斯人。」[4]他沒有收到任何回音。英國人或許會擔心俄羅斯進軍中亞，但他們對於以軍事干預距離如此遙遠的地區不感興趣。無論如何，胡達雅爾汗更忙著處理內部衝突以及與布哈拉永無止盡的爭鬥。

等到俄羅斯軍隊接近塔什干時，胡達雅爾已經二度遭到推翻，而浩罕改由欽察軍閥阿里木庫里（Alimqul）掌控。他從浩罕出兵要迎擊俄羅斯人，但在戰鬥中致命重傷。浩罕軍隊內部有許多分歧，他們最終逃之夭夭，留下塔什干的居民自力對付切爾納伊夫。一八六五年六月二十九日，該城的貴族敞開門戶投降。不過，俄羅斯人沒有將那座城市變成屬國，而是設為新俄羅斯區的首府，這個新的行政區包含所有前十年沿著阿姆河河道征服的領土。他們稱這個新區為突厥斯坦。這個用語（意為「突厥人的土地」）早已存在，是對這個區域的統稱。如今它成為具體行政實體的名稱，而這個地區將在接下來的二十五年內蓬勃成長。

◆ ◆ ◆

俄羅斯人在河中地區乘勝追擊時，面臨人民反叛的清朝統治在新疆垮台。叛亂並非始於阿勒提沙爾——這個地區總是給清朝製造麻煩——而是從北方爆發，並和更遙遠大清帝國境內的動亂有所聯繫。第一次鴉片戰爭戰敗後，帝國各地許許多多的叛亂接踵而至，導致中央政府對行省的控制減弱。其中一場是一八六二年在陝西省和甘肅省的回族（說漢語的穆斯林）間爆發的。謠言不脛而走，傳聞清廷已經下令處決所有回族（和他們一百年前實際對待準噶爾人的方式大同小異），而到了一八六四年六月，這些謠言傳到了新疆。叛亂始於一八六四年六月三至四日的夜晚，在小鎮庫車（Kucha）爆發，回民燒毀城外的一座市集，並攻擊政府建築，屠殺滿人和漢人官員和部隊。當地的突厥穆斯林人口也參與其中。另一場起義發生在烏魯木齊，而在接續的幾個月內，叛亂蔓延到新疆的各個角落。一城接著一城，往往只有配備斧頭、鋤頭和棍棒的群眾襲擊堡壘，並攻擊地方的漢族居民。儘管許多城市各自起義，有支倉促組成的穆斯林軍隊從庫車出發，成功占領許多城市，東至吐魯番。清朝對新疆的統治就此終止。[5]

這波反叛不尋常的是東干人（當地稱為回族）和突厥斯坦人攜手合作。就此而言，這是穆斯林對清朝的反叛行動。然而，團結並沒有維持很久。清朝秩序崩解導致該區域開放激烈的領導權競爭，許多不同的參與者——伯克、和卓、東干人和游牧民族——都在爭奪權力。在伊犁，東干人和塔蘭奇人的結盟在勝利後迅速瓦解。經過公開戰爭後，塔蘭奇人勝利崛起，並在一八六六年擁立一位名叫阿布阿拉汗（Abu'l Ala Khan）的男子登上蘇丹之位。在喀什噶爾，反叛行動走上自己的道路。東干人起義在清朝堡壘和穆斯林舊城區遭到擊退，舊城區的清朝行政長官古特魯格伯克（Qutlugh Beg）在當地屠殺東干人。接下來事件的走向並不大清楚，但古特魯格伯克似乎請求吉爾吉斯族的圖雷吉爾欽察部族（Turaygir Qipchaq）協助對抗東干人，接著又害怕往後部族首長希迪格伯克（Siddiq Beg）會自己奪下那個城鎮。接著雙方陷入僵持，希迪格作出致命的決定，向浩罕的實質統治者阿里木庫里求助。這導致和卓最後一次入侵阿勒提沙爾。

阿里木庫里雖然在塔什干被俄羅斯軍隊圍攻，但他派遣那個世代最重要的阿帕克支系和卓——布素魯克和卓（Buzurg Khoja）——到喀什噶爾，以及由名叫阿古柏的可靠夥伴所帶領的一小支隨行隊伍。布素魯克和卓當時受到嚴格命令約束，不得介入「收受和給予、懲治和處刑、撤職和派任等這類的事務」——也就是實際的政府運作。[6]他的工作是要擔任團結對抗喀什噶爾暴動的象徵人物。浩罕和阿勒提沙爾的昔日關係在清朝統治垮台之際有了新的型態。布素魯克和卓在一八六五年一月抵達喀什噶爾，受到全體居民歡迎，接著當地人轉而對抗吉爾吉斯族，將他們趕出該城。但真正的受益者是阿古柏。他一抵達當地，就馬上開始奪取自己的權力。他的成就驚人，在幾個月內不僅占領喀什噶爾，也發起征服大業，最終阿勒提沙爾全境都落入他的掌控之中。庫車軍隊當時是由一群沒有軍事經驗的志願者所組成，不可能對抗阿古柏旗下的戰士，而他也殺死了希迪格伯克的吉爾吉斯族人和喀什噶爾的東干人。逃避俄羅斯人而抵達費爾干納的軍隊，也為阿古柏的目標推波助瀾。到了一八六七年，他已經鞏固他對阿勒提沙爾全境的統治。一八七〇年，與東干人的衝突讓他往東移動，他在那裡劫掠了烏魯木齊和吐魯番，並將之納入他的版圖。一位浩罕戰士成功在阿勒提沙爾建立了新的國家。

◆ ◆ ◆

俄羅斯人原先計畫將塔什干變成屬國，當作他們的天然邊界。當軍事機會出現，這些計畫都消失無蹤。這座城市反而成為俄羅斯擴張到中亞其他地區的基地。它直到蘇聯時期尾聲都是俄羅斯權力中心，長達一百二十五年。征服塔什干之後，俄羅斯的進軍快如閃電。有一小支俄羅斯軍隊在一八六六年五月的伊爾賈爾（Irjar）戰役擊潰龐大的布哈拉軍隊，開啟通往撒馬爾罕的道路。埃米爾穆札法爾（Muzaffar）終於在一八六八年求和。接著浩罕的胡達雅爾汗在同年承認俄羅斯的宗主權。俄羅斯人而今再次將他們的注意力轉向希瓦。早期兩次入侵希瓦汗國（一七一七年和一八三九至一八四〇年）皆以蒙羞告終。如今再也沒有犯錯的空間。一八六九年，俄羅斯軍隊登陸裏海東岸，建立一個名為克拉斯諾伏次克（Krasnovodsk，即克孜勒蘇）的前哨基地。一八七二年從那裡進攻希瓦時遭到擊退，但隔年另一次更果斷的行動成功了。俄羅斯縱隊發動三方攻勢，從克拉斯諾伏次克、奧倫堡和塔什干進軍希瓦。該城迅速淪陷，可汗求和。三年後的一八七六年，浩罕爆發反抗胡達雅爾汗的叛亂，接著轉為反抗俄羅斯。俄羅斯人發動殘忍至極的「綏靖」戰役，並併吞浩罕汗國。到了一八七六年，俄羅斯已經征服或制服河中地區全境。

戰勝的速度極快，且規模甚大。俄羅斯的傷亡微不足道，而地方軍隊損失慘重。中亞的時事評論員驚慌失措，怪罪軍隊的各種缺點。他們所言有幾分正確。軍事現代化計畫執行得並不足夠，而新軍隊證實無法與俄羅斯人匹敵。十九世紀時，河中地區地處遙遠的特質曾是其最重要的資產，但如今成為累贅。當地的統治者尋求外界援助對抗俄羅斯人，卻一無所獲。一八六四年，阿里木庫里曾派遣大使會見鄂圖曼帝國蘇丹和在印度的英國人，以及阿富汗和喀什米爾的統治者。[7]穆札法爾在伊爾賈爾戰敗後，也派出兩支使團，拜訪印度的英國人和鄂圖曼帝國，但同樣徒勞無功。英國人對於干預如此遙遠地區的事務興趣缺缺，鄂圖曼人先前與中亞的關係相當薄弱，而且他們自己與俄羅斯帝國的問題已經夠麻煩了，因此愛莫能助。中亞人只能獨自面對俄羅斯人。

然而，只有軍方能夠全心全意熱衷於俄羅斯戰爭在該區域的進展。財政部和外交部對此事有不同看法，前者擔心在財政緊縮時期治理廣大的新領土所需的費用，而後者則擔憂與英國的「糾紛」。這些考量形塑了俄羅斯最終決定如何統治中亞的處置措施。大片領土遭到併吞並納入帝國。一八六五年，近期占領的領地組成新的俄羅斯行政區，名為突厥斯坦，而塔什干是其中心。兩年後，突厥斯坦被升為行省，由一位總督管轄。不過，聖彼得堡當局對於是否要完全併吞該區域的國家猶豫不決。胡達雅爾汗因浩罕的一場權力鬥爭而遭到罷黜。他一承認俄羅斯宗主權後，俄羅斯軍隊便重新讓他登上王位。同理，俄羅斯人併吞了一大塊布哈拉的領土（包括撒馬爾罕城），但讓埃米爾繼續保有王位，以換得戰爭賠款和一份授予俄羅斯商人與該國臣民同等權利的條約。埃米爾「承認自己是全俄羅斯人的皇帝的忠僕」，並且「聲明放棄與鄰國的統治者和可汗維持直接友好關係的權利，也放棄與他們締結任何商業或其他條約（或者）……在俄羅斯在中亞的至高當權者不知情和未獲其許可的狀況下，對他們採取任何軍事行動」。[8]一八七三年，希瓦的穆罕默德·拉西姆汗（Muhammad Rahim Khan）被迫要以類似的條件承認俄羅斯的宗主權。他承諾賠款兩百二十萬盧布（rubles），聲明放棄外交權，並允許俄羅斯船運在阿姆河上自由活動，俄羅斯商人自由進出其市集。浩罕、布哈拉和希瓦成為俄羅斯的保護國。他們在形式上依然與帝國有所區隔，其統治者能夠隨心所欲治國。對浩罕的處置措施於一八七六年崩解，反抗可汗的起義促使他逃亡到俄羅斯。接著這個前汗國被併入突厥斯坦，但直到沙皇政權結束，布哈拉和希瓦都一直是保護國。

◆　◆　◆

最後一波的俄羅斯擴張行動發生在土庫曼沙漠，這是片介於新成立的保護國、伊朗和阿富汗之間的領地。征服那裡讓俄羅斯人付出比征服其餘中亞地區加總都要多的性命，也是俄羅斯最殘忍的一次行動。一八七九年，有支尼古拉．洛馬金將軍（General Nikolai Lomakin）指揮的軍隊利用克拉斯諾伏次克的堡壘，發動對阿哈爾帖克（Ahal-Teke）土庫曼人的攻擊。俄軍進攻時，綠洲的所有人口都在哥特佩（Gökdepe）附近的泥牆堡壘中避難。洛馬金以炮兵和飛彈炮火轟炸那座堡壘，非戰鬥人員逃出時，他也下令攻擊他們。在洛馬金命令襲擊堡壘前，已經有大約兩千名男女老少遭到殺害。在最後孤注一擲的行動中，土庫曼人急速派出他們的攻擊兵擊退俄軍，殺害約兩百名俄羅斯人，並迫使他們撤退。這是目前俄羅斯人征服中亞地區以來，死亡人數最多的一次。俄羅斯政府決定，必須為這次的損失復仇，以維護俄羅斯的「威望」。沙皇親自監督組織新的遠征行動，不惜一切開銷，且規劃萬全。他委託建造中亞的第一條鐵路，藉此幫助動員，但鐵路並未及時完工。他將指揮權交給米哈伊爾．斯科別列夫將軍（General Mikhail Skobelev，一八四三－一八八二），他因為近期一八七七至一八七八年的俄土戰爭（Russo-Ottoman War）功績，成為當時俄羅斯社會的當紅人物。斯科別列夫在中亞早已名聞遐邇，他曾在當地參與無數戰役——在一八七六年最終殘酷征服浩罕達到高峰。他的職業生涯讓他學到一些教訓。「我相信一個原則，」他告訴一位英國記者，「在亞洲維持和平的時間與你屠殺敵人的程度成正比。」[9]一八八〇年十一月，洛馬金的軍隊屠殺後的十四個月，斯科別列夫率領另一支俄軍到哥特佩。土庫曼人再次在堡壘中避難，和一年前一樣頑固抵抗，但斯科別列夫用地雷炸毀堡壘城牆，並在一八八一年一月十二日對堡壘發動全面攻擊。隨著城牆倒塌，抵禦者四散逃亡。斯科別列夫的士兵追捕他們遠至沙漠，並且不分性別或年紀，屠殺了其中的八千人。另外還有六千五百具屍體躺在堡壘內部。

哥特佩的屠殺和任何殖民暴行相比都有過之而無不及。這場屠殺破壞了土庫曼人的抵抗行動，斯科別列夫的軍隊深入沙漠，占領阿什哈巴特（Ashgabat）和其他幾處聚落。在接下來的四年間，俄羅斯併吞帖詹（Tejen）、梅爾夫和約洛登（Yolatan）綠洲，遭遇程度不一的反抗，最終抵達阿富汗的東界。英國人視阿富汗為附庸國，對此情勢十分擔憂，於是在一八八四年發起組織英俄邊界委員會（Anglo-Russian Boundary Commission），期望和俄羅斯一起標定阿富汗的邊界。導火線是潘傑德（Panjdeh）綠洲，阿富汗主張占有那個地區，一八八四至一八八五年的冬天，阿富汗和俄羅斯軍隊在那裡交鋒，還有邊界委員會的英國成員在五百人的印度軍隊護衛下出現。一八八五年三月，相互挑釁引發俄羅斯攻擊，導致阿富汗人退回庫什卡河（Kushka River）對岸，折損大量士卒。這次攻擊點燃嚴重的英俄外交危機。這兩大帝國有一陣子貌似會在中亞開戰，但成功避免危機爆發。接下來的一年間，委員會劃定一條邊界，並有這兩大歐洲強權的條約擔保，因此受國際法約束，標示出俄羅斯帝國在中亞的界限。[10]這條邊界的位置需要微調，大多是在帕米爾高原的區段，而直到一八九五年都尚未調整完成，不過俄羅斯南向擴張就此結束。俄羅斯止步之處並非天然邊界，而是政治邊界，另一個強權的存在限制其擴張。

◆ ◆ ◆

穆斯林統治在西方瓦解時，阿古柏正在東方建立穆斯林政權（見圖5-1）。他抵達喀什噶爾之前的人生很快便成為傳奇故事的素材。我們對其所知不多，但他顯然是在平凡家庭出生，在一八四〇年代吞噬浩罕的動亂中逐步高昇。他曾擔任亞格馬斯吉德的行政首長，但在佩羅夫斯基一八五三年攻擊堡壘前就被召回。到了一八六五年，阿古柏是深受阿里木庫里信任的顧問，並被他親自挑選來策畫喀什噶爾的干預行動。阿里木庫里在不久後逝世，讓阿古柏得以自由行動。儘管如此，他的征服行動並不尋常，因為他沒有擁有任何一般形式的正當性資格。他並未使用可汗的頭銜，滿足於使用更謙卑的頭銜

**圖 5-1**　阿古柏。攝影日期不詳。發表於 *Zapiski Vostochnogo otdeleniia Russkogo arkheologicheskogo obshchestva*, 1899, no. 11: 89。

「巴達夫拉特」（*badavlat*）和「阿塔利格加濟」（*ataliq ghazi*）。巴達夫拉特的意思是「財富的擁有者」。阿塔利格是阿古柏在浩罕的軍階，而加濟則可以譯為「信仰的戰士」。阿古柏將自己定位為伊斯蘭的捍衛者，讓他對伊斯蘭的付出成為他正當性的主要來源。他實施嚴格的伊斯蘭法，資助在阿勒提沙爾的經學院和蘇非重要人物的陵墓，但同時排擠仍在世的蘇非行者。布素魯克和卓是阿古柏進入喀什噶爾的關鍵，但前者很快便失去一切影響力，回到浩罕。阿古柏征服喀什噶爾，最終摧毀了和卓在阿勒提沙爾的影響力。與此同時，他沒有展現出任何意願要協助浩罕的目標，或反抗俄羅斯的攻擊。反之，他加強與浩罕的邊境的設防，並試圖與俄羅斯人達成某種和解。

俄羅斯人十分提防他。他們五味雜陳地見證清朝勢力在中亞崩解。儘管崩解可能會開啟俄羅斯進一步擴張或在新疆得到臣屬的可能性，但危險也潛伏其中。動盪可能會波及他們的領地。穆斯林叛變已經導致一波從北方的伊犁谷地逃亡至俄羅斯領地的難民潮。東干人和塔蘭奇人（定居的突厥穆斯林）攜手合作，推翻清朝在伊犁谷地的統治，但不久後結盟便分崩離析，一位名叫阿布阿拉汗的塔蘭奇人在谷地自立為蘇丹。俄羅斯人擔心，這個穆斯林小國可能會吸引臣服於俄羅斯或被阿古柏併吞的哈薩克人。為了預先阻止這類情事發生，他們利用了某位遭控謀殺的俄羅斯哈薩克族臣民逃亡至伊犁的機會入侵谷地。阿布阿拉汗的軍隊無力抵抗，於是在一八七一年六月二十二日，他將固勒扎城門的鑰匙交給格拉西姆・科爾帕科夫斯基將軍（General Gerasim Kolpakovsky），他是塞米列琴的首長，身兼本次軍事遠征的領袖。俄羅斯人對外聲稱這次占領是要幫助清朝維持其邊疆的秩序，而一旦中國政府恢復秩序，就會將伊犁歸還給清廷。然而，因為沒有人預期清朝會要回這個行省，歸還伊犁大多只是假設性的承諾。伊犁谷地被納入俄羅斯帝國，讓當地和傑提蘇夫的貿易變得比過去都更加緊密。

俄羅斯人一旦取得伊犁，就開始和阿古柏溝通，要保護在阿勒提沙爾經商的俄羅斯臣民的地位。俄羅斯官員非常小心避免正式承認阿古柏為合法的統治者，與他的所有溝通都是透過新建立的突厥斯坦省的總督，而非透過俄羅斯外交部。儘管如此，俄羅斯在一八七二年和阿古柏簽署了一份商業條約，稱他為他領地的「可敬統治者」。那份條約賦予俄羅斯臣民諸多權利，包括在其稱之為哲德沙爾（Yettishahr，意為「七城」，為阿勒提沙爾一詞的變體）的地區貿易、建立他們自己的商隊，以及委派商業仲介。[11]這些條款和俄羅斯於一八六八年強迫布哈拉接受的條件大同小異。對俄羅斯人而言，喀什噶爾如今成為他們邊境的一個屬國。

阿古柏很高興俄羅斯條約提供他保障和認可，但他不只想當俄羅斯的臣屬。他派遣使團到印度，尋求建立商業連結，並邀請外交使團來訪作為回應。英國人已經對俄羅斯擴張進入河中地區的情形有所警戒，並且想要阻擋俄羅斯在東突厥斯坦的勢力。他們希望能夠將阿古柏的領地納入友善（且順從）國家的體系，他們自許久以前便企圖讓這些友國環繞印度。如此一來，阿勒提沙爾就會成為東方版本的阿富汗。然而印度的英國官員對阿勒提沙爾所知甚少。民間幾位勇敢無畏的旅人是第一批出現在喀什噶爾的英國人。肖（R. B. Shaw）於一八六八至一八六九年造訪喀什噶爾，回國後極度誇大地描寫了阿勒提沙爾的商業潛力及其戰略重要性。[12]印度總督梅奧伯爵（Lord Mayo）於是派遣使團拜訪阿古柏，團隊成員一八七三至一八七四年的冬天都待在喀什噶爾。二月時，使團簽署了一份商業條約，類似於阿古柏和俄羅斯人簽署的條約。然而，英國人正式承認阿古柏是「喀什噶爾和葉爾羌領地的統治者」，並派遣代表駐點在他的朝廷。阿古柏也獲准在印度購買武器。[13]

阿古柏還主動聯繫鄂圖曼人。鄂圖曼帝國是當時最強大的穆斯林政權，其蘇丹也採用「哈里發」（caliph）的頭銜，亦即全世界遜尼穆斯林的精神領袖。世界各地的穆斯林君主偶爾會向他們求助。然而到了十九世紀中，鄂圖曼帝國正在經歷和大清帝國同樣的外交與軍事問題。歐洲強權對其施壓，強加不平等條約，並威脅其領土。在這方面，俄羅斯成為主要的對手。因此在前幾十年，鄂圖曼人已經蓄意忽略一些來自中亞統治者的接洽。這次的情形有些不同。一連串的狀況讓鄂圖曼人願意援助阿古柏。儘管事件細節仍模糊不清，但新興的鄂圖曼新聞界正為穆斯林起義和在中國建立的獨立穆斯林政權興奮喧騰。東突厥斯坦是鄂圖曼人能夠安全自稱是穆斯林世界精神領袖的地方。他們和清朝沒有關係，而且可以在不激怒俄羅斯或英國的狀態下干預東突厥斯坦，因為這兩大帝國比較提防鄂圖曼政權對其穆斯林殖民臣民的潛在影響。

一八六四年，阿里木庫里在最後一刻採取了孤注一擲的舉措，開始聯繫鄂圖曼人。等到他的使節抵達伊斯坦堡時，阿里木庫里已經去世，而塔什干也已落入俄羅斯人手中，但阿古柏的捷報開始抵達鄂圖曼帝國。使節賽義德·雅庫卜汗（Sayyid Yaqub Khan）碰巧是阿古柏的姪子，他憑藉自己的職權，要求蘇丹寄給阿古柏一封親筆信和一枚鄂圖曼勛章。除此之外，他還要求鄂圖曼帝國供應步槍和軍事指導員給喀什噶爾。鄂圖曼人寄了步槍，但沒有附上信件。雅庫卜汗在一八六九年返回喀什噶爾時，說服了他的叔叔向鄂圖曼帝國尋求更多幫助。於是阿古柏在一八七三年派遣他自己的正式使團到伊斯坦堡，取得了先前要求的信件。鄂圖曼人也派遣四位軍官負責指導阿古柏的軍隊，並提供六座大炮和一千兩百把步槍。使團返回喀什噶爾時，阿古柏在阿帕克和卓的陵墓執行了一場肅穆的儀式，為自己佩帶上蘇丹寄給他的那把劍，大聲朗誦蘇丹的親筆信，並下令在星期五講道時提及蘇丹，讓蘇丹的名字出現在當地的硬幣上。至少在官方上，他已經承認蘇丹是他的宗主。

這對雙方來說都是雙贏的局面。阿古柏認哈里發為宗主，在任何層面都不會對他有所限制，但能夠有效地讓他的臣民知道，他和某個外界強權密切相關。這也是新的正當化基礎，超脫中亞過往常見的成吉思世系血統或地方伊斯蘭所提供的正當性。對鄂圖曼人來說，成為某個遙遠穆斯林社群的支持者能夠強化他們的主張，又無須承擔過多外交風險。然而，這次溫和的干預行動是鄂圖曼人有史以來，提供另一個穆斯林國家援助最具體的舉措。他們再也沒有做過一樣的事。這個事件之所以意義重大，還有其他原因。它象徵著距離的隔閡瓦解，以及中亞併入更廣大的全球政治之中。它也標誌著鄂圖曼帝國成為中亞歷史因素的時刻。鄂圖曼帝國在派遣四位軍事顧問後，或許沒有再直接干預那個區域，但已經在中亞菁英心中留下某種魅力，我們在接續的章節將會看到這一點。鄂圖曼帝國將會成為仿效的典範、參與對話的代言人與忠誠所歸，就算那個區域的殖民統治十分穩固，也無損其地位。

阿古柏建立的政權有許多新穎之處。該國的軍隊是以徵兵為基礎，先前在中亞只有愛里木汗曾嘗試募兵。這支軍隊是由四位鄂圖曼指導員，以及一些阿富汗和印度穆斯林軍官，以現代方法培訓而成。阿古柏是第一位與中亞以外地區的強權建立關係的中亞統治者。不過，他的許多方法都牢牢扎根於中亞傳統之中。該國制度化程度非常低落。其建國基礎是征服行動，並藉由向人民苛徵雜稅來獲取資金。與此同時，阿古柏的隨從，也就是統治圈，大多是由來自費爾干納盆地的男性所組成。許多阿勒提沙爾人逐漸視阿古柏的統治為占領政權。他的實驗性做法無法長久持續，很快便遇上問題。

◆ ◆ ◆

丟失新疆已經讓北京出現關於該區域在帝國之地位的激烈辯論。自從一七五九年征服新疆以來，就已經有人提出新疆對帝國有何價值的問題，如今再次強而有力地提起這個問題。朝廷的重要人士主張拋棄遙遠、棘手又貧瘠的新疆，轉而專注於鞏固海防，對抗來自歐洲強權和尤其是日本的真正威脅。其他人則主張必須收復新疆。再沒有人比左宗棠將軍更明確地闡述此一主張。他是湖南的學者，科舉三度落榜，無法獲得相稱的官階，但他因為組織一支地方軍隊對抗南方大大小小的叛亂而聲名大噪。接著他獲指派為陝甘總督，也就是管理他平定東干人叛亂的地區。如今他主張，儘管海防相當重要，但歐亞邊疆對帝國的安危更舉足輕重。西北「廣漠無垠」，一切都仰賴當地駐軍的力量。「是故，」他論稱，「重新疆者，所以保蒙古；保蒙古者，所以衛京師。西北臂指相聯，形勢完整，自無隙可乘。若新疆（之支配）不固，則蒙部不安。」[14] 然而，當下的危險不只源自於當地人口，也來自俄羅斯和英國。「督辦新疆軍務，」左宗棠寫信給一位同僚時提到，「重在防俄羅斯之與英勾結，協以謀我，不在討回也。」[15] 他將這個務實觀點結合叛祖論，主張最初將這個區域納入帝國的是現任皇帝的祖輩，如果放棄新疆便等同於背叛祖先。左宗棠的主張勝出，同治帝於一八七五年指派他為新疆軍務的欽差大臣，肩負為清朝收復新疆的任

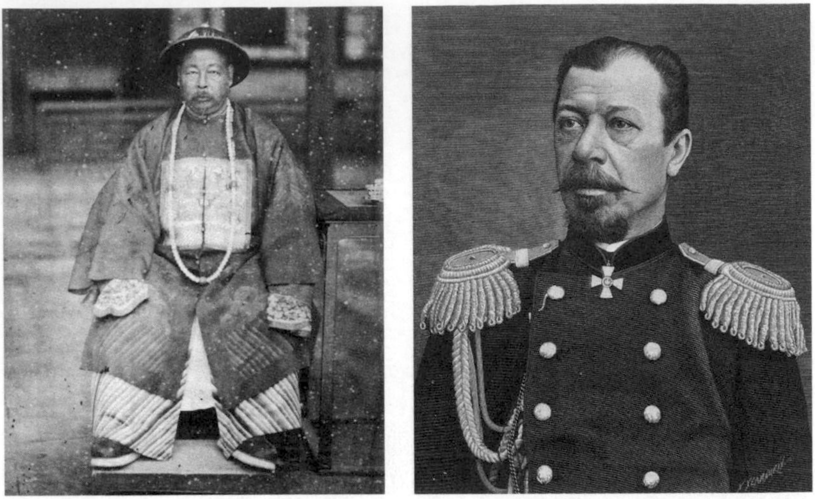

**圖 5-2**　中亞的征服者：左宗棠（左，1875 年的照片）和米凱勒．切爾納伊夫（右，1882 年的凹版印刷照）。切爾納伊夫是對俄羅斯征服中亞大有貢獻的眾多將領之一，於 1865 年拿下塔什干，1882 至 1884 年間短暫回任突厥斯坦的總督。

務。左宗棠成為第一位負責治理該區的漢人，到目前為止這都是保留給滿洲和蒙古戰士的職位。

左宗棠嚴密籌備戰役，召集了一支六萬士兵的軍隊，根據現代方法培訓，並配備進口武器。士兵屯田確保糧食供應無虞，左宗棠更輔以大量後勤裝備，以利在甘肅和哈密或向伊犁的俄羅斯商人購買穀糧。朝廷提供巨額資金，並允許左宗棠向香港上海匯豐銀行借貸兩筆國外貸款，總額達八百五十萬兩。這次西征最終耗費清廷兩千六百五十萬兩（相當於一千零六十噸白銀），等同於清朝國庫每年支出的六分之一。[16]左宗棠於一八七六年四月將他的總部遷至肅州並出兵，最後勢不可擋地征伐西北地區。清軍在一八七六年的三個月內奪下準噶爾全境，接著在秋季南下。阿古柏希望能夠避免軍事衝突，並循外交管道解決，這個方法可能會讓他變成以清朝屬國的身分掌控阿勒提沙爾。他在一八七三至一八七四年和一八七七年都曾向某位英國使節提及此事，並在英國的幫助下，派遣一位使節到倫敦與清廷代表協商。英國贊同這樣的解決方式，有利於他們在中亞的戰略目標。清廷起初還展現出些許的意願，但到了一八七七年，左宗棠的軍隊迅速推進時，清廷就沒有理由繼續讓阿古柏掌權，就算只讓他當臣屬也沒有必要。一八七七年五月阿古柏驟逝時，這一切皆已無關緊要；他最有可能的死因是腦溢血。在他死後，他隨從間的不同派系爆發內鬥，導致政權一蹶不振。左宗棠率領的軍隊長驅直入，接管阿勒提沙爾全境，幾乎沒有遭遇抵抗。最後一座投降的城市是和闐，發生在一八七八年一月二日。儘管情勢極為不利，清朝重新征服了新疆。阿古柏的冒險就此告終，英國期望有緩衝國保護印度北方的希望也隨之破滅。

◆ ◆ ◆

中國人二次征服新疆讓伊犁問題再起。俄羅斯人曾聲稱他們只是暫時占領谷地。如今他們的主張受到挑戰。有些俄羅斯官員只是想要留下那塊領地，但最終俄國政府決定歸還土地，並設法迫使清廷讓步。一八七九年在克里米亞的里瓦幾亞城（Livadia）協商時，清朝外交大臣崇厚同意的一份條約提供俄羅斯五百萬盧布的占領費用賠償金、在新疆和蒙古開設七間領事館的權利，以及在這兩個區域從事免稅貿易的權利。此外，俄羅斯得以保留伊犁西部、木扎爾特隘口（Muzart pass）和塔爾基隘口（Talki pass），讓他們能夠進入阿勒提沙爾。清廷對於崇厚的讓步大吃一驚，拒絕批准條約。一八八一年在聖彼得堡，清廷設法讓俄羅斯重回談判桌，重新協商協議，清朝這次取得遠更有利的條款。以更高額的賠款（九百萬盧布）作為交換，他們得以收復那些山脈隘口，新領事館的數量減少到兩間，並將自由貿易的區域縮減到百里（五十公里）的邊疆地帶。這份條約還允許想要繼續當俄羅斯臣民的伊犁居民能夠遷移到俄羅斯領地。[17] 一萬戶的塔蘭奇人——等同於該社群的絕大多數人——和許多東干人利用了這個機會。他們對清朝沒有好感，清朝恢復統治時曾準備要展開報復。他們被安置在傑提蘇夫（塞米列琴）的維尼伊區（Vernyi）和扎爾肯特區（Jarkent）的擁擠社區中。俄羅斯顯然很高興他們的新邊境住著強烈反清的群體。[18] 在阿勒提沙爾，許多阿古柏政權的成員和當地人湧入費爾干納盆地，比起受復興的清朝統治的未來，他們寧願過著受俄羅斯統治的生活。這是跨越條約建立的中俄邊界的第一波人口移動，日後還會有多次遷移潮。

地圖5-2標示出帝國征服時期尾聲的行政邊界。俄屬中亞包括希瓦和布哈拉兩個保護國，以及九個區（州〔*oblast*〕）。除了烏拉爾斯克（Uralsk）和土爾蓋（Turgay）是獨立州，其餘的州都被納入幾個更大的行政區（邊疆區〔*krai*〕），由總督治理。一八八四至一八九九年間，塞米列琴是草原邊疆區（Steppe Krai）的一部分。外裏海州（Transcaspia）直到一八九八年前都由高加索地區的提弗利司（Tiflis，即現今的第比利斯〔Tbilisi〕）治理（因而得名），而後被納入突厥斯坦。新疆分為四道。阿爾泰（Altay）於一九二二年加入其中。

《聖彼得堡條約》正式定下歸還伊犁給中國的舉措。今天眾人之所以仍記得這份條約，大多是因為這是陷入困境的滿清帝國唯一一次在十九世紀挺身而出，與一歐洲強權外交角力。然

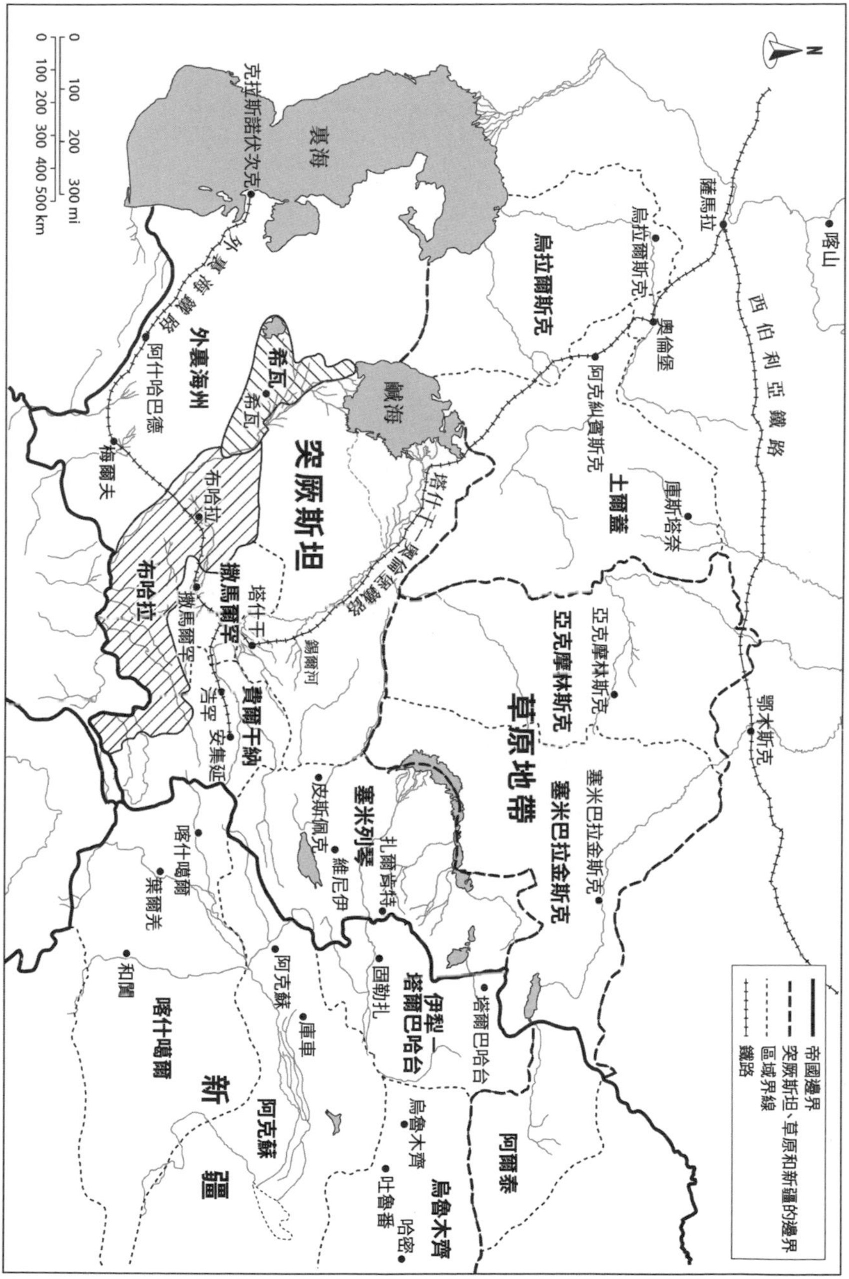


地圖 5-2 帝國統治的中亞

而，這份條約也是中亞歷史的重要里程碑。透過在兩大帝國間建立受國際法約束的穩定邊界，這份條約正式確立了中亞的中俄分野。草原已經完全被帝國包圍。一八六七年，俄羅斯人將兩年前建立的突厥斯坦區改為邊疆區（*krai*），並區分成數個州（*oblast*），於是突厥斯坦成為俄羅斯帝國的一部分，受俄羅斯帝國的法律管轄，並由俄羅斯官僚治理（見地圖5-2）。俄羅斯在一八八九年以前持續征服領地，這個區域便隨之擴大。一八六八年，俄羅斯人在草原引入新的行政管理形式，將之劃分為四區。一八八一年，兩個東部的州——屬於中玉茲範圍的亞克摩林斯克（Akmolinsk）和塞米巴拉金斯克——合併為草原邊疆區（Steppe *Krai*）。突厥斯坦和草原邊疆區都以總督為首，總督直接對沙皇負責。突厥斯坦總督尤其享有龐大的職權，包括負責處理兩個保護國希瓦和布哈拉，以及突厥斯坦邊界旁其他地方政權的事務。當地人稱他為「*yorim podishoh*」，字面意義為「半個國王」，翻譯為「副王」（viceroy）頗為貼切。與此同時，清朝於一八八四年於新疆設省，開始在當地引進中國本土的行政結構。新疆不再是軍事占領區，或八旗滿洲和八旗蒙古的保留區。然而，兩個帝國都視異質人口為理所當然。重點在於管理差異，而非強制同質化。實際上，這意味著不同的管轄區根據他們自己的法規治理，而不同的宗教社群也依循他們自己的律法審判。在兩個帝國內，中亞領地都保有獨特性。

# 第六章　殖民秩序

一八七三年，聖彼得堡美國使館的祕書尤金．史凱勒（Eugene Schuyler）打包行李，前往參訪俄羅斯在中亞新征服的領地。儘管他認為俄羅斯統治改善了「原生的專制統治」，但他經常批判他的所見所聞。然而，他對塔什干的第一印象相當引人注目。「我抵達塔什干的第一天晚上，坐在明亮月光下的門廊上，」他寫道，「我幾乎無法相信我人在中亞，反而比較像是在紐約中部的某個寧靜小鎮。塵土飛揚的寬大街道，兩排路樹遮蔭；兩旁的白色小屋並未緊鄰街道，屋前的空間有樹木和柵欄；大廣場滿是草坪和花朵，中央還有座小教堂——這全都給我這種似曾相識的印象。」史凱勒描述的是俄羅斯人在塔什干堡壘的安合爾河（Anhor River）對岸建造的新城區。「白天時，」他繼續寫道，「塔什干似乎比較像是美國西部的某座城鎮——比方說丹佛（Denver），但沒有那裡瀰漫的繁忙氛圍，而穿戴纏頭巾和長袍的撒爾塔人（Sart）取代了印地安人和礦工。」[1]史凱勒直覺認定俄屬塔什干是邊界城鎮。如果套用在出現在草原地帶、多數都圍繞俄羅斯防線上的駐點建造的城市，他的描述甚至會更加貼切。奧斯克（Orsk）、塞米巴拉金斯克、維尼伊（現今的阿拉木圖）和皮斯佩克（現今的比斯凱克）起初全都是俄羅斯的堡壘和邊界聚落。不過史凱勒的直覺沒錯。他的敘述提醒了我們，俄羅斯征服中亞的同時，美國正在征服美國西部，有助於我們在更廣泛的殖民主義框架下思考這兩件事。就像美國，俄羅斯帝國也沒有在領土或司法上與帝國殖民母國完全區隔開來的正式殖民地，但兩國同為十九世紀殖民主義的一員。

俄羅斯擴張進入中亞是十九世紀歐洲在全球各地殖民擴張不可或缺的一部分，而俄羅斯人和他們的敵人也都如此認定。一八六四年，俄軍從錫爾河南進時，俄國外交大臣亞歷山大・戈爾恰科夫親王（Prince Alexander Gorchakov）寄了一份備忘錄給國外的諸位俄羅斯大使，說明官方對俄羅斯在中亞擴張的根本原因。「俄羅斯在中亞的位置，就像所有文明國家與沒有固定社會組織、半野蠻的游牧人口接觸時的情況。」他寫道，「在這種狀態下，較文明的國家總是會運用某種優勢，壓制那些較野蠻的群體，他們動盪不安的特性讓他們成為最不受歡迎的鄰居。」他盡力指出，這也是所有其他強權的共同經驗：「美利堅合眾國、阿爾及利亞（Algeria）的法國、荷蘭殖民地的荷蘭、印度的英國——全都無法抗拒被迫如此進軍，驅動他們的大多是迫切的必要性而非野心，最大的困難在於知道何時應該停止。」關鍵在於文明的差異，如戈爾恰科夫所論稱，因為「亞洲人有種特性，他們只會尊重親眼可見的勢力；理性和有助於文明的道德力量至今尚無法控制他們」。[2]英國的觀察家發現俄屬中亞和英屬印度有許多相似之處。未來印度的副王和英國外交大臣寇松侯爵（Lord Curzon）於一八八八至一八八九年間遊遍中亞，部分是為了要探索「（俄羅斯人的）方法和成效與英國在印度的做法有何不同」。[3]俄羅斯的作家儘管主張俄羅斯在中亞的統治比英國在印度的帝國主義更加仁慈，但仍同意如此對照兩者。這類的比喻在俄羅斯的公共領域中也十分常見，俄羅斯人會認為突厥斯坦比較類似於英屬印度或阿爾及利亞，而非俄羅斯帝國的其他地區。[4]中亞是俄羅斯帝國的殖民地。

儘管殖民主義一詞就像任何其他人文科學的專有名詞，沒有普世認同的定義，但我們用它來指稱十七世紀出現的一系列行動和概念，歐洲帝國在當時開始將殖民母國與殖民地和被殖民者之間無法彌合的巨大差異概念化。這些差異是根據文明、種族和族群所構想出來的，而且愈來愈廣泛獲得科學的認可。殖民帝國也聲稱肩負文明化任務，將會為當地人帶來秩序和良好的治理，將他們培養成文明國家。文明化當地人的主張和差異無法彌合的概念之間存在緊張關係——無論當地人已經取得多少進展，他們仍然不足。戈爾恰科夫在為俄羅斯擴張辯解時，心中懷抱的正是這種對差異的理解。

俄羅斯帝國對於管理差異的事務瞭若指掌。帝國的不同領地都是由當地特有的法規來治理，而「階級與地位」的分枝制度將不同的社會群體置入複雜的階層制度中。征服於十六世紀的窩瓦－烏拉地區穆斯林，正是根據這樣的原則被納入帝國之中。不過，讓中亞與眾不同的差異遠遠更大，於是他們使用十九世紀歐洲殖民主義的語彙，而非俄羅斯更早期描述差異的慣用語，來概念化中亞的差異。這種對差異的理解形塑了治理中亞的方式。該區的原生人口從未被納入適用於全帝國的階級地位制度。在法律上，中亞人一直是「異族」（*inorodtsy*），這個分類指涉了落後與道德差距。在突厥斯坦，原生人口被稱為「土著」（*tuzemtsy*），隱含各種殖民意義。中亞人被排除在義務兵役之外，這是帝國歸屬的重要象徵。對布哈拉和希瓦採用的保護國制度在俄羅斯帝國中也十分獨特，這是從十九世紀的歐洲殖民主義借來的概念。保護國制度是廉價版本的帝國，因為殖民勢力讓當地統治者留在王位上，根據他們自己的見解、花費他們自己的資金統治臣民，同時否認在地的統治者擁有任何經濟獨立或制定外交政策的權利。英國人在非洲和印度廣泛使用這種方法，於是有數百個王侯政權與直接受英國統治的行省共存。這些王侯政權的統治者需要對（副王指派的）英國代表負責，而這些代表往往會留駐宮廷。俄羅斯在布哈拉和希瓦採行的正是這種模式。在距離布哈拉不遠、位於俄羅斯飛地境內的科貢鎮（Kagan），有位「政治代表」留駐，擔任與布哈拉的埃米爾對話的俄羅斯代言人。而希瓦可汗則要應付某位俄羅斯官員，這位官員留駐在八十公里外的俄羅斯城鎮佩特羅亞歷克山德羅夫斯克（Petro-Aleksandrovsk）。

殖民差異深植於空間、社會實踐和律法之中。塔什干的新俄羅斯城是普遍的殖民都市生活現象的一部分。英國人和法國人也在他們的殖民地內建造新城市，目的是要展現征服者的文明優越性。俄羅斯的塔什干新城區擁有寬闊整齊的大道，與舊城區迷宮般的巷弄形成鮮明的對比。新城區是將一小部分的俄羅斯移植到突厥斯坦。早在一八七五年，建城尚未滿十年時，有位匈牙利訪客便指出：「你可以在俄屬塔什干住上好幾年，也絲毫不會懷疑這座城鎮存在撒爾塔人的城區。」[5]塔什干是第一座且最重要的俄羅斯城，不過俄羅斯也在撒馬爾罕、浩罕（Kokand）、馬爾吉蘭（Marghilan）和苦盞城外開發「新城區」。然而，這些城市並沒有種族隔離政策，而即使新城區顯然是屬於俄羅斯的空間，許多富裕的中亞人仍會在新城區內建造房屋。塔什干獲得市議會、煤氣照明、路面電車（一九一二年由某間比利時公司機械化）、許多劇院、公園和餐廳。在一九一七年的帝國時代尾聲，其新城區的居民人數已經達到舊城區的一半。

突厥斯坦的俄羅斯行政機構是以軍方為首。所有總督和不同區域的行政首長都是軍官。他們屬下有兩階層的官僚。較高階的官員只以俄文作業，幾乎完全都是由俄羅斯人或其他俄羅斯帝國的歐洲人來擔任。較低階的行政官員負責帝國與地方社會的互動，則是從地方人口招募，並以地方語言辦公。在定居人口的區域，擁有財產的居民會選出選舉人（*ellikboshi*），接著再由他們選出村落長老（*aqsaqqal*）和郡（*volost'*）級的警長。在游牧人口區域也出現類似的行政選舉制度。[6]

殖民秩序會形成雙重社會，俄羅斯和穆斯林社會並肩共存，雙方的互動相當有限。儘管沒有種族或法律隔離政策，但俄羅斯和當地人的空間明確地區隔開來。俄羅斯人在已經在俄羅斯貿易中建立商業利益關係的商人中，找到他們最早的一批代言人。劫掠塔什干後不久，征服行動的將領米凱勒・切爾納伊夫頒授勛章給三十一人，表揚他們「對俄羅斯政府的勤勉服務與忠誠」。[7]商人薩依德・亞濟姆拜（Said Azim-*bai*）在征服前就從俄羅斯獲得大量貿易利益，於是他成為俄羅斯在塔什干的第一批代言人之一。沙皇在聖彼得堡親自授予他「世襲榮譽市民」的身分，而他的家族也成為塔什干穆斯林社會的重要支柱。不過，應付當地人的主要負擔都落在隨征服軍隊到來的韃靼或哈薩克族通譯身上，他們還必須和那些在俄羅斯人建立的行政秩序中受雇為較低階官員的當地人打交道。突厥斯坦的第一任總督康斯坦汀・考夫曼（Konstantin Kaufman）在主要城市設立俄羅斯學校，但他原先吸引中亞學生就讀的期望卻落空了。幾乎沒有父母願意送他們的兒子到俄羅斯學校讀書，擔心兒子會失去他們的宗教或文化。一八八四年，考夫曼的繼任總督尼柯萊・羅森巴赫（Nikolai Rozenbakh）成立了所謂的俄羅斯暨土著學校，在早上提供基礎的俄文課程，而下午則由伊斯蘭導師（mullah）授課，藉以贏得父母的信任。儘管如此辦學初期仍困難重重。原先俄羅斯人期望地方的貴族會送他們的兒子到這些學校就讀，但他們經常會雇用社區貧窮人家的孩子代替入學。這種情況漸漸才有所改變。進入二十世紀之際，懂俄文在日常生活中變得愈來愈重要，這些學校已經變得相當受歡迎。沙皇統治的最後幾年間，突厥斯坦各城的顯貴都在資助政府開設更多這類的學校。這些學校的畢業生會組成俄羅斯帝國在突厥斯坦所需要的中間人階層。然而，在他們人數仍少的階層之外，幾乎沒有人懂俄文。

◆　◆　◆

現代性緊接著帝國之後到達世界的許多地方，中亞也不例外。俄羅斯帝國帶來新的權力形式、科技和世界觀，日後將會證實大大顛覆了中亞的現狀。在一支現代軍隊和官僚制度的支持下，俄羅斯帝國所擁有的國家能力遠遠勝過中亞本地政權過去曾設法取得的能力，並且深遠地重塑了那個區域的權力關係。俄羅斯的征服行動終結了統治者和戰士氏族間的永久鬥爭，以及他們所導致的政治分裂狀態。哈薩克人的菁英被俄羅斯統治的經驗更加長久。一八八一年的新規章進一步正式確立雙方的關係，把哈薩克人蘇丹變成選舉產生的官員。在突厥斯坦，俄羅斯統治代表著部族菁英的消亡——亦即那些長期由下而上挑戰王朝元首的地方首長和次要統治者。這些菁英失去他們掌控地方資源的能力，也喪失隨掌控而來的權力。有些人被流放到俄羅斯帝國的其他地區，其他人則移居（大多遷至阿富汗），還有些人夠幸運的話可以降級到地主的地位。無論如何，俄羅斯的律法將實際的土地財產權授予那些耕作的農民，並削弱地主的權力。他們再也無法對地方生活造成重大影響。突厥斯坦和哈薩克人的土地前所未有地成為一統的政治空間，也是首次能夠去想像一個突厥斯坦人的社群。留下來的統治者（希瓦的可汗和布哈拉的埃米爾）也受益於這種權力鞏固的狀態。在布哈拉，保護國制度改變了埃米爾和地方首長之間的關係，後者不再擁有起義反叛埃米爾的選項，因為這將導致俄羅斯介入。這點在沙赫里薩布茲城（Shahr-i Sabz）的柯訥格斯部族（Keneges）的埃米爾身上最顯而易見，他們在曼吉特朝建立前就已經是曼吉特族人的勁敵。察合台世系的阿布法伊茲汗統治在十八世紀中葉衰落時，柯訥格斯部族曾競逐權力，而且他們一直以來都頑強獨立於布哈拉之外，建立以沙赫里薩布茲為據點的王朝政權，曼吉特人從未完全征服他們。最終擊潰柯訥格斯部族勢力，並將沙城交給布哈拉的是俄羅斯人。[8]（一八九〇年代，俄羅斯帝國、阿富汗和英屬印度之間的邊界最終劃定時，俄羅斯人也將帕米爾高原的領地交給布哈拉管理。）在保護國制度下，布哈拉的埃米爾對其領地所擁有的掌控權，遠勝過他們的前任統治者在獨立狀態時所曾享有的權力。在接下來的數十年間，關於共同體和團結的嶄新概念將會圍繞這些新空間形成。

鐵路、汽船、電報和郵政系統以前所未有的方式，將中亞和世界的其他地方連接起來。中亞的第一台印刷機在一八七〇年設立於塔什干，電報於一八七三年六月出現在當地，而第一間銀行於一八七五年五月開業。儘管起初進展緩慢，但隨後中亞也藉由鐵路和俄羅斯連結起來。在中亞啟動鐵路建設是基於軍事考量，而非經濟。最後征服土庫曼人期間，在土庫曼沙漠中鋪設了第一條軌道。這條鐵軌年年往東擴建，於一八九八年抵達塔什干，並延伸進入費爾干納盆地。它也將中亞與裏海海岸的汽船連結起來，並藉由其他鐵路路線連接到黑海。通過奧倫堡直達俄羅斯內陸的鐵道路線於一九一〇年完工。在接下來的一個世代內，征服行動徹底改變了中亞的經濟。對農業的影響最大。中亞出現新作物，對人民的飲食造成重大改變。馬鈴薯、番茄和甜菜都是當地陌生的植物，但很快就成為地方料理的主食。其他作物的發展則比較集中。養蠶業的重要性提升，工業礦業則是首次出現。不過，改造中亞及其經濟的主要動力是棉花。

河中地區自古以來就種植棉花，而到了十九世紀，棉花已經成為當地與俄羅斯貿易的重要出口項目。甚至在塔什干被占領前，某些俄羅斯商人就曾冒著極大風險和不便，旅行到中亞探勘其可能性。棉花也吸引到考夫曼的注意——也就是一八六七至一八八一年的關鍵十四年間的突厥斯坦總督——於是他派遣兩位專家到德州（Texas）調查美國當代的生產方法，並尋找新的棉花品種。河中地區傳統種植的棉花是短纖維的品種，只能製作品質較差的紗線種類。美國種的纖維較長，更容易製成布料。考夫曼的特使帶回幾種棉花的新品種，而其中之一的陸地棉（*Gossypium hirsutum*）出乎眾人意料在突厥斯坦大獲成功。第一批船運於一八八四年出口，之後愈來愈多農民懷抱熱忱開始種植棉花。起初，莫斯科（Moscow）和羅茲（Łódź）的紡織廠會派他們自己的採購員直接向生產者購買棉花，不過負責採購的專門公司迅速崛起。棉花貿易所獲得的利潤十分可觀，而棉花貿易公司在突厥斯坦為新興的都會商人階級打下根基。棉花也為那個區域首次出現現代工業提供了基礎。軋棉機先清理棉花，再船運到俄羅斯或波蘭（當時屬於俄羅斯帝國的一部分）的紡織廠。接著成品又運回中亞。棉纖維將突厥斯坦農民織入世界經濟體，並創造出俄羅斯和中亞之間典型的殖民關係。

考夫曼在中亞設立了第一台印刷機，但當地的書商也迅速投入印刷業，開始生產他們長銷書籍的印刷版本。印刷很快就變得無所不在。火車和汽船將書籍從四處帶到中亞的書店。還有更新穎的東西跟隨書籍而來，那就是報紙。第一批出現的報紙是官方刊物——一八七〇年起在塔什干發行的《突厥斯坦公報》（*Turkiston viloyatining gazeti*），以及一八八八年起在鄂木斯克發行的《草原公報》（*Dala wilayatining gazeti*）。這兩份報紙的目標是要提供當地人口「實用資訊」，儘管如此後來仍變成表達新思想的園地。其他各種突厥語言或波斯文的報紙從更遠處來到這裡——克里米亞、鄂圖曼帝國、伊朗和印度——從遙遠國度帶來新聞和思想。商品、人民和思想流通的新模式重塑了中亞的眼界。新秩序促成在範圍、速度和方向上的新型態旅行，世界也就隨之縮小了。

此外，征服將俄羅斯帝國其他部分的人民帶到中亞。他們是以士兵、屯墾者、行政官員、商人和求職者的身分來到這裡。多數新來的人民都是俄羅斯或烏克蘭人，不過當地也出現了波羅的海德意志人、波蘭人、阿什肯納茲猶太人和亞美尼亞人（Armenian）。韃靼人也來了——亦即來自窩瓦－烏拉地區的突厥語穆斯林——他們自一五五〇年代起就受俄羅斯統治。有些韃靼人是軍隊的軍官，但多數都是翻譯或商人。在接下來的數十年內，韃靼人將會在中亞扮演許多不同的角色。許多新來之人落腳在城市，城市的性質已有所轉變（我們很快就會看到這一點），但其中也有許多屯墾者。這些屯墾者的主要目的地是草原地帶。第一批拓殖者是哥薩克人，他們是軍事階級的成員，已經成為沙俄帝國的主幹，帝國將他們安置在邊境，以形成防禦外敵的第一線。一征服草原地帶後，屯墾者便接踵而來，起初是自己行動，接著在一八九六年後則有組織地進駐。這波的移居是更大規模的斯拉夫農民移動的一部分，一八八五年至一九一三年間，共有遠超過五百萬人遷徙到西伯利亞或中亞。在哈薩克草原，造成最重大轉變的是屯墾殖民主義，而非棉花。當俄羅斯屯墾者在愈來愈多土地上耕作，他們擾亂了游牧的生活方式，迫使大量哈薩克人定居從

**圖 6-1**　哈薩克人聚落，約攝於 1900 年。明信片（作者收藏）。

農，或在許多例子中，成為屯墾者的受薪勞工（見圖6-1）。農民聚落已經開始改變草原的人口結構和生態平衡。這也引發哈薩克人極大的不滿。土地問題將在二十世紀成為哈薩克人菁英關注的核心議題。

俄羅斯對中亞的統治是傲慢與偏執的奇特混合體。俄羅斯的行政官員對於他們所代表的歐洲文明優越性信心滿滿。開明統治、良好的政府、有序的徵稅和現代科技將會改造這個區域，並教化其人民。建立新行政體制後的頭幾年，出現了一些不切實際的改造計畫。一八七三年，蘇伊士運河（Suez Canal）的建造者斐迪南・德雷賽布（Ferdinand de Lesseps）提議興建一條從法國加萊（Calais）到加爾各答（Calcutta）的鐵路，途中會經過俄羅斯的新領土，再往南通過喀布爾，抵達白沙瓦（Peshawar）。其他人則試圖改變阿姆河的河道方向，使之流入裏海，既能夠灌溉沙漠，也能打造通往印度的航道。[9]一八九〇年代，一場嚴重的饑荒肆虐俄羅斯內陸後，帝國政府開始有計畫地讓斯拉夫農民移居中亞。主要的目的地是哈薩克草原，那裡應該擁有大量未經使用的土地。多支遠征隊出發去估算游牧民族所需的土地總面積。不出所料，調查判斷那裡的土地遠遠超過游牧民族所需，因此能夠讓農民屯墾。在突厥斯坦人口較為稠密，地方行政機構仍然十分提防大規模的移居，唯有在東北部的塞米列琴（傑提蘇夫）和錫爾河地區北部除外。地方官員照例否認突厥斯坦有適合的土地，總督更在一八九七年禁止移居。然而，進入二十世紀後，負責農民移居的機構安置管理局（Resettlement Administration）也將其目光轉向突厥斯坦。管理局局長兼未來的農業部長克里沃森（A. V. Krivoshein）希望能夠打造「新突厥斯坦」，那裡的斯拉夫屯墾者將在透過政府資助計畫新灌溉的土地上種植棉花。雖然帝國政權垮台時，這個計畫仍在發展初期，中亞已經成為占領和定居的殖民地，有許多俄羅斯人出現在那個區域。

他們的傲慢總是伴隨著恐懼，擔心俄羅斯統治太過軟弱，當地人口太過「狂熱」而無法安分接受統治。對突厥斯坦的新統治者而言，伊斯蘭代表著俄羅斯統治那個區域的主要威脅。他們認為伊斯蘭等同於狂熱迷信，讓穆斯林容易對征服者懷抱非理性的恨意。他們必須謹慎處理這個信仰。對考夫曼來說，解決方法是執行漠視（*ignorirovanie*）伊斯蘭的政策。不去干涉伊斯蘭和伊斯蘭機構——因為約束之只會激發狂熱——但伊斯蘭的宗教權貴不會在俄羅斯統治下從事官方職務或獲得官位。考夫曼希望剝奪政府支持後，伊斯蘭會日漸式微。游牧民族則大不相同。俄羅斯人認為他們的生活方式是「以自然且仍舊原始的原則為基礎」，因此他們「沒有特定的宗教信仰」。[10]於是俄羅斯政策謹慎處理宗教狂熱，避免其擴散到游牧民族之中。情況並非總是如此。

後被宣告心神喪失（正式診斷為「病態道德淪喪」）並被驅逐到塔什干，在帝國邊境默默無聞地度過他可恥的一生。他似乎在塔什干找到一項任務，將自身和大量資金投入到灌溉計畫中。他也付出許多努力，試圖改變阿姆河的河道走向，但他最終退而求其次，專注在規模較小的計畫。最成功的一項涉及擴建一條舊灌溉渠道，並組成深入飢餓草原的尼古拉一世運河（Nicholas I canal）。俄羅斯國庫買下那條運河，日後構成戰前最後幾年出現的更大規模灌溉系統的基礎。第一條以現代技術建造的大運河——羅曼諾夫運河（Romanov）——於一九一三年開通，預計將灌溉四萬五千德夏齊那（相當於五萬公頃）的土地。然而，考量到長達五十年的努力，這些成果相當有限。俄羅斯評論者意識到了俄羅斯缺乏成就的事實，尤其如果和英國人在旁遮普的建設比較，更是相形見絀。「和英國工程師的成就相比，」某位評論者於一九〇六年寫道，「我們企圖灌溉中亞的一小區土地卻成效不彰，多以失敗告終，我們的成績顯得極其糟糕且微不足道。」[14]其他計畫同樣成果不豐。突厥斯坦大多仍是小農租用的農田。那裡沒有大型農場或重要產業，棉花產量激增都是仰賴小農。

◆　◆　◆

另一項教化工作支持了清朝重新征服東突厥斯坦的行動。左宗棠一再提出經世學派的理念，他們是從儒家經典，而非歐洲啟蒙運動來汲取靈感——不過這個學派也給予技術現代化許多發展空間。左宗棠或許沒有讀過學派另一個成員龔自珍（我們曾在第三章提及此人）一八二〇年所寫的回憶錄，但這兩人對新疆的期望十分相似。他們希望能夠說服當地人口遵循儒家的道德價值。

這將要配合大量投資開墾土地、安置漢族和回族農民、引入中國行政制度，並建立儒家教育，這一切都能讓新行省變成綠意盎然的田園，並自給自足維持行省運作。[15]這些新安排的規劃因為缺少資源而失敗時，他們的希望很快就隨之破滅，而清朝在尋找困境的補救方法時，以歐洲思想為基礎、徹底改革的新計畫很快便取代了經世學派的願景。

一八八四年剛重新征服的領土被定為行省，並將省會設於烏魯木齊時，左宗棠的願景成為官方政策。行省化意味著由漢族官員任職且完全官僚化的道、府、縣制，將會取代滿洲和蒙古旗人與其穆斯林中間人（王公）共同管理的舊有軍府制。實際施行時，新規章有幾點為新疆破例。管理新疆的官僚不是帝國文官制度中一般職務輪調的單位之一，他們也不需要通過同樣的考試。新的官僚體系都是由征服軍隊的成員所組成。左宗棠將之組織成一支現代軍隊，並不隸屬於清朝的八旗制度。其職員都是中國士兵（漢族和回族皆有）和大多來自湖南省且緊密團結的軍官圈。戰役結束後，左宗棠並沒有待在新疆太久，但新疆成為他軍隊中的湖南軍官大有可為之地，他們直到一九一二年大清帝國覆滅前都支配著新疆省。因此，清朝第二次征服新疆與第一次的情況大不相同。不過，事後證明，實施行省化遠比紙上談兵困難多了。

新疆缺乏道路，也不可能為了整體人口建造鐵路或建立中文教育。由於只有極少數新官僚會說突厥語，舊有的穆斯林中間人依然待在其崗位上，不過他們被降級為「公務員」身分，而非「官員」。漢族屯墾的措施也證實難以組織安排。許多從左宗棠征服軍隊中退役的士兵轉任投入土地開墾計畫，但只有極少數人表現出有意要成為勇敢拓荒的農場主人。新疆人口中的中國人占比依然極低，而統治者與被統治者之間相隔的距離和俄屬中亞一樣遙遠，甚至更遠。在阿勒提沙爾，清朝已經在距離舊城稍遠的地點建造了他們的一些要塞城，不過清廷的考量比較偏重在維護安全，而非主張其文明優越性。這樣的情況在新疆建省後並沒有改變。在北方，多數的城市都是在堡壘周圍發展起來的，在俄羅斯帝國也大多如此。就像在維尼伊或皮斯佩克的情形，固勒扎和烏魯木齊在族群組成上也與其腹地截然不同。

清朝對東突厥斯坦的統治之所以疲弱還有個更大的原因，那就是滿清帝國本身也受制於其他的帝國統治。自鴉片戰爭起，清朝地緣政治的弱點讓其他帝國得以強迫其簽署不平等條約，並榨取治外法權的特權。俄羅斯和英國都擁有這樣的權利，他們在伴隨清朝重建新疆統治而來的外交情勢中變得更加強大。《聖彼得堡條約》給予俄羅斯在新疆開設四座領事館的權利，而俄羅斯臣民則能夠在該區域自由貿易。在阿古柏統治期間，英國也已經在那個地區取得一席之地。清朝收復新疆後，英國向清廷要求在喀什噶爾經營領事館的權利，並且比照俄羅斯臣民的條件，讓他們的臣民同樣能夠在行省內從事貿易。治外法權和歐洲國家國民免稅貿易的權利是十九世紀全球帝國主義的關鍵特徵。而新疆異於尋常的一點是，無論是俄羅斯或大英帝國，治外法權的受益者都是在種族和文化上迥異於帝國統治者的帝國臣民。在新疆從商的俄羅斯臣民，北方大多都是韃靼人，南方則是「安集延人」。「安集延人」過去身為浩罕的臣民，曾在新疆享有特權地位。儘管他們與過去的俄羅斯帝國毫無關聯，多數人甚至不是在西突厥斯坦出生，但他們在俄羅斯征服浩罕後，成為俄羅斯臣民。不過，他們發現自己的新身分相當有利。除了不需要納稅，他們也受到俄羅斯領事的保護，並且免受清朝法庭審判。領事館——分別位於塔爾巴哈台、固勒扎、烏魯木齊和喀什噶爾——成為俄國影響力的中心。領事為他們居住在不同地區的臣民指派村落長老。這些長老負責在俄羅斯臣民和清朝當局間居中調解，並解決他們之間的爭端。長老將治外法權擴散到更偏遠的地帶，觸及原先只靠著數量有限的領事所無法辦到的地區。在新疆做生意的英國臣民全都是印度人，其中多數為印度教徒。喀什噶爾的英國領事館接管現有的印度社群長老網絡，並將他們納入領事館的保護。清朝官員對於俄英指派這些長老感到惱火，畢竟相關的條約並沒有明確提及這些人員，但清廷也無可奈何。

英國勢力限縮在新疆南部，但俄羅斯人的勢力遍及這個新省分，而俄羅斯的貿易也逐漸支配全省。俄羅斯臣民從新疆進口棉花等原料，並出口布料、金屬產品、手錶和菸酒，全都遠比中國販售的相同產品更加便宜——由於中國商品遭多方課稅。中國商人在跨越省界時，必須支付國內關稅（釐金）。新疆當局儘管已經喪失俄羅斯貿易的歲入，也經常必須放棄徵收釐金，因為完整徵稅將會面臨導致中國商人破產的風險。於是新疆政府依然要仰賴中央預算的補助（但支付強權賠款的要求已經讓中央預算愈來愈吃緊，一九〇〇年義和團之亂後更是如此）。俄羅斯在新疆的經濟優勢有許多形式。在進入二十世紀以前，盧布早已成為新疆市集中最穩定且最被廣泛接受的貨幣。由於大清帝國基礎建設不足，就連中國的貨物也是藉由俄羅斯鐵路運送到新疆。一八九四年完工的西伯利亞鐵路（Trans-Siberian Railway），以及俄羅斯爭取特許在滿洲建造、一八九六年完工的中東鐵路（Chinese Eastern Railway），提供了從中國濱海到新疆最快速的運輸方法。舉例來說，將貨物從上海繞過亞洲、通過俄羅斯帝國運送到喀什噶爾（用汽船運到黑海海濱的敖德薩〔Odessa〕或巴統〔Batumi〕，接著用外裏海鐵路運到安集延，再經過商隊短程運送到喀什噶爾），遠比走陸路跨越清朝領土更加便宜快速。[16]中國的郵政一直要到清朝滅亡才建立起來。在那之前，俄羅斯的郵局是唯一能夠連接全球郵政系統的管道。新疆也沒有電報。國外消息經由俄屬突厥斯坦可能會比經由中國更快傳達。新疆的新商人階級和俄羅斯的關係比和中國其餘地區更加密切，並總是往西方尋求機會和啟發。跨邊界的交通也不只是單向流動。許多沒有土地或貧窮的農民——主要來自喀什噶爾——會旅行到俄屬突厥斯坦，尋找工作機會和更高的薪資。這樣的勞工遷移自一八七〇年代便已開始，但在進入二十世紀後，比例變得相當可觀。粗略估計的結果指出，一九〇五年共有一萬三千人遷移，一九〇八年有兩萬八千人，而在第一次世界大戰期間，每年可能多達五萬人。有些移民會去塞米列琴（那裡已經有一定數量的塔蘭奇人口，他們是在伊犁回歸清朝統治時便已從當地遷徙至此），但費爾干納是更受歡迎的目的地。喀什噶爾的勞工是俄屬突厥斯坦發展的重要元素，尤其是他們促使了棉花產量大增。儘管他們大多是季節性遷移，但許多人長期待在當地，經常能夠取得俄羅斯的身分文件。這個喀什噶爾人的社群將對二十世紀的維吾爾民族認同崛起造成重要影響。

新疆也是個殖民地，但在許多重要層面，那裡更像是俄羅斯帝國的殖民地，而非隸屬於清朝。隨著二十世紀到來，對東突厥斯坦更精確的描述應為：突厥斯坦東部更貧窮、發展程度更低落的延伸地區，以及俄屬突厥斯坦的後花園，其與俄國領地的互動遠比與中國本土更加密切。

# 第七章　世界的新願景

「歐洲人利用我們的疏忽和無知，從我們的手中奪走我們的政府，並逐漸接管我們的工藝和貿易。如果我們不趕緊努力改革公共事務，來保衛我們自己、我們的民族和我們的子孫，我們的未來將會極度艱困。」這是一九〇六年，塔什干的穆納瓦爾－科里・阿布杜拉希德松－歐格里（Munavvar-qori Abdurashidxon-oghli）在《太陽》（*Sun*）創刊號上發表對於突厥斯坦社會當前情況的診斷分析，《太陽》是他在一九〇五年俄國革命後所開辦的報紙，當時伴隨革命而來的政治解放讓中亞人得以發行報紙。據穆納瓦爾－科里所述，社會情況十分危急：「我們的行為和行動、我們的習俗、我們的話語、我們的學堂（maktab）和經學院、我們的教學方式與我們的道德全都腐敗了。如果我們在接下來的五或十年如此繼續下去，就會面臨在已開發國家的壓迫下遭到驅散和抹去的危險。」解決方法是社會要施行改革，發憤圖強：「改革要從迅速開始培育順應我們時代的科學著手。若要通曉當代的科學，就必須仰賴改革我們的學校和教學方法。」培育滿足新時代需求所必備的科學，將能讓突厥斯坦人避開可能發生的嚴峻未來。必須敦促社會全體投入改革，但這項工作絕非易事：「無知之幕如此嚴實地蒙蔽我們的雙眼，導致我們甚至不知道自己落後的嚴重程度……（我們之中）有許多人彷彿終其一生都生活在一間黑漆漆的房子裡，與所有人隔絕，認為一切改革都是墮落，並將所有改革者描繪成禍害源頭。」[1]

俄羅斯征服引發了新的問題，正如征服行動也促成了提出問題的新方法產生。進入二十世紀時，突厥斯坦出現了全新的改革論述。改革的擁護者尋找解決他們社會面臨的困境的答案。為什麼中亞會被征服？為什麼歐洲人會擁有軍事和經濟優勢，讓他們不僅能統治世界，還能發明新東西？穆斯林該如何在殖民主義導致他們陷入的新世界中生存？這些問題也不只具有抽象的哲學意義。殖民者在穆斯林社會的存在帶來挑戰和誘惑，讓這些問題變成實際需要關心的事。塔什干新城區由煤氣點亮的街道及其高檔商店，當然還有那裡的酒館和妓院，都在詢問必須回答的問題，至少那些與這些現象互動的人們必須予以答覆。改革倡議發生在中亞新出現的公共空間（報紙、慈善組織、最終是劇院）。社會新興的團體大力闡述改革，而相當新穎的世界觀鞏固了改革的基礎。這些理念被與遙遠國度的類似行動連接在一起。火車、汽船和郵政將中亞與世界經濟串連在一起，並從遠方帶來印刷書籍和報紙。自一八七〇年起，《突厥斯坦公報》便已刊載「實用資訊」，但很快就有來自克里米亞、鄂圖曼帝國、伊朗和印度等地不同形式的突厥語或波斯語報紙加入其行列。這些報紙以前所未有的方式將中亞和遙遠的地方連結起來。報紙、書籍、現代地圖和地球儀讓許多使用者「意識到世界」，他們後來在自傳的敘述中一再提及這一點。引人注目的是，這些沒有任何一份是俄文報紙，而俄羅斯並沒有提供行動和仿效的典範。這些報紙來自俄羅斯帝國和更遠國度的其他穆斯林社會。這些連結往往是新產生的，而且是帝國建立起的新連結促成這些連結形成。[2]

最重要的是和俄羅斯帝國其他穆斯林社會的連結，他們成為帝國一部分的歷史遠比突厥斯坦

**圖 7-1** 撒馬爾罕的一所新方法學校，約攝於 1911 年。學生坐在整齊排列的書桌前。當時的學校不會在戶外上課。這些相片中的人物很可能是為了謝爾蓋．普羅庫金－戈爾斯基（Sergei Prokudin-Gorskii）擺拍的，他是彩色攝影的先驅，曾在某次帝國委任的任務中遊歷俄羅斯帝國各地，記錄其多元樣貌。照片來源：國會圖書館（Prokudin-Gorskii）印刷品及照片部門的普羅庫金－戈爾斯基照片收藏。

更久。十九世紀的最後二十五年內，在窩瓦地區和克里米亞的韃靼人之中出現了現代主義改革運動，特別關注基礎教育。這波運動最重要的提倡者是伊斯梅爾・貝・加斯普林斯基（Ismail Bey Gasprinsky），他是曾接受俄羅斯教育的克里米亞貴族（*murza*），待過莫斯科、巴黎和伊斯坦堡。加斯普林斯基構想出「新式」學校的概念，以新的語音學方法教授穆斯林學童字母，這麼一來將能比傳統學堂更有效率地提升功能性識字率（見圖7-1）。新方法學校會結合功能性的讀寫能力和新興的知識門類——算數、一般科學、地理和歷史——來確保穆斯林學童有能力適應現代世界。新方法（*usul-i jadid*）學校賦予了這波運動「扎吉德主義」（Jadidism）之名。學校是最重要的一環，但加斯普林斯基的改革計畫還包含遠遠更多事務。在他的願景中，一旦俄羅斯帝國的穆斯林變得文明開化，他們就會擁有自己語言的報紙、書籍和劇院，還有使用自己語言的教師、醫生和商人。一八八三年，加斯普林斯基取得發行報紙的許可。這份《詮釋報》（*Tercüman*）向其讀者推廣改革的理念，而讀者遍及俄羅斯帝國、東突厥斯坦和鄂圖曼帝國。加斯普林斯基的理念在窩瓦－烏拉地區的韃靼人中找到沃土，那裡茁壯的商人階級對現代教育很感興趣。慈善家在喀山、烏法（Ufa）和等城市開辦革新的經學院，而韃靼文出版業在十九世紀的最後二十五年蓬勃發展，一九〇五年後出現了強健的期刊出版業。進入二十世紀時，韃靼出版社正在產出大量的原創著作，以及俄羅斯和其他歐洲作者作品的韃靼文譯本。

鄂圖曼帝國是另一改革典範的主要來源。它是十九、二十世紀之交唯一僅存相當強大的穆斯林國家。鄂圖曼的蘇丹採用頭銜「哈里發」，也就是全世界穆斯林的精神領袖和穆斯林團結的象徵。他們一五一七年征服中東時便使用這個頭銜。幾乎沒有穆斯林統治者會認可那樣的身分，但隨著愈來愈多穆斯林社會落入殖民統治，穆斯林世界的許多人開始以重新燃起的尊重看待鄂圖曼帝國，將自己的希望投射到他們身上，並視之為穆斯林社會現代化的典範。當然，當時的鄂圖曼人正身陷困境。和清朝十分相像的是，鄂圖曼帝國同時面臨內憂外患，就連帝國的存續都受到威脅。為了回應這樣的情勢，自十九世紀初，鄂圖曼的政治家就已經開始尋找透過中央集權和建立新制度，來增強國力的方式。在過程中，帝國已經處理了在伊斯蘭框架內，建立現代穆斯林教育和新制度的問題。在十九世紀中葉，鄂圖曼人開始強調他們哈里發地位的主張。當不同的歐洲勢力都表現出鄂圖曼帝國內非穆斯林人口的保護者的樣子，鄂圖曼人藉由聲稱是全世界穆斯林的精神領袖，來尋求一些外交影響力，畢竟當時多數的穆斯林都已經成為某個歐洲帝國殖民的臣民。鄂圖曼人幾乎沒有能力有任何重大作為去保護或幫助其他穆斯林（我們在第五章提到派遣去幫助阿古柏的使節團是例外中的例外），但哈里發地位的主張創造出與穆斯林情感團結的新關係，串連起遠至孟加拉和亞齊（Aceh）——以及布哈拉、塔什干和葉爾羌——的穆斯林。與此同時，鄂圖曼報刊和其他鄂圖曼出版品開始出現在中亞，受過教育的大眾很容易就能理解這些報章書籍。鄂圖曼帝國的吸引力在布哈拉甚至更加強大。那裡的埃米爾以中亞最後的穆斯林君主和伊斯蘭的守護者自居。這造成極度保守的文化政策，導致新式教育無法進入布哈拉。然而，布哈拉的商人與俄羅斯帝國和更遠的國度關係愈來愈密切，因此希望他們的兒子能夠接受現代教育。一九〇九年，他們成立了一個慈善社團，送學生到伊斯坦堡接受埃米爾不允許在布哈拉推行的教育。

在突厥斯坦，改革吸引到新世代的男性，即使他們出身舊世界，但已一腳踏入俄羅斯人強迫中亞進入的新世界。舉例來說，穆納瓦爾－科里家族的伊斯蘭學術淵源深厚。他曾就讀塔什

**圖 7-2**　扎吉德的領導人物：撒馬爾罕的瑪赫穆德霍賈·貝赫布迪（左）和布哈拉的阿布杜勞夫·菲特拉特（右），皆攝於約 1913 年。

干和布哈拉的經學院，本身也是名宗教學者（他名字中的「科里」是代表他能夠背誦整本《古蘭經》的榮銜），但他閱讀報紙和其他當代著作後，堅信改革勢在必行。他在二十八歲時寫下前文引述的社論。撒馬爾罕也有和他類似的人物，瑪赫穆德霍賈·貝赫布迪（Mahmudkhoja Behbudiy）是伊斯蘭大法官，這個職位在俄羅斯統治下仍舊存續。他的家族財力雄厚，也有一些商業收益，他曾在一八九九至一九〇〇年間前往麥加朝聖（hajj）途中，在高加索地區和鄂圖曼帝國旅行八個月之久。他看見了近數十年來鄂圖曼帝國和埃及開創的現代教育制度。他回到撒馬爾罕時未滿二十六歲，但已開始積極倡議改革。布哈拉的阿布杜勞夫·菲特拉特（Abdurauf Fitrat）曾接受傳統的經學院教育，之後他獲得布哈拉慈善社團的獎學金，得以前往伊斯坦堡求學（見圖7-2）。選擇伊斯坦堡至關重要。布哈拉商人並未考慮送學生到聖彼得堡（帝國首都）或德黑蘭（和布哈拉使用相同語言的伊朗首都），更別提韃靼城市喀山或奧倫堡。他們選擇伊斯坦堡是因為那是世界上唯一強大的穆斯林政權首都，也是應付現代世界的新觀念付諸實現的地方。菲特拉特於一九〇九年抵達伊斯坦堡，當時青年土耳其黨人革命（Young Turk Revolution）仍餘波蕩漾，城市因關於未來的辯論而眾聲喧譁。他待在伊斯坦堡的四年形塑了他對自己餘生的展望。

改革的擁護者通常被稱作扎吉德（Jadid），其中許多人擁有伊斯蘭學歷，但他們也十分年輕。他們以新觀點看待自己身處的社會，並發現許多不足之處。他們對改革的倡議是在維護新世代的勢力。儘管我們將在後文看見改革所帶來的難題，但在沙皇時代的最後十五年間，改革成為突厥斯坦都會區社會風景的一部分。改革派人士開辦新方法學校，並為其撰寫初級課本和教科書。他們開設書店、公共閱覽室、慈善社團和（一九〇六年後）他們自己的報紙。這些報紙財務相當拮据，但他們往往是在屈服於市場前就被審查制度扼殺。儘管如此，這些新現象在突厥斯坦首次創造出一個公共空間，並提供產出和討論文化的管道。寫作的新類別——報紙的文藝專欄、虛構遊記和舞台劇本——催生出新的評論語言，諷刺文學和圖像版的諷刺漫畫重塑了討論文化和社會的界限。新興的文學經常嚴肅教化，帶有濃厚道德說教色彩，並以大肆批評突厥斯坦的公共事務現狀為特色。

扎吉德深受現代性吸引。他們讚賞歐洲（俄國也包含在內）的技術本領、財富和力量，儘管他們擔心歐洲勢力對他們自己的社會所造成的後果，仍不減其欽佩之情。他們挪用「進步」和「文明」的觀念，以及和這兩者類似的「發展」概念。這些啟蒙思想大多是透過鄂圖曼文或韃靼文的翻譯傳入，而較少透過俄文文本，而這些觀念徹底改變了扎吉德的世界觀。對他們來說，進步和文明是普世現象，所有社會都能達成，也必須達成。因為「疏忽和無知」而落後的社會將會被征服和邊緣化。因此扎吉德的計畫是向內的改革，對象是穆斯林社會，而非俄羅斯人。這不僅是因為不可能去批評帝國，也是因為對扎吉德而言，穆斯林社會肩負自我改革的責任。扎吉德認為「無知之幕」阻擋了他們的同胞看見慘痛的真相，並試圖揭開之。扎吉德作家批評富人和宗教學者怠忽他們對社會的責任。高度說教的劇場（被視為「訓誡之屋」，讓社會大眾能夠在其中反省其弊病）批評富商把錢花在舉辦慶祝割禮的盛宴或婚禮，而非開辦學校或設立獎學金，並指責宗教學者沒有引導人民改革。舊式生活成為被嘲笑的對象——既落伍又無法滿足時代的需求。這樣的危機也波及伊斯蘭。穆斯林之所以身陷危機，是因為經年累月，他們已經偏離伊斯蘭的真正教義，把自己困在和他們的信仰毫無關聯的習俗和傳統中。信仰變質已經讓穆斯林脫離通往進步的道路。穆斯林必須正確理解伊斯蘭，拒絕接受信仰的各種「擴充衍生」，並拋棄他們在過去數百年間習得的風俗傳統。改革就是要重新思考伊斯蘭及其在社會中的位置。

進步和文明的追求需要社會聽從改革的呼籲才能達成。扎吉德和許多其他運動的成員一樣，喜歡覺醒的隱喻。社群必須從疏忽無知的沉睡中覺醒，才能在世界取得正當的一席之地。改革也牽涉到完全重新想像社群的意義。扎吉德改革明確將目標鎖定在穆斯林社會，而非殖民者。突厥斯坦的扎吉德人士向同胞大力呼籲，也就是那些共同生活在他們通常視之為突厥斯坦的祖國（*vatan*）的居民。「祖國」長久以來代表的意義都是出身地，一般是指出生的地方。扎吉德以遠更廣義抽象的方式，使用這個字來描述突厥斯坦全境。他們也開始談論「*millat*」一詞，這是個如今被重新定義為「民族」的古老詞彙。在歷史上，中亞人曾以家系、地區、宗教或朝代來定義自己的身分，而民族的概念相當新穎。可以用許多不同的方式想像民族——按照領土的界線、族裔或宗教群體——但這個概念代表著一種新的社群，而據班納迪克・安德森（Benedict Anderson）*所述，這個群體是以其所有成員間「深刻、平等的同志愛」為基礎。[3] 對突厥斯坦的扎吉德而言，這個民族通常包含「突厥斯坦的穆斯林」，是同時透過地理位置和宗教信仰來界定的群體。布哈拉的改革者已經開始視這個保護國為祖國。菲特拉特狂熱地描繪布哈拉：「我的祖國！我的軀體和靈魂俯伏之地／我的避風港、我的榮耀、我的光芒／我的卡巴聖殿（Ka'ba）、我的俯拜所向（*qibla*）、我的花園。」[4] 這種情感是他祖父母世代的人民所無法想像的。

然而，在這些身分認同的領土概念之下，另一種理解社群的方式正悄悄潛入扎吉德人士的想像之中。人類分為不同的民族，而每個民族都是透過某種可以用語言表述的共同文化遺緒來界定，這樣的觀念在十九世紀間出現，並在歐洲重整了正當性和團結的概念。這種概念透過多種來源傳入中亞——根據族群準則來分類民眾的俄羅斯官員；位在俄羅斯帝國其他地區、開始認為族群差異十分重要的穆斯林改革者；以及鄂圖曼帝國關於救國最佳方法的辯論。族群（而非家系或地區）是種想像社群的新方式。接著會導向另一種觀念——說突厥語言的不同民族都息息相關，

*譯注：班納迪克・安德森（一九三六－二〇一五）為東南亞研究學者，專精於民族主義和國際關係，最知名的著作為《想像的共同體：民族主義的起源與散布》（台北：時報文化，二〇一〇），本段引文亦出自此書。

而他們的語言、文化和對伊斯蘭化歷史的貢獻應當是可以引以為傲的。歐洲十九世紀下半葉的民族誌和語文學（philology）研究已經發現歐亞大陸不同突厥群體間的關聯，當時這些群體分屬於鄂圖曼、俄羅斯和大清帝國。這創造出複雜的動態。突厥語言的報紙在俄羅斯和鄂圖曼帝國各地流通，而且有許多共通之處。絕大多數的俄羅斯帝國穆斯林臣民都使用某種突厥語言，而帝國內的穆斯林社群在當時也可以被視為一個語言社群。對新方法學校的創辦人加斯普林斯基來說，俄羅斯的穆斯林臣民必須同心協力，才能達成他們的目標。他的報紙的報頭寫著一段格言：「語言、思想與行動的團結」（Dilde, fikirde, işte birlik）。加斯普林斯基希望能夠制定一種共通的突厥語言，據他所述，要讓從博斯普魯斯海峽（Bosporus）沿岸到喀什噶爾沙洲的所有突厥語使用者都能夠理解。儘管無論是政治上或語言上的團結都從未實現，但那樣的抱負是存在的。比共通語言更重要的是，明白人的族群血統值得引以為傲，並且對於促進團結相當有效。我們或可稱呼這種理解社群的新方式為「突厥主義」（Turkism）。突厥主義的目標是要破除較早期理解社群的方式，並在三大帝國的突厥人口之中重塑身分論述。然而，這和泛突厥主義（pan-Turkism）並不相同——也就是所有突厥人口都應該一統為單一國家的理念——這種理念已經成為俄羅斯和大英帝國的棘手難題。（泛突厥主義威脅的概念將在二十世紀長久存續，先是形塑了大英和俄羅斯帝國的政策，接著又影響蘇聯和中國共產黨政權的政策。）

◆　◆　◆

不出所料，那些世界觀和扎吉德不同的人大力反對改革的呼籲。許多突厥斯坦的商人都不熱衷於改革計畫。他們希望他們的兒子學習俄文，但對於扎吉德提出的那種徹底改革幾乎不感興趣。多數的突厥斯坦宗教學者都極度敵視改革。俄羅斯人並未限制伊斯蘭律法，但消滅了過去總是與宗教學者競爭的地方統治階級。如今，宗教學者可以主張他們的權威，不會受到可汗和伯克的挑戰。與此同時，他們可以假裝俄羅斯統治是經過一段他們擁有話語權的談判過程才建立的。在塔什干，米凱勒·切爾納伊夫賦予該城四區的老年人特權，承諾會允許穆斯林人口繼續採行舊有的習俗，並實行伊斯蘭法。[5]俄軍占領撒馬爾罕後，該城的伊斯蘭大法官穆拉·卡瑪魯丁·庫茲法拉克（Mulla Kamaluddin Kuzfalak）來到康斯坦汀·考夫曼面前宣誓效忠俄羅斯，並將那座城市讓給帝國。有位戰敗方的歷史學者告訴我們，他的目的是要避免更多的流血衝突，但——身為「一位睿智機敏的男士，精通對話的藝術，諂媚和欺瞞的技巧無人能敵」——在對征服者阿諛奉承時，他的表現非常出色。「我們穆斯林知道，」他告訴考夫曼，「基督教徒對穆斯林十分憐憫仁慈，而且在所有民族中，這個群體對伊斯蘭信徒的愛最為親近真摯。因此，我們撒馬爾罕的人民渴望與俄羅斯人聯盟，並期盼他們的到來。我們毫不猶豫，希望能夠讓自己受到君權的庇護，並支持皇帝。」[6]這段話不只有諂媚和欺瞞。庫茲法拉克所表述的立場在中亞的伊斯蘭傳統中根深蒂固。在成吉思世系時代的尾聲，遭逢諸多動盪後，宗教學者開始認為絕對必須維持秩序和穩定。無論統治者如何獲得權力，只要沒有反對伊斯蘭法或妨礙宗教學者的工作，他們就願意視之為合法統治者。俄羅斯征服後，這個論點更擴大適用於非穆斯林統治者。確實，在殖民時代，當世界上多數的穆斯林社會最終都受某個歐洲帝國統治，只要帝國勢力沒有阻礙伊斯蘭的宗教實踐，多數的宗教學者都逐漸同意帝國統治合乎伊斯蘭的律法。宗教學者和俄羅斯帝國和平相處，且對其十分忠誠。

俄羅斯的行政官員一直都十分擔心「伊斯蘭的宗教狂熱」，但以伊斯蘭的名義反對俄羅斯統治的情況格外稀少。征服塵埃落定後，人民大多保持和平，除了一次例外，直到一九一六年前都沒有發生反抗俄羅斯統治的叛亂。那次的例外是一位名叫瑪達里・埃尚（Madali Eshon）的蘇非導師所領導的起義，他在一八九八年率領數百名追隨者攻擊安集延的俄羅斯兵營。群眾只有配備刀、棍棒和護身符，殺害了二十二名沉睡中的士兵。駐軍一在奇襲後重新部署，便能驅散叛亂分子。俄羅斯的報復來得又快又猛。在接下來的幾天內，俄軍追捕叛亂分子和任何與他們有所牽連的人。包含瑪達里在內的十八名叛亂分子遭處公開絞刑，另有三百六十人被流放西伯利亞。瑪達里居住的明特帕村（Mingtepa）被夷為平地，村民遭到驅逐，並在原址設立俄羅斯屯墾區，直接命名為「俄羅斯」（Russkoe）。這次起義沒有在社會的其他部分引發任何共鳴。宗教學者一致敵對瑪達里，嘲笑他是個不識字的冒名騙子，他的無知和自我中心不僅導致許多他的追隨者死亡，更導致與俄羅斯政府的關係惡化。[7]

宗教學者對於突厥斯坦面臨的新困境沒有任何疑問，更別說要提供答案了。對他們來說，現狀一切安好。舊有的經學院學生人滿為患（許多人是遠道而來求學），因棉花經濟致富的富人正在建造新的經學院，而宗教學者在社會上享有前所未有的特權和權威。過去突厥斯坦的穆斯林統治者嚴格牽制著他們。如今，那些統治者不復存在，宗教學者在俄羅斯人給予大量餘裕的狀態下，成為道德的守護者和伊斯蘭的保衛者。他們提供社會成員伊斯蘭的司法審判。伊斯蘭制度在俄羅斯統治下蓬勃發展。費爾干納盆地是產棉區的核心，如今成為伊斯蘭學問的重要

**圖 7-3** 〈布哈拉的情況〉。在俄羅斯帝國的現代主義新聞界中，布哈拉已經成為疏忽和落後的代名詞。這幅諷刺漫畫是出自熱門的插圖諷刺雜誌《穆拉．納斯魯丁》（*Mulla Nasreddin*），以亞塞拜然文（Azerbaijani）在提弗利司發行，漫畫描繪布哈拉人在四周的城市崩塌時仍毫無知覺且驕傲自負。在此時席捲中亞（和許多其他穆斯林社會）的改革派和保守派衝突中，這類的批評是很常見的特點。照片來源：1911年8月8日的《穆拉．納斯魯丁》。

中心。伊斯蘭學問甚至在哈薩克人之中也流行了起來，原本考夫曼和他的部下還曾想讓哈薩克人脫離伊斯蘭。奧倫堡、托波爾斯克和塞米巴拉金斯克成為伊斯蘭學問中心，那裡有幾座經學院，通常是由韃靼人擔任員工，產出一種先前在哈薩克人之中不存在的書本知識。宗教學者讓社會遠離新秩序所帶來的誘惑，並藉由守衛區隔穆斯林及其征服者的界線，讓社會走在端正的道路上。沒有必要大規模改革習俗和傳統。那麼，萬一某些仍在受教育的年輕人已經開始發現舊習俗的弊病，或者中亞以外的穆斯林已經開始質疑舊經學院所提供的教育價值呢？那樣的行為象徵著愚蠢，並冒著讓穆斯林和非穆斯林之間的界線模糊不清的風險。宗教學者堅決反對改革，聲稱新方法學校教育是「真主禁止的」（*haram*，也就是伊斯蘭規範所不允許的事物）。比較狂熱的學者也宣稱閱讀報紙或上劇院是禁止行為。他們畫下明確的界線，改革倡議在突厥斯坦的都市社會造成嚴重的分歧。（見圖7-3）

◆　◆　◆

左宗棠有些雄心壯志的計畫，要在新疆建立儒學網絡，以利教育當地人口中國規範和理解中文的能力，可是——和考夫曼的俄文學校十分相像——這些學校無法吸引到許多學生。[8]就像在俄屬突厥斯坦的情況，新疆的菁英家庭也會聘雇貧窮人家的孩子，代替他們的小孩就讀官辦學校，藉以逃避相關規定。到了二十世紀初期，大清帝國已經放棄儒學教育。一九〇七年，在一波遍及全帝國的改革中，這些學校被一種新式中文學堂取代，提供現代課程，而並未強調儒家倫常，但地方家庭並沒有更願意接受新式學堂。這時出現了一小群通譯，擔任地方社會和新行政機關之間的中介（而似乎雙方皆鄙視之），但受中文教育的穆斯林菁英從未成形。中國統治透過少少幾位中國辦事大臣（*amban*）和精簡的軍隊來體現，依然遙不可及，在空間上與穆斯林人口完全區隔開來。有個跡象說明了統治者和被統治者之間的遙遠距離，那就是官方通訊經常使用「纏頭」一詞來指稱該區域的突厥穆斯林人口。

因此，東突厥斯坦的現代教育是源自穆斯林而非中文，並且和西突厥斯坦的經驗有許多相似之處。阿古柏破壞了該區域和卓的勢力，於是給予商人機會去主張他們在社會中的權勢，而比起俄屬突厥斯坦的例子，這裡的商人在推行新式教育的運動中扮演了更突出的角色。一八九〇年代，伊犁谷地的固勒扎首次出現新方法學校。固勒扎是新疆的俄羅斯貿易中心，這些貿易大多是由韃靼商人所掌控。這座城市已經成為韃靼文化的前哨，當地的第一批新方法學校和窩瓦河地區的韃靼網絡密切相連，而不是連結到俄屬突厥斯坦。進入二十世紀時，許多地方商人也開始對現代教育感興趣。富有的穆薩巴耶夫（Musabayev）兄弟與俄羅斯的商業關係牢固到他們在名字加上俄文字尾，他們於一八九八年創辦了固勒扎第一所地方新方法學校。胡笙・穆薩巴耶夫（Husayn Musabayev）曾在某次造訪俄羅斯時，與韃靼實業家兼慈善家阿赫瑪德・貝・胡賽諾夫（Ahmed Bay Höseyinov）會面，當時他已經在奧倫堡成立新式的胡賽尼耶經學院（Husayniye madrasa）。胡賽諾夫說服穆薩巴耶夫支持東突厥斯坦的現代教育。穆薩巴耶夫雇用了位於俄屬突厥斯坦扎爾肯特的一所韃靼學校的教師瑪蘇姆・埃芬迪（Masum Efendi），並派他到伊斯坦堡進一步修業。前往伊斯坦堡途中，埃芬迪特別安排，務必要到克里米亞拜訪加斯普林斯基。一九〇四年，他帶著民政管理帝國學校（Imperial School of Civil Administration）——鄂圖曼改革派所創辦的現代教育機構之一——的學位回到固勒扎，並獲派為新方法學校的校長。阿勒提沙爾的情況較為困難，第一所新方法學校一直到一九一二年才開設。那是阿布杜卡迪爾・達穆拉（Abdulqadir Damulla）的主意，他是擁有完整伊斯蘭學歷的學者，曾到世界各地旅行，在浩罕和布哈拉的經學院讀書，並曾造訪印度、鄂圖曼帝國和埃及。他也寫了一些教科書，並在喀山印刷成冊。[9]

印刷在東突厥斯坦的發展並不容易。左宗棠和考夫曼十分相像，也設立了一間印刷廠，以利傳播對清朝甫重新征服的臣民有益的知識，但似乎不久便結束營運。第一間本地的印刷廠是努爾・穆罕默德・哈吉（Nur Muhammad Haji）一八九三年於英吉沙爾開設的，他曾在印度和鄂圖曼帝國四處遊歷。他出版了一些阿勒提沙爾的蘇非傳統著作，也接下一些官方當局發包的案子，發行兩本清朝皇帝撰寫的道德說教著作。穆薩巴耶夫兄弟似乎接手經營這間印刷廠，並命名為燦爛旭日出版社（Brilliant Rising Sun Press），但很快就歇業了。穆薩巴耶夫兄弟也在一九一一年發行阿勒提沙爾第一份突厥文報紙，但報紙也迅速以失敗告終。[10]瑞典傳教士於一九一〇年成立另一間出版社，他們從一八九二年起就在喀什噶爾傳道（大多時候都沒有成功）。這間出版社出版了一些基督教文本（從瑞典文或阿拉伯文翻譯而來），並進行政府和俄羅斯及英國領事館的發包案。他們也出版了阿勒提沙爾的第一批年鑑，但除此之外所有的印刷書籍都來自俄屬突厥斯坦或喀山。劇院是俄羅斯帝國的扎吉德寄予莫大期許的場所，但從未在新疆出現。東突厥斯坦並沒有發生和俄屬突厥斯坦一樣強度的辯論，但一項改革計畫確實成形了，並堅定地朝西方凝視，望向俄羅斯和鄂圖曼帝國。

突厥主義從兩個不同的方向抵達東突厥斯坦。在北方，固勒扎是韃靼世界的一部分，而韃靼人的突厥身分概念是在接近一九一〇年時開始出現在校園中。在喀什噶爾，突厥主義直接源自於鄂圖曼帝國。一九一三年，穆薩巴耶夫兄弟率領地方慈善家組織而成的教育振興協會（Society for the Promotion of Education）決定從鄂圖曼帝國邀請一位教師，在地方的新方法學校任教。一九一四年三月抵達當地接受這份教職的人是阿赫瑪德・凱瑪勒（Ahmed Kemal），他是土生土長的羅德島（Rhodes）人，也是團結進步委員會（Committee for Union and Progress）*的成員。

凱瑪勒接任穆薩巴耶夫兄弟在阿圖什（Artush）的學校主任，他在校園升起鄂圖曼旗幟，除了一般的新式課程之外，還教授學生演奏鄂圖曼軍事進行曲。其教學內容的民族意圖十分強烈。「喀什噶爾是屬於我們——中國突厥斯坦的突厥人——的城市。」凱瑪勒在替學校撰寫的初級課本（在俄羅斯的喀山印刷成書）的一個段落中如此寫道，「這是個美好的地方，我們所隸屬的突厥種族在這裡出生長大。」[11]因為突厥主義是在鄂圖曼帝國發展而成的，凱瑪勒代表著與突厥主義的直接連結。這類與鄂圖曼帝國的連結在俄羅斯帝國是無法想像的，但中國當局對於允許一名鄂圖曼帝國教師教課沒有疑慮。然而，當第一次世界大戰在歐洲開打，俄國和英國領事勃然大怒，並於一九一五年八月設法關閉這所學校。不過，突厥主義已在那裡落地生根。

◆ ◆ ◆

哈薩克人的改革採取了相當不同的路線。一八二二年的行政改革已經在哈薩克草原的多數地區強制實施俄羅斯的行政架構，並將哈薩克可汗降級為蘇丹的地位，且由俄羅斯官員派任。在十九世紀中葉，哈薩克貴族階級成員已經開始送他們的兒子到俄羅斯學校就讀。喬罕·瓦里漢諾夫是這種學校教育初期（且相當不尋常）的成果。其他人追隨他的腳步，不過一直要到十九、二十世紀之交，一群志趣相投的個人才組成具有自我意識的團體，形成哈薩克的知識階層。阿里

＊譯注：一八八九年於鄂圖曼帝國成立的社團，後與青年土耳其黨人合併改組政黨，率領了當時鄂圖曼帝國的民主化改革運動。

汗・布克依汗諾夫（Älikhan Bökeykhanov，生於一八六六年）是布克依汗國（Bökey horde）最後一位可汗的孫子，曾就讀鄂木斯克技術學校（Omsk Technical School），後來畢業於聖彼得堡的林業研究所（Forestry Institute）。穆罕默德詹・提尼什巴耶夫（Muhammetjan Tynyshbayev，生於一八七九年）就讀維尼伊的高級中學，接著進入聖彼得堡的帝國運輸工程學院（Imperial Institute of Transport Engineers），並於一九〇五年畢業。穆斯塔法・紹凱（Mustafa Choqay，或作Shoqay，生於一八九〇年）出生在佩羅夫斯克（亞格馬斯吉德）附近的一座村莊，也出身貴族。從塔什干高級中學（Tashkent Gymnasium）畢業後，他進入聖彼得堡大學（University of St. Petersburg），在那裡取得法律學位。哈薩克知識階層的其他成員都是在草原地帶接受教育，但經常是在俄羅斯的教育機構修業。阿赫瑪德詹・拜圖爾希諾夫（Ähmetjan Baytursïnov，生於一八七二年）原先就讀俄羅斯暨土著學校，後來進入奧倫堡教師學院（Orenburg Teachers College）。他在鄉村學校教導哈薩克學生長達十五年，接著成為作家和政治家。米爾賈吉普・杜拉托夫（Mirjaqïp Dulatov，生於一八八五年）同樣就讀俄羅斯暨土著學校，並成為村莊的學校教師。他和拜圖爾希諾夫合作，他們都是哈薩克語言的重要改革者，正式確立其文法和拼字法，並實際運用在課堂和出版上。這兩人也都能說流利的俄語（見圖7-4）。

相較於突厥斯坦的改革者，哈薩克知識階層面臨的反對聲浪較小。沒有值得一提的哈薩克商人，而宗教學者只是個勢單力薄的小團體，影響力比不上在南方農業區的學者。知識階層的主要挑戰來自遊吟者（*aqïn*），也就是四處流浪、守護過去歷史的吟遊詩人。這種吟遊詩人團體會自稱亂世（*zar zaman*）詩人，將過去描繪成美好的田園烏托邦，但已被俄羅斯征服毀壞殆盡。他

**圖 7-4**　哈薩克人領袖：阿里汗・布克依汗諾夫、阿赫瑪德詹・拜圖爾希諾夫和米爾賈吉普・杜拉托夫，攝於 1913 年的奧倫堡。哈薩克知識階層成員和突厥斯坦扎吉德的背景和定位不同（見圖 7-2）。照片來源：維基百科。

們將哈薩克統治者的道德腐敗怪罪於征服行動，而非任何哈薩克社會的落後之處。這誠然是大不相同的世界觀，但沒有像突厥斯坦的改革訴求一樣引發衝突。

哈薩克知識階層面臨最迫切的問題是土地問題。哥薩克人和俄羅斯農民已經定居在哈薩克人的土地數百年之久，但自從征服突厥斯坦讓哈薩克草原變成俄羅斯帝國的內部領地後，定居便開始涉及不同的層面。政府認為草原地帶是人口稀少的區域，可以容納來自俄羅斯內陸的屯墾者。甚至在一八九〇至九一年的毀滅性饑荒讓俄羅斯人開始擔憂心臟地帶過度擁擠的問題之前，官方委員會就已經開始調查哈薩克草原，判定出土地面積超出現有居民所需。農民屯墾（或按帝國當局的說法稱之為重新安置）將會緩解俄羅斯內陸的人口壓力，並藉由移入忠誠人口，將異族草原地帶俄羅斯化。對哈薩克人而言，大規模屯墾不僅會奪走他們的土地、改變人口結構平衡，還會讓他們無法繼續游牧生活。哈薩克人必須準備好面對挑戰。就像突厥斯坦和布哈拉的扎吉德，對新興的哈薩克知識階層來說，進步是同等重要的目標。哈薩克人的知識階層也認為他們的社會病弱且需要改造。他們所認定的進步是最終必須要讓哈薩克人定居，這既是因為他們認為農業生活是比游牧生活更高等的文明形式，也是因為定居可以加強哈薩克人對土地所有權的主張，或許就能夠減少俄羅斯屯墾區的數量。[12]他們開始想像哈薩克人是一個民族。這意味著撰寫新的歷史，脫離遊吟者描述過去的方式。新歷史視所有哈薩克人為單一民族社群的一部分，並擁有共同的血統，不會隨時間而改變。這也意味著要將哈薩克人置入適當的族群脈絡中，成為一個突厥群體，而非和蒙古帝國的神話歷史有所連結。新興的哈薩克知識分子也十分投入突厥主義。米爾賈吉普·杜拉托夫寫作時喜歡用筆名突厥·巴拉希（Turïk Balasï，意為「突厥人之子」）。一九〇九年，他對他的哈薩克人同胞發表了一次動人的演說，如今已將他們想像成一個民族：

> 睜開你的雙眼，覺醒吧，哈薩克人哪，要抬頭挺胸
> 不要白白浪擲你的人生！
> 土地丟失，信仰式微，生活淪為違禁，
> 我的哈薩克人哪，如今懶散度日的時光已經過去！[13]

覺醒、意識到世界的存在並準備好努力奮鬥的比喻在那個時代的民族主義思想中十分常見。我們在此必須留意到的一點是，（仍是想像中的）哈薩克民族是和河中地區的知識分子所想像出

來的突厥斯坦穆斯林群體同時且平行並存。沙俄帝國瓦解時，俄屬中亞至少有兩種關於民族的不同對話，以及兩種不同的民族計畫。

哈薩克人的知識分子辯論著哈薩克社會的文化傾向議題——哈薩克人是否應該受奧倫堡宗教會議支配，以及伊斯蘭應該在他們的社會中扮演何種角色。然而，即使是在這樣的辯論中，宗教學者也扮演著次要角色。俄羅斯征服後，伊斯蘭的書本知識在哈薩克社會的重要性已經提升，這是因為綏靖草原地帶後，河中地區和窩瓦－烏拉地區的經學院學生更容易能夠到哈薩克草原工作，哈薩克青年也更方便能夠到經學院就讀。當時出現了一群哈薩克宗教學者，但他們享有的社會特權仍然有限。比起在突厥斯坦，哈薩克人的穆斯林文化改革是規模遠遠更小的現象，而文化辯論也是在不同的圈子內進行。

◆　◆　◆

一九〇五年的俄國革命為改革者開拓了一些政治空間。俄國為了和日本爭奪在清朝祖地滿洲的帝國勢力開戰，卻吞下敗仗，引起俄羅斯都會區各地廣泛的政治動員。一九〇五年一月九日星期日，看守聖彼得堡冬宮（Winter Palace）的士兵屠殺了一群前來遞交請願書給沙皇的工人。這起「血腥星期日」（Bloody Sunday）事件翻轉了情勢，引發一波波的罷工行動以及不斷增長的政治解放訴求。尼古拉二世（Nicholas II）故意拖延，但被迫在十月時授予一些自由民權。隔年春天，他准許通過一部準憲法，並成立議會國家杜馬（State Duma）。這些發展開創了俄羅斯歷史上的新時代，有合法的政黨、遠更自由的新聞媒體和人民代表（儘管不平等且受限）。即使革命動亂一開始平息，尼古拉就試圖收回他的種種讓步，但他再也無法完全戰勝這些自由。

第一次俄國革命的許多戲劇性事件都是在俄羅斯本土上演。在中亞，俄羅斯人口快速流動，儘管有鐵路工人發起大規模罷工，還有些士兵叛亂，但穆斯林人口大多都冷眼旁觀。宣布授予民權後，穆斯林顯要人物籌劃各式的請願書，要求小規模的改革，而哈薩克人則要求約束俄國農民在草原地帶的屯墾。革命加深了俄羅斯人和中亞本地人之間的分歧，並且讓俄羅斯人認為他們是這個俄羅斯帝國角落唯一的政治行為者。無論如何，一九〇五年後出現的準憲政體制並沒有廢止俄羅斯帝國長久以來賴以運作的差異原則。國家杜馬的選舉是根據不平等的選舉權來進行，不同的群體在個別的選民單位投票。杜馬中有六位「本地」和七位俄羅斯民意代表為突厥斯坦發聲，而草原邊疆區則有四位哈薩克代表和十位俄羅斯代表。一九〇七年一次保守的選舉法修法完全剝奪突厥斯坦人的公民權，甚至否認當地俄羅斯人口的投票權，並證實該省的殖民地地位。不過，新聞自由和集會的權利從未被完全廢除。接下來的十年內，扎吉德在各城鞏固扎根，而草原地帶出現了哈薩克民族運動。

不過，直到一九一七年前，中亞的改革者都是以他們自己的社會為目標，避免提出政治主張。無論是在突厥斯坦或哈薩克草原，現代主義者都希望他們的社會被平等納入帝國，克服差異原則。然而，任何獨立意見的表達都令沙皇當局不安。他們將爭取包容的奮鬥誤解為分離主義，並以高度懷疑的心態看待現代主義者。他們監視現代主義者的報紙，突襲他們的學校，並監控他們和善的社會。沙皇當局和保守的宗教學者打交道時遠遠更加安心，畢竟他們樂於接受差異原則，也沒有對政府提出任何要求。

# 第八章 帝國瓦解

在中亞建立的帝國秩序後來存續不久，俄羅斯和大清帝國都在一九一〇年代面臨戰爭和革命時瓦解。雖然兩場革命大不相同，也都不是從中亞爆發的，但都深遠地影響著這個區域。一九一一至一二年的一場漢民族革命推翻了清朝統治，並開啟中國長達三十年的動亂，期間新疆和中國其他部分的連結往往十分鬆散。兩年後，俄羅斯帝國和其他歐洲勢力開戰。大戰（現今稱之為第一次世界大戰）是幾個帝國的自殺行為。俄羅斯是第一個崩解的帝國——羅曼諾夫王朝（Romanov dynasty）在戰爭的第三年垮台，而帝國到了第四年幾乎已分崩離析。不過，第一道裂縫更早就已經出現了，那是一九一六年中亞的一次大規模起義。一九一六年夏天，沙俄統治已經在中亞的部分地區消失，一直到一九一七年二月帝國首都的革命終結王朝前，都尚未恢復。

◆ ◆ ◆

一九一一至一二年中國革命的起因是對清朝日益增長的不滿，清朝已經面臨內憂外辱長達數世代之久。按照慣常的說法，外國勢力正在「瓜分中國」，而清廷似乎束手無策。諷刺的是，清廷改革國家所付出的努力導致中國社會出現了一些新族群，而他們明確表達出對清朝的不滿。數千名學生到海外留學——前往英國和法國，而留日者尤多——他們習得了思考政治議題的新語彙。進入二十世紀之際，許多人已逐漸認為推翻清朝是中國困境的唯一解方。目標推翻政權的祕密社團在中國各大城市擴散。

這股民怨投射在新傳入中國的政治語彙中。民主、民意代表、種族、民族和革命等概念初次出現在中文對話中，大多是從日文挪用的用詞，或賦予舊有中文用詞新的意義。在這些新觀念之中，形成了現代漢族的民族主義。中國的現代知識分子以新興的種族理論，重新理解較古老的血統觀念，構思出透過種族來定義、是為黃帝後裔的中華民族概念。對清朝的批評帶有種族暗示。這個王朝不僅軟弱無力，更屬異族，不只是外來的占領勢力，而且相當野蠻。據年輕的煽動者鄒容（一八八五－一九〇五）所述：「其部落居於山海關之外（亦即長城之外），本與我黃帝神明之子孫不同種族者也。其士則穢鑲，其人則羶種，其心則獸心，其俗則毳俗。」[1]依章炳麟（一八六九－一九三六）所見，滿人是對漢人犯下許多罪行的異族。他們還拒絕與中華文化同化，但章炳麟新提出的種族分類意味著他認為文化同化純屬妄想——滿人就算同化也依然是滿人。反叛對抗他們將是一場報復行動，漢人將藉此恢復他們的集體榮耀與尊嚴。漢人有權利和義務要從外族占領者手中收復他們自己的國家，就像希臘人和波蘭人正在努力的目標。章炳麟將反滿清的鬥爭視為族群或種族解放的普世計畫的一部分，亦即古老文明民族將會推翻他們的占領者。[2]

一九一一年十月九日的一起意外引發一連串的事件，導致清朝覆滅，並終結中國長達兩千年的帝國傳統。有群湖北省漢口祕密社團的革命青年在製作炸彈時彈藥引爆。官方當局突襲攻入，當場處決其中三名製作炸彈的青年，並沒收包含社團成員紀錄的文件。那群革命分子擔心整個組織都會被消滅，於是決定立即發起起義。清廷在最後一搏現代化轉型時組織軍團新建陸軍，而在這次起義後的數週內，橫跨幾個省分的新軍部隊內都發生了一連串的叛變事件。到了當月月末，政府已經接受建立國會和憲法的主要訴求。此一邁向君主立憲制的舉措，伴隨著革命派和保皇派部隊間不斷的暴力衝突。孫中山是革命反對派最突出的領袖，革命事件爆發時他人在海外。他在一九一一年十二月二十五日回到上海時，規模可觀的政治動員也投入反叛行動，往往都是在清末改革時催生出的公民社會組織內發生。十六省諮議局的代表在南京聚首，宣告孫中山為共和國的臨時大總統。孫中山於一九一二年元月一日就任，當時清政權尚未垮台。一直到二月十二日，五歲皇帝溥儀的母親才宣布他退位，已經談判好協議讓皇室家族繼續住在紫禁城內、保留其財產並能領取一大筆國家津貼。在後來史稱辛亥革命的餘波中，中國終於成為共和國。

清朝滅亡了，那他們所打造的帝國呢？蒙古人一直是清廷的好夥伴，如今幾乎沒有理由繼續待在共和國內。在外蒙古，有群顯貴和佛教僧侶宣告蒙古獨立，由阿旺垂濟尼瑪丹增旺舒克（Agvaanl Uvsanchoijinyam Danzan Vanchüg）擔任汗王，他是在西藏出生的蒙古藏傳佛教領袖，並採用頭銜博格多汗（Bogd Khagan）。為了遠離中國，這個新興的神權君主政體尋求俄國的庇護。俄羅斯人不願意疏遠中國，於是為蒙古協商出在中國範圍內的廣泛自治權，但深受俄羅斯影響。與此同時，一支武裝反叛軍將中國軍隊逐出西藏地方。達賴喇嘛宣告連結西藏和清朝的檀越關係已經「像天空中的彩虹一樣消失了」。[3]他轉而尋求印度的英國人的支持。新中國政府在西姆拉（Simla）參與一場三方會議，西藏人試圖協商出一份條約，讓中華民國在英國監視下給予西藏內部自治權。這導致在接下來的四十年內，西藏人鍥而不捨地爭取獨立。然而，革命對新疆的影響不大。一如一九〇五年俄國革命後俄屬突厥斯坦的情況，儘管中國人內部動盪不斷，占領軍的不同派系彼此鬥爭，但中亞人口大多漠不關心。共和國的最大贏家是漢人的新軍，但他們無法打倒保皇派軍隊。一九一二年的數月間，各個軍事團體都在爭奪權力。混亂之中出現了一位名叫楊增新的人物。清朝垮台時，楊增新是烏魯木齊的道台兼提法使。受派到新疆前，他曾在甘肅和寧夏服務（兩地都擁有大量回族人口）。當清朝末代巡撫袁大化在清廷和革命軍開戰期間逃亡，楊增新得以在他在當地培訓的一小支回族軍隊協助下掌權。北京當局確立他的職位，指派他為新疆都督。接下來的三年，楊增新都在鞏固他在省內的勢力。他利用他的回軍壓制作風各異的革命分子。新軍的軍官團中，有些人對他不滿。他用一種歷史悠久的方式來處理之，也就是邀請許多軍官參加宴會，並在宴會上屠殺他們。此外，在楊增新的監督下，該省的滿洲和蒙古軍事菁英喪失權勢。左宗棠重新征服新疆後，便導致新疆舊有的旗人菁英逐漸被邊緣化。而在楊增新的治理下，大多來自他家鄉雲南省的漢族官僚和軍官完全接掌。

北京的新共和國領袖面臨到不同的問題。這些民族主義者希望能夠擺脫清朝，但保留清朝所建立的多民族帝國。新興領袖宣稱舊有的多民族帝國是單一的民族國家，擁有不可分割的領土和不可侵犯的國界。清朝面對外國勢力入侵時，就已經開始聲稱其邊界不可侵犯。清廷逐漸重新詮釋「中國」（「中央之國」——更常見的英文譯法為「中央王國」）一詞，成為指稱他們領土的同義詞。一九〇〇年代開設的新式學校的地理教科書將「清朝」和「中國」混為一談，並將兩者皆描繪成不可分割的整體。[4]「中國」一詞已經具有和歐洲用詞「China」相同的意涵。民族主義領袖將此一論點帶往新的方向。確保他們所繼承帝國的領土完整性事關重大。除了維護自尊，也是因為帝國非漢人居住的區域蘊藏大量自然資源，對於國家的福祉至關重要，同時還有戰略考量，畢竟領土較少的中國比較容易成為帝國勢力——尤其是中國的鄰居日本和俄國——虎視眈眈的獵物。鄒容或章炳麟在談論黃帝後裔遭外來種族壓迫時，所明確表述的那種尖銳的種族偏見民族主義，對於要讓一個多元族群的共和國獲得合法地位幾乎毫無助益。因此，孫中山將新共和國概念化為五個所謂種族的共和——漢人、滿人、蒙古人、藏人和穆斯林——最後一個類別包含中國穆斯林（回族或東干人）和東突厥斯坦的各個突厥群體（最主要是哈薩克游牧民族和我們現今稱之為維吾爾人的定居人口）。他們認為其他大多分布在西南方的非漢人族群，數量不夠多，或文化不夠先進，不足以被視為個別的種族。新共和國採用五色旗來象徵五族共和。然而，就算是孫中山的理念，其前提也是假設五個種族仍屬於更大的中華民族的一部分，也就是屬於中國這個國家的人民的一統共同體。辛亥革命後的一百年內，不分政治傾向的所有中國菁英，都將國家必備的統一基礎、邊界不可侵犯、領土不可分割等概念視為明燈。無論是國民政府或共產政府，所有的中國政府都堅持這個原則，就算是在二十世紀戰間期的數十年間，中國面臨政治分裂時也依然如此。他們非常成功地貫徹此一原則。接連的政府都主張擁有新疆、西藏和台灣。蒙古是唯一逃過一劫的清朝領土，而其通往獨立之路漫長又艱難——直到一九四六年中國政府才承認其獨立，而直到一九六五年蒙古才加入聯合國。

重要的是必須記住，五族共和的理念純粹是漢人的構想。沒有人請教過其他四「族」菁英的意見。在這些非漢族菁英中，鮮少有人在王朝不復存在的狀況下，投入維護帝國領土統一。正如外蒙古和西藏菁英透過行動所表達的訊息，他們並不想要留在這個帝國內。在東突厥斯坦，伊斯蘭和突厥主義的理念遠比那些中國的理念更具說服力。中國是不可侵犯的一統概念，已經變得像是在對前大清帝國的非漢族邊疆地區強加殖民。

◆ ◆ ◆

伊犁地區的中國革命分子開始以包含突厥語在內的幾種語言發行報紙，企圖要培養當地人口的政治意識，並表達他們對於清朝覆滅後所開啟的嶄新可能性滿懷熱忱。喀什噶爾省級部隊的新任總司令楊纘緒在首次演說時告訴當地人：「但凡守法，你們便能執行你們認為適當的改革，無一事將阻礙你們……無知的時代已經終結——所有種族和民族都必須睜開眼睛。」[5]正是這樣的熱情促使喀什噶爾的穆斯林改革者組織他們的慈善社團，邀請阿赫瑪德·凱瑪勒從伊斯坦堡而來，管理穆薩巴耶夫兄弟在阿圖什的學校。不過，這份熱忱迅速就屈服於遍及前帝國各地的動亂。共和政府很快就陷入衝突之中。袁世凱取代孫中山成為總統，他是位清朝顯貴且極度保守，除了解散國會，還利用個人發布的命令來治國。一九一五年，他企圖恢復君主制，並自立為帝。他在不久後逝世，留下太多懸而未決的問題，以至於無法和平交接。國民政府存續時，國家勢力日益分裂，許多省分落入軍閥手中。新疆的命運在許多層面來說都獨一無二。來自中央政府的年度津貼（官方稱之為省際調度，亦即協餉）曾讓新疆免於財政困難，但此一津貼在一九一二年後就消失了。[6]而今，中國本土的動盪切斷了新疆與首都的聯繫，放任楊增新自行處理當地事務。楊增新既能幹又殘忍，藉此確保了該省的領土完整性，維持省內情勢穩定；最重要的是，即使在與中國的連結中斷的狀況下，仍鞏固中國對該省的統治。接下來的三十年內，新疆都被以中國名義治理的漢族省長或省政府主席統治，但鮮少與中央政府來往，甚至還經常公然反抗其命令。在殖民主義歷史上很難找到相似的例子。羅德西亞（Rhodesia）的白人移民曾於一九六五年發布單方獨立宣言（Unilateral Declaration of Independence），違背倫敦當局鞏固該移民殖民地之白人勢力的期望，這可能是歷史上最接近新疆在楊增新晉升後種種事件的類似案例，但即使是羅德西亞，情況也沒那麼相似。

◆　◆　◆

在新興的中華民國分崩離析之際，歐亞大陸其他地區的帝國時代已近尾聲。一九一四年夏季在歐洲爆發的大戰讓龐大且四處擴張的多元族群帝國彼此對立鬥爭。歐洲加冕的元首發現自己正對其臣民提出前所未有的要求。當戰爭曠日經久，造成的破壞葬送了已遭受攻擊的王朝帝國的合法化原則。第一個淪陷的是羅曼諾夫王朝，於戰爭第三年的冬天垮台。

雖然中亞遠離前線，且當地人口免服兵役，但仍深受戰爭影響。俄國當局擔心他們穆斯林臣民的忠誠度——尤其是在一九一四年十一月後，鄂圖曼帝國參戰加入德國和哈布斯堡帝國（Habsburg Empire）的陣營。在整個戰爭期間，對泛伊斯蘭族群的恐懼都在俄羅斯人的心中揮之不去。祕密警察紀錄充斥著危險的暗示——鄂圖曼間諜在中亞任意四處遊蕩，有人在募款協助鄂圖曼帝國的戰備，所謂的聖戰士（*mujahidin*，亦即「從事聖戰者」）在費爾干納的祕密倉庫儲備武器，準備發動起義。然而，這種恐懼幾乎毫無根據可言。三國協約（Triple Entente）的三方勢力都派殖民地的穆斯林士兵上戰場。俄羅斯在戰時動員了約一百萬名穆斯林士兵（大多是韃韃人和巴什基爾人）。[7]在中亞，穆斯林政治菁英表現出為戰備募捐的熱忱，並明確表達對帝國的忠誠，公開稱之為祖國。「我們別無他法，」瑪赫穆德霍賈・貝赫布迪在鄂圖曼帝國參戰後寫道，「面對德國人引燃的戰火吞沒了俄羅斯和土耳其，我們只能表達悲傷之情……我們突厥斯坦的穆斯林是俄國的臣民，也是突厥人的教友。我們（與鄂圖曼人）共同的宗教和種族無法妨礙我們與俄國的友誼，因為這場戰爭不是宗教戰爭，而是為政治利益而戰，甚至可說是一場德國戰爭。」[8]他希望忠誠和參與戰備可以促使政治讓步，讓突厥斯坦的穆斯林在戰後能被完全納入帝國體制之中。哈薩克領袖甚至更進一步。一九一五年二月，阿赫瑪德詹・拜圖爾希諾夫和阿里汗・布克依汗諾夫造訪彼得格勒（Petrograd，這個帝國首都在戰爭開打後得到這個合宜的非德文名稱），去向戰爭部（Ministry of War）請願徵召哈薩克人入伍備戰。他們希望徵兵可以讓政府廢除哈薩克人的異族（*inorodets*）身分，為他們在杜馬能有自己的民意代表鋪路，進而在關於屯墾和土地政策的政策辯論中取得一些發言權。戰爭部認為哈薩克人太過落後，無法在現代戰爭中派上用場（他們的游牧生活方式是主要的缺點，缺乏俄語能力也是），這次的請願沒有任何成效。[9]儘管許多中亞人同情鄂圖曼人，但沒有人為了他們反叛。

自從征服行動以來，中亞大多維持著殖民地的和平，但這場戰爭造成的貧困化和慘重破壞終結了當地的太平局面。額外的稅賦和徵兵，以及協助戰備的「自願」捐贈，深深影響地方經濟。戰爭也導致移居者和原生人口的關係惡化。初期德國的勝利造成俄羅斯帝國的大規模難民危機，撤離前線的人民逃往內部的安全地區。其中許多人前往中亞避難。除此之外，沙俄當局還將數萬名戰俘安置在中亞——大多都是哈布斯堡的臣民。到了一九一五年秋天，光是錫爾河區，官方登記就有超過二十五萬流離失所的人民（包含戰俘）住在那裡，無疑還有更多沒有證件的難民抵達當地。[10] 如此大量的歐洲人流入導致許多關於屯墾移居的辯論變得無足輕重；這也造成突厥斯坦重大的糧食危機，並迅速發展出劇烈的族群層面問題。塔什干發生嚴重的糧食暴動。一九一六年的二月二十八和二十九日，俄羅斯女性洗劫新城區的主要市集，並毆打穆斯林商人，她們指控穆斯林囤積糧食和投機買賣。市政府成立糧食供應委員會，制定配給制，但他們的配給卡只提供給歐洲人口。[11]

◆ ◆ ◆

動亂在一九一六年七月爆發為全面的叛亂。因為一場戰況愈來愈慘重的軍事行動亟需人力，尼古拉二世撤回中亞人自征服以來享有的徵兵豁免權，下令大規模動員到前線後方的勞動補給營工作。政府定下野心勃勃的目標。他們預計要在突厥斯坦動員二十五萬名十九至四十三歲的男性，並從草原地區徵集另外二十三萬人（等同於該區男性人口的百分之八）。突厥斯坦和草原邊疆區的政治菁英支持這項命令，並開始協助募員。他們猝不及防地遭受民眾的反對聲浪攻擊。動員令發布得出其不意，導致各種關於新兵將會面臨何種遭遇的謠言紛傳。因為許多團體認為在勞動營工作是恥辱的表現，向他們保證不會看到軍事行動反而適得其反。而公告是在收成季節中間發布的，那時所有的人工都非常重要。民眾對動員令極其不滿，並引發遍及中亞各地的大規模起義，這是俄羅斯統治中亞至今面臨最嚴峻的挑戰。

起義於七月四日在苦盞展開，並在接下來的數週內擴散遍及突厥斯坦的農業區。因為警察和選舉人負責擬定募兵名單，憤怒的群眾把警察局或選舉人的住家當作攻擊目標。群眾一次又一次攻擊警局和住宅以摧毀名單。最暴力的事件發生在吉扎克（Jizzakh），在這座鄰近撒馬爾罕的城鎮，叛亂分子認可一位名叫納吉爾霍賈・阿布杜薩洛莫夫（Nazir Khoja Abdusalomov）的蘇非依禪為他們的伯克。納吉爾霍賈進而宣告對俄羅斯人發動聖戰。叛亂分子摧毀了長達六十五俄里（verst，相當於七十公里）的鐵軌，並切斷電報線路。俄國當局從塔什干派出由十三連和三百人隊（*sotnia*，字面意義為「一百」）的哥薩克人組成的軍隊討伐，每個人都配有大炮和機關槍，才贏回鐵道的掌控權。到了九月，俄軍已經控制住定居人口，開始將應徵新兵的隊伍送往前線。最終，他們徵集了約十二萬三千名男性，送至前線後方強迫勞動。

在游牧地區，起義的規模大上許多。在多處大範圍領地上，俄羅斯統治都紛紛瓦解。哈薩克人搭起圓頂帳篷，開始大量聚集，變得更適合戰鬥。在許多地方，他們都擁立新的可汗。土爾蓋（Torghay）地區的起義組織遠更嚴密。叛亂分子選出兩位可汗，分屬於欽察（Qïpchaq）和阿爾根（Arghïn）世系，並透過稅務員、法官、管理委員會，以及一支多達五萬人、由亞曼格迪・伊瑪諾夫（Amangeldi Imanov）率領且訓練有素的軍隊，建立起國家的雛形。[12]他們圍攻土爾蓋鎮，直到一九一七年二月的革命推翻君主制時，他們都仍屹立不搖。不過，最嚴重的暴力事件發生在傑提蘇夫（塞米列琴），那裡反對動員的聲浪結合了長久以來因俄羅斯屯墾和喪失土地而引發的挫折情緒。起初，叛亂分子攻擊政府辦公室和當地的公務人員，但他們很快就把目標轉移到俄羅斯屯墾區，焚燒住屋、摧毀農場存貨，並且謀殺或綁架屯墾者。這場叛亂遠比土爾蓋的更加鬆散混亂。最具組織的時刻發生在八月中，當時一支卡納特・阿布金（Qanat Abukin）率領的四、五千人軍隊圍攻托克馬克鎮近一週之久。除此之外，傑提蘇夫的起義是分散進行的。帝國的回應遠更暴力無情。七月二十一日，沙皇指派亞歷克塞・庫羅帕特金（Alexei Kuropatkin）擔任突厥斯坦總督，並肩負鎮壓起義的任務。庫羅帕特金是前戰爭部長，對突厥斯坦十分熟悉。他還是名年輕中尉時，曾在征服突厥斯坦期間參與過多場戰鬥，包括那次惡名昭彰的哥特佩攻擊行動，當時他便曾在突厥斯坦擔任過各式各樣的職位，長達近二十五年。如今，他回到當地，要恢復他所期望的秩序。他發布武裝傑提蘇夫的俄羅斯屯墾者的命令，他們將要和從前線調來的軍團並肩作戰。傑提蘇夫的俄羅斯屯墾者受徵兵制度約束，自一九一四年起，就有大約兩萬五千人被動員。一九一六年秋季，如果是來自受起義嚴重影響的屯墾區的士兵，都被軍隊釋出並送回傑提蘇夫，加入民兵輔助軍隊。在整個歐洲，大戰異常殘酷慘烈，導致區分武裝士兵和平民人口的界線往往已經模糊。返鄉的士兵將前線的暴力和作戰方法帶回傑提蘇夫。[13]士兵和武裝屯墾者連本帶利地回敬游牧民族的暴力，他們報復仍留在當地的游牧民族，屠殺全村村民，偷竊牛隻，摧毀灌溉渠道，並占領土地。庫羅帕特金制定正式計畫，要沒收所有「俄羅斯人的鮮血曾潑灑過」的土地，並在傑提蘇夫的許多部分隔離俄羅斯和吉爾吉斯族人口。伊塞克湖和楚河周邊地區的哈薩克和吉爾吉斯居民遭到淨空，再分配給俄羅斯屯墾者，並且將在納林（Narïn）區域設立專供游牧的區塊。

面臨這樣的暴力，超過二十五萬名哈薩克和吉爾吉斯游牧民帶著他們的牧群，跨越帝國邊界，逃亡至新疆。逃亡帶來災難。因為長途跋涉十分艱難，導致許多人死亡。那些存活下來的人發現自己要生活在相當糟糕的環境。突然湧入如此大量的難民，讓糧食價格飆升，而俄羅斯的盧布正在貶值。新疆的市集擠滿了走投無路而販售所有物，以換取微薄收入的物主。那個冬天非常慘烈，大量難民病死和餓死，他們的家畜亦然。到了春天，他們開始長途步行返回傑提蘇夫，卻發現他們的土地已經被屯墾者占領——他們返鄉後還面對更多屯墾者的暴力對待。這波起義最終的損益表很難擬定。俄國總體的損失相當可觀，但大多都集中在傑提蘇夫。官方數據公布俄羅斯死亡人數為兩千兩百四十六人，其中有兩千一百零八人死於傑提蘇夫。然而，按照典型的殖民作風，儘管哈薩克和吉爾吉斯人的傷亡人數遠遠多過俄羅斯人的死亡人數，卻沒有任何系統性的統計。游牧民族的死亡人數估計為四萬至十萬人，傑提蘇夫的情況最為慘重。根據早期的蘇維埃官方數據，該區損失了百分之二十的人民、百分之五十的馬匹、百分之三十九的牛隻、百分之五十五的駱駝和百分之五十八的綿羊。灌溉渠道、果園和農地淪為一片廢墟。經濟破壞發生的同時，俄羅斯人與游牧民族的關係徹底破裂。其後果持續多年都仍感受得到。

一九一六年的起義是第一次世界大戰期間所有交戰勢力中，後方所面對最大規模的叛亂。在土爾蓋區，沙皇體制從未重新建立起來，君主政體在平定起義前便已垮台。一九一六年的起義事實上是俄羅斯帝國瓦解的序幕，隨後一連串的起義和內戰接踵而至，將會持續直到一九二〇年代中後期。不過，庫羅帕特金的殘忍無情成功讓俄羅斯在中亞的統治免於徹底垮台。然而，他的種族清洗計畫因為遙遠地區的重大事件而中斷。一九一七年二月，帝國秩序瓦解時，中亞已經動盪不安。在一九一七整年，傑提蘇夫的屯墾士兵繼續屠殺，君主政體垮台幾乎沒有造成任何改變。起義和革命之間並沒有明確中斷，但君主政體的滅亡不僅迎來多年動亂，還開創了對政治、社會和新型態國家的變革新願景。俄羅斯帝國瓦解所激發的革命將會改變世界。

【第二部】

PART TWO

# 革命時代

CENTRAL
ASIA
A New History from
the Imperial Conquests to the Present

一九一七年二月二十三日，彼得格勒的街頭爆發暴動，當時女性勞工正在抗議糧食短缺，這在全俄羅斯帝國都已經成為長期的問題。糧食暴動本質上就具有政治色彩，在短短幾天內，訴求就從「我們要麵包」變成「推翻獨裁政權」。七天的抗議已經足以推翻這個君主政體。經過一番猶豫不決後，尼古拉二世在三月二日退位給他的弟弟米哈伊爾（Michael）。隔天，米哈伊爾拒絕接受王位時，三百年歷史的羅曼諾夫王朝就此滅亡。「王朝因撼動而隕落，就像腐爛的果子。」列夫·托洛斯基（Lev Trotsky）＊曾令人難忘地如此說道。戰爭和任何其他因素一樣，導致帝國腐爛。因戰爭而需要大量的臣民資源和忠誠，摧毀了讓帝國團結一致的正當性。政治革命很快就變成徹底的社會革命，帝國各地的不同團體都在試圖重新定義他們彼此的關係和他們與權力的關係。在俄羅斯本身，革命是按照階級路線接合進行的——一般勞工和士兵自發組織多個蘇維埃（soviet，即代表會議），而特權社會的組織同時存在，他們採取的形式是公共安全委員會。然而，在帝國的非俄羅斯人口中，革命是民族解放的時刻。非俄羅斯人是根據所屬民族來組織，並要求各種型態的自治權，有些例子還要求完全的獨立。結果引發大規模的動亂，不僅影響俄羅斯帝國的領土，還波及到包括新疆在內的鄰近地區。在瓦礫堆之中，出現了世界的第一個社會主義國家，並讓過去數百年來構成政治的帝國秩序受到全球性的挑戰。共產主義在全球資本主義秩序的危機中誕生，對其提出獨特的挑戰。共產主義承諾，存在另一條通往進步和現代性的道

---

＊ 譯注：列夫·托洛斯基（一八七九－一九四〇）是俄羅斯軍事家、政治家、思想家和作家，為一九一七年俄國十月革命的主要領導人之一，蘇俄建立後擔任軍事領袖等要職。

要和當地人分享權力。在塔什干，自由派的俄羅斯人試圖將這座俄羅斯城建設成完全區隔開來的整體，擁有自己的預算和政治代表。不過，最重大的發展是蘇維埃制度的崛起，也就是君主政體垮台後出現的代表會議，成為俄羅斯較底層階級動員最強而有力的形式。在突厥斯坦，蘇維埃是由歐洲人組織而成的。其中包括一些工人，但士兵的人數遠遠更多，許多人也是那個區域的屯墾者。三月三十一日，塔什干蘇維埃（Tashkent Soviet）獨立行動，逮捕了亞歷克塞・庫羅帕特金總督，並將他逐出突厥斯坦。臨時政府指派成立突厥斯坦委員會（Turkestan Committee），其中包含幾位穆斯林成員（但只有一位來自突厥斯坦），但從未取得任何實權。在接下來的兩年半內，突厥斯坦大多不受中央政府控制，那裡的事件往往也按照自己的邏輯發展。甚至，有場大規模的社會革命正在帝國各地開展，不同的社會群體試圖重新談判建立社會秩序。在一九一七這一年中，當革命頭幾週的慷慨激昂被政府垮台和不受控制的族群衝突取代，中央在帝國各地的權力也逐漸消散。

在糧食大量短缺的情形下，一場糧食供給的鬥爭讓情況更加惡化。在全帝國各地，「囤積」和「投機買賣」都已經成為反革命行動的表徵。在突厥斯坦，抵抗這些現象的鬥爭開始明確涉及族群層面的問題。在那年的夏季，歐洲人以革命之名侵吞和徵用穆斯林的糧食成為城市地區的常態。在鄉村區，情勢發生了遠更劇烈的轉折。一九一六年逃亡至新疆的哈薩克和吉爾吉斯游牧民族開始在那年春天返鄉時，他們遭受士兵和武裝屯墾者的攻擊，甚至經常被冷血謀殺。與此同時，屯墾者認為「土地社會主義化」和「地方賦權」等革命口號授權他們去奪取鄰居的土地。在傑提蘇夫的殖民地背景下，懲罰叛亂和為（俄羅斯的）受壓迫者爭取社會正義可以同時進行。如尼可洛・彼安修拉（Niccolò Pianciola）*所述，這些屯墾者可能「認為自己的行動既是在尚未結束的戰爭期間對抗不忠族群的舉措，也是帝國農民革命的一部分」。[6]

塔什干駐軍在十月叛變，並以塔什干蘇維埃的名義奪權。這項行動比較和地方糧食供給問題有關，而不是對社會主義意識形態或無產階級權力表達任何深入的支持。塔什干蘇維埃繼續將穆斯林明確排除在其階層之外。「將穆斯林納入最高區域權力機構之中，」蘇維埃聲明，「目前並不可行，由於地方居民面對士兵、工人和農民民意代表的蘇維埃權力時，態度極其模糊，而地方居民也沒有任何無產階級組織是（我們）會歡迎加入這個最高區域權力機構、成為代表的。」[7]塔什干蘇維埃宣稱發起無產階級革命，但唯一的無產階級是殖民屯墾者。（事實上，他們大多是屯墾者和士兵，而非馬克思主義所定義的無產階級，而且貌似幾乎毫無關聯。）階級的語彙被用來主張殖民特權。馬可・布提諾（Marco Buttino）†曾貼切描述，突厥斯坦的革命已被上下翻轉。[8]在新疆，清朝垮台導致該區域與首都斷聯後，有位中國官員接手掌權。在突厥斯坦，俄羅斯的士兵屯墾者主張自己握有權力。

◆ ◆ ◆

* 譯注：尼可洛・彼安修拉為義大利帕多瓦大學（University of Padua）副教授，專精領域為蘇聯史、俄國史和中亞史。

† 譯注：馬可・布提諾（一九四七－）為義大利都靈大學（University of Turin）的現代歷史教授，專精於俄羅斯和中亞歷史。

歐洲人奪權促使扎吉德在臨時政府承諾的自由架構內，創造另一個權力中心。一九一七年十一月，有個穆斯林代表大會宣告，突厥斯坦在自由民主的俄羅斯中自治，並在浩罕城建立突厥斯坦臨時政府（Provisional Government of Turkestan）。這個政府承諾選舉出區域議會，並保證會有突厥斯坦歐洲人口的民意代表。可汗戰敗後僅僅五十年，中亞已經根據人民意志宣告主權，並有民選議會支持。而當政府準備要在自由俄國中施行自治，並被設想為一個區域政府時，與其自治宣告相關的討論措辭顯然視之為突厥斯坦人民的民族政府。詩人喬勒潘（Cholpan，本名為阿布杜哈米德·蘇萊蒙〔Abdulhamid Sulaymon〕）在為此所寫的一首詩歌中，興高采烈地描述這個新開始：

睜開你的雙眼，看看四周！
兄弟，看多麼美好的時代已經破曉！
世界瀰漫喜悅
願為這樣的時代犧牲生命。

疊句：
身為突厥斯坦人是我們的驕傲，圖蘭人是我們的頭銜
家鄉是我們的生命，願我們為其獻出鮮血！[9]

這個政府自稱為突厥斯坦自治政府（Turkiston Muxotriyati），即使仍被視為隸屬於俄羅斯政治範疇內，但顯然是要嘗試建立民族國家。

我們很難想像有比這更糟糕的時機，去進行這樣的政治實驗。全俄羅斯帝國的政治秩序皆已消解，內戰已經萌芽。自治政府沒有資金或武器，其利害相關人也沒有任何經營政府的經驗。塔什干蘇維埃一能夠騰出武器和人馬，就立刻襲擊浩罕，摧毀許多城區和他們建國的企圖。突厥斯坦自治政府只維持了七十八天，但在接下來的數十年內，蘇維埃政權都想像他們是事關重大的惡勢力。這是中亞在戰間期首次試圖建立民族國家，之後還有多次失敗的嘗試。在接續的章節中，我們還會讀到布哈拉和東突厥斯坦的類似嘗試行動。然而，在一九一八年二月，突厥斯坦的俄羅斯屯墾者似乎以無產階級的名義，為自身利益征服了那個區域。

哈薩克地區的發展路線大不相同。哈薩克族知識階層曾在一九一六年為徵兵議題動員，如今他們加倍努力，為制憲議會（Constituent Assembly）選舉動員哈薩克居民。這裡同樣聚焦在視哈薩克人為一個民族，希望利用革命帶來的契機，培養民族團結精神，並取得哈薩克人的民族權益。一連串的地方會議以七月在奧倫堡的第一次全哈薩克族代表大會（First All-Kazakh Congress）作結，這場大會集結了所有哈薩克社群的代表——包括突厥斯坦的代表。因為哈薩克族人口分布範圍廣大，絕大多數都居住在鄉村區，政治組織十分困難，但其領導階層並未面臨宗教學者的挑戰。哈薩克人之中的伊斯蘭學者階級人數遠遠較少，其文化資本比不上構成知識階層的貴族菁英。代表大會投票通過，支持哈薩克人在民主聯邦制的俄國中，實施民族和區域自治。然而，布爾什維克派（Bolsheviks）十月在彼得格勒奪權後，這一切都變得毫無意義。十二月召開的第二次全哈薩克族代表大會連忙宣告成立民族自治政府，稱之為阿拉什國（Alash Orda），領土範圍是草原邊疆區、烏拉斯克州（Ural'sk）和土爾蓋州，終極目標是要以共和體制統一生活在突厥斯坦的哈薩克人。他們保證，這個政府的行政機構必定會有共和國內非哈薩克族居民的代表。儘管如此，阿拉什國將會是哈薩克人的民族國家。代表大會也重視組建民族義勇軍的議題，考量到「國家（俄國）正在經歷極其艱困的時期，四處都是謀殺和搶劫事件，這是普遍分裂解體和無政府狀態的表徵，哈薩克人無法倖免於難」，民兵部隊必不可少；他們也特別討論要創立一個委員會來產出哈薩克文的教科書，否則無法成立民族學校。[10]內戰正在醞釀之際，阿拉什的領導階層將其首都設在塞米巴拉金斯克，並試圖建立民族自治。一如前一個月在浩罕宣告成立的突厥斯坦自治政府，阿拉什國也在二月革命的範圍內尋求區域自治。而一如浩罕政府，阿拉什政府是由現代主義知識分子所領導，並在將自治宣告變成政治現實的過程中，面臨難以克服的障礙。阿拉什國努力提高歲入，建造各式機構，但如後文所示，情勢讓它比突厥斯坦政府苟延殘喘得更久一些。阿拉什國直到一九二〇年才遭廢除。

◆ ◆ ◆

接著到了一九一八年春天，前一年的激昂情緒已經變成遙遠的回憶。中亞已經陷入無政府狀態。赤衛隊（Red Guards）——俄羅斯帝國軍在一九一七年秋天大多自行遣散時，有些士兵帶著武器漂泊回到他們的村莊後，組成民兵隊伍——以蘇維埃的名義在突厥斯坦和草原邊疆區各地的一些城鎮奪權。傑提蘇夫仍有游牧民族遭到屠殺和驅逐。在一九一八年春天，傑提蘇夫擠滿了返鄉的屯墾士兵，他們往往一心想要復仇。他們也自稱革命分子。傑提蘇夫發生了一場屯墾者革命，他們的行動既是要對抗俄羅斯菁英，也要抵抗本地居民。不過，蘇維埃的權力受到各方的挑戰。在北方，哥薩克首領亞歷山大・杜托夫（Ataman Aleksandr Dutov）宣告在奧倫堡的哥薩克人領土上，布爾什維克派的法律無效，並在奧倫堡建立他自己的政府，這座城鎮在一九一七年整年都是哈薩克政治運動的中心。杜托夫政權切斷俄羅斯內陸和突厥斯坦之間唯一的一條直達鐵路。阿拉什國即使已經幾乎難以控制其領地，但仍未滅亡。一九一八和一九一九年間，阿拉什國集結了一支民兵隊伍，和白軍（Whites）並肩作戰。他們也在臨時政府的法律架構內通過了大量立法，並懷抱希望能夠參與制憲議會的會議。在外裏海州，俄羅斯的孟什維克派（Mensheviks）和溫和派的社會主義革命人士驅逐布爾什維克派*，在阿什哈巴特建立了類似的政府。在布哈拉，埃米爾利用革命，企圖恢復其祖輩在十九世紀敗給俄羅斯的獨立地位。他試圖阻止戰爭蔓延到他的領地，並謹慎接觸阿富汗和英國人，向他們求助。

這波劇烈衝突是在災難性饑荒的背景下發生。棉花栽種在戰爭期間迅速發展，導致突厥斯坦仰賴進口糧食。一九一六至一七年的冬季十分嚴酷，而一九一七年久旱不雨的同時，政治動盪中斷了運輸網絡和來自俄國的穀糧船運。「在吉扎克郡，百姓如蒼蠅般死去。」有篇報導寫道，「沒有人將屍體集中，於是每走一步都能看到被野狗和豺狼吃掉一半的死屍。一直到一九一九年

＊ 譯注：孟什維克派和布爾什維克派皆屬於俄國社會民主工黨（Russian Social Democratic Labour Party），孟派為少數派，布派為多數派。

才有辦法去收拾這些不幸喪生者的遺骨……處處都有人餓死。」[11]一九一七至一八年的冬天，覓食的難民開始抵達塔什干，他們擠在工廠和其他公司前，請求工作機會，好讓他們填飽肚子。許多人在街頭倒下喪命。其他人沒能撐到塔什干，就在路途中斷氣。伴隨而來的霍亂、斑疹傷寒和傷寒等流行病讓饑荒更加惡化。布提諾爬梳統計證據，來描述這場戰爭和饑荒聯手帶來的災難的完整規模。一九一五至二〇年間，耕地數量下跌至一半，家畜總數減少了四分之三，而棉花生產幾乎停滯。各個社會族群的損失不一——俄羅斯農民的耕地減少了百分之二十八，並損失百分之六點五的家畜，但本地人口的遭遇遠更惡劣。定居穆斯林人口縮減了百分之三十九，而游牧人口則縮減了百分之四十六。[12]

◆　◆　◆

當俄羅斯政府垮台，不同群體正在尋求安全和獲取食物的管道時，出現了一些地方的團結形式。在土庫曼沙漠，不同游牧群體逐漸掌控了鄉村地區。在塞米列琴，一九一六年開始的殺戮並未減退。俄羅斯屯墾者繼續殺害游牧民族，侵占他們的土地。俄羅斯屯墾者人數雖不多但配有武器，開始沒收他們穆斯林鄰居的土地，徵用他們的穀糧存貨，於是費爾干納陷入混亂。主要的問題是饑荒，但奪取土地具備革命這完美的理由。鄉村居民組織自衛。有些軍閥（*qo'rboshi*）站出來集結重整居民，但很快就發展出他們自己的行事邏輯。這些軍閥經常訴諸浩罕汗國的軍事語彙——儘管如此，沒有人聲稱繼承浩罕可汗的衣缽，舊有的菁英階層瓦解得十分徹底。蘇俄稱這些叛亂分子為「巴斯瑪奇」（Basmachi）。這個詞的意思是「土匪」或「攔路強盜」，早在革命之前就用來指稱在費爾干納鄉村區尾隨旅人的匪類。其他作家則視巴斯瑪奇為民族起義或反蘇俄的抵抗運動。這些描述都不完全正確。巴斯瑪奇開始以武裝自衛抵禦屯墾者，同時也對抗各城內所有形式的國家力量。在他們的語彙、動員模式和領導型態中，巴斯瑪奇所表現出來的政治形式，與一九一七年間吸引都市人口的那種形式截然不同。第一批軍閥中，有位名叫埃爾加什（Ergash），他在革命前是在費爾干納率領一幫攔路強盜的歹徒。他曾因此被捕並逃亡至西伯利亞。一九一七年，擴及全帝國的大規模特赦讓他得以返回費爾干納，並立即獲派為浩罕舊城區的警察局長。一九一八年二月，突厥斯坦自治政府亟欲建立某種武裝部隊，於是指派他擔任總司令，領導這支絕大部分仍不存在的軍隊。浩罕遭毀後，埃爾加什逃到他的原生村莊，在那裡組織了一群武裝男子，抵抗屯墾者掠奪他們的村落。巴斯瑪奇的領袖和那些一九一七至一八年間在政治範疇操作的人士大相逕庭——無論是扎吉德或都市區的宗教學者都和巴斯瑪奇毫無關聯。事實上，許多巴斯瑪奇領袖將「扎吉德」和「布爾什維克派」視為同類，並同樣激烈地對抗兩者。許多在費爾干納的軍閥都是像埃爾加什這樣的男性——曾流亡俄羅斯帝國偏遠地區的前逃犯。其中有些人出身浩罕過去的軍事菁英家族，但幾乎沒有人和在沙皇統治下中亞都市區出現的公共領域有任何關聯。他們活動的範圍僅限於地方，他們所關注的議題亦然。而他們往往發現自己是靠著犧牲他們正在保衛的人民來過活——他們強徵糧食、草料和家畜，並強迫村民加入武裝部隊，這一切都增添了鄉村社會的苦難。

◆ ◆ ◆

一九一七年二月時，布爾什維克派幾乎尚未浮出檯面。接著他們在那年內變得大受歡迎，這是俄羅斯心臟地帶輿論激進化的徵兆。多數的非俄羅斯人可能都將一九一七年的革命視為民族解放的時刻，但對帝國的俄羅斯人而言，革命的民族面向並不明顯。中國的辛亥革命正要將中華民族從外來王朝的統治中解放出來。反之，對俄羅斯人來說，一九一七年的革命是要將受壓迫的階級從社會秩序不公不義的暴政中解放出來。出現在俄國的首要語彙都與階級有關。從一開始，臨時政府面臨代表底層階級發聲的彼得格勒蘇維埃（Petrograd Soviet）的挑戰時，這場革命就發展成一般人民對抗特權階層的鬥爭。在那年之中，立場變得愈來愈激進，而到了十月，最激進的黨派在彼得格勒、莫斯科和前線都占據優勢。一如前文所述，布爾什維克派在十月推翻臨時政府，以蘇維埃的名義宣告掌權。

布爾什維克派的願景極具普世性。卡爾・馬克思（Karl Marx）提供了歷史的基本輪廓，描述如何走向沒有壓迫或剝削的無階級社會。布爾什維克派希望能夠實現這樣的願景。他們的目標幾乎等同於要改造世界，帶領全人類進入無階級社會的烏托邦。他們是大歷史（History）的動因，他們的任務已被預言，他們的目標已經注定。這種太平盛世的願景支持了布爾什維克時代駭人的殘忍與暴力。這樣的願景允許他們施行其他政權畏怯執行的社會文化建設計畫。他們並不總是成功，其行動所帶來的意外後果往往比預期結果更加重大。儘管如此，他們的勝利改變了歷史的走向。如果一九一七年的俄國革命結果不同，二十世紀也將大不相同。

當然，在一九一七至一八年間，這一切都尚未發生，也沒有人預測到這些事。布爾什維克派經過漫長的暴力衝突時期才終於建立起他們的權勢。他們在彼得格勒奪權時，所有政治光譜的人都對他們深惡痛絕，幾乎是立刻就引發武裝衝突，最終演變成極度殘忍的內戰，持續至一九二一年。內戰一詞或許不甚恰當。到了一九一七年年底，俄國政府幾乎已徹底垮台，眾多勢力起而爭權，令人眼花撩亂。一般認為，俄國內戰是「紅軍」和「白軍」的衝突。紅軍是布爾什維克派，堪稱團結凝聚，而「白軍」一詞則是將諸多勢力混為一談，他們除了怨恨布爾什維克派外，幾乎毫無共通之處。帝國軍隊的哥薩克人和將領為復興帝國而戰；社會主義和自由派人士為制憲議會而戰——布爾什維克派摧毀了這個偉大的革命夢想；各個非俄羅斯民族的軍隊為自治或獨立而戰；地方團體為掌控糧食供給和土地而戰。軍隊在各地的農田和草原互相追擊時，不僅破壞作物，也摧毀灌溉渠道和鐵路。人力和物質代價都極為高昂。這場爭奪勝利的激戰大大影響了布爾什維克派的態度。

在中亞建立蘇俄勢力是個漫長的過程，有許多迂迴曲折的發展。就某種程度而言，蘇俄勢力是建立在二次征服中亞的基礎上，紅軍一路攻入這個區域。這是中亞首次在這場戰爭中遭受機關槍和戰機的火力攻擊。不過，軍事征服也伴隨著將中亞人帶入新秩序的政治工作。說也奇怪，布爾什維克派這個階級革命黨派也是俄國唯一在一九一七年支持民族權利的群體。弗拉迪米爾・列寧（Vladimir Lenin）和約瑟夫・史達林（Joseph Stalin）都相信，不能抱持在多元民族帝國中不存在民族和語言差異的希望；反之，這些差異是必須處理的客觀事實。如果先擺平各民族的不滿之情，階級鬥爭和無產階級的最終勝利將會更加容易。給予民族自治將會讓受壓迫的非俄羅斯民族得以看清其族內資產階級對他們的壓迫，而用對象本身的語言來宣傳革命也是最有效的方法。這些純理論的看法受到一九一七年的現實考驗。帝國內的民族運動力量令布爾什維克派措手不及。接著，任務變成要去駕馭這些不滿之情，來達成布爾什維克派的目標。蘇俄勢力早期有項命令是「致所有俄國和東方的艱苦穆斯林」宣言書，列寧和史達林在其中敦促穆斯林支持新政府：「你們所有人，那些清真寺和聖壇遭到摧毀的，信仰和習俗被沙皇和俄羅斯的壓迫者侵犯的！從今以後，我們宣告你們的信仰和習俗、你們的民族和文化風俗全都自由且不可侵犯！請自由建立你們的民族生活，不會有任何阻礙。」[13]布爾什維克派想要盡可能遠離過往帝國歷史的重擔。蘇俄勢力必須讓非俄羅斯人認為是他們自己的勢力，而非俄羅斯人的勢力。「以下這些任務至關重要：」列寧於一九二一年寫道，「要**征服**本地人的信任；要征服三、四次之多；要**表現出**我們**不是**帝國主義者，我們**不會**容忍那種傾向的偏差。」[14]實際上，這些理念多次變化，而且往往是以出乎意料的方式改變。不過，布爾什維克派確實發展出一項民族政策，用來平衡民族差異與階級的普世性。在二十世紀的進程中，許多社會主義政權將借用、挪用和採用他們的許多假設，中國也包含其中。

儘管如此，社會主義在殖民地應該呈現出何種樣貌呢？如果社會主義是無產階級的勝利，對於像中亞這樣，沒有工業而因此沒有無產階級的區域來說，社會主義的意義為何？塔什干蘇維埃給出了一個答案——如果本地居民沒有無產階級，那他們可能就和革命勢力毫無關聯。這種論述路線帶來的實際結果令莫斯科的布爾什維克領袖十分驚恐。仰賴突厥斯坦的俄羅斯屯墾者征服當地勢力，並不是這些領袖希望在突厥斯坦建立蘇俄統治的方式。然而，當內戰肆虐，他們只能靠著派遣全權代表來主張他們的權威，這些代表威脅和道德勸說並用，試圖讓屯墾者自封的蘇俄勢力符合中央的期望。第一位這樣的全權代表是彼得・克波耶夫（Petr Kobozev），他在一九一八年四月抵達塔什干，著手鬆動屯墾者握有的權力。在宣布他的派任令的電報中，史達林建議塔什干的蘇俄統治者「（甚至可以）從本地人之中吸收（亞歷山大・）克倫斯基（Alexander Kerensky）＊的支持者來從事（政治）工作，只要他們準備好要為蘇俄勢力服務——這對蘇俄有利無弊，無須恐懼過去的陰影」。[15]蘇俄勢力必須擁有比只有無產階級更寬廣的基礎，而對蘇俄勢力的忠誠與支持將是最必不可少的準則。這樣的想法驅動了克波耶夫的工作。他監督穆斯林居民創立蘇維埃，並強迫塔什干蘇維埃接受穆斯林民意代表。五月時，他主持了一場全突厥斯坦的蘇維埃代表會議，宣告突厥斯坦是在社會主義俄國範圍內的蘇維埃自治共和國。這是半年前浩罕的穆斯林民族運動宣告自治的蘇維埃版本。克波耶夫面臨塔什干社會主義屯墾者的大量反彈，而直到一九一九年十一月紅軍抵達後，才終於瓦解他們的勢力。共產黨中央委員會的突厥斯坦執行委員會（Turkestan Commission）在紅軍之後抵達當地，接管該區域的蘇維埃和政黨組織。屯墾者也是其目標之一，許多人都被開除公職，遣送到俄羅斯。

阿拉什國的情況甚至更加混亂。部分最激烈的俄羅斯內戰戰役發生在哈薩克草原。阿拉什國起初選擇支持白軍陣營，但與白軍的關係依舊難以維繫。到了一九一九年末，紅軍翻轉形勢，讓白軍部隊逃之夭夭，於是在布爾什維克派提議赦免哈薩克族人，來交換他們接受蘇俄統治後，阿拉什國換邊站。然而，阿拉什國與布爾什維克派平等合作的希望破滅了。布爾什維克派並無意

＊譯注：亞歷山大・克倫斯基（一八八一－一九七〇）為二月革命的領導人，後擔任俄羅斯臨時政府部長會議主席。

建立這樣的同盟。身為大歷史的動因，他們可以對其他勢力策略性讓步，但對同盟合作深惡痛絕。「我們對阿拉什國政府一無所知，也不承認他們，更無法與其建立條約關係。」負責治理布爾什維克軍隊所征服土地的革命委員會吉爾夫康（Kirrevkom）於一九一九年十二月三十一日通知紅軍司令部，「這樣的政府必須解散。」[16]布爾什維克派最多只能提供阿拉什國政府成員一些蘇俄行政機構的職位。取而代之的是，布爾什維克派建立了他們自己版本的哈薩克自治共和國。他們在一九二〇年八月二十六日正式宣布，他們將四個草原州、突厥斯坦的曼吉什拉克半島（Manghïshlaq peninsula）和阿斯特拉汗州的哈薩克人口合併為一個整體。和突厥斯坦的遭遇十分相像的是，莫斯科當局也靠著其蘇維埃自治組織打敗資產階級的自治政府。共產主義是建立在中亞民族運動的遺跡之上。

# 第十章 東方的入口

「列寧同志是位了不起的男士，他對東方問題瞭若指掌，並且已經開始嘗試喚醒和團結東方。」[1]布哈拉思想家和社運人士阿布杜勞夫・菲特拉特在一九一九年春天如此寫道。依他所見，「東方問題」是關於將「東方」從歐洲帝國主義解放出來。菲特拉特長期以來都是文化和政治改革的熱烈支持者，他認為改革能夠確保中亞的穆斯林在現代世界中生存和強盛。八年前，他曾出版《歐洲人與布哈拉教授的對話》（*A Dialogue between a European and a Bukharan Professor*），這本小冊子在中亞獲得許多聲譽。在書中，有位思想陳舊的布哈拉教授前往麥加朝聖途中經過印度，在那裡和他相遇的一名英國人討論新方法學校議題。這位教授敵視新方法學校，而英國人主張，新式教育對世界各地的穆斯林都必不可少，讓他們培養新的學問，以符合現代的需要。菲特拉特在一九一一年曾視歐洲為仿效的模範，但大戰改變了一切。對菲特拉特來說，他曾在伊斯坦堡度過學識養成的四年，鄂圖曼人的慘敗帶給他絕望之感。鄂圖曼人參戰加入德國和奧地利的陣營時，扎吉德和俄羅斯帝國絕大多數的穆斯林都仍效忠俄國。儘管如此，鄂圖曼帝國一直以來都是受殖民統治的穆斯林的一股情感拉力，他們在鄂圖曼帝國的存續中看見希望，穆斯林也能在歐洲支配的時代建立現代形式的國家。如今，鄂圖曼帝國倒地不起，幾乎就要慘敗，穆斯林世界似乎已徹底沒落，改變的需要更加緊迫。新情勢改變了菲特拉特對歐洲的評價，他現在認為歐洲是世界其餘地區的邪惡剝削者。他早期對於歐洲自由文明的迷戀，被針對資產階級秩序的激進反殖民批評取代。布爾什維克派——或更精確地說是革命的理念——如今似乎成為新時代的先驅，另一種值得仿效的模範。布爾什維克派已經成功挑戰帝國的舊秩序，並展現出動員和組織的力量。他們在菲特拉特眼中是新世界秩序的動因，蘊含民族解放和全穆斯林世界進步的可能性。

一九一七年的俄國革命是去殖民運動。許多俄羅斯帝國以外的反殖民行動者都逐漸將布爾什維克派的勝利，視為抵抗他們所受之壓迫的新方式。美國歷史學者曾提及世界政治中的「威爾遜時刻」（Wilsonian moment），在大戰屠殺的餘波中，許多被殖民世界的民族運動將他們的希望寄託在美國總統伍德羅・威爾遜（Woodrow Wilson）在歐洲擁護的民族自決和領土主權概念。如此改造世界的願景很快就在歐洲帝國和威爾遜本人漠不關心的態度下落空，威爾遜並不打算將他的理念擴及歐洲以外的世界。[2]這是有些自我陶醉的世界觀。儘管威爾遜時刻影響力有限，但和列寧主義運動同時並存，其他的反殖民行動者將他們的希望寄託在大不相同的方法，來實現從殖民奴役狀態中解放。布爾什維克派的革命模式啟發了他們。他們在共產主義中看見通往民族救贖和現代性的道路，以及重新組織社會以利更有力對抗殖民統治的公式。確實，在二十世紀的剩餘時期中，共產主義、反殖民主義和民族主義都將密切交織。這三者的連結首先是在俄國革命的幾年後產生的，而中亞正處於這波活動的中心。有一小段時間，塔什干尤其成為世界革命的交叉點。

◆　◆　◆

一九一八年春天，克波耶夫一在塔什干鬆動俄羅斯屯墾者對新蘇維埃政權的掌控後，數量可觀的突厥斯坦人就立即聚集到這新的權力機構。其中有些人是扎吉德，仍為一九一八年敗在宗教學者手上感到不快。他們利用他們獲得權力的新管道，去攻擊宗教學者。他們所管理的地方自治蘇維埃解散了宗教學者的組織，並以革命的名義沒收他們的財產。他們也利用革命手段，向富人徵用和勒索「捐款」，來建造新方法學校、劇院和公共圖書館。不過，蘇維埃機構也吸引了一批不同的地方行動者，他們過去沒有任何參與穆斯林文化改革的紀錄。有位這樣的行動者名叫圖拉爾．里斯庫洛夫（Turar Rïsqūlov，一八九四－一九三八），他是來自傑提蘇夫的哈薩克人，曾先後就讀俄羅斯暨土著學校和皮斯佩克（比斯凱克當時的舊名）的農藝學校。一九一六年十月，他錄取了塔什干師範學校。一九一七年三月，革命結束後，他順利回到自己的家鄉墨克（Merke），開始在新蘇維埃機構建立時參與其中。他在一九一八年年中以蘇維埃代表的身分返回塔什干，官位迅速晉升，一九一八年末已經成為衛生人民委員。一九一九年，他當上新設立的穆斯林共產黨組織局（Bureau of Muslim Communist Organizations，亦即 Musburo）的局長——在克波耶夫的任命下，挑戰俄羅斯屯墾者對地方政黨組織的掌控。穆斯林共產黨組織局的多數成員都曾就讀俄羅斯暨土著學校，而他們對俄羅斯的知識是新時代的重要資產。他們也大多出身富裕家庭，而所有人都十分年輕（里斯庫洛夫成為人民委員時年僅二十四歲）。革命賦予青年權力，也給予他們重新改造社會的機會。

城市內遇見許多其他群體。數萬名前鄂圖曼戰俘雖然重獲自由，但在布爾什維克派退出戰爭後必須自謀生計，他們想要回到安納托利亞，戰鬥抵抗外來勢力占領該地。穆斯塔法．蘇布西（Mustafa Suphi）是鄂圖曼異議分子，一九一三年為躲避流放國內邊境的判刑而逃往俄羅斯。戰爭開打時，他被當作敵國國民逮捕，關押在烏拉山區（Urals）的戰俘集中營。他在獄中成為馬克思主義者，並加入布爾什維克派。革命後，他在多次蘇俄動員歐洲俄羅斯的穆斯林行動中都相當活躍。他於一九二〇年初抵達塔什干，將土耳其戰俘組織成共產黨，給予他們革命這樣適切的精神支柱來安放他們的反英情緒。阿維蒂斯．米凱里恩（Avetis Mikaelian，別名蘇丹札德〔Sultanzadeh〕）是伊朗的亞美尼亞人，於一九〇七年來到俄羅斯，就讀一所亞美尼亞神學院，但於一九〇九年參與激進政治，加入社會民主黨（Social Democratic Party）。他在該政黨高加索地區和伊朗的地下工作中相當活躍。一九一七年後，他已經加入和蘇布西一樣的圈子，但聚焦在高加索地區大量的伊朗移民人口。一九一九年，他和夥伴共創正義黨（Adalat），這是個流亡的伊朗馬克思主義政黨。他一九二〇年時也在塔什干，希望能夠招募伊朗人加入政黨和志願軍旅，以對抗在伊朗的英國人。最後，各式各樣的阿富汗公民和東突厥斯坦的移工也加入塔什干的動亂之中。

◆　◆　◆

布爾什維克派想要改造世界，不只是俄羅斯，這給了他們反殖民的資格。他們從一開始就採用反殖民論調。他們公開沙俄帝國所簽署的祕密條約，並宣布放棄帝國從中國、伊朗和鄂圖曼帝國榨取來的治外法權和特權。一九一七年整年，他們都希望俄羅斯的革命能夠引發西歐其他進步工業國家的革命。到了一九一八至一九年的冬天，情勢已相當明朗，革命不會在短期內發生，而資產階級秩序也從戰爭中倖存下來。列寧已經長期主張，殖民地的剝削減輕了殖民母國的勞工剝削，並澆熄他們的革命熱血。如今布爾什維克派清楚明白，要在西歐激起革命的方法，就是要剝奪歐洲勢力的殖民地。一如托洛斯基一九一九年發表的名言：「巴黎和倫敦（通往革命）的道路途經阿富汗、旁遮普（Punjab）和孟加拉（Bengal）的城鎮。」[5]於是，眼前的任務是要在殖民地煽動革命。「東方政策」在莫斯科風行一時，東方（俄國使用的統稱，指的是亞洲全境和一小部分的北非）的人民——儘管長期都被視為愚昧落後（若曾被看在眼裡的話）——如今成為歐洲未來希望的指路明燈。當然，殖民地革命如何實現並沒有藍圖可循。接下來的幾年內出現了一些不同的倡議來激發東方的革命，有些相當投機，而全都是未經考慮就匆匆行動。時機很快就過去了，其他考量取得優先地位，而世界革命的熱情減退，但其目標尚未被徹底揚棄。

突厥斯坦在這些倡議活動中占據核心地位。這裡是通往亞洲的入口，印度和中國的革命將從這裡點燃。早在一九一九年十二月，突厥斯坦執行委員會就在塔什干成立國際宣傳理事會（Council for International Propaganda），以散播革命訊息到印度。這個理事會是抵達塔什干的印度革命分子主要的援助來源。隔年夏天，東方問題在莫斯科的共產國際（Communist International，又名Comintern）第二次代表大會中占據最重要的地位；共產國際是一九一九年蘇俄人建立的全世界共產黨聯合組織。共產國際代表大會於一九二〇年九月在巴庫（Baku）召開東方民族大會（Congress of the Peoples of the East）。他們也創建了一個青年聯盟——東方民族宣傳活動局（Bureau for Propaganda and Activity among the Peoples of the East）——以及塔什干的突厥斯坦事務局（Turkestan Bureau）。後者的局長是馬納本德・納特・羅易（Manabendra Nath Roy，一八八七－一九五四），他是位作風迥異的印度革命人士。他的政治生涯伊始是名印度愛國主義者，愈來愈堅信唯有武裝鬥爭能夠讓印度擺脫英國統治。大戰於一九一四年爆發時，羅易已經離開印度，尋求德國的幫助。那趟旅程先後帶他到了爪哇（Java）、日本和中國，最後抵達美國。他在那裡發現社會主義。美國參戰導致反英組織備受打擊，於是羅易逃到墨西哥，並在當地和幾人共同創辦社會主義工人黨（Socialist Workers' Party）。一九二〇年，他以墨西哥代表的身分參加共產國際第二次代表大會。民族主義讓他走向反殖民主義和世界革命。他被派遣到塔什干開設局處和軍事學校，目標是要訓練印度的革命分子。比起其他在當年更早時抵達塔什干的印度革命分子，他代表的是一種更正統、更傾向馬克思主義的革命路線。

推動殖民世界革命浪潮的理念所釋放出來的熱血激情貨真價實，而且源自東方民族本身。布爾什維克派試圖駕馭這樣的激昂情緒，但他們往往難以掌控之。未來的革命分子持續按照他們自己的見解去想像革命。布爾什維克派對於這些意識形態的異端相當不滿，而他們也有其他的擔憂。散播革命的願望總是和保衛新興蘇維埃政權的需要同時並存，而這些更現實的關注很快就取得優先地位。自一開始，蘇維埃政權就是同盟國討伐的對象，他們軍事干預俄羅斯內戰，又對新政權實施經濟禁運。一九二一年三月，英國同意和蘇俄政府簽署貿易協定，終結經濟封鎖。英國提出的其中一項條件是「俄羅斯蘇維埃政府（將避免）試圖以軍事、外交或任何其他形式的行動或宣傳，去鼓勵亞洲的任何民族採取危害英國利益或大英帝國的任何形式的敵對行動，尤其是在印度和阿富汗獨立國（Independent State of Afghanistan）」。[6]蘇俄解散塔什干的印度軍事學校，將印度革命人士送到莫斯科，到新成立的東方勞動者共產主義大學（Communist University for the Toilers of the East）就讀。突厥人和伊朗人也接受了現實。在殖民世界煽動革命的理念並未完全消失，但其所在中心已經離開中亞。

◆ ◆ ◆

然而，還有許多革命行動留在中亞。蘇俄軍隊所表現出來的勇於冒險的軍事精神，再加上地方團體對革命理念的狂熱，促使一九二〇年在中亞境內及其周邊創建了三個革命共和國。二月時，剛抵達的紅軍部隊占領了希瓦汗國，並建立一個人民共和國取代之。（「人民共和國」一詞將在二十世紀留下悠久的歷史。希瓦是第一批成立的共和國之一。）自一九一六年起，汗國便面臨國內衝突，起因和一九一六年的起義或俄國革命都沒有直接關聯。考量到當地的動亂，紅軍部隊把握時機推翻可汗，並宣告建立共和國。六月時，來自高加索地區的布爾什維克派在伊朗北部的吉蘭（Gilan）宣告成立蘇維埃共和國，那裡自一九一五年起便發生地方暴動。叛亂分子以米爾札・庫丘克汗（Mirza Kuchuk Khan）為首，他們的訴求是土地改革，並終結伊朗中央政府的貪腐。俄國革命後，他們的觀點變得更加激進，並和高加索地區的蘇維埃官員建立關係——能夠在伊朗流亡人士的陪同下現身吉蘭，建立伊朗蘇維埃共和國（Soviet Republic of Iran），這些官員再高興不過了。比起現場的革命分子，莫斯科當局對這場冒險行動總是沒那麼熱衷，而一九二一年二月，他們和伊朗中央政府簽署友誼和約後，就立刻拋下共和國不管。然而，共和國短暫出

**圖 10-1**　1921 年 8 月的布哈拉人民蘇維埃共和國第三次代表大會。左側的布條向共產國際和布哈拉共產黨致意，右側的布條則是讚揚民族（*khalq*）和祖國（*vatan*）。坐者有阿布杜勞夫·菲特拉特（左一）、法伊祖拉·霍賈耶夫（中）和伍斯蒙霍賈（右二）。照片來源：提姆爾·科喬魯（Timur Kocaoğlu）。

現仍證明了革命理念在蘇維埃政權界線之外也深具吸引力。

最後，在一九二〇年八月底，紅軍部隊在米哈伊爾·伏龍芝（Mikhail Frunze）的指揮下入侵布哈拉，推翻埃米爾，並建立布哈拉人民蘇維埃共和國（People's Soviet Republic of Bukhara）（見圖10-1）。自從一九一七年二月君主政體垮台後，埃米爾便盡可能讓布哈拉脫離俄羅斯而獨立，阻止改革和革命浪潮接近。他驅逐布哈拉的扎吉德，迫使他們流亡蘇治突厥斯坦，於是他們變得愈來愈激進。布哈拉的扎吉德開始自稱青年布哈拉黨人（Young Bukharans），逐漸透過民族的稜鏡認識革命理念。據他們所述，布哈拉若要獲得救贖，就必須擺脫暴虐又背信棄義的埃米爾，並建立共和國取代他的位置。蘇俄既擔心公然併吞會惹怒英國，也對自己管理這個政權的能力極度沒有把握。於是他們建立另一個人民共和國取代之，這個政府由青年布哈拉黨人領導。埃米爾政權垮台標誌著中亞政權傳統的終結——布哈拉是最後一個垮台的中亞本地政權。

伏龍芝要求青年布哈拉黨人加入已經存在但規模不大的布哈拉共產黨（Bukharan Communist Party），但他無法讓他們立刻變成布爾什維克派。反之，布哈拉共和國以突厥斯坦前所未有的方式，讓扎吉德掌握政治權力。青年布哈拉黨人所追求的祕密目標與民族救贖和自我壯大遠更相關，而不是任何馬克思曾寫過，或布爾什維克派可能曾認可為正確政策的方向。其政府首長為法伊祖拉·霍賈耶夫（Fayzulla Khojayev，一八九六－一九三八），他出身布哈拉最富裕的家族之一，是堅定的改革派。菲特拉特回到布哈拉，最後成為財政部長（他的簽名出現在政府發行的紙鈔上）和教育部長。青年布哈拉黨人政府的作為就像許多過去的現代化政權——他們試圖引進行政、公共衛生和現代教育（建立新方法學校網絡並改革城內著名的經學院）的新制度。他們也努力管理伊斯蘭教，並要求宗教學者服從。此外，布哈拉政府還試圖與其他國家建立直接的外交關係，他們在喀布爾成立大使館，派遣外交使團拜訪土耳其，在柏林（Berlin）開設貿易代表處。他們也加入了送學生出國接受現代教育的現代化政權長名單——從十八世紀的帝制俄國，到十九世紀的埃及、伊朗和日本。自一九二二年起，布哈拉共和國共送了四十七名學生到德國（其中有些年僅十歲），還有更多人到土耳其。[7]德國對扎吉德而言尤其重要，他們視西歐為現代性的中心，希望與之建立間接的連結。

然而，青年布哈拉黨人從未能擺脫對蘇俄的依賴，蘇俄沒有興趣幫助一個穆斯林現代主義國家在中亞蓬勃發展。蘇俄盡可能限制布哈拉與外界的直接連結。他們阻擋一個土耳其代表團造訪布哈拉，喀布爾和柏林的蘇俄大使聲稱掌控布哈拉的代表權。青年布哈拉黨人對蘇俄的掌控十分惱怒。伍斯蒙霍賈（Usmon Khoja）是法伊祖拉的堂親，也是共和國中央執行委員會（Central Executive Committee）主席，他採取了最激進的舉措。一九二一年十二月，在一次巡視布哈拉東部山區的過程中，他率領他指揮的部隊突擊杜尚貝（Dushanbe）的紅軍兵營，並對共和國內的所有俄羅斯部隊宣戰。紅軍部隊成功在恐慌中存活下來，而伍斯蒙霍賈逃亡至阿富汗。他最終搬遷到土耳其，成為中亞外移移民的著名人物。其他人則試圖從政府內部抵抗蘇俄的壓力。一九二三年五月，布哈拉的蘇維埃全權代表（繼承沙俄政治代表的位置）強迫四位布哈拉部長（包含菲特拉特）離開政府，導致他們流亡到莫斯科。這波小規模的整肅行動讓布哈拉共和國變得溫順許多，成為其過去自身的倒影。

◆　◆　◆

莫斯科當局在突厥斯坦採取行動將其權威制度化。突厥斯坦執行委員會被永久設在塔什干的突厥斯坦事務局取代。局內成員由俄羅斯共產黨（Russian Communist Party）的中央委員會指派，而自一開始就納入中亞人。一九二二年，布哈拉共和國和希瓦共和國也被列入執行委員會的管轄範圍內，並更名為中亞事務局（Central Asia Bureau）。一九二〇年夏天，這個新事務局監督地方政黨組織徹底革新。里斯庫洛夫受派到莫斯科辦公，他們在突厥斯坦任命了新的領導階層。

那群取代里斯庫洛夫的主導政黨地位的男士行事較為謹慎，但背景大同小異——他們全都受過俄羅斯教育，一九一七年後也曾在蘇維埃工作過，但只有少少幾位參與過革命前的文化改革。對政黨而言，最根本的問題是要找到一群志同道合的本地幹部，既能夠和他們溝通，也在地方人口中具備一定聲望。考量到受過現代教育且俄語流利的本地幹部相當稀少，中央黨部別無選擇，只能仰賴同一類人士。不過，莫斯科當局的特使依然謹慎提防這類人士的意識形態缺陷，就算和他們共事時也小心翼翼。

控管突厥斯坦也意味著要對俄羅斯屯墾者採取措施。傑提蘇夫的血洗衝突仍在繼續。多數的屯墾者都視革命為奪取游牧民族土地的機會。始於一九一六年的衝突沒有平息的跡象，並大大刺激突厥斯坦的穆斯林共產主義者展開行動。他們的重大成果之一是成功迫使共產黨採行舉措。一九二一年，中央黨部決定在傑提蘇夫實施徹底的土地改革，相關措施包括解除屯墾者的武裝、沒收他們的土地（包括他們一九一六年起所奪取的土地），並將他們驅逐到俄國。一九二一至二二年間，可能有多達三萬名屯墾者被驅離傑提蘇夫，還有另外一萬人也被迫離開突厥斯坦的其他地區。此時是蘇俄勢力最接近擁抱去殖民化進程的時刻。[8]這也是蘇俄當局最明確的一次嘗試，以行動證明蘇俄並非直接繼承沙俄殖民勢力，而非只是口頭表示。格奧爾基・薩法羅夫（Georgy Safarov）於一九二〇年八月受派至突厥斯坦執行委員會，他以激烈作風展開了去殖民進程。一九二一年六月——在哈薩克社運人士蘇丹貝克・庫賈諾夫（Sultanbek Qojanov）的陪同下——薩法羅夫巡視傑提蘇夫的俄羅斯屯墾聚落，目標是要懲罰俄羅斯屯墾者一九一六年以後的惡行。一村接著一村，這兩名男士公開聚集屯墾者，薩法羅夫滔滔不絕地教訓並粗暴對待他們。卡拉科爾

（Karakol，即普爾熱瓦爾斯克〔Przhevalsk〕）郡的科索夫卡村（Koltsovka）是一九一六年屯墾者暴行最嚴重的地點，薩法羅夫在那裡下令一名吉爾吉斯族與會者在聚集的群眾面前毆打某位名叫科馬羅夫（Komarov）的男子，薩法羅夫同時痛斥科馬羅夫，威脅要把他和他的左輪手槍「送上月球」。在普魯德基（Prudki），他命令屯墾者站在椅子上並大喊「我是傻瓜！」，同時還要被吉爾吉斯族的旁觀民眾毆打。[9]

這是最原始的政治劇場。這麼做有助於部分從莫斯科來訪的政黨官員降低對屯墾者的評價。對突厥斯坦執行委員會對外關係司司長格里戈里．布羅伊多（Grigory Broido）來說，傑提蘇夫的俄羅斯屯墾者是「擁有許多土地的富農」，且毫不同情革命。據他所述，「在這些富農手中，蘇維埃章程和法令的規範已經淪為區區掠奪游牧民族的武器」。[10]但薩法羅夫和布羅伊多異於常人。他們在突厥斯坦執行委員會的同事並沒有共享如此憤怒的評價。反之，其他人傾向認為突厥斯坦的俄羅斯人口是該區域支持蘇俄統治的主要支柱，就算是其中的富農也不例外。薩法羅夫的行動引發他同事和受害者的猛烈反彈，他們在監察委員會（Party Control Commission）控訴他濫用權力（正是因為這起申訴案，我們才能讀到他如何對待屯墾者的詳細敘述）。薩法羅夫獲判無罪，但再也沒有人重複他的那些舉措。這起事件在蘇俄歷史上一直是個特例。

◆ ◆ ◆

困擾俄羅斯帝國的動亂波及到其滿是漏洞的歐亞大陸邊界之外。因為白軍部隊逃離紅軍追擊途中，於一九二一年入侵蒙古領土，導致蒙古被捲入俄羅斯內戰之中。中國試圖利用俄羅斯的混亂重中其對蒙古的所有權，並於一九一七年在該國駐軍。白軍驅散這些駐軍，擁立博格多汗為獨立蒙古國的統治者。紅軍很快就趕走白軍勢力，改立一小群現代主義都市菁英所組成的蒙古人民黨（Mongol People's Party）掌權，並肯認博格多汗為立憲君主。俄國內戰促使蒙古獨立。這個新興的君主立憲政體不久便成為蘇俄的衛星國，與蘇俄的關係影響了該國進一步的政治發展。

新疆的遭遇比蒙古好。新疆也面臨大批人潮闖入邊界的衝擊，但其省長楊增新不僅成功將最嚴重的混亂隔絕在其管轄領域之外，還成功從中取得過去的新疆行政首長從未獲得的權力等級。楊增新既能幹又殘忍，藉此確保了該省的領土完整性，維持省內情勢穩定；最重要的是，他鞏固了中國對該省的統治。雖然是中華民國指派楊增新為省長，但他是思想陳舊的儒家官員。依他所見，世界最好的運作方式就是維持秩序，因此他十分提防革命思想、反殖民鬥爭和源自蘇聯的民族自決觀念。他曾如此描寫蘇治中亞的情勢：「該國回纏人民於大亂之中，整頓內政，極力進行，實堪驚怖。」[11]楊增新擔心類似的觀念在新疆可能會導致漢人遭到驅逐，蘇俄奪走該省領地。因此他盡其所能將如此驚怖的現象隔絕在他的領域之外。他控管此處與中國其他地區的邊界，以確保不當思想不會進入新疆，並在當地禁絕所有報紙。他也關閉許多二十世紀初起開設的新式中文學校，放任保守派穆斯林攻擊扎吉德學校。除了這些舉措，他還徹底審查所有官員，建立會向他舉報的眼線網絡。

想當然耳，楊增新無法將外界隔絕在外。一九一六年俄羅斯帝國的起義促使二十五萬名絕望的哈薩克和吉爾吉斯族難民進入新疆。隔年，數萬名塔蘭奇人和東干人因為受哥薩克人和哈薩克人的衝擊，從塞米列琴逃至新疆。[12]數年後，戰敗的白軍軍隊也步上他們的後塵。最先抵達的是哥薩克首領亞歷山大・杜托夫的軍隊，他們在一九二〇年二月跨越邊界，後方有許多平民跟隨。過了一陣子，安德烈・巴奇赤（Andrei Bakich）將軍率領八千士兵和五千平民跨過塔爾巴哈台邊境，而一個月後，他的指揮官哥薩克首領鮑里斯・阿年科夫（Boris Annenkov）又帶著一千人抵達固勒扎。楊增新盡力將這些軍隊驅散繳械，把阿年科夫的人馬送到（位於甘肅的）敦煌，把巴奇赤的追隨者拘留在草原上的某處營地。然而，這兩名將領不甘於挫敗，開始在蘇俄領地籌備反擊。此時蘇俄大多已掌控了突厥斯坦和草原地區，並向楊增新施壓，要他對他們的敵人在他管轄範圍內活動採取措施。一九二一年五月，為了回報一筆黃金報酬，楊增新准許蘇俄軍隊進入新疆，對付白軍。然而，紅軍的突襲並沒有完全成功，巴奇赤帶著他三分之二的士兵逃亡，順利抵達蒙古，並在那裡試圖與白軍軍隊重新組織。接著紅軍在蒙古戰勝，意味著巴奇赤又被迫退回新疆，九月紅軍的二次襲擊讓他吞下最後一敗。與此同時，楊增新的軍隊逮捕阿年科夫，將他遣送給蘇俄。俄羅斯內戰的所謂新疆前線就此終結，但留下了三萬至四萬名俄國難民。[13]有部分人慢慢回到塞米列琴，他們在當地往往又為土地問題點燃與哈薩克人的鬥爭；其他人則留在原地，為新疆的俄羅斯流亡者社群打下基礎。然而，和蒙古不同的是，紅軍在戰勝後並沒有繼續停留，新疆在法律上依然屬於中國的一部分。

楊增新展現出，儘管他厭惡革命，但他能夠與蘇俄交易，藉此擺脫他不受歡迎的客人——亦即白軍。他也和他們合作，重啟革命和內戰期間中斷的跨邊界貿易。蘇治突厥斯坦的饑荒和俄國各城嚴重的糧食短缺驅使蘇俄當局在新疆尋找糧食來源。一九二〇年五月，突厥斯坦政府派遣代表團到固勒扎，和楊增新協商恢復貿易。這份協議並不尋常，兩大帝國邊緣的區域執政當局幾乎是自主行動，簽署了這份協議。蘇俄政府不久便重新掌控突厥斯坦的外交事務，但楊增新依舊能夠自由經營他自己和蘇俄的關係。對蘇俄人來說，與鄰國在平等基礎上簽署協議是攸關革命尊嚴的大事。於是他們聲明放棄《聖彼得堡條約》以來俄羅斯人在新疆享有的治外法權，而為了回報對方讓新疆領事館繼續營運，他們也准許在蘇治中亞開設「中國」領事館。雖然這些領事館在名義上由北京的外交部負責，但實際的運作完全交由楊增新負責，他指派他的親戚或親信到塔什干、安集延、齋桑（Zaysan）、塞米巴拉金斯克和阿拉木圖的領事館任職，藉此監視如今大量回到突厥斯坦的新疆移工。[14]

對世界革命滿懷熱血的蘇俄人大多沒有注意到新疆。想要將革命思想散播到新疆的是那些在蘇治中亞的人士，但他們並未成功。蘇俄領土內大量離散的東突厥斯坦人口中，許多成員——長期居住的塔蘭奇人、東干人和喀什噶爾人，以及那些近期遷入的移工——確實都對革命充滿熱情，思想因此變得激進，而正如我們將在第十一章所看到的，他們有許多人想要回到家鄉，解放故土。拉脫維亞裔（Latvian）的布爾什維克派揚・魯祖塔克（Jānis Rudzutaks）於一九二〇至二一年擔任突厥斯坦事務局局長，他籌備了一個計畫，要按照希瓦和布哈拉的模式，建立喀什噶爾（Kashgaria）和準噶爾蘇維埃共和國。外交人民委員格奧爾基・契切林（Georgy Chicherin）堅決反對他的提議，他總是十分厭惡他同事們不受控制的革命冒險精神。魯祖塔克的計畫沒有任何結果，蘇俄繼續和楊增新打交道。

◆ ◆ ◆

蘇俄之所以對干預新疆猶豫不決，與他們對中國情勢的評估息息相關。戰後發展也在中國引發普遍的激進化傾向。許多中國人民希望，戰後協議可以促使廢除外國租界及其設立時所根據的不平等條約。反之，戰勝國在凡爾賽決定維持現況，並將德國在中國的租界讓予日本，而非廢除之。威爾遜時刻就此告終。這個決議的消息導致中國各地都會區抗議四起，開啟文化和政治復興的時期。這也是對資產階級的自由主義幻滅的時刻，有些知識分子轉向馬克思尋找答案。馬克思的著作當時在中國並不著名——布爾什維克派在俄國得勝後，馬克思才成為眾人焦點。一直到一九一八年，中國才出現第一批鑽研馬克思思想的讀書會。當地的中國知識分子是透過民族的稜鏡在閱讀馬克思著作。李大釗是中國最早的馬克思主義者之一，他主張外國帝國主義勢力剝削中國這個國家，而「全國民漸漸變成世界的無產階級」。[15]因此，中國是無產階級國家。這和里斯庫洛夫（和許多其他人）所提出的論述相同。民族和革命之間的連結未曾從中國共產主義中消失。後來的中國馬克思主義者將會提出具有中國特色的共產主義概念，不過在中國共產主義誕生之際，馬克思的分類方式和中國關切的事物並不一致的現象便已經存在。

共產國際很早就對中國感興趣，一九一九年曾派遣兩名特使調查其國內情勢。他們協助將不同的馬克思主義研究小組組織成中國共產黨，中共於一九二一年七月在上海舉行成立代表大會。不過，考慮到中國實際上並不存在工業無產階級，共產國際和蘇俄並不認為中國會在近期發生共產主義革命，反而將他們的賭注押在國民黨身上，也就是孫中山所成立的民族主義政黨。他們主張，在中國的半殖民情勢下，民族民主革命是任何未來共產主義革命的先決條件。這樣的情勢需要統一陣線，中國共產黨必須與民族主義者合作。在按照布爾什維克願景改造國民黨的過程中，共產國際宣告國民黨為革命政黨，並提供他們大量援助。到了一九二三年，國民黨已經被改組為中央集權政黨，並肩負革命任務。中國因此擁有兩個列寧主義政黨，儘管兩黨的意識形態處處敵對，但共享共同的組織模式。他們同樣都致力於確保中國領土的完整性，此時他們已不再視之為一個帝國，而是不可分割的民族國家。

因為對抗帝國主義的全球鬥爭需要強大且團結的中國，共產國際和蘇俄接受了這樣的主張。中國殖民邊境的命運必須和中國整體的革命命運綁在一起，而蘇聯力圖保證中華民國的領土完整性。他們不能談論中國在新疆的殖民統治，更別提新疆脫離中國的解放運動了。

# 第十一章　蘇維埃統治下的中亞

沙俄帝國垮台後的十年是中亞的動盪時期，兩個不同的徹底變革計畫都試圖改造這個區域。布爾什維克派受他們——既理想化又粗暴——的願景驅動，渴望改造世界，克服「落後」，並帶領所有民族走向共產主義的燦爛未來。扎吉德受自己社會內部保守派的反對聲浪撼動後，已經受革命理念吸引，視之為實現他們渴望的改變的手段。內戰的動盪（以及一戰後的時代更廣泛的全球變化）讓他們的願景變得更加激進化，他們願意去試驗他們甚至可能在一九一七年前從未思考過的理念。這兩派人馬的計畫有大部分重疊——他們共享進步、反殖民鬥爭和解放東方的論調。雙方因為不同理由支持文化革命，包括大眾教育、土地改革、婦女解放和（對布爾什維克派來說可能自相矛盾的）打造民族認同。雙方都將對象鎖定傳統社會，他們將之與落後停滯畫上等號。然而，這兩種計畫是以不同的邏輯運作，並不穩定地共存長達十年，期間蘇維埃政權對中亞的控制一直相當薄弱。不過，正因為控制並不穩定，這十年產生了前所未有的文化騷動，創造出現代的中亞文化。

到了一九二三年末，中亞已經開始塵埃落定，蘇維埃秩序也正在成形。蘇俄控管了屯墾者暴力，並平定巴斯瑪奇叛亂。中亞再次成為俄羅斯政權的一部分，但面臨新的形勢。蘇維埃秩序是建立在一個社運政權的社會動員之上，由自稱肩負改造世界任務的政黨打頭陣。社會將沿著通往無階級狀態的道路重塑和推動。就許多重要層面而言，蘇聯是世界第一個發展主義國家。這個政黨——現今稱作俄羅斯共產黨（布爾什維克）——並非尋常政黨。他們自視為大歷史的動因、未來的先知和社會的先鋒。表面上選舉產生的代表會議（蘇維埃）的金字塔結構——包含從村落到郡和區，直到共和國的層級——提供這個秩序的基礎行政架構，而工會、文化和政治社團、勞工合作社、婦女團體和青年聯盟提供讓人民參與政治的其他方式。這一切都是在沙皇秩序下難以想像的，畢竟沙皇制是立基於將人民排除在政治之外。蘇聯是戰間期出現的新型態國家，或可稱作動員政權，這類的政權利用在多個領域的社會介入現代手段來改造社會。這不只是必要的新組織型態。人民必須被教導以布爾什維克的方式觀看世界。他們必須被教導視不平等為剝削、階級為根本、革命鬥爭為救贖之道。一九一九年，當時擔任民族事務人民委員的史達林曾寫道，蘇維埃勢力在「東方」的主要任務是要「提升（其）落後民族的文化程度、建立廣泛的學校和教育機構體系，並煽動……蘇維埃思想，無論是以口頭宣導或書面文宣，要以當地勞動人口原生且能夠理解的語言進行」。[1]俄共花費大量精力在政治教育，派出配備有海報、報紙、影片和劇場的團隊，宣傳新興的政治訊息。遊行、示威和公共集會全都是由黨或其代理人精心策畫，成為公共生活的新型態。紅色茶館、紅色圓頂帳篷和紅角*的網絡在蘇治中亞各地興起。「消除文盲」、提倡公共健康衛生和引進新式農業技術的運動試圖改造舊有的風俗習慣，並改變文化。儘管該區域幾乎仍不見蘇維埃勢力的存在，其代理人已經開始撼動地方社會。[2]

然而，誰要負責在中亞做這些動員、煽動和宣傳的工作？幾乎沒有俄羅斯人懂當地的語言，或和當地社會擁有夠多的連結，以至於有可能發揮影響力。有些社運人士懷抱滿腔的傳教熱忱抵達，但四處奔走的工作必須由當地社會的成員來做。蘇聯勢力在社會邊緣獲得最大的成功，畢竟邊緣的群眾在既有秩序中並無重大利害關係。社會原本就存在許多裂痕，而戰爭、饑荒和經濟崩潰大幅擴大了這些裂痕。在沒有土地或因擁有土地而貧困的農民、沒有足夠家畜的游牧民族、逃離虐待家庭或被家庭拋棄的婦女，以及可能是最重要的族群——渴望改變的青年——之中，新秩序找到了立足之處。一九二三年，俄共在蘇聯所有非俄羅斯地區發起本地化（*korenizatsiia*）政策。這牽涉到在學校、法庭和工作場所使用本地語言；聘雇本地人擔任行政職位；並在工作場所優先聘用本地人。歷史學者泰瑞．馬丁（Terry Martin）曾稱之為世界第一個平權措施計畫。[3]他們多數承諾都並未履行，並在一九三〇年代逐漸停止執行，但這樣的承諾依然十分重要。本地化加上土地自治的政策承諾，帝國殖民母國和殖民地邊緣之間權力平衡將會發生根本性的改變，這大大吸引了熱血青年加入蘇聯陣營。

政府當局也努力培養新的一群他們可以信任的地方黨員。第一批入黨的中亞人是偶然成為共產主義者的。革命前便已存在的公共人物儘管擁有各自的目的，但布爾什維克派一掌權，並宣告完全控制公共領域後，他們便別無選擇，只能入黨。在布哈拉和哈薩克共和國，布爾什維克派將更早期的政治菁英成員納入黨內。圖拉爾・里斯庫洛夫這類的人物關心的是對抗屯墾者暴力，以及消滅中亞的殖民統治遺產，而他們透過各自關注議題的稜鏡，去理解黨的目標。他們做著助理的工作，在本地人口間建立政黨基層組織，並招募穆斯林。不過，中央黨部亟欲培養一群經過適當意識形態培訓的本地共產主義者。一九二二年，他們開始送中亞青年到莫斯科就讀東方勞動者共產主義大學、斯維爾德洛夫共產主義大學（Sverdlov Communist University），最後是紅色教授學院（Institute of the Red Professoriate），這些都是黨內菁英的意識形態教育機構。其他人則在開始出現在中亞的黨校內接受教育。到了一九二〇年代中葉，新的一群穆斯林共產主義者開始出現。

◆ ◆ ◆

史達林列出的蘇維埃勢力在中亞的目標清單讓扎吉德多有共鳴。他們非常重視建立「廣泛的學校和教育機構體系」和為他們的同胞「提升文化程度」。這些都是合作的基礎。一九一七年時，扎吉德和布爾什維克派互看不順眼，但自那時起情況改變得很快。一九一七年社會內部保守派的反彈讓扎吉德不再相信漸進式改變和規勸的效用，而一九一八年鄂圖曼帝國慘敗也引發絕望之情。「我們之中的許多人都說，」阿布杜勞夫・菲特拉特於一九二〇年寫道：「『快速改變教育方法、語言和拼字法、或婦女地位會違背民意，而且將導致穆斯林間的齟齬。（因此，）我們

＊ 譯注：原為傳統上俄羅斯人家中放置神像和進行儀式的角落，後成為學校、工廠、醫院等公共場所擺放列寧像或其他共產黨重要人物肖像的角落。

必須漸進執行（這類的改革）。』」菲特拉特不同意這樣的說法。「我們之中並不存在所謂『民意』。」他繼續寫道，「我們有『普遍』的多數，但這些人沒有意見可言……現今我們的多數擁有的想法不是他們自己的想法，而只是某位伊瑪目或阿訇的想法。（考慮到這一切情況，）漸進的變革不會有任何好處。」[4]這個民族太過無知粗心，無法知道什麼對他們有益；他們必須被拉進現代世界，就算他們百般不願意，也必須強制執行。新興的革命政權似乎承諾會帶來根本性改變，在莫斯科當局強迫屯墾者放棄他們對蘇維埃的掌控權後尤其如此。有些扎吉德人士加入了共產黨。絕大多數並未入黨，但他們把握住新秩序帶來的機會，執行他們在近期變得更加激進的目標。

一九一七年後的十年內，扎吉德人士發起多次反叛——反抗過去的權威、長者的權威、文學和社交的慣例、宗教學者的權威，最終是伊斯蘭權威。劇場活動急遽暴增。一九一九至二〇年、一九二〇至二一年的兩個冬天儘管受困於饑荒和內戰，但塔什干的劇場仍十分繁忙活躍。新式新聞逐漸成形。一九一七年崛起的新聞報刊並未留存下來，但政黨資助（只要稍微贊助便已足夠）的方言報紙開始於一九一八年出現。新興的報刊主打蘇維埃相關的內容——布爾什維克領袖演說的翻譯、政治訊息和時事的官方分析——但也是社會評論和新寫作類型的載體。這些文類（新聞報導、諷刺專欄、短篇故事、回憶錄、小說、官僚文書和技術手冊）在革命前就開始在中亞出現，但一直到革命後的十年內才真正確立地位。新的散文文學在形式和內容上都十分新穎。詩歌的地位依然最高，但也有些改變。詩人拒絕創作關於玫瑰與夜鶯，關於神、愛與美酒的詩歌，堅持引進新主題。當詩人拒絕波斯化的形式和文類慣例，使用新的韻律和格律系統，新詩便有了嶄新的形式。喬勒潘是這種新詩的大師。他在革命前，仍在校讀書時，便已開始寫作，但他在一九一七年找到他想要表達的意見和熱情所在。在接下來的數年內，他創造出一系列的作品，具有新的形式、語彙和感受。

出版業也在哈薩克共和國蓬勃發展。哈薩克的社運人士在革命前已經將哈薩克語言標準化，但一九二〇年代的出版成就前所未有。在這十年內，土庫曼文和吉爾吉斯文都真正首次成為書寫語言。過去這兩個語言的族群大多僅限於口語，任何書面溝通都是使用形式精巧的察合台突厥文。如今，創造出來的書面語言需要標準化。制定現代的新書寫標準也造成一大堆問題。語言需要新的字彙來代表新的現象（包括電話和鐵路等新發明，以及剝削和革命等新觀念）。應該從其他突厥語言、波斯文或阿拉伯文（伊斯蘭化語言外來詞的傳統來源），抑或俄文或法文引用這類詞彙？或是應該從純原生的語言來源發明新字？又該如何書寫新的語言呢？自十九世紀末，許多突厥語社會的改革者皆曾主張未經調整的阿拉伯文字並不適合書寫突厥語言，而不適合的理由是因為那些社會的文盲率很高。阿拉伯文字不會寫出短母音，而突厥語言的母音非常豐富，大約有六至十種之多。阿拉伯字母中也包含許多代表阿拉伯語特有發音的字母。在其他語言中，那些字母的發音並不相同，導致拼字和發音的關聯不大。對於那些認為普遍識字率是進步的必經之路的人來說，想要的目標是一套純表音文字。甚至在革命之前，哈薩克社運分子便已經藉由大幅改造阿拉伯文字，來創造他們語言的表音拼字法。一九一九年，塔什干的一場會議提出甚至更劇烈改造烏茲別克語拼字法的方式，包括修改阿拉伯文字以標明所有母音，刪去阿拉伯文特有的字母，並按照語音拼寫所有字彙。[5]會議所提出的這些提議並沒有被廣泛接受，但改變正在發生。烏茲

**圖 11-1** 穿著帕蘭吉和恰齊凡的婦女，攝於 1920 年代的塔什干舊城區。由馬克斯．彭松（Max Penson）所攝。


別克語在接續幾年內頻頻騷動，寫作者實驗拼字和語彙，創造新詞來配合開始出現的新寫作文類。

如果社會要進步，婦女也必須改變。游牧民族的婦女不會蒙面，但定居社群的婦女會穿著一種特別厚重、覆蓋全身的罩袍，名為帕蘭吉（*paranji*），附加一條馬毛製成、稱為恰齊凡（chachvon）的頭巾，甚至連雙眼都遮蓋住（見圖 11-1）。帕蘭吉和恰齊凡的套裝似乎在俄羅斯征服後變得普及，被當地人視為一種將穆斯林社群及其征服者區隔開來的方式。這種服飾鞏固了相當嚴格的隔離制度和一套界定社會習俗的性別規範。一九一七年，臨時政府賦予婦女投票權，並將中亞女性列為具備完整權利的公民。該區域的保守勢力並不接受這樣的舉措，當年婦女參與投票的例子也十分零星，許多地點的女性完全被禁止靠近投票所。在扎吉德看來，這簡直愚蠢至極，因為這麼做等同於拒絕給予穆斯林人口真正的代表權。投票問題很快就變得無足輕重，但婦女缺乏實際社會地位這個更大的問題依然存在。扎吉德透過民族和進步的稜鏡看待這個問題。他們主張因為民族需要優秀的母親，所以女性必須接受教育。他們友伴婚姻（companionate marriage）的理想同樣構成了由自主核心家庭單位組成民族群體的新願景基礎。革命時代的動亂讓這個目標顯得更迫切且更容易達成。相關辯論圍繞在幾個議題上，包括新郎家族之父給新娘家族的聘禮（*qalin*），停止隔離婦女，帶領她們進入教育機構、成為勞動力；以及在定居區域的蒙面問題。一如世界各地的許多地方，討論「女性問題」的大多是改革派男性，但到了一九二〇年代初，已經有一小群女性社運人士出現，她們多數來自扎吉德家庭。她們有許多人外出時已不再穿著帕蘭吉和恰齊凡套裝。這類脫下面罩的舉動是重大的公開聲明，會引發其餘穆斯林社會的怒火。在新城區的俄羅斯空間內做比較容易。雖然絕大多數的女性依然蒙面，但新女性的存在成為都市生活不可避免的一部分。[6]

這場辯論延伸觸及伊斯蘭教本身。我們要記得，維新主義起初是宗教改革運動。一九一七年保守派宗教學者的反對使扎吉德激進化，愈來愈頻繁將他們對習俗常規的批評與民族的概念連結。他們如今將他們的對手描繪成民族的敵人和叛徒，為個人的利益利用宗教，最終導致人民落伍退步。此時出現的是一種穆斯林特有的反教權主義（anticlericalism），宗教學者遭譴責為雙面人、自私貪婪，最終還被斥為宗教販子（*dinfurushlar*）。劇場和新興報刊嘲諷宗教學者，在新的諷刺雜誌上刊登漫畫，對他們開殘忍的玩笑。塔什干雜誌《拳頭》（*Mushtum*）的編輯是阿布杜拉・古迪里（Abdulla Qodiriy），他擁有完美的伊斯蘭文憑（他曾在塔什干的經學院就讀），但仍出版諷刺漫畫，將宗教學者描繪成雙面狡猾的生物，並經常以動物形象呈現學者。在一個長期刊登的諷刺素描系列中，古迪里透過名為卡瓦克・瑪赫祖姆（Kalvak Makhzum，意為「天真修士」）的角色人物來嘲諷宗教學者，他是個作風陳腐的宗教導師，集無知、自負、傲慢和偏執於一身。宗教學者在人民間依然保有可觀的權威，但已經被排除在新的權力機構之外。他們一九一七年的顯赫時刻並未延續。他們也被排除在新興新聞出版界之外，只能在清真寺和街頭上大聲斥責。他們一向嚴厲指控他們的對手叛教不忠，而情況經常淪為暴力。青年布哈拉黨人以統治者之姿進入布哈拉時，他們憤怒的第一批對象就是該城主要的宗教公職人員，這些宗教人士在自一九一七年起的迫害改革者運動中扮演重要角色。部分最令人敬畏的大人物被迫清理城內各地的廁所，再挖掘自己的墳墓，而革命法庭迅速將他們送入墳中。[7]作為反擊，宗教學者率領的暴民通常會攻擊都市社區內的新方法學校和文化社團，而入學的女性經常遭到騷擾攻擊（更別提那些沒有蒙面的女性）。突厥斯坦社會正在經歷關於其過去與未來、傳統與宗教的嚴重爭論。

改革很容易就演變成革命，而對宗教學者的批評也逐漸變成批評伊斯蘭教本身。就這點而言，菲特拉特改變的幅度極大。一九一七年前，他曾出版許多具有現代主義特色、關於伊斯蘭虔信的著作，包括一本先知的傳記和一部長篇著作，後者主張如果正確理解，《古蘭經》將是通往救贖的指引。始於一九一七年與宗教學者的對抗改變了他的看法。一九二三和二四年，他發表了兩部採取反教權主義的短篇著作，進入反宗教的範疇。在一部名為《審判日復活》（*Qiyomat*）的短篇小說中，菲特拉特以嘲諷手法重述伊斯蘭的來世故事，揭露其矛盾之處，最終推翻其意義。故事人物波丘米爾（Pochomir）是正在戒毒的鴉片成癮者，產生他已經死亡且身在墓中的幻覺。他在那裡擊退兩名到墳中拜訪死者的天使蒙卡爾（Munkar）和納基爾（Nakir）試圖質問他生前的所作所為，粗暴地趕走他們。接著他安詳睡去，直到審判復活的號角聲響起。審判復活是混亂至極的場面，人們全都赤身裸體，和其他人擠在一起長達數年，只為等待量秤他們罪惡和善行的重量。操作天平的天使是粗野警察和無能蘇維埃官僚的集合體。波丘米爾靠著口才進入天堂，他在那裡擁有一棟以珠寶裝飾的房子，還有一群年輕性感的青年和女性在等著他。然而，天堂的歡愉很快就變得暗淡無光，尤其是當他發現天堂的酒喝不醉的時候。正當波丘米爾對喝不醉的酒產生反感時，他便醒了過來。[8]在《撒旦叛神》（*Shaytonning tangriga isyoni*）中，菲特拉特顛覆伊斯蘭中撒旦拒絕服從神的標準故事，將祂的拒絕轉化成英勇反抗只期待絕對服從、善變惡毒的神。撒旦因為反叛成為英雄人物。在高潮的最後一幕中，撒旦奚落神：

> 我的指引是科學，我的先知是知識。
> 我的助手是我的大腦和舌頭。
> ……
> 帶著你的智慧、你的王位滾開吧，
> 帶走你的力量、你的權威、你的世界。[9]

我們很難想像還有比這對伊斯蘭萬物秩序更赤裸的顛覆了。

我們該如何理解菲特拉特對神的反抗？有些歷史學家將這些作品解讀成是在暗地批評蘇維埃制度，前者被視為在諷刺布爾什維克派主張要帶領人類前往烏托邦的未來，後者則是在拒絕接受共產黨如神一般的宣告。對蘇維埃制度的批評肯定存在，但這並非菲特拉特文本中的唯一訊息。菲特拉特沒有理由把他的批評置於如此顛覆伊斯蘭的文字中。領略弦外之音固然重要，但不能忽略字句本身的訊息。菲特拉特顯然已不再著迷於他的宗教。他由內顛覆伊斯蘭的敘事——他的一切指涉都來自伊斯蘭傳統，就連他翻轉人們對這些指涉既有的理解時也不例外。我們或可說菲特拉特在這些作品中所實現的是對伊斯蘭的伊斯蘭化批評。這樣的解讀也識別出一九二〇年代的文化激進主義，擴散到遠超過蘇治中亞的範圍。在韃靼斯坦（Tatarstan）和亞塞拜然亦然，激進化的穆斯林改革者也從改革走向反宗教。從鄂圖曼帝國的廢墟中出現的土耳其共和國（Turkish Republic）發起了一系列的激進改革，在許多層面都與蘇聯的事件十分相似。阿塔圖克擊退宗教學者的權威，由國家直接管理伊斯蘭教，並制定世俗政治制度，將伊斯蘭推出公共領域之外。在伊朗，巴勒維王朝（Pahlavi dynasty）的建立者睿札王（Reza Shah）同樣建立了世俗化國家，禁止蒙面，並限制宗教教育，這一切全都以伊朗民族的名義執行。差別在於，在土耳其和伊朗，激進化的現代主義知識分子和強大的新政府結盟，而在中亞，扎吉德並未掌控政府，與激進派政府的合作並不穩定。

菲特拉特的激進主張也沒有讓他成為共產黨員。一般對於這個時代的觀念中，有一點經常有人聲稱但實際證據薄弱，那就是認為維新主義會直通共產主義——換句話說，扎吉德要不成為共產主義者，或至少會和共產主義者結盟。但就像一九一七年以前便出現在公共領域的多數扎吉德人士，菲特拉特從未入黨。他們在蘇維埃政權的機構中工作（大多是在文化領域），但那份工作並不等同於結盟。布爾什維克派會考慮策略性合作，但他們並沒有和其他勢力結盟。反之，實際情況是布爾什維克派對蘇維埃機構控制不力，讓各個勢力得以不穩定地共存。

◆　◆　◆

到了一九二〇年代中葉，中亞的共產主義者開始併入一個新的群體。他們大多都是在一九一七年當年或之後才進入公共領域，先前也沒有投入文化改革的經驗。其中許多人曾在扎吉德學校讀書，但他們後來改而到俄羅斯暨土著學校就讀——那些帝國機構是成立來培養沙俄帝國及其本地臣民之間的中間人。然而，這類學校幫助培育出的就算不是帝國的掘墓者，肯定也是一群樂於在帝國墳墓上跳舞的人。這些新興的共產主義者的俄語能力是他們崛起的關鍵因素。他們往往非常年輕，二十幾歲就擔任共產黨和蘇維埃階層制度的最高職位，迅速飛黃騰達。他們被灌輸政黨提供的光明未來願景。他們希望，共產主義會帶領中亞走向發展與進步，成為其餘穆斯林世界的燈塔。對共產主義者而言，黨籍也代表著一個機會，他們自視為能夠讓他們的社會脫離落後的媒介。他們甚至比扎吉德更年輕且更缺乏耐心，和扎吉德的關係相當彆扭。這兩個群體對於他們想要實現的改革有共識，但共產主義者堅信，新興的意識形態將能讓他們實現他們的長輩所無法達成的目標。即使入黨讓他們能夠免受伊斯蘭的道德批判，也經常讓他們脫離家庭關係，給他們一

**圖 11-2** 1925 至 27 年土地水利改革期間的烏茲別克幹部群（見第十三章）。照片來源：埃約爾・圖拉庫洛夫（Elyor Turakulov [Musabayev]）。

種誘人的自由感受，黨籍依然能夠賦予他們在自己族群社會中的權力。在多數戰間期的數十年間改造中亞的政治和文化轉型運動中，中亞的共產黨員都擔任馬前卒的角色（見圖 11-2）。

然而，本地共產黨員的位置依舊十分尷尬。他們受黨紀約束，而黨紀是按照中亞的族群分界運作。蘇維埃政權無法完全廢除沙俄時期形成的雙重社會。如前文所述，蘇聯政府在一九二三年大張旗鼓地發起本地化運動，目標是要在蘇聯的非俄羅斯地區將蘇維埃勢力本地化。這場運動大多以失敗告終，在語言和人事層面皆然。地方語言並沒有成為政府文書常用的語言，少數的例外可能是在沒有俄羅斯人的最低階村落行政機關。中亞的共產黨依然存在種族隔離現象，穆斯林和歐洲人組成個別的基層組織，歐洲人堅決自恃為政黨的主導者。歐洲人的控制和莫斯科當局派來的人員習慣性不聽本地人說話，都讓許多高階的本地共產黨員十分惱火。黨內通訊的紀錄充斥著這種相互懷疑的情況，也經常公開展現出來。一九二五年十二月，新成立的烏茲別克共產黨（Communist Party of Uzbekistan）中央委員會的十八名成員要求卸任，原因是「（黨內）環境不適合友善且有效的工作」。[10]三十名吉爾吉斯共產黨員在當年稍早也曾簽署一份類似的請願書，其他這類的醜聞也不斷傳出。

這個政黨就是一幫弟兄，其中的領導幹部不僅只是靠著官僚的指揮鏈才串連在一起，他們地下組織時期所建立的友情也將他們緊密相連。他們無法完全信任新來的黨員，尤其是來自國內異族地區的人士。在中亞，無論是出生在當地或近期抵達的歐洲幹部，對於蘇維埃政權在當地的目標反應都大不相同。他們有人抱持著「土著」的落後程度無可救藥這種守舊的觀念，也有人想要贈與他們進步與發展的禮物——但這是歐洲人恩惠的贈禮。反之，本地的共產黨員將蘇維埃制度視為按照他們自己的意願，來提升他們社會的方式。他們與這個體制的利害關係截然不同。這樣的差異將會為其中的許多人帶來災難。然而，中亞的共產黨員在一九二四年經歷了無疑是他們最大勝利的時刻——他們根據民族重劃了中亞的政治界線。

# 第十二章　蘇聯式自治

一九二四年，蘇聯政府改造了中亞的政治版圖。在幾個月的時間內，突厥斯坦、布哈拉和希瓦都消失了，由幾個共和國取代——各自都以某個民族為名。中亞政治地理的重組可能是蘇聯時期留存最久的遺產。如果沒有一九二四年的「民族劃界」，中亞今日的樣貌將大相逕庭。然而，外界對這個過程的誤解甚深。多數在前蘇聯以外地區、關於這個主題的著述都視之為分而治之政策的經典例子，蘇聯藉此破壞中亞的團結。這樣的論述具有簡單明瞭的優勢，並已經證實無可動搖。「蓄意的分而治之政策打擊了蘇聯穆斯林潛在的政治團結。」典型的主張如下，「現今的中亞國家之所以擁有他們的領土要歸功於史達林。他將俄屬突厥斯坦的領土劃分為五個共和國，藉此回應泛突厥和泛伊斯蘭民族主義的威脅。」[1]另一位作者告訴我們，這導致根據完全武斷的標準所「人為創造的新民族實體」，在這個過程中，蘇聯人「把問題變得更加複雜來娛樂自己」。[2]中亞人在過程中除了受害者，沒有扮演其他角色。

這種論述的問題在於與事實完全不符。實際的劃定過程比如此簡化且理解淺薄的描述所主張的複雜許多。中亞的民族劃定是在當地執行某項政策的結果，布爾什維克派在一九二四年以前便曾在其國內的其他地區實施這項政策，而這也反映出他們對於民族差異所提出的某種基本假設。

一九一三年，革命還只是理論上可行時，列寧曾要求史達林——他本人是喬治亞人——闡述布爾什維克派對於「民族問題」的立場。史達林視民族的存在為理所當然。「民族，」他寫道，「是自古形成的穩定人民社群，其組成基礎為共同語言、領土、經濟生活，以及在共同文化中所顯現的精神內涵。」[3]當時歐洲的民族主義者沒有任何人會質疑這種歷史、語言和文化共同構成民族社群之基礎的說法。史達林確實曾主張民族不會永遠存在——這樣的觀念是在資本主義的發展階段中崛起，而一旦共產主義來臨就會式微。然而，如今民族的分野太過明確，必須費心處理。史達林之所以提議民族領土自治，是視之為未來多元民族的社會主義國家的理想組織形式。

未來實現的速度比一九一三年的任何人所預期的都來得快。一九一七年，史達林是民族事務人民委員，他必須處理內戰期間在俄羅斯帝國邊境所爆發的民族動員。為了回應民族運動的各種自治宣言，布爾什維克派發展出承諾自治的民族政策，但必須符合蘇維埃政權的條件。他們必須施行無產階級自治，由黨來運作治理，而自治區必須效忠蘇維埃政府。一九一七年末阿拉什國和浩罕宣告成立的自治政府被正規的蘇維埃版本取代。儘管如此，蘇維埃的領土自治政策依然開啟了建立同種民族或語言政治單位的可能性。一九二二年十二月，新制定的章程將蘇維埃政府變成以民族領土自治為基礎的聯邦國家。領土自治存在於不同的層級，從蘇聯成員的共和國，亦即加盟共和國（union republic）內的自治共和國*，到層級較低的自治州和自治區，亦即人數較少或

* 譯注：加盟共和國為蘇聯的一級行政區劃，蘇聯解體時共有十五個加盟共和國。加盟共和國下分自治共和國，為二級行政區劃。

「文化落後」的民族群體自治。到了一九二三年末，蘇聯其餘地區的分界已經按照民族原則來重劃——從帝國的斯拉夫中心區域劃分出烏克蘭和白羅斯（Belarus），還有其他的幾個自治共和國在蘇聯各地宣告成立。中亞是聯邦最後一個施行此一蘇聯總體政策的區域。

在這種情況下，重劃行政區分界和擔憂中亞團結一致毫無關聯，畢竟這樣的恐懼並不存在。我們在前幾章已經看到許多證據，證實中亞並沒有任何全面團結的現象。反之，對蘇聯政府而言，問題幾乎完全相反——中亞太過分裂異質，難以有效統治。對蘇維埃政權來說，在前帝國的非俄羅斯地區，首要任務是贏得當地人民的信任，讓他們相信蘇維埃統治和先前的沙皇制並不相同。為此，蘇聯當局必須用他們自己的語言和非俄羅斯人對話，如果行政實體都使用同種語言，這項任務就會變得容易多了。這麼一來，行政、教育和宣導就全都能以同一種語言來進行。不過，中亞被區分成三個多語共和國（突厥斯坦、布哈拉和希瓦）。語言也不是唯一的問題。在三個共和國，游牧和定居人口之間的關係都非常緊張，衝突也蔓延到黨內。中央黨部擔心地方幹部間的派系鬥爭。突厥斯坦的蘇維埃領導階層分裂成哈薩克和烏茲別克領袖兩派。「這裡的民族關係格外針鋒相對，」共產黨中亞事務局局長、拉脫維亞裔的尤亞薩斯．瓦雷基斯（Juozas Vareikis）於一九二四年初向史達林回報，「理由非常簡單，（黨內的）烏茲別克人和哈薩克人長期爭奪成為（突厥斯坦中）執政民族的權利。」[4]在蘇聯人看來，這一切都是派系鬥爭和分裂的證據，而不是會威脅到他們的全面性團結。蘇聯也並非憑空捏造這些民族。一九二四年劃分中亞的民族區別中亞人在前數十年間就已經想像出來了。蘇聯在中亞劃定新界線的決定讓正在進行的民族計畫具體化。中亞民族劃定的過程是在蘇聯環境下、透過蘇聯制度實施的地方民族計畫中意想不到的成就之一。

中亞民族分界劃定的僅僅幾年前，中歐也經歷過非常相似的過程。多元民族的哈布斯堡帝國在大戰中戰敗後的一段時間，帝國的土地被按照民族原則劃分成幾個同族國家。威爾遜的自決原則賦予波蘭、匈牙利、羅馬尼亞、捷克斯洛伐克（Czechoslovakia）和南斯拉夫（Yugoslavia）這些新建國家正當性，這個過程牽涉到重劃國界和建立同種語言國家。儘管政治目標不同，但蘇聯在中亞和其他地方劃定民族的前提，也是同樣認知到同種民族和語言空間有其成效。蘇聯的民族政策有個預防性目標——容納民族主義，再利用民族主義為建立社會主義服務——儘管如此，他們仍創造出同族空間，傳播民族自決的概念。

◆　◆　◆

沙皇退位時，阿布杜勞夫．菲特拉特人在布哈拉。他在一九一三年已經從伊斯坦堡返鄉，帶著新的世界觀並明確認知到改革的必要性。他繼續寫作——他出版了兩部關於伊斯蘭改革的巨著，以及一些用於新方法學校、篇幅較短的書籍——並參與城內的祕密社團。他也持續表達期望，希望埃米爾會履行他身為君主的職責，在其管轄國內發起改革。俄國君主政體垮台後，有個祕密社團請求臨時政府逼迫埃米爾改革，菲特拉特也是其中一員，埃米爾對改革派人士的迫害讓他飽受折磨。他逃亡至撒馬爾罕，在那裡開始為瑪赫穆德霍賈．貝赫布迪在革命後開辦的烏茲別克文報紙《自由報》（*Hurriyat*）寫稿。菲特拉特在《自由報》的專欄中評論時事發展，但他也創作許多詩歌，表達他和他的改革派同伴所感受到的可能性和機會。埃米爾的行動已經徹底敗壞了自己的名聲，不過人民對中亞仍滿懷希望。菲特拉特發表了三首詩，題為〈家園的悲哀〉（Sorrows of the Homeland）。第一首如此宣告：

噢，偉大的圖蘭，那獅群之地！
妳有何遭遇？妳隸屬何國？妳曾經歷何等時光？
噢，孕育成吉思家族、帖木兒家族、烏古斯人（Oghuz）（和）阿提拉家族（Attilas）的光輝搖籃！……
妳是如何落入奴役的陷阱？[5]

一九一七年的新解放論述包含對突厥主義的強烈關注。菲特拉特所表達的悲哀家園不只有布哈拉。反之，他所指的是圖蘭這個涵蓋範圍遠更廣闊的概念。這個詞源自伊朗，指稱的是與「伊朗」相反的概念。在《列王紀》中，圖蘭是伊朗敵人的土地，儘管雙方持續的互動讓他們亦敵亦友，而非只是相互敵對。「圖蘭」一詞被突厥群體挪用，如今成為所有突厥民族共同家園的同義詞。菲特拉特在此喚起的不只是穆斯林中亞的歷史，更是游牧民族草原的歷史。此地有著失落的偉大光榮需要被闡述。只要過去偉大榮光的繼承者能夠看見歷史，現在正是大好時機。他寫道：

妳並不無助，妳並不孤單！如今，妳在世界擁有八千萬子孫。
他們血脈裡流著成吉思和帖木兒家族的血液。他們的力量即是妳的力量！

噢，偉大的圖蘭，那獅群之地！
請別憂傷！妳昔日的帝國，妳昔日的王國，妳昔日的勇士，妳昔日的獅群全在彼處，無一消亡。
只是……啊，只是……他們全都四散各方。6

「八千萬子孫」指的是世界所有的突厥民族，四散在從巴爾幹半島（Balkans）延伸到吐魯番的廣大區域，分屬三個帝國。在其餘的著述中，菲特拉特對於他擁護的民族群體所抱持的視野就沒那麼廣闊，僅限於中亞地區。儘管如此，轉變依舊十分巨大。先前他曾代表「布哈拉的高貴民族」發言。在突厥斯坦，眾人想像的民族是「突厥斯坦的穆斯林」。如今，在這充滿可能性的夏季，論調轉變成根據族裔而非領土，來召喚更廣大的社群。菲特拉特提到「圖蘭」的子孫，而非王朝征服所定義的社群。以族裔定義的民族概念從未被如此清楚地表達出來。一九一七年的自由及其帶來未來充滿可能性的感受釋放了新的民族想像。

扎吉德在一九一七年時把「烏茲別克人」和「突厥人」當作同義詞使用，但隨後「突厥人」一詞很快就不再使用。俄羅斯征服時期，「烏茲別克人」代表的是將帖木兒家族逐出河中地區的游牧突厥族群，但這個用詞的尺度在沙俄期間擴大，逐漸變成指稱突厥斯坦的所有定居突厥人口。如今，突厥斯坦的定居人口被重新想像成烏茲別克民族。這顯然和該詞過去盛行的代表意義不同，因為在這新的民族想像中，帖木兒成為核心人物。在外界看來，他或許是暴力殘忍的同義詞，但十九世紀末以降的突厥主義作家一再視他為偉大人物。他是讓中亞的游牧遺產和伊斯蘭化高尚文化能夠緊密相連的紐結。所有民族都需要偉大的歷史和輝煌的高尚文化才能正當存在。這兩者烏茲別克民族在帖木兒的帝國中都能找到——歸根究柢，這個帝國仍是以河中地區為基地。我們可以稱之為烏茲別克民族的察合台主義（Chaghatayist）願景。

菲特拉特在一九一七年一再提及帖木兒，召喚他的精神來拯救和復興民族：

偉大的君主！突厥王國的光榮已遭掠奪
你為突厥人建立的國家已逝，你在突厥人治下建立的主權已落入敵人手中。
我的君主！
為了讓那些突厥王國的叛徒流血，即使他們本身就是突厥人，仍要效法你的神聖慣行——
復活吧！
擊潰、毆打、殺戮那些出賣你遺產之人！[7]

必須號召家園的子孫團結，讓他們開始重建失落的偉大榮光。這需要的不是重新創造歷史，而是執行扎吉德許久以前便已確定的改革事項。這個民族絕對需要改革，但他們也是推動改革必不可少的力量，因為唯有適當的民族形式改革才能符合時代的需要。為了確保在世界的地位，這個民族必須取得現代知識和技能；被教育、組織並賦予強健體魄；但也要忠於自我。新的民族文化將既現代又保有民族特色。（世界所有的民族運動都面臨這種現代性和本真性、趕上強權和保有自我意識之間的辯證，但他們分別構思出的答案大不相同。）

菲特拉特雖然提到圖蘭及其數千萬子孫，但他的行動不是此時中亞唯一的民族計畫。哈薩克民族運動已經同時並存許久。一九一七年，這場運動希望能夠在一個領土範圍內團結所有哈薩克人，顯然意味著改變突厥斯坦的分界。哈薩克人有自己的想像和優先事項。帖木兒和帖木兒世系宮廷的高尚文化無法引發哈薩克人的共鳴。遠更緊迫的問題是俄羅斯的殖民和喪失土地。哈薩克民族領袖在他們自己的社會中面臨的困難較少。宗教學者並非強大勢力，而撼動烏茲別克社會的戰役並沒有對哈薩克人產生同樣重大的影響。然而，教育和文化轉型是首要目標。阿拉什國甚至在存亡未卜之際，就已經將編定小學教科書列為主要任務之一。一九二〇年政府瓦解後，執政成員將他們的精力投入教育，為學校編定新的教科書，創造新文學。獨特的哈薩克語言在革命前已經出現，採用反映哈薩克語發音的拼字法。哈薩克知識分子的問題是要創造出屬於他們自己的現代書面文學。

確實，此時正值許多其他民族計畫正在中亞成形的時期。如我們在前文所見，在俄羅斯征服的餘波中，由共同語言和遺產定義民族的概念已經從幾個方向傳入中亞。俄羅斯政府試圖根據族裔將人口分門別類。雖然俄國的民族誌學者從未提出中亞人口的標準分類方法，但族裔分類的概念影響十分深遠。這伴隨著俄羅斯和鄂圖曼帝國內穆斯林知識分子間盛行的突厥主義論述，他們逐漸將民族地位視為進步的先決條件。許多群體開始將他們的集體認同重新想像成民族。在這新興的想像中，民族地位和現代性緊密交織。土庫曼社運人士開始視土庫曼人為一個民族，而不只



這場大會的與會者包括一些祖源新疆的社群代表——傑提蘇夫的塔蘭奇人和東干人，他們是俄羅斯臣民；以及費爾干納的喀什噶爾社群，其多數成員是移工，並保有他們中國臣民的身分。最終，塔蘭奇人和東干人分道揚鑣，喀什噶爾人承接了維吾爾的稱號。[11]蘇聯文件中愈來愈常使用「維吾爾」一詞。這場動員對新疆幾乎沒有造成立即影響，楊增新企圖徹底封閉新疆，隔絕顛覆性思想，但這種民族觀念將在一九三〇年代的新疆盛行起來。

最後，塔吉克人的例子十分奇特——對後代而言也極具爭議性。突厥斯坦的大量波斯語人口被按照許多錯誤的根據劃分。最大的一部分是都市人口，由布哈拉、撒馬爾罕和苦盞的大量人口構成，但也有一部分是徹底的鄉村人口，居住在布哈拉東部難以抵達的山區堡壘，他們一直以來都抗拒外來治理，無論是來自布哈拉或塔什干的統治。這些城市說波斯語的居民從未想像他們的語言是身分認同的重要核心，可以讓他們成為不同於說突厥語的定居穆斯林鄰居的個別民族。事實上，許多波斯語的使用者都是雙語人士，也有許多人著迷於突厥主義及其所蘊含的現代性承諾。畢竟，察合台主義的主要理論家菲特拉特就是在說波斯語的家庭中長大，他在革命前完全以波斯文寫作，就連他住在伊斯坦堡期間也不例外。不過，菲特拉特是在伊斯坦堡時接觸到突厥主義思想的，他回到布哈拉時，已經對突厥主義的理念深信不疑，相信中亞的波斯語使用者實際上是在宮廷的有害影響下，受文化自卑感侵襲而遺忘母語的突厥人——儘管這毫無事實根據。因為在政治和文化上最活躍的波斯語使用者投入了察合台主義計畫，沒有人在中亞動員民眾認同一個說波斯語的民族。一直到一九二四年塔吉克族被定義成一個殘餘的民族類別，以包含布哈拉東部的波斯語人口時，一場塔吉克運動才興起；布哈拉東部是鄉村社會，特點在於民眾幾乎普遍都是

是幾個部族的集合。[8]從革命前的敘事就能感受到明確的吉爾吉斯族認同感。[9]一九二二年，有些吉爾吉斯黨員要求認可吉爾吉斯人為不同於哈薩克人的民族，並在突厥斯坦建立自治的吉爾吉斯區。卡拉卡爾帕克族（Karakalpak）的社運分子也同樣爭取脫離哈薩克族的民族地位。來自所謂布哈拉猶太人的小社群的作家發展出一種民族認同感和自我表達方式。這些民族概念全都伴隨著試圖界定民族語言，以及畫出與鄰族區隔的文化界線的行動。土庫曼語和吉爾吉斯語在這個時期首次成為書面語言。在每個例子中，社運人士都系統性地編纂出正式文法和拼寫規則。新創辦的民族學校和蘇聯方言報刊成為這些新書面語言開始發展的地方。

維吾爾民族計畫出現的地方是在蘇治突厥斯坦，而非新疆。阿勒提沙爾說突厥語的定居穆斯林人口，長期以來都自認為穆斯林（*musulman*）或本地人（*yerlik*），因此和其他鄰近的穆斯林和非穆斯林社群相異。他們畫界線將自己與其他穆斯林區隔開來，包括哈薩克人和吉爾吉斯人等游牧民族、使用中文的東干人和那些住在阿勒提沙爾以外地區的穆斯林。[10]在二十世紀初年，突厥主義的傳入將較早期的阿勒提沙爾身分論述轉變成民族計畫。作家開始將阿勒提沙爾居民想像成回鶻游牧民的後代，而這些回鶻人曾在前伊斯蘭時代的東突厥斯坦建立政權。納薩爾霍賈．阿布杜薩瑪多夫（Nazarkhoja Abdusamadov）是來自傑提蘇夫的塔蘭奇人，十分贊同扎吉德的理念，他早在一九一四年就曾以維吾爾．巴里希（Uyghur Balisi，意為「維吾爾之子」）為筆名寫作。一九二一年六月在塔什干召開的喀什噶爾和準噶爾工人代表大會（Congress of Kashgarian and Jungharian Workers）成立了阿勒提沙爾和準噶爾工人維吾爾革命聯盟（Revolutionary Union of Altishahri and Jungharian Workers–Uyghur），這是首次「維吾爾」一詞被用來指稱一個社群。



文盲，而且每個進步指標都相當低落，因此和波斯語使用者那種中亞最初的城市人口和文化製造者的歷史形象幾乎完全相反。我們將在後文回頭講述這段歷史。

無可否認，一九二四年存在的是會激勵個人的民族理念，這些個人投入民族理念，也願意為其動用資源。不過，有一大部分的族人依然對民族理念漠不關心，依舊根據各種更狹隘的軸心認定自己的身分。這不應該讓我們感到驚訝，或導致我們認為民族計畫是偽造或虛假的。民族從未在完全成形的狀態下挺身要求他們的權利，而總是透過民族運動、接著透過政府形塑而成。民族運動往往是在兩條戰線上努力——其一是對抗外界，為民族要求認同和自治或獨立；其二是對抗民族本身，也就是運動人士試圖建立和重塑的群體。對多數的民族運動而言，任務同樣是要重塑和改造民族，並教育和動員之，好讓民族能夠充分準備好面對當前的挑戰，進而能夠讚揚現況。必須教導民族成員，讓他們認定自己隸屬於某個民族（這主要是大眾教育的任務），並揚棄被認為導致民族衰弱的過時習俗和傳統。民族運動人士透過訴諸受外來者挪用玷汙（且經常是重新想像而來）的過往偉大榮光，來肯定民族的本真性。如前文所述，所有的民族運動都面臨這種現代性和本真性之間的辯證。我們將會在接續章節呈現的中亞實例中見證這一點，但若能謹記這樣的情況並非特例將大有助益。

◆　◆　◆

一九二四年一月，莫斯科的中央黨部決定「發起初步討論，探討按照民族原則（在突厥斯坦）劃分哈薩克、烏茲別克和土庫曼區的可能性和適宜與否」。[12]那次初步討論演變成成熟且發展迅速的辯論。代表不同民族、從黨員中選出的執行委員會提交建立共和國的提案。到了六月，莫斯科當局已經取得共識，核准劃定。當年整個夏天，土地執行委員會都在設計制定新的劃界，這個過程在十一月十八日完成，當天突厥斯坦、布哈拉和希瓦政府成員齊聚一堂，瓦解原有的那些政治實體，創建新共和國。

莫斯科當局沒有打算開放辯論給公眾參與。反之，負責針對這個問題作出決策的是先鋒黨（vanguard party）。中亞黨員以出乎意料的敏捷速度抓緊這次機會，在辯論開展過程中高度主導之。他們受命參與前述的民族計畫。各方陣營都把中亞不同民族的存在視為顯而易見的事實。這場意外激烈的辯論是圍繞在如何分割中亞，而非該不該分割之。沒有人反對劃定的提議。有些參與者提出中亞聯邦的概念——與其分為多個不同的共和國，各自直接對應中央政府，中亞不如組成聯盟，建立民族共和國聯邦。這個論述的基礎並非中亞團結的概念，而是保持該區經濟一致性的原則。這個提議被投票否決。多數人聚焦的問題是，無論是族群或領土界線，中亞不同民族之間的分界何在。該區民族組成原先就不存在標準的分類架構。起初的討論只牽涉到三個民族。其他幾個現今中亞存在的民族分類是在劃定過程中成形的，在這個過程中，地方民族計畫和現代民族誌學的分類做法，複雜地與當時仍在試圖立足的蘇聯政權的政治利益交織在一起。

建立烏茲別克民族的要求是布哈拉共產黨提出的，他們提議「在布哈拉基礎上創建（一個）烏茲別克國」。他們在基本文件中的論述十分簡單：「烏茲別克族人早期是在帖木兒及其後繼者的政權之下統一，在近幾個世紀中分裂成多個部分。在這數百年間，分裂狀態的特徵是弱化的經濟力量和政治結構，最終階段是經濟崩解、危及其國家的統一，而在汗國、埃米爾政權和沙皇支

史的普遍性，但其政策認可民族的存在，並將之法典化。所有民族都注定要踏上相同的進步道路，通往無階級社會的最終目的地，但他們要使用自己的語言、穿著自己的服飾這麼做。官方將所有蘇聯的公民都以他們的族別來分類。民族不僅只是抽象的文化歸屬感，更是個人法律身分的一部分。民族登記在身分文件上，而蘇聯公民為了生活而協商談判時，民族至關重要。在接下來的數十年間，民族自決的承諾將會成為蘇聯自我表述的一大部分。蘇聯政權已經將中亞知識分子的各種民族計畫變成政治現實。這個過程也將民族分界凍結在一九二四年的狀態，亦即承認六個民族。有些區分（烏茲別克人和哈薩克人）或許顯而易見，其餘（例如吉爾吉斯人和卡拉卡爾帕克人）則沒那麼明確。哈薩克族的知識階層將後兩個族群視為哈薩克民族的亞族，但爭取吉爾吉斯族和卡拉卡爾帕克族自治的社會運動確保他們分屬不同的民族。然而，沒有人曾為了撒爾塔人或欽察人等族群的利益動員，因此他們從官方的命名法中消失，逐漸被視為烏茲別克民族的一部分。

中亞公認的民族共和國新地圖於焉誕生。新的共和國是由不同部分組成。哈薩克結合了前草原地帶的土地，以及突厥斯坦的傑提蘇夫和錫爾河地區。這兩個區域的政治運動人士過去都在不同的網絡中行動，他們耗費了一些時間才凝聚成同樣的政治菁英階層。烏茲別克和土庫曼都包含突厥斯坦的土地，以及布哈拉和希瓦保護國的土地；前者已經受俄羅斯直接管理數十年之久，而後者從未被俄羅斯治理。各個共和國的情形並不完全相同。烏茲別克在一九二四年成為加盟共和國，涵蓋該區域的主要城市，並聲稱擁有絕大多數的遺產。其他共和國和烏茲別克形成鮮明對比。然而，哈薩克占據的範圍幾乎和英屬印度一樣大。哈薩克被劃為在俄羅斯共和國內部的自治共和國，加強了草原區和俄羅斯更長遠深刻的連結。一九二〇年代末，蘇聯的經濟規劃人員將蘇聯分割成一系列的經濟區時，哈薩克本身自成一個經濟區，和另外四個中亞的共和國區隔開來。（這是蘇聯慣用語「中亞和哈薩克」背後的邏輯，但在西方經常被誤解為另一種分而治之的嘗試。）

民族界線從來不是天賜的，而總是在民族運動和政府之間的政治鬥爭中形成的。要記得的重點是，這些鬥爭是在中亞人之間發生，而不是純粹由蘇聯人引發的（更別說是史達林本人了）。一旦民族領土形成，民族歸屬就開始和日常生活產生新的關聯。一個人被分類為烏茲別克的烏茲別克人或哈薩克的哈薩克人將對其生活有所影響。民族對他們的領土擁有所有權，而「主體民族」（titular nationals）——這是蘇聯稱呼生活在他們自己領土的民族成員的用詞——理應在就業上享有某種優先權，以提倡蘇聯非俄羅斯地區的本地化。更重要的是，既然民族領土已經成形，便能進行某些民族建構的關鍵程序——制定標準化的民族語言，並建立各個民族獨特的民族文化、文豪殿堂和歷史傳統。這些程序發生在諸如公共學校、報社和博物館等機構，這些機構都是由蘇聯政府資助，但大多由中亞人擔任職員。蘇聯民族的黃金年代要在第二次世界大戰後才來臨，但民族共和國的建立是那段歷史關鍵的發展階段。

# 第十三章　由上而下的革命

新政治界線的建立代表著蘇聯政府對於自己對中亞的掌控愈來愈有信心。在接下來的十五年內，蘇聯發起一系列的運動，徹底改變中亞。這些變化共有三波。第一波改變始於一九二五年，蘇共開啟「意識形態戰線」，來維護其對文化政策的控制權。第二波則是和泛蘇聯發展有關。一九二九年，史達林——也就是當時擔任的全聯盟共產黨（All-Union Communist Party）總書記的喬治亞人——宣布將從過去十年的政策「大轉變」（Great Break），並全力以赴讓國家步上快速工業化的道路。一九一七年，一場社會革命推翻政府；一九二九至三三年間，政府撼動社會，並大大改造之。一九一七年後十年間的開放和不確定性讓位給對新秩序的大力讚揚。由上而下的革命除掉多數蘇維埃政權前十年的顯要人物，以一批蘇聯制度養成的新世代地方幹部來取代他們。第三波改變帶來一九三六至三八年的大整肅（Great Terror），重挫了這批新人。等到大整肅進入尾聲，蘇治中亞已經面目全非，變得和一九二九年截然不同，更別說和一九一七年相比了。

這些發展既不直接，也並非預先注定。蘇聯的領導階層在開始改造中亞時，面臨幾個根本的概念問題。要讓中亞的現實情況符合馬克思的分類，總是讓布爾什維克派身負重擔。如何在沒有工業或無產階級的地區展開一場無產階級革命呢？在馬克思（和其他許多人）從人類發展觀察出的演化等級中，游牧民族屬於哪一階段？如何解讀游牧社會的內部分歧？富裕的氏族長老是否等同於封建領主或資產階級？在市集交易中致富的商人真的可以算是資產階級嗎？工匠是屬於無產階級或其他階級？蘇聯的理論家試圖在當地找到能夠對應布爾什維克普遍分類的群類，但那些分類往往源自於俄羅斯的現實。如果俄羅斯的鄉村地區有稱為富農的富有農民，表面上在剝削他們較貧窮的鄰居，那麼哈薩克游牧民族也必須形成對等的分類。如果俄羅斯城市有剝削勞工的資產階級，那麼中亞城市也必須產出對等的分類。雖然富人（*bai*）是靠著貿易而非工業賺錢，但他們逐漸被當作中亞版本的資產階級。鄉村地區的富人也可以代替富農。最終，分類變得無關緊要。在大轉變的混亂局勢中，無事清楚分明——一切都不知鹿死誰手。

◆　◆　◆

一九二五年十月，菲利普・戈洛謝金（Filipp Goloshchekin）以哈薩克共和國共產黨的第一書記身分抵達當時的哈薩克首都——克孜勒奧爾達（Qïzïlorda）。戈洛謝金對中亞並不陌生——突厥斯坦執行委員會在一九一九至二〇年間正式確立蘇維埃統治，而他曾是執行委員會的一員。如今，他抵達哈薩克時，完全不樂見他所看到的景象。他觸目所及都看到革命似乎完全不減富人的財富和影響力，一切如常，彷彿革命從未發生。依他所見，共和國內沒有蘇聯勢力存在。哈薩克需要一場「小型十月革命」，也就是共產黨為了推翻富人權力並為蘇維埃統治鋪路而發動的革命。戈洛謝金發起對抗「大畜農」和「半封建領主」的徵收運動，首先鎖定七百戶居民，後來擴展到更大的群體。[1] 吉爾吉斯社會在所謂去長老化（demanapization）的一波類似運動中，鎖定的則是氏族長老（*manap*）＊，他們代替了富農的位置。同年，共產黨在土庫曼和烏茲別克發起土地水利改革，重新分配土地和灌溉水權給沒有土地或因擁有土地而貧困的農民。富人可能會面臨各種命運，從被剝奪權利（投票、做生意或讓孩子就學的權利）、徵收財產，到逮捕和驅逐出境。土地重新分配的用意是要賦予窮人權力，並讓民眾支持蘇維埃勢力。我們至今仍不清楚烏茲別克的土地改革有多少成果，但我們可以肯定，這波改革加深了社會既有的裂痕。

蘇共也開始在文化政策領域宣示力量。新聞媒體表達的意見範圍和種類開始縮減，過去和布爾什維克派論調拉扯共存的民族改革語彙開始在報刊上消失。蘇共也掌控了中亞長期存在的文化辯論。拼字改革的問題在一九二六年改頭換面，當時蘇共決定支持所有蘇聯的「東方」語言都轉換成拉丁字母。自革命以來，亞塞拜然社運人士便已經提倡拉丁化，作為拼字改革的根本解方。他們基本的主張是拉丁字母比較容易教學，採用之有助於減少文盲。拉丁字母因此成為先進代表，更重要的是變得國際化。一九二二年，亞塞拜然政府正式採用拉丁文字。自那時起，亞塞拜然的熱衷支持者大力強調，拉丁化是不僅能克服文盲，還能戰勝各種形式的落後的萬靈丹。據語言學家兼社運人士薩瑪德．阿賈．阿賈瑪利奧格魯（Semed Ağa Ağamalı oğlu）所述，拉丁化是「東方的文化革命」。一九二六年，他在巴庫組織一場突厥學會議（Turkological Congress），推動蘇聯內所有突厥語言的拉丁化。這個提案在中亞未獲支持，當地的拼字改革都圍繞在改造阿拉伯字母。可是在一九二六年，蘇共施壓推動拉丁化，並將之納入官方政策。到了一九二八年，中亞的所有語言皆已配上拉丁字母，而在接下來的三、四年內，這些語言全都改用新文字。蘇共為了自己的目標，採用了最初由民族進步的穆斯林擁護者所提出的主張。[2]

蘇共在烏茲別克和塔吉克對抗蒙面和隔離女性習俗的運動中，採取類似的策略。自革命開始前，女性的社會地位問題便已存在。依扎吉德所見，教育和友伴婚姻應該能夠讓女性變成更好的穆斯林和更好的民族母親。一九二六年秋季，蘇共決定「加強婦女相關的工作」，並將焦點從組織和教育，轉向全力打擊那些鞏固女性較低社會地位的既有規範。這波運動——於一九二七年三月八日啟動，既是國際婦女節，也是革命開端的十週年——始於數千名女性脫下她們身上的帕蘭吉，並將之丟進營火中。在伴隨這波運動的論述中，除去蒙面代表著解放，不只是從隔離和壓迫習俗中，更是從經濟剝削和伊斯蘭本身解放出來。這場運動被稱作打擊運動（*hujum*），意圖象徵打擊落後發展本身。透過讓女性從帕蘭吉和恰齊凡中解放，讓她們投入公共領域和就業市場，蘇共將中亞社會推上進步的道路，通往發展和社會主義（見圖13-1）。[3]

與此同時，蘇共終於採取行動，試圖根除中亞社會中的宗教信仰。布爾什維克派的馬克思主義理念導致他們視宗教為人類潛力完整發展的阻礙。宗教強調來世和超自然，與布爾什維克派從啟蒙運動承繼而來的強硬理性主義相悖，而宗教的制度力量和世俗權力使之成為政治場域的危險競爭者。在俄國本身，反宗教運動已經在內戰期間出現。俄羅斯東正教會的財產被充公，教堂遭毀，神職人員受到迫害。在中亞，蘇聯政權敏銳地察覺到他們對權力的掌握十分薄弱，因此他們暫緩該區的反宗教政策，指出必須對當地的「文化落後」和居民的「宗教狂熱」有所警戒。警戒心態到了一九二七年已經消散，蘇共開始對伊斯蘭機構展開正面攻擊。就算沒有成熟的反宗教運

＊譯注：「manap」指的是吉爾吉斯部族中世襲的權貴階級。

實上極為年輕），他們自稱文化工作者來避免「知識分子」一詞會引發的反感。他們挖出扎吉德人士在革命前或革命初期的著述，證明他們是資產階級的民族主義者，只有興趣為地方資產階級對當地居民、泛伊斯蘭主義者和泛突厥主義者的支配辯護。扎吉德不知情的是，他們在沙俄時期或革命動盪期，以民族進步的名義敦促他們的社會改變，後來他們的文字竟然會被以當時尚未存在的標準究責。但實際情況就是如此。所有與一九一七至一八年的突厥斯坦自治政府有所牽連的人——只要是當時有點名氣的人物幾乎都包含在內——如今都被視為狂熱的民族主義者，曾密謀脫離革命之地，企圖讓突厥斯坦成為英國的保護國。舊知識分子開始被排擠到公共領域之外。有些人試圖寫作與革命相關的主題來平息蘇聯勢力的怒氣，其他人退居學術研究，還有些人就此沉寂。

這場運動在一九二九年變得如火如荼，當年國家政治保衛總局（Unified State Political Administration，縮寫為OGPU，亦即當時政治警察的稱呼）開始以往往相當荒誕的指控逮捕人民——諸如資產階級民族主義、反革命，以及與外國情報機關合作意圖分裂蘇聯等等。幾場被廣為宣傳的審判肅清了各個共和國內的民族知識階層。國家政治保衛總局清除塔吉克名為東方聯盟（Ittihodi Sharq）和土庫曼名為土庫曼獨立（Türkmen Azatlygy）的祕密組織。這些指控將許多一九一七年前曾參與公共領域事務的知識分子送進勞動營或他們的墳墓。在哈薩克，戈洛謝金主導的整肅行動同樣帶走所有過去曾和阿拉什國有所牽連的哈薩克社運人士，以及那些已經證實意外難以控制的哈薩克共產主義者。這場整肅赦免了部分前革命世代最著名的人物，但決然改變了文化風景。前十年的慷慨激昂已經消退。那些存活下來的人生活在持續的逮捕威脅之中，並且不斷在新聞媒體上遭受謾罵攻擊。阿布杜勞夫．菲特拉特躲到學術生活中避難，喬勒潘和阿布杜拉．

古迪里從事自由翻譯工作——而他們比許多其他人都來得幸運。到了一九三〇年代初，扎吉德大多已被排擠在公共領域之外。

◆ ◆ ◆

若純粹將這些運動視為布爾什維克派對中亞社會的攻擊，那就太過輕率了。布爾什維克派並非身在中亞之外。所有這些運動的馬前卒都是中亞穆斯林。剝奪哈薩克富人財產的是哈薩克社運人士，而四處沒收富人財產或關閉清真寺和聖壇的，是貧農和激進的都市青年或鄉村蘇維埃的成員。他們的動機無疑各不相同，但這些運動大大有助於動員原生人口支持蘇聯的目標。那些參與這些運動的人獲得對新制度的新忠誠感，以及思考政治的一套新語彙。運動也在社會中引發巨大衝突。土地改革不總是受人歡迎。有許多貧農拒絕收下他們鄰居土地的故事，因為他們認為這麼做有違伊斯蘭法，或是會祕密歸還那些土地。破壞和關閉清真寺和聖壇經常造成強烈反對。在最著名的例子中，詩人兼劇作家哈姆扎・哈基姆佐達・尼亞茲（Hamza Hakimzoda Niyoziy）在率領拆除獻給先知女婿阿里的聖壇時，被一名暴徒用石頭砸死。

或許不令人意外，打擊運動，也就是烏茲別克的除去蒙面運動，遭遇最嚴重的反對。除去蒙面擊中烏茲別克性別規範的核心，造成社會最猛烈的憤怒。初步的運動大多是由蘇共婦女部（Women's Division）的社運人士所推動的。他們帶著一種傳道士家長作風（missionary paternalism）＊

＊譯注：一般指白人傳道士到異教國度宣揚福音、教化當地人的優越心態。

的觀念納入俄羅斯女性，以及一小群擔任當地街坊和村莊的婦女部代表（vakila）、全心投入的烏茲別克女性。她們往往是逃離家暴婚姻的婦女，因此她們本身就是造反者。後來證實她們的人數不足以維持打擊運動，於是蘇共將除去蒙面的責任交給其內部和政府政治組織的男性。除去「他們的」女人的蒙面成為黨員的忠誠指標。從一開始，打擊運動就面臨社會的暴力反彈。社運人士遭受威脅，他們往往必須逃亡保命。在費爾干納盆地的楚斯特（Chust），一場抗議演變成暴力事件，群眾殺害一名警察，並洗劫鎮議會建築。然而，付出最高昂代價的是未蒙面的女性。她們成為虐待和駭人暴行的對象。她們因為違反社會的性別道德秩序，被人毆打和強暴，還有無數人慘遭謀殺。

政府及其從社會邊緣招募而來的馬前卒正在翻轉既存的秩序時，男性將蒙面設為最後底線。那些沒有蒙面的女性於是承受父權怒火的攻擊。道德秩序的維護者聲稱，未蒙面的女性已經變成妓女，拋棄她們的宗教，因此活該受到最嚴厲的懲罰。瑪麗安・坎普（Marianne Kamp）是研究打擊運動的卓越歷史學者，她主張運動期間變得普遍的強暴和謀殺事件並非自發的激情犯罪，而是「有預謀、被煽動且經常涉及集體的犯罪……（這些行為）意圖要脅迫其他女性。它們是一種示威——往往蓄意要令人毛骨悚然，包含象徵性羞辱的切割、分屍和棄屍。」[5]女性社運人士是特定目標，但許多女性被她們的丈夫、父親或兄弟謀殺。年輕女演員圖爾蘇諾伊・賽伊達茲莫娃（Tursunoy Saidazimova）和努爾洪・尤爾達什霍賈耶娃（Nurxon Yo'ldoshxo'jayeva）都因為讓她們的家族蒙羞而被親戚謀殺。這場衝突是烏茲別克社會原生的，而不只是受外部的政府主導所致。

一直到蘇共在一九二九年慢慢將這場運動收尾，暴力才終於停止。運動付出龐大代價，但成效不彰。因為不是所有謀殺事件都有通報，被謀殺的女性總人數難以確認。然而，保守估計有數千起謀殺案。蘇聯政府聲稱那些暴力的犧牲者屬於他們自己的陣營。一九二八年，蘇聯將未蒙面婦女的謀殺列為恐怖主義行為，並迫害那些殺人兇手，有部分人遭到公開審訊，承擔隨之而來的各種宣傳報導。賽伊達茲莫娃和尤爾達什霍賈耶娃（和哈姆扎並列）成為新生活的烈士。

◆ ◆ ◆

到了此時，史達林的革命早已在進行中。他在權力鬥爭中的一項主要論述是，既然世界革命已陷入泥沼，蘇聯政權必須先在單一國家內建立社會主義，而後才認真考慮發起世界革命。在單一國家建立社會主義意味著要盡快不受限制地推動工業化。他們不會藉由混亂的市場動力來發展經濟，而是根據政府制定的行動計畫來進行。因為農業盈餘要用來資助推動工業化，計畫經濟必須整合鄉村地區。然而，多數的農業區都仍由私人把持，政府必須利用經濟誘因來獲得餵養城市和出口所需的農產品。政府經常難以達成採購目標。解決方法是將農業區集體化，將小面積持有地併入大型集體農場，這類的農場可以促進規模經濟，並引入機械化。這個過程將能在「農民停滯之海」激起浪花，將落後農民提升到更高的文明層級。適用於俄羅斯農民的計畫也適用於前帝國的「文化落後」民族。計畫經濟理應能夠帶領落後民族走向社會主義的現代狀態。

在蘇聯各地，政府以高度暴力執行集體化。都市青年——許多都是黨員或其青年部共青團（Komsomol）的成員——湧入村莊，舉行集會剝奪被歸類為富農的農民財產，並將他們的財產送給集體農場。這些外來的煽動者寄望於村莊內貧窮和沒有土地的農民的支持，但暴力的成效總是勝過規勸。一如那個時代的所有運動，集體化也失去控制，地方社運人士幾乎完全不管規定或指導方針。理想狀況是要有超出預期的成果（前五年計畫的目標應該要在四年內達成——計畫也不過如此！），為此蘇聯社運人士幾乎毫無分寸可言。他們的瘋狂沒有章法，史達林本人也在一場著名演說中如此坦承，他表示蘇聯的社運人士「被成功沖昏腦袋」，因此在暈頭轉向的狀態下行為「無度」。集體化計畫允許在各地施行赤裸專制的權力。

幾乎沒有農民想要放棄他們的土地或家畜。各地發生大量起義，以及對抗煽動者和他們地方共犯的暴力事件。對國家政治保衛總局來說，這些反抗等同於富人和富農的恐怖主義行動，他們重新使用「巴斯瑪奇」一詞來指稱這波動盪。因為地方警察往往無法對付反叛，紅軍重啟行動。在土庫曼，武裝叛亂擴散到共和國三十八區中的十四區，反叛中心位於卡拉庫姆沙漠。一直到大規模使用武力，包括紅軍和國家政治保衛總局輔助部隊的空襲，才終於恢復蘇聯統治。[6]當時還有其他形式的反抗行動。數萬名土庫曼人跨越邊界，逃往阿富汗或伊朗。其他人屠殺他們的家畜，也不願拱手讓給政府。可是政府安全度過這場動亂。一旦塵埃落定，中亞鄉村便已改頭換面。集體化迫使農民到大型農場為政府工作，但經營大規模農場所需的基礎設施嚴重不足。技術人員、會計或農學家的數量非常少，幾乎也沒有工業技術可言。牽引機——也就是那些無所不在的蘇聯進步象徵——極其稀有，而唯一同樣稀少的是能夠操作牽引機的技師。儘管如此，集體化農場必須根據政府發布的命令和制定的價格交出農產品。許多在俄羅斯的農民都將集體化視為直到一八六一年才廢除的農奴制度回歸。中亞從來沒有經歷過農奴制度，而政府從未如此箝制該區域的鄉村經濟。過去農民一直以來都被可汗和伯克強徵重稅，但他們從未被強迫要直接為政府工作，或受其永不滿足的經濟作物需求束縛。

◆　◆　◆

烏茲別克的集體化特別針對棉花。蘇維埃政權從一開始就對突厥斯坦的棉花甚感興趣。一九一八年，內戰仍在肆虐時，莫斯科當局就開始派遣棉花採購團到中亞，投資重新啟用在革命期間毀壞的灌溉基礎設施。在接下來的十年內，莫斯科當局推動增加棉花的耕地面積並提升產量。因為在革命前支撐耕種的銀行和棉花採購商行已經消失，這意味著須大量投資灌溉設施，並從零重建整個信貸制度。自一九二一年起，設於莫斯科的聯邦機構棉業總委員會（Main Cotton Committee）成為唯一提供信貸給棉花生產和棉花買家的單位。棉花的採購價格由蘇共制定，而且不得協商，就連共和國領袖要求也無法通融。在接下來的十年內，政府支付購買棉花和販售穀糧的價格持續下降，而在一九一七至二〇年的饑荒後，許多農民對於投入太多農地耕種棉花開始有所警惕。棉業總委員會可以提供獲得現金和穀糧的管道，因為委員會以此來付款購買棉花，但除此之外，蘇共必須哄騙農民生產棉花。共青團的社運人士開始舉辦棉花日，將之塑造成重要節日，並勸告農民種植更多棉花，藉此與富人鬥爭對抗和建立社會主義。與此同時，蘇共政權對棉花的需求不減反增。一九二九年，政府宣布「棉花獨立」為重大經濟目標，並宣告極大化棉花產量是社會主義建設不可或缺的一部分。棉花變得如此重要，因此由莫斯科黨內最高層級機構中央政治局（Politburo）直接下達相關命令，並通常會經過史達林簽署批准。舉例來說，史達林曾打電報給中亞事務局局長伊薩克．鮑曼（Isaak Bauman），反映烏茲別克的兩座軋棉工廠產量短缺的問題。「對中亞事務局而言，為了對抗蓄意破壞棉花者的基礎原料生產絕對不容輕忽，因為這將會破壞保護棉花收成最重要的措施。」史達林怒斥，「中央委員會賦予你個人責任，務必及時完成（兩座工廠的）計畫。」[7]中亞事務局已經成為中央政府採購棉花的代理人。因為所扮演的角色，烏茲別克成為棉花的同義詞。直到蘇聯時期結束，棉鈴在蘇聯的視覺語言中都是該共和國的象徵。

在哈薩克，集體化的過程發生徹底更災難性的轉折。絕大多數的哈薩克人口仍以游牧維生，集體化期間，政府所提出的要求對社會的傷害極大。集體化的災難引發一場毀滅哈薩克四成人口的饑荒。饑荒又導致疾病和逃亡，進一步讓哈薩克人的性命陷入浩劫。後果破壞力極強，並造成永久性的影響。在短短三年內，游牧已不再是可行的維生選項。不同的改革者已經談論游牧民族的定居化許久。如今，集體化意外促使游牧人口定居。饑荒也改變了哈薩克的人口結構平衡，哈薩克人人數縮減到成為他們自己共和國內的少數。集體化已經摧毀蘇聯的許多地區。烏克蘭受到的打擊尤其嚴重。一場饑荒帶走數百萬農民，現今民眾以「飢餓滅亡」（Holodomor）之名紀念這場災難。哈薩克遭受破壞的比例最高，對哈薩克人的傷害尤大。[8]

哈薩克隸屬於蘇聯經濟中不同於其他四個中亞共和國的經濟區。他們受派的任務是要提供穀糧和肉類給蘇聯的工業樞紐地帶，而非供給棉花。集體化伊始就導致政府訂定的採購目標飆升，一九二九至三一年間升高了十倍。[9]游牧民族因為被剝奪他們糧食所需的穀物，開始販賣他們的家畜，以購買穀糧（若非為了達到被徵收的採購配額，就是要填飽他們自己的肚子）或屠宰動物（為的是要餵飽自己、避免被貼上富人標籤，或防止家畜被充公）。政府決定開始向游牧民族徵用肉品和家畜後，情況更加惡化。一九三〇年夏天，中央政治局在一九三〇至三一財政年度期間，下令徵用哈薩克人近四分之一的家畜。光是莫斯科和列寧格勒（Leningrad）兩座城市就收下共和國提供的八成肉品。[10]對哈薩克人而言，後果極為慘重。他們用來放牧的土地被集體化，改作耕地之用。他們的家畜被充公、集體化並交給耕種穀物的集體農場，但那裡的工人無法照料動物。據蘇共估計，該共和國內的九成家畜在集體化期間死亡。[11]沒有家畜，土地也無法播種或犁耕。因為沒有役用動物可以運送，徵用的穀糧在倉庫裡腐爛。游牧民族既無糧可食，也無法移動。

共和國內三個不同區域——西部的曼吉什拉克半島、北部的圖爾蓋高原（Turghay plateau）和南部的錫爾河地區——的哈薩克人在一九三〇年初武裝起義。人民對一九一六至一七年的恐怖經歷記憶猶新。可是叛亂分子的武器輕便，組織薄弱，經常是以某幾個家系為中心。國家政治保衛總局極其殘暴地鎮壓起義。到了當年的秋季，飢餓問題在幾個地區浮現。一九三一年間，饑荒擴及共和國各地，疾病和流行病伴隨而來。糧食短缺影響到社會的每個部分，無論是俄羅斯農民和哈薩克牧民都難逃一劫——不過不同民族受到的影響各異，哈薩克人的苦難遠遠更加嚴重。然而，饑荒發生時並沒有降低莫斯科當局對穀物和家畜的需求，配額持續上升。面對飢餓和政府無限制的要求，游牧民族展開逃亡。他們前往西邊的窩瓦地區、北邊的西伯利亞和南邊的烏茲別克，塔什干的街道再度擠滿飢腸轆轆的哈薩克人，這幅景象在一九一九和二〇年再尋常不過了。可能有多達二十萬人跨越邊界，進入東突厥斯坦的伊犁谷地。我們將在後文讀到，新疆本身也正值動亂時期，蘇聯政府謹防那些逃往那裡的人的動機。蘇聯的邊境衛兵和國家政治保衛總局射殺數千人，但還有許多人成功跨越邊界。[12]

第一波難民潮帶著他們的牛隻一起逃亡，他們試圖販賣其中一部分。結果，中亞各地市集的家畜價格暴跌。後來抵達的難民除了疾病外什麼都沒帶。他們發現在落腳處幾乎沒有人同情他們。鐵路公司拒絕讓他們上火車，警察待他們如逃犯，他們湧入的工廠和市中心視他們為威脅，唯恐被傳染疾病。草原地區的歐洲人總是鄙視游牧民族，認為他們落後野蠻，如今他們認定游牧民族是咎由自取。難民在各地都被視為不受歡迎的地方資源負擔。在赤貧狀態下，許多家庭拋棄他們飢餓的孩子，也無可避免出現食人案例。

這個情況一直到一九三四年才開始改善，那年莫斯科當局降低採購配額，並運送糧食援助。接著政府開始遣返倖存者，並將他們重新安置在哈薩克「勞動力短缺」的地區。災難落幕時，哈薩克共和國內共有一百五十萬人喪生，一百一十萬人離境，許多人再也沒有返鄉。雖然歐洲農民也在饑荒中受苦，但對哈薩克人的影響遠遠更加嚴重。一九二六年人口普查時，哈薩克人占共和國人口的百分之五十七點一，卻占饑荒受害者的九成之多。那些倖存者改為居住在共和國內截然不同的區域，再也沒有辦法放牧游牧。集體化意味著哈薩克草原游牧的終結。[13]

◆　◆　◆

引入計畫經濟也代表著中亞市集倒閉，商人階級消失。公共生活的基調劇變。一切都瀰漫著對史達林的狂熱崇拜。一九二〇年代的變動已成過去，取而代之的是蘇共十足確立的當前方針——然而，他們經常如毒蛇般滑動繞行，令人不安。政府已經征服所有文化生產的空間。作家、音樂家和畫家如今全都隸屬於官方工會，如果沒有工會，他們的作品就無法發表。工會成員資格有其福利，但寫作或創作主題受到嚴格約束。因為有不受任何監督的政治警察支持，恐怖和恐懼變得貨真價實——懼怕反革命分子和可能戴著效忠蘇聯計畫的面具公開行動的「人民公敵」。（讓情況更糟的是，政治警察免於本地化的壓力。中亞的警察勢力依然完全都由歐洲人組成。中亞幹部經常投訴政治警察本地化不足，而這又給了國家政治保衛總局另一項證據，指控他們「在政治上並不可靠」。）既然制度理所當然不會出錯，任何發生的問題——諸如熔爐因過度使用而融化、棉花田無法產出毫無節制的期望產量、建設計畫延期等——必定是「作亂分子」和蓄意破壞者造成的，這些人是革命的敵人，因此也是人民的敵人。社會主義距離目標愈接近，這類敵人就會變得愈狡詐。政府必須殘酷無情地處置他們。一九三〇年代，古拉格（Gulag）大幅擴張，這是強迫勞動營的全國網絡，同時是懲罰手段和勞動力來源。

蘇聯公民也必須受保護，隔絕外界的危險和誘惑。一九二三年，政府沿著所有國土邊緣設立二十二公里寬的邊境區，也制定受邊境警察特別管轄的領海邊界。在一九二〇年代的多數時間，政府對那些廣大區域的控制依然脆弱無力，在歐亞大陸尤其如此，但到了一九三〇年代初，邊界已經有效封鎖。絕望公民的大規模逃亡仍舊可以突破邊界，但一如許多哈薩克人在一九三二年所發現的，逃亡無法一帆風順。有些人設法非法逃離。通往喀什噶爾的山區路線包含足夠多的旁道，讓有經驗的嚮導能夠躲避邊境衛兵，將個人或小團體送進新疆。優素夫．瑪穆爾（Yousof Mamoor）的父親過去是浩罕的富商，於一九三〇年安排十三歲的他和另外三名家族成員偷渡到喀什噶爾。這趟徒步旅程長達二十天，優素夫在途中生了凍瘡。他們一行人曾和邊境衛兵近距離接觸，但仍成功跨越邊界，進入中國領土。優素夫的父親已經先行逃離，並設法隨身攜帶一些金塊當作資金。隔年，他成功讓他幾乎全數的家人都在喀什噶爾團聚。[14]優素夫的家族是數百個選擇這條路線的家族之一。可是就連這條逃亡路線最終也被封閉了，到了一九三〇年代中期，蘇聯已實際與外界隔絕。參與朝聖遭到禁止，外國旅遊成為特權，只授予政權中極少數可以信賴的人物。這之中幾乎沒有中亞人。若說維新主義曾在源自穆斯林世界各地的思想浪潮中出現，而來自遠方的革命分子曾在一九一九至二二年這激昂之年聚集在塔什干，到了一九三〇年，這一切都遙遠如古代歷史。再也沒有外國出版品傳入中亞，中亞知識分子剩下唯一的目的地是莫斯科。

◆ ◆ ◆

然而，蘇聯各地正在發生的變化有些振奮人心之處。資本主義世界苦於經濟大蕭條（Great Depression）時，蘇聯宛如大洲大小的建築工地。蘇聯樂於展示他們正在進行的大型實驗，並邀請西方贊同他們的人物來訪。中亞在這方面十分重要，因為在當地，殖民制度的不平等正在消除，受殖民者正在成為公民，落後的情況也正在被克服。有一小本一九三〇年代的旅行文學文集留存至今，捕捉了這股興奮之情。美國共產黨員約書亞．庫尼茲（Joshua Kunitz）於一九三四年到中亞旅行，他在那裡遇見國家計畫執行委員會（State Planning Commission）年輕的塔吉克族成員，對方告訴他：

> 如果你在未來任何時候寫到塔吉克，請不要落入多數造訪我們的歐洲人所犯下的錯誤，不要墮落到賣弄異域風情，不要為混亂的壯觀場面感到激動……請不要細述我們的服裝多麼美

麗，村莊多麼古雅，藏在我們女性帕蘭吉之下的面貌多麼神祕，坐在成蔭懸鈴木下的地毯上、聆聽我們樂隊美好的單音調曲子、用皮亞拉杯（*piala*）喝綠茶——以及用我們的雙手吃抓飯（*pilaf*）——多麼迷人。我說真的，那一切都沒什麼迷人的。去問任何有教養的中亞人，我的意思是現代意義的教養，對他來說，多數的地方習俗都只代表著落後，以及無視衛生和預防疾病最基本的原則。[15]

克服落後，趕上世界的腳步，消滅有害的習俗——扎吉德也會認同這些目標。二十世紀的許多民族主義者和民族國家也曾追求類似的目標。蘇聯政府聲稱比過去任何人都達成得更好。偉大的美國詩人朗斯頓．休斯（Langston Hughes）曾在一九三二至三三年的冬季，在中亞（對他來說，這是蘇聯版本「有著漫天塵土、有色人種、栽種棉花的南方」）待了幾個月。他透過種族的稜鏡觀看蘇治中亞。依他所見，中亞最了不起的一點是沒有種族界線。「我從莫斯科搭車南下，沒有遭受種族差別待遇，而和我一起在火車上、膚色較深的乘客也沒有任何人遭受種族差別待遇。」他寫道。他遇見一位「膚色幾乎和我一樣深的男士」，結果是布哈拉的市長。「不過我在我們對話過程中得知，在中亞的許多城市，深膚色的男女都受政府掌控——有很多很多這樣的城市。而我想到密西西比州，即使超過一半人口是黑人，但從沒聽說過任何一位黑人市長。」[16]他認為新秩序廢除族群差異的做法極具啟發性：

那些紳士……曾寫過關於肉體戰敗和精神勝利的美好書籍……他們會親切地站出來並談論

革命——肉體（和精神）獲勝……成千上萬的青年免受飢餓之苦，得以成長、讀書、戀愛和生子，身體和靈魂不受束縛，沒有權貴會說平民永遠不該和我的女兒結婚，沒有拉比會哭喊猶太人和非猶太人成婚會遭受詛咒，也沒有吉卜林（Kipling）會寫出「兩處永不相逢」這樣的句子*——

因為兩處已經相逢……[17]

這種觀點十分重要，提醒我們進步和文化的觀念，以及拋棄舊弊與廢除不平等和族群差異的希望，對殖民世界的百萬人民來說多麼令人迷醉。這些觀點也說明了沙皇制和蘇維埃制度的對比。蘇治中亞從邊界另一側的新疆看來也光鮮亮麗。對許多東突厥斯坦人而言，自治共和國、語言權利以及存在位高權重的中亞人，在在都和他們家鄉漢人統治的現實形成鮮明對比。蘇治中亞與外界隔絕，但唯一的例外是新疆。繼一九二一年後，來自新疆的勞工移民再度增加，蘇治中亞仍是東突厥斯坦人尋求現代教育的最佳賭注。自一九二〇年代中葉起，少數來自新疆的學生陸續抵達蘇聯的教育機構，並見證到與他們的生活環境愈來愈不同的社會。

這一切都相當諷刺，因為一九三〇年代起，史達林便對反殖民熱潮失去興趣，儘管那波熱潮激勵了革命初年的想像力。蘇聯當局不再談論對外傳播革命，也不再提起促進中亞工業化。蘇聯的經濟政策逐漸聚焦在以蘇聯內的區域專業化為基礎，實現自給自足的發展模式。中亞分配到的任務是要供應原料（南方提供棉花，北方提供肉品和穀糧）給俄羅斯的工業企業。蘇聯政府並沒有在中亞執行任何他們在一九三〇年代特有的大型建設計畫（*stroiki*）。這十年中亞唯一的重大計畫是大費爾干納運河（Great Ferghana Canal），於一九三九年完全靠著體力勞動建成。對許多中亞共產黨員而言，這是頑固守舊的殖民主義。去殖民和平等化的承諾是共產主義吸引他們的一大部分，而這些發展讓許多人心灰意冷。在哈薩克，有幾位主要的哈薩克共產黨員大力反對經濟計畫，唯恐哈薩克必須持續擔任為俄羅斯工業供應原料的角色。「鑑於帝國主義的俄羅斯資產階級只會從偏遠地區掠奪原料，同時在他們自己的後院設置無數工廠和工業工程」，教育人民委員兼哈薩克語大報編輯斯瑪古勒・薩德瓦卡索夫（Smaghŭl Sädwaqasov）寫道，「社會主義工業應該按照經濟權宜原則發展」，意即「工業應該座落在離原料來源盡可能靠近的地點」。[18] 在烏茲別克，對棉花的重視引發許多黨員抱怨「紅色殖民主義」。國家政治保衛總局代表開始回報黨員等人耳語的陳述，他們表示，烏茲別克身為棉花的供應者，不過是紅色殖民地，和受英國統治的埃及或印度沒什麼兩樣（甚至還更糟）。某位米爾佐・拉希莫夫（Mirzo Rahimov）因為反對關鍵政策，於一九二八年退黨。「烏茲別克是社會主義殖民地，」他聲明，「且無法獨立。如果烏茲別克是像埃及或阿富汗那樣，就能獨立自主。」[19]

◆　◆　◆

黨當然不可能犯錯，如果迷途的黨員認為黨政策帶有殖民色彩，那麼問題一定出在他們身

* 譯注：出自英國詩人約瑟夫・魯德亞德・吉卜林（Joseph Rudyard Kipling，一八六五－一九三六）的著名詩作〈東方與西方之歌〉（The Ballad of East and West），第一句為「東是東，西是西，兩處永不相逢」。

上。異議是意識形態不純的明確徵兆，必須整肅。黨一直以來都小心提防黨員間意識形態不堅的問題，並定期清洗各個階層。一九二〇年代的多數時間，在合格人員短缺的狀況下——中亞尤其如此——整肅往往會導致降職、重新分配到偏遠地區或勒令退黨。到了一九二九年，偏差的黨員會面臨牢獄之災，或更糟的是被送入古拉格。一九三〇年代發生一波又一波的整肅，撼動全蘇聯社會。古拉格內的人口激增，各式各樣的人物因為毫不可信的反蘇聯或反革命活動指控被送入勞動營。整肅行動重擊所有蘇聯機構的最高領導層級——軍隊、人民委員部、學術機構和蘇共本身。整個過程的高潮是一九三六至三八年的大整肅，在莫斯科一連串的公開審訊中，部分最著名的老布爾什維克人士供認一系列反革命、反政府和反人民的虛構罪行，並適時被處死。

這波恐怖整肅於一九三七年延伸到中亞。在烏茲別克，人民委員會主席法伊祖拉・霍賈耶夫，以及該共和國共產黨組織第一書記阿克馬爾・伊克拉莫夫（Akmal Ikromov）被發現加入「民族主義反革命組織」，從一開始就試圖讓烏茲別克從蘇聯分裂出去，成為英國的保護國。[20]他們是莫斯科最後三場重大公開審訊的被告，並在一九三八年三月遭到處決。在土庫曼，該共和國的人民委員會主席蓋吉希斯・阿塔巴耶夫（Gaýgysyz Atabaýev），以及其執行委員會主席奈迪爾拜・艾塔科夫（Nedirbaý Aýtakov）也面臨相同的命運，但他們的同伴沒那麼著名。他們也被控是反革命民族主義組織的成員，並遭到槍殺。[21]圖拉爾・里斯庫洛夫已經任職於莫斯科政府單位，度過相當平靜的十五年，卻於一九三七年五月被捕，一九三八年二月槍斃。[22]除了這些政治人物之外，文化知識階層也有類似遭遇。一九三七年的逮捕潮掃除了剩餘的前革命知識階層，還有許多在革命後進入公共領域的人物。他們全都被控民族主義，導致他們參與叛國的反蘇聯活動。兩個世代的現代中亞知識階層都在一九三八年遭到處決。在烏茲別克，單單在十月四日至五日的一個晚上，塔什干北部市郊的政治警察監獄中就有大量犯人被處死。受害者中有菲特拉特、喬勒潘和古迪里，他們都是一九二〇年代堅定耕耘烏茲別克文學的偉大人物。那場屠殺標誌著革命年代和革命熱忱已逝，而政治和文化界的衛兵已交接更替。那些被處決的人名再無人提及，有些長達數十年之久。那些取代他們的人完全是蘇聯統治的產物，不曾在非蘇聯環境下參與公共生活。他們也遠更謹慎，並且更欣賞新的遊戲規則。

◆　◆　◆

大整肅在一九三九年漸入尾聲時，蘇聯已經變成和十年前截然不同的地方。經濟已經轉型，社會翻轉，文化生活受到蘇共阻礙思考的意識形態掌控。在中亞，游牧民成為農民，農民被趕進集體農場，變得對政府卑躬屈膝，屈從程度前所未有。蘇聯是個單一經濟體，工人在其中求職。它也是個單一空間，蘇聯制度的棄兒——囚犯、國內流亡人士和「特殊移居者」——在其中四散各地。烏茲別克的富人被遣送到烏克蘭或北高加索地區，哈薩克人在饑荒期間散布四方。不過，流入中亞的人潮遠多過外流人潮。蘇聯歐洲人以工業或政治專家的身分來到中亞。有些則是體力勞動者，前來中亞如雨後春筍般的工廠、礦坑和建築工地工作，或是逃離家鄉的不幸事故或政治災難。他們還有些人是古拉格的受害者。加拉干達（Karaganda）是古拉格群中的大型勞動營，占據哈薩克東北部近一萬八千平方公里的面積，位於一片國內大型煤盆地之上。加拉干達營是在一九三一年饑荒高峰時建造的，塞滿了被逐出俄羅斯的群眾。等到史達林死後，強迫勞動制度大多廢止時，監獄勞動營往往變成公司市鎮（company town），倖存下來的囚犯就待在那裡。遭驅逐者成為定居者，並幫助改變哈薩克的人口結構平衡。

一國社會主義論（Socialism in One Country）＊的勝利重塑了蘇聯政府的民族政策，並制定出一套將延續至蘇聯時代終結的準則。史達林一九三五年在克里姆林宮（Kremlin）為來自塔吉克和土庫曼的「進步集體農場工人」舉辦接待會——也就是那些採棉花時創造奇蹟績效的勞工——再也沒有比這更適合了解這次轉型情況的時刻了。集體農場工人身上裝點著他們「民族」的民俗服飾與會，按照要求向史達林致敬，感謝他讓他們的生活變得更加快樂。他們的服飾標示出他們的民族別，而他們對蘇聯經濟的服務讓他們成為蘇聯人。史達林在演講中堅稱，一個人可以同時屬於自己的民族和蘇聯，他動不動就搬出那將會重新定義蘇聯直到瓦解的新準則。「可是同志，」他說，「有一件事比棉花更加寶貴——那就是我們國家各民族間的友誼。」[23]蘇聯如今不只是民族共和國的聯盟，更是跨民族情誼活生生的化身。所有超過一百個官方承認的民族都生活在永久的友誼之中。他們都為相同的目標奉獻，踏上相同的道路，實現相同的進步。有些民族在這條路上比其他族走得更遠，但除此之外，他們之間的差異是文化差異——語言、服裝和料理——而不是任何其他影響更重大的事物。當各個不同的民族現代化和社會主義化，他們的文化也會改變，但依然保有民族特色。史達林主義對民族的理解視之為理所當然，認為民族間的差異根源於某些實際（「客觀」）的事物上，永遠不會徹底消失。每個蘇聯民族都會養成一種文化，以民族為表，社會主義為裡（這是另一句將會長久存續的史達林主義口號）。所有蘇聯公民都共享社會主義內涵，但民族形式各不相同。對非俄羅斯人而言，民族形式逐漸以民俗特色來象徵，尤其是傳統民族服飾。再也沒有比身穿民俗服飾的農民在農田裡唱歌或跳著「民族」民俗舞蹈，更符合蘇聯民族典型意象的情景了。民俗的過往持續代表民族，甚至在社會主義帶領不同民族走入現代性的光明未來時也不例外。（見圖13-2）

不過，官方聲明愈來愈常將這種對民族身分的頌揚，和所有住在多民族蘇聯國內的民族共有的蘇聯愛國主義搭配成對。官方論調頻頻提及「蘇聯人民」在他們共同效忠蘇聯祖國（在不同的脈絡中，有時稱作「母國」〔*rodina*〕，有時稱作「父國」〔*otechestvo*〕）的情操中團結一致。這個國家的名稱——蘇維埃社會主義共和國聯盟（Union of Soviet Socialist Republics）——因為沒有任何民族或地理指涉，在世界上獨一無二。這個國名源自於革命的烏托邦動機，如今受到一國社會主義的新現實挑戰。新近開始強調共同的蘇聯愛國主義後，讓俄羅斯人和蘇聯之間關係為何的問題浮現。列寧曾經渴望將新政權與其帝國遺緒拉開距離，一九二〇年代時曾出現對沙皇帝國主義的猛烈批評。然而，到了一九三〇年代，意識形態的風向吹往大相逕庭的方向。俄羅斯人以領導民族之姿現身，是蘇聯最先進進步的族群。他們被官方指定為所有其他蘇聯民族的「大哥」，他們的語言被用來當作不同族群間的溝通語言，也是各個族群通往文明和世界文化的途徑。所有非俄羅斯學校於一九三八年都將俄文設為必修科目，而舊俄國的象徵——俄羅斯的詩人和藝術家、探險家和科學家，甚至是將領——成為新蘇聯的象徵。「征服」（*zavoevanie*）一詞

---

＊ 譯注：傳統馬克思主義認為，社會主義必須仰賴無產階級的國際革命才能實現。而經歷歐洲共產革命失敗後，史達林提出可以先在蘇聯一國範圍內建立社會主義的理論，作為世界革命的一個階段性目標。

**圖 13-2**　民族為表，社會主義為裡？這是名攝影師馬克斯．彭松於 1930 年代的經典影像作品。這張照片是社會主義寫實主義的作品，將未來呈現得宛如現在。一個烏茲別克家庭身穿民族服飾，盡情享用社會主義制度提供的民族料理。這是個核心家庭，女性並未蒙面，所有人都在一間有窗戶和窗簾——這是現代性的象徵——的房間，坐在餐桌旁。牆上的肖像堅定地將現代性定位成蘇聯和社會主義。男孩穿著現代服飾，但頭戴的朵帕（doppi，烏茲別克「民族」帽）賦予他民族特色。© www.maxpenson.com

從歷史語彙中消失，取而代之的是「統一」或「兼併」（*prisoedinenie*）。在剩餘的蘇聯時期所發表的官方歷史中，講述俄羅斯帝國擴張的故事時都對軍事征服輕描淡寫，有利於突顯俄國兼併不同公國和王國的各起事件，而且往往這些政權被認定是自願併入。在中亞的例子中，如今有人主張，俄國併吞確實幫了當地人一個忙，讓他們不被遠更貪婪的英國人征服，並且讓他們受到俄國進步思想和俄國革命傳統的感化。

中亞的每個民族都能

自由歌頌他們的過去，發展他們的未來，但必須是在和蘇聯其他民族長久友誼的基礎下這麼做，而俄羅斯人是蘇聯的主要代言人。俄文成為與現代性和外界接觸的語言。這個轉變的影響之一是在一九三〇年代下半葉時，中亞語言的拉丁字母被西里爾字母（Cyrillic）*取代。十年前，拉丁文字因為具有國際性和世界性而受人讚揚（甚至有人提到要將俄文換成拉丁拼字法）。可是在一九三〇年代末，所有蘇聯的突厥語言都不再使用拉丁文字，改用西里爾字母，過程沒有引發任何爭論。前十年的國際性和世界性讓位給了蘇聯愛國主義。

然而，儘管如此，俄羅斯人仍然沒有擁有蘇聯。一直非常明確的是，蘇聯人民會保持多民族狀態——因共同理想而團結的一群民族——而非單一同族的整體。俄羅斯人對聯盟的支配（一九三九年的人口普查中，他們占總人口的百分之五十八）伴隨著許多兩難和矛盾，從未徹底解決。幾大民族——也就是那些有加盟共和國的民族——逐漸與他們的領土緊密相連，並取得領土的所有權，他們根據現有證據所能證實的，將其所有權投射回溯到盡可能遙遠的過去。官方敘事強調每個民族占有其領土的長久歷史和他們對領土的奉獻，他們為了對抗俄羅斯人以外的外來入侵者而投入的無數戰爭證明了這一點。這對公民造成明顯的效果，促使他們將自己的共和國視為民族祖國，並擁有領土所有權（「主體民族」是常見的蘇聯用語，指稱生活在「他們自己的」共和國內的民族成員身分）。反之，俄羅斯人認同整個蘇聯，但俄羅斯民族制度特別蓄意維持發展不彰的狀態。俄羅斯人和非俄羅斯人之間的關係不對等也不穩定，但俄羅斯人從未聲稱獨占蘇聯。

---

* 譯注：包含俄文在內的斯拉夫語族所使用的文字。

蘇聯的中亞民族地位因此被重新定義。讓我們舉烏茲別克為例。一九四一年，全蘇聯同慶帖木兒宮廷詩人兼察合台文建立者阿里希爾・納沃伊逝世的四百週年紀念日。納沃伊被譽為烏茲別克民族英雄。慶祝活動包括出版亞歷山大・雅庫博夫斯基（Aleksandr Yakubovsky）所撰寫的小冊，題為《論烏茲別克民族起源之問題》（*On the Question of the Ethnogenesis of the Uzbek People*），其中闡述烏茲別克民族的歷史和他們對烏茲別克領土的所有權，這本小冊子成為接下來的蘇聯時期和蘇聯後時代烏茲別克身分認同的基礎文本。「民族起源」是在蘇聯人類學中剛構想出來的概念。這個概念假設不同的族裔或民族群體是在歷史時間中從起源——亦即實際的血肉混合——發展而來的。儘管假設完全違背馬克思主義，但這個概念將在蘇聯時代晚期茁壯。在一九四一年，雅庫博夫斯基主張「當代的烏茲別克人——在與其他蘇聯民族的友愛合作下建立共產社會……推動烏茲別克領土發展的歷史悠久且未曾中斷」。對雅庫博夫斯基而言，這一點在這個區域的族群歷史中昭然若揭。「語文學和語言學，」他寫道，「提供我們同樣未曾中斷的發展歷程，從阿赫瑪德・亞薩維和卓（Khoja Ahmad Yasavi）＊所使用的語言，到盧特菲（Lutfi）†和阿里希爾・納沃伊，再到當代的烏茲別克文學語言。」[24]烏茲別克人一直都生活在他們的土地上，與之緊緊相連。隨後的幾年間，烏茲別克教科書講述外來者（阿拉伯人、蒙古人和伊朗人）一再嘗試要征服現今烏茲別克的土地，而愛國的烏茲別克人將他們一一擊退。烏茲別克性（Uzbekness）就這麼被投射回溯到遙遠的過去。創立烏茲別克人的民族國家而今成為蘇聯的另一項偉大成就。民族性和蘇聯性（Sovietness）可以共存。我們可能會注意到極為諷刺的是，雅庫博夫斯基所披上的民族起源外衣，正是菲特拉特在一九一〇年代曾闡述的烏茲別克性的察合台主義願景。如果菲特拉特當時不是躺在無名塚中的話，必定會竭誠贊同雅庫博夫斯基的看法。他和他的世代為那樣的願景犧牲性命，而在一九四〇年代，那樣的願景在除去帖木兒的部分後逐漸確立，成為官方版本的蘇聯烏茲別克身分認同。

* 阿赫瑪德・亞薩維（一〇九三－一一六六）是在突厥語地區推行伊斯蘭蘇非主義的重要人物。

† 盧特菲（一三六六－一四六五）為烏茲別克詩人，其抒情詩作品尤負盛名。



想像的概念——如今構成了阿勒提沙爾脫離中華帝國的基礎。

新疆漢人統治的嚴重危機讓共和國得以宣告建國。相同的危機也讓共和國捲入突發的暴力事件，並導致其快速毀滅。然而，共和國短暫的存在讓我們一窺在楊增新統治的政治穩定表象之下，東突厥斯坦的穆斯林社會發展。

◆ ◆ ◆

楊增新曾試圖預防新疆受到中國其他地區的軍閥和一九一七年後十年在蘇治中亞發生的革命起義波及。他建立威權政權，隔絕多數現代性的特徵。和蘇治中亞不同的是，當地沒有現代教育或出版業，更別說土地重新分配，也沒有除去蒙面運動、對宗教的攻擊或建立群眾組織。比起動員，楊增新更傾向讓人民待在他們在世襲政治制度中原有的位置上。若說蘇聯在談論人民意志和民族自決，楊增新則是偏好家長作風的政治制度，由熱心官員來照顧人民。他和穆斯林菁英達成幾項協議——哈密的王公能夠保有他的特權，就像部分的哈薩克族首領——但不能出現人民提出政治要求的問題，更別說是爭取主權了。儘管楊增新始終公開宣稱效忠中華民國，但他卻擁有帝國時代的政治本能。差異原則政治依然穩固維繫。

雖然如此，楊增新無法將二十世紀隔絕在新疆之外。儘管他盡其所能遏制，未經授權的思想仍舊滲入了。他可能比較成功的是不讓中國其他地區影響到他的領土。蘇聯成為思想傳入途徑，更是靈感來源。新疆和蘇聯貿易在一九二二年後增加，很快就比和中國其餘地區的貿易量多上許多倍。一九二五年，從新疆流動到蘇聯的季節性勞工遷移重新開始。楊增新擔心：「若聽新疆纏

# 第十四章　在東突厥斯坦的共和國

那天是一九三三年十一月十二日。眾多印著新月和星星的淺藍底色旗幟隨風飄揚，兩萬名男子齊聚喀什噶爾外的圖曼河（Tuman）河畔。在騷動之中，備受尊敬的伊斯蘭學者阿卜杜勒巴克・沙比提大毛拉（Abdulbaqi Sabit Damulla）站上講台，宣告建立東突厥斯坦共和國（Eastern Turkestan Republic，縮寫為ETR）。部隊鳴放四十一響禮炮，學生合唱國歌：「我們的旗幟是天藍之旗，我們的群眾是黃金之眾。突厥斯坦是我們突厥人民的家園，她已歸我們所有。」[1]沙比提大毛拉接著率領遊行回到市中心，群眾在那裡聆聽更多演說，概述政府結構及其所欲採行的政策。政府會有一部憲法和十五位閣員組成的內閣。沙比提大毛拉獲選為總理。政府渴望為當地帶來和平與繁榮，並且使用民族自決和反帝國主義的語彙。幾週前，宣布成立共和國的社運分子已經開始發行喀什噶爾的第一份報紙《東突厥斯坦生活報》（*Eastern Turkestan Life*）。「這幾天受壓迫的東突厥斯坦國已經從既存的壓迫和國家統治禁錮中解放出來，」第一期報紙如此呼告，「這世上再也沒有比被囚禁地生活在異族的支配下更可憎的事了。除此之外，也不可能想像出比國家主權、獨立和祖國尊嚴更美好的幸事了。」[2]阿古柏的政權垮台後五十年，新政權奠基於大不相同的政治語彙。共和國、國家、祖國、憲法和反殖民鬥爭——這些阿古柏和他的同代人無法



民自由赴蘇，漫無限制，今日有數萬人赴蘇傭工，即異日有數萬人回國謀亂。」[3]他在蘇聯的新疆領事館安排多種監視形式，但比起動員東突厥斯坦人革命，蘇聯人更感興趣的是他們提供的廉價勞力。針對蘇聯維吾爾人的政治煽動不會把移工列為對象。事實上，到了一九二七年，蘇聯已經決定「任何煽動新疆分離中國的行為完全有害且不得允許」[4]，而幫助統一的中國才最有利於他們的地緣政治目標。楊增新可能比較擔心的是不僅旅行到中亞，還到下諾夫哥羅德（Nizhny Novgorod）和莫斯科的富商。其中許多商人的兒子會待在蘇聯，並學習俄文。影響更重大的是，他們也受一九二〇年代中亞知識階層的熱忱吸引。民族、民族進步和文化轉型的概念開始從蘇治中亞滲入新疆，儘管楊增新盡其所能試圖將這些思想隔絕在他的領地之外，依然徒勞無功。

阿布杜哈利克・阿布杜拉賀曼歐格里（Abdukhaliq Abdurahman oghli，生於一九〇一年）是這類富商的兒子，他的父親來自吐魯番。阿布杜哈利克於一九一六年和他的祖父旅行到俄屬突厥斯坦，並在塞米巴拉金斯克就讀俄羅斯暨土著學校。他回到新疆後，在少數幾間學堂之一註冊入學，這種學堂是清末建立的現代中國學校，楊增新仍允許其繼續營運。一九二三年，阿布杜哈利克回到蘇聯，在當地待了三年。又返回新疆後，他試圖創立印刷廠和雜誌，但申請許可遭拒。一九二七年，他創辦了一個教育宣導慈善團體。[5]這正是革命前俄屬突厥斯坦的扎吉德曾投入的那類活動。瑪各蘇特・穆希提（Maqsut Muhiti）在財務上支持阿布杜哈利克，他是鎮上的大商人，也是一所扎吉德學校的創辦人。然而，因為政府不允許，這些努力幾乎徒勞無功。可是就算楊增新能夠拒絕批准創立印刷廠和雜誌，他也無法阻止阿布杜哈利克創作詩歌。阿布杜哈利克於一九一七年開始寫詩，風格和內容都十分新穎，主要和民族有關。他也會使用覺醒的比喻。一九二〇

年，他在一首題為〈覺醒吧！〉（Awaken!）的詩中，診斷他社群的危急狀況：

可憐的維吾爾人哪，覺醒吧，你沉睡得夠久了，
你已一無所有，下一個丟失的將是你的性命，
如果你不拯救自己死裡逃生，
啊，你將身陷危險，危險至極。[6]

他選擇的筆名阿布杜哈利克・維吾爾（Abdukhaliq Uyghur）象徵著他的願景。「維吾爾」一詞是在蘇聯流亡的東突厥斯坦人創造的，但阿布杜哈利克可能是在新疆使用這個詞彙，或是把東突厥斯坦穆斯林視為民族並用這個詞指稱之的第一人，這個社群擁有共同的政治利益和未來。而維吾爾人的行動方針十分清晰：

民族正處於何種境況
睜開你們的雙眼，維吾爾的後裔。
去奮鬥，去關注
挺身而出，擺脫你們空洞的話語。[7]

他在其他地方寫道：「冒險挺身而出吧！／你將發現別無他法！」[8]

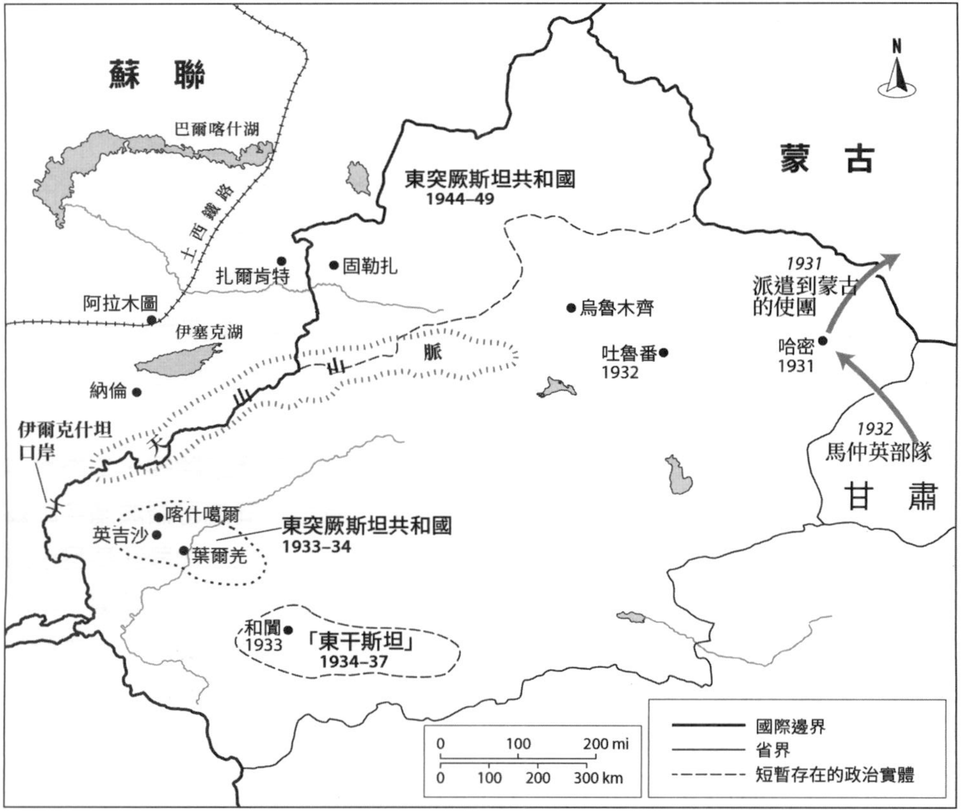


地圖 14-1 中華民國時期的新疆

林父親將他的女兒許配給他。此舉侮辱了地方的宗教和性別感受，引發一場叛亂。張姓男子和他的人馬在婚禮上狂飲作樂時，一群憤怒的當地人攻擊殺害他們。這群叛亂分子接著將他們的怒氣轉向該縣各地的駐警和近期的漢族移居者，謀殺近一百個家庭，將他們的頭顱埋進他們剛取得的土地。叛亂迅速擴大，哈密的穆斯林區很快就落入叛亂分子的掌控。雖然烏魯木齊的一支武裝軍隊奪回該城，過程中摧毀了絕大部分的城區，但許多叛亂分子撤退到周邊的山區。

至此，沙木胡索特宮廷的人員已經接管起義，試圖將農民暴動變成政治運動。宮廷衛兵長和加尼牙孜（Khoja Niyaz）、總管家（*ordabegi*）堯樂博士（Yolbars Khan）和曾爭取繼任被廢除王位的巴希爾王（Bäshir Wang）擔任領導，並和哈密外部的勢力接觸。有封寫給蒙古政府的信闡述他們的苦衷：「數百年來，我們這些纏頭回民已在中國人統治下完成不合理的要求，代替狗和驢子勞動。如今，這些中國人的暴政在近十幾二十年惡化，而（他們）千方百計（奪走）我們土地和水源的收入、我們手中的財富和貨物，並且藉由四處安插官員和駐紮軍隊，強迫我們提供他們飼秣和柴薪、食物和糧食，他們做出無數天理難容的不義之行。」[11]這是最直接的反殖民語言。值得注意的是他們使用「纏頭回民」一詞。「纏頭」是清朝和漢族官員用來指稱新疆突厥穆斯林人口的貶稱。然而，蒙古也使用這個詞，這可能是這封信的筆者如此措辭的原因。自我稱呼將在叛亂過程中改變，而多數時間都是以東突厥斯坦民族之名反抗。派遣到蒙古的使團如願以償，反叛人士收到裝滿兩卡車的武器和彈藥，讓他們得以繼續抗戰。因為蘇聯對這場叛亂不感興趣，而蘇聯又是蒙古國內的首要勢力，蒙古的援助僅此一次。

堯樂博士也聯繫了甘肅的東干人軍閥。那個行省長期以來都是許多中國穆斯林軍閥（全都姓馬）的稜堡，他們指揮著缺乏訓練但人數眾多的軍隊。馬仲英是其中最年輕的一位，他伸出援手：「我先解除哈密維胞的大難，再用武力逼使金樹仁下台。」據說他曾如此承諾堯樂博士。[12]馬仲英率領約五百士兵的雜牌軍入侵新疆，但他的軍隊擁有國民政府軍第三十六師的正式名稱——這是國民黨認定金樹仁為叛徒而授予的名稱。馬仲英的人馬圍攻哈密，但面臨當地漢族駐軍的激烈抵抗。其間，金樹仁得以召集軍事反擊，集結由來自伊犁的漢族將領張培元的士兵所構成的軍隊，以及招募住在新疆的白俄移民所組成的軍團。這個軍團在十一月初成功擊退馬仲英勢力的圍攻，並讓叛軍撤回山區。馬仲英撤退到甘肅療養幾處他在戰爭中所受的重傷。隔年，吐魯番爆發另一場起義，距離行省首都烏魯木齊僅兩百公里。發起者是幾位具有扎吉德傾向的地方人士所組織的祕密社團。這場起義以馬木提．穆依提（Mahmut Muhiti）為首，他的哥哥馬合蘇提（Maqsut）長期活躍於扎吉德活動，也是詩人阿布杜哈利克．維吾爾的友人兼資助者。[13]然而，軍閥很快就接管起義。馬仲英在甘肅的病床上派遣名為馬世明的軍官率領叛軍。吐魯番駐軍的東干人司令官馬福銘帶著他的部隊和叛軍會合，而哈密的反叛分子也趕往吐魯番，如今那裡已成為起義的中心。一九三二至三三年的冬天，這個分別由和加尼牙孜和馬世明率領的突厥和東干人部隊聯盟侵擾省軍，並成功圍攻烏魯木齊。金樹仁的勢力似乎已在瓦解邊緣——或許中國對新疆的控制也是如此。

◆ ◆ ◆

蘇聯拯救了金樹仁。日本崛起及其帝國野心令蘇聯領導階層心慌意亂。一九三一年，日本已經占領滿洲，將之變成傀儡政權，有傳聞日本將會擴張到漢人所統治的區域。蘇聯擔心日本可能會同樣在新疆擁立某位順從的東干人軍閥，設置圖蘭政權。史達林對蘇聯的地緣政治和軍事弱點再清楚不過了，因此不願意冒任何險。史達林在一國建立社會主義的口號大獲成功後，蘇聯對於外交政策的思維發生巨變，讓捍衛唯一一個社會主義國家變成等同於捍衛全世界的社會主義。過時的地緣政治思維在蘇聯外交政策中再度風行。到了一九二〇年代末，推動東方革命的熱忱已成遙遠記憶，而搜尋防禦封鎖線、天然資源和軍事優勢的目標逐漸開始主導蘇聯的政策。莫斯科當局於一九三一年販售軍備（包含兩架軍機）給金樹仁以換取現金，並和他達成祕密交易協定。蘇聯的邊境衛兵也參與和新疆省軍的共同作戰，以利保衛蘇聯邊境和維持新疆和平。如今，因為烏魯木齊遭到圍攻，蘇聯政府將兩千人的中國軍隊送到當地，這些部隊在一九三一年日本入侵滿洲後逃亡至蘇聯遠東地區（Soviet Far East）。這支東北義勇軍（Manchurian Salvation Army）及時抵達烏魯木齊，解放該城。蘇聯替漢人在新疆的統治化險為夷。

烏魯木齊挺過來了，但金樹仁沒有。圍城解除後不久，他在一九三三年四月十二日的一場政變中遭到罷黜。省軍參謀長盛世才（生於一八九七年）在政變中得勝崛起。一如楊增新和金樹仁，他以中國之名統治新疆，但公然違抗中央政府。南京國民政府任命參謀本部次長黃慕松為「宣慰使」，指派他到烏魯木齊去評估情勢時，盛世才將他軟禁，要求南京政府答應任命盛世才為督辦——軍事統帥兼實際的總督——才釋放他。隨後盛世才卻轉而投蘇。他掌權初期時，在第一波行動中與烏魯木齊的蘇聯領事會面。蘇聯人並未參與讓盛世才上位的政變，但他們肯定受益於政變的結果，並且很快涉入協助盛世才維護其官位。南京政府九月派遣外交部長羅文榦正式批准盛世才任命督辦時，仍對撤除他的高位懷抱希望。就職典禮一結束後，羅文榦找伊犁的漢族將領張培元和東干人軍閥馬仲英商量，請求他們協助推翻盛世才。張培元答覆時表示贊同，並在十二月著手攻擊烏魯木齊。然而，蘇聯一支出動戰車和戰機的數千人軍隊阻止了他的進軍，並殲滅他的部隊。兩週後，蘇聯戰機轟炸馬仲英圍攻烏魯木齊的殘兵，迫使他們撤退。盛世才靠著蘇聯介入這個相當厚顏無恥的方法確保自己穩坐權位。

盛世才試圖確立自己的權勢時，開始和哈密起義的領袖和加尼牙孜談判協商。一九三三年的整個夏季，兩人制定出一份劃分行省的協議，這將形成一區「東突厥斯坦」，「將成為獨立自主的伊斯蘭國家，範圍從哈密延伸到喀什噶爾。它（將）不會認可烏魯木齊為中心。穆斯林將管理自己的事務」。兩者之間的界線將是天山山脈，而「中國人不會擴張到天山以外的區域」。[14]和加尼牙孜將擔任這東突厥斯坦的統治者。

◆　◆　◆

阿勒提沙爾的事件已經在前一年間各自發展。那些走向宣告建立東突國的事件並沒有激發任何一點火花，更別提整合了。我們可以在一九三三年二月和闐的一場起義中找到東突國的第一批種子，這場起義的發起者是布格拉創辦的祕密社團。如前文所述，布格拉是學術家族的後代，已經逐漸視東突厥斯坦的情況為一種殖民奴役。在經學院找到工作後，他遊歷行省各地，希望能夠對「地區的情況、民族的精神狀態和敵人的勢力」有些概念。布格拉在固勒扎找到他的靈魂夥伴。沙比提大毛拉——他出身喀什噶爾附近的阿圖什，本章前文曾介紹過此人——曾在一戰前在喀什噶爾和布哈拉求學，接著在土耳其、埃及和印度四處旅行。他搬遷到和闐後，這個祕密社團發動起義。我們對於其成員人數或資源總量所知甚少，但這場起義將中國部隊逐出和闐及其近郊。社團在鎮上建立他們所謂的伊斯蘭政府，官員包括布格拉的兩個弟弟和沙比提大毛拉。政府領袖自稱埃米爾，這個詞彙帶有明確的伊斯蘭涵義。他們組成一支小規模軍隊，有位名為賈尼貝克（Janibek）的吉爾吉斯軍閥抵達協助他們籌組軍隊，他以前是蘇治突厥斯坦的巴斯瑪奇，後來在克里雅（Keriyä）過著平靜的流亡生活。儘管和闐軍隊缺乏訓練且武器不足，但他們成功奪下葉爾羌和幾個較小的城鎮，有支從喀什噶爾抵達當地，目標是要解放葉爾羌新城區內漢族軍團的東干人軍隊，也慘遭他們殺害。接著他們繼續前往喀什噶爾。

其間，盛世才靠著蘇聯支持在烏魯木齊得勝後，促使許多他仍存活的反對者南移。他們是一幫雜牌軍，包括突厥和東干軍隊。新疆西部的吉爾吉斯族也在烏斯曼・阿里（Osman Ali）的領導下起義。到了一九三三年五月，這個聯盟已經拿下喀什噶爾。然而，成功卻只導致聯盟破裂。舉例來說，東干人在阿勒提沙爾和在北方的地位大不相同。自一開始，東干人就是維繫阿勒提沙爾的清朝統治的核心族群，這個傳統也延續到民國時期。東干人官員自認為帝國的支持者和夥伴。於是，他們和當地的穆斯林人口互看不順眼。馬福興是楊增新於一九一六至二四年間指派的喀什噶爾軍事指揮官，以在位期間的殘暴聞名。他的繼任者馬紹武也施行高壓統治。穆斯林軍隊攻占喀什噶爾時，東干人和當地穆斯林人口間的緊張關係再次浮上檯面，並且對聯盟破裂造成重大影響。馬紹武和他的中國軍隊發現自己受困於新城區中。從北方隨同叛亂分子而來的東干人決定加入馬紹武的陣營，並和他們的突厥同伴決裂。與此同時，聯盟的其他派系間小規模衝突不

盛讚他是「偉大的勝利者」和仁君。這個新共和國具備所有現代國家的外在——憲法、內閣、國旗、貨幣和護照——卻是在極度艱困的情勢下誕生的。東突國是個被陸地包圍的政權，缺乏已開發的資源，無論如何都會面對難以克服的挑戰。此外，因為東干人軍隊持續占領喀什噶爾的新城區，共和國政府甚至無能完全掌控自己的領土。新政府急忙與外國政權接觸。東突國的領袖並不喜歡蘇聯，因為到了一九三三年，蘇治中亞已經打消了透過蘇聯手段可以達成扎吉德目標的念頭。一封向土耳其政府宣布東突國成立的電報讓土耳其媒體界熱鬧起來，但因為當時土耳其政府公開奉行不干預主義，沒有獲得任何官方的反應。聯繫阿富汗同樣成果不豐。剩餘的唯一希望是英國。派遣到新德里（New Delhi）的代表團終於在一九三四年二月抵達時，很快遭到斷然拒絕。中國歷史學家照例聲稱東突國是英國傀儡，建國是為了逐步削弱中國主權，但再也沒有比這更偏離事實的主張了。一九三〇年代的英國致力於維護中國領土的完整性，並視南京政府為新疆唯一的當權者。英國絲毫沒有為了東突國介入的傾向。[18]向中國政府強索在新疆的治外法權，甚至販售武器給該省的準獨立行政首長是一回事，但提供援助給分離主義政權完全是另外一回事。喀什噶爾英國領事館的官員記錄下這個時代的動亂事件，但沒有任何行動干預其中。

該區域的另一股勢力——蘇聯——堅決反對其邊界出現另一個獨立穆斯林政權。[19]蘇聯政府才剛因為擔憂民族主義，肅清蘇治中亞的文化菁英，沒有打算要允許東突厥斯坦的一個獨立政權建國。蘇聯人不需要直接介入，因為他們已經取得最重要的支持者，那就是東突國總統和加尼牙孜。秋天時，他已經開始和蘇聯協商，向他們爭取他部隊的武器。[20]他終於在一九三四年一月抵達喀什噶爾時，只帶來不幸的災難。在當年夏天，他和馬仲英決裂，也就是他在一九三二年請來新疆的東干軍閥。就在和加尼牙孜開始和蘇聯人協商時，馬仲英曾代表南京政府和盛世才對戰，但被蘇聯干預擊敗。如今馬仲英追擊和加尼牙孜到喀什噶爾。一九三四年二月，馬仲英的東干部隊以國民黨的名義劫掠喀什噶爾。進攻喀什噶爾後，接連發生了一場大屠殺，城裡多數的商店都被洗劫一空，可能有多達四千五百人遭到殺害。[21]共和國的領袖在東干人抵達喀什噶爾前便已撤營到英吉沙，試圖在當地重建政府。東干人追擊他們，並拿下那座城市。沙比提大毛拉逃亡到葉爾羌，但馬仲英的屬下處決了和闐的其中一位埃米爾阿布杜拉·布格拉（Abdullah Bughra），將他的首級送到喀什噶爾的主清真寺外展示。和加尼牙孜因為在蘇聯邊境口岸伊爾克什坦（Irkeshtam）和蘇聯官員會面，逃過了喀什噶爾的大屠殺。他在口岸承諾和盛世才合作，並脫離東突國。他歸返後要求總理沙比提大毛拉解散政府。沙比提大毛拉拒絕後，和加尼牙孜帶著他的人馬行軍到葉爾羌，逮捕沙比提大毛拉，並將他交給阿克蘇的省政府處置，而政府草率處以絞刑。東突厥斯坦共和國就此終結。盛世才不需要與東突國對戰就成功擺脫之。表面上效忠南京國民政府的東干部隊和東突國自己的總統已經替他代勞。

東突厥斯坦共和國存續的時間，和一九一七至一八年在浩罕建立的突厥斯坦自治政府大約等長。兩者都是文化菁英的建國企圖，他們沒有心理準備和資源去面對這樣的冒險活動。就東突國的例子而言，知識分子被他們自己陣營的軍人排除在外和圍攻，這些軍人是按照自身利益行動。兩個共和國都讓我們一窺驅動其領袖的抱負，以及在中亞人民間流行起來的政治語彙（民族、憲法、自決和現代性）。兩者都成為那些抱負的象徵，也都被摧毀他們的政權痛斥。在中國官方的想像中，東突國占據的地位類似於突厥斯坦自治政府在蘇聯史料中的位置——兩者皆因其所包含的可能性而成為危險前例，於是必須不斷詆毀之，或更好的做法是直接遺忘。然而，對維吾爾人來說，東突國所代表的意義截然不同。宣告建國激勵了東突厥斯坦的民族歸屬感。今天維吾爾人視之為建立民族國家的一次失敗嘗試。共和國的淺藍旗幟如今是維吾爾人自我主張的象徵，並被離散人口廣為使用。

◆　◆　◆

到了一九三四年，盛世才掌控了新疆的多數地區。他和楊增新或金樹仁的經歷大不相同。盛世才出身滿洲遼寧省，他不曾受過儒家傳統教育，而是在日本的大學和軍事學院求學。他提防著日本對中國的企圖，並感受到中國需要採行新的自強方法，這樣的觀念形塑了他的世界觀。一如所有的漢族思想家，他並未將新疆視為中國擁有的殖民地，而是國家不可或缺的一部分。然而，依他所見，要讓新疆維持中國所有，需要運用不尋常的戰術。盛世才對於中央政府的干預感到不耐，當時政府無法提供任何物質協助。自從中華民國宣告建國後，新疆一直都是自立自強。盛世才轉而向蘇聯尋求支持，並採用新的政治語言和統治作風。為了取代楊增新和金樹仁極為保守的政治風格，盛世才將大多仿效蘇聯做法的動員和包容論調引入新疆。而今新疆的中國帝國主義開始使用蘇聯的反殖民語彙。

蘇聯人渴望將盛世才培養成侍從者。蘇聯政府曾公開祕密協議並宣布放棄由其前政權簽署的不平等條約，那樣的日子已成過去。在單一國內的社會主義需要運用所有可行的戰術，來確保國家安全。新疆至關重要，那裡既是對抗日本擴張威脅的緩衝，也是經濟來源。蘇聯和盛世才的關係是建立在對新疆的勘查與剝削上，以利為蘇聯的工業化服務。蘇聯提供盛世才兩筆總額七百五十萬盧布金幣的借貸，來重振新疆的財政部門，並發展當地的基礎建設，同時讓盛世才有能力購買蘇聯的武器。作為回報，蘇聯的組織基於讓步原則取得探勘新疆省礦產資源的權利，也有權在新疆免稅交易。[22]在接續的十年內，蘇聯組織在新疆北部建立許多採礦企業和石油生產設施。除此之外，蘇聯軍方在哈密附近部署了三千人部隊和一支空軍中隊。事實上，蘇聯已經重新獲得沙俄帝國向清朝強索的治外法權特權。新疆已經成為蘇聯的衛星國。

蘇聯顧問湧入新疆省。他們擔任各式各樣的政府官員，協助建立新疆省公安局（Xinjiang Provincial Public Security Bureau），這是以國家政治保衛總局為範本的政治警察組織。許多顧問是漢族或突厥斯坦的中國公民，過去以流亡人士的身分在蘇聯生活。蘇治中亞在這波擴展蘇聯影響力的行動中扮演重要角色——烏茲別克和哈薩克共和黨的中央委員會都定期受派任務，要提供蘇聯在新疆行動的後勤和人事支援。盛世才也開始送大量學生到蘇治中亞的教育機構就讀。這培養出一個世代的突厥斯坦穆斯林知識分子，他們對俄文遠比對中文更加熟悉，並對蘇聯懷有好感。在接下來的二十年內，一九三〇年代在塔什干求學的維吾爾人——他們被稱作「塔什干生」（Tashkentchilär）——將扮演新疆政治中至關重要的角色。

盛世才試圖討好史達林。一九三四年六月，他寫給史達林一封長信，自誇他長期研讀馬克思主義，並堅信社會主義。盛世才寫道，國民黨是建立在「徹底淪喪的學說上，沒有任何哲學或科學基礎。因此，只剩下一個方法可以拯救中國和新疆，那就是推翻嗜血放蕩的南京政府，建立蘇維埃政府，並在共產國際的領導下，和蘇聯站在同一陣線對抗帝國主義」。[23]他也表達加入蘇聯共產黨的心願。史達林認為那封信相當「令人沮喪」，因為「唯有對馬克思主義毫無概念的煽動者或絕望的『左派分子』才能寫出這樣的信」。[24]隨後他指示烏魯木齊的蘇聯領事格利金．阿布列索夫（Garegin Apresov）告訴盛世才：「新疆任何形式的蘇維埃化……都不在我們的計畫之內，而我們認為任何關於將新疆蘇維埃化的想法……都相當危險。」這是因為「我們認為維持中國的領土完整性是明智理想之舉，不只是從中國的觀點來看如此，從蘇聯的觀點亦然」。[25]史達林會和盛世才合作，但不會接受他任何荒謬的念頭。

盛世才的奉承沒有奏效，但他仍借用大量的蘇聯政治劇碼，無論是其形式或內容都大幅挪用。統治語彙改變了。一九三三年四月十二日對抗金樹仁的政變變成一場「革命」，進步、團結和反帝國主義的語言無所不在。發生改變的不單單只是語彙。盛世才在政治動員的基礎上建立蘇聯式的官方文化。在喀什噶爾，他的政府接管東突厥斯坦的報紙《東突厥斯坦生活報》，並以《新生活》（*New Life*）為名重新發行。該報在第一期通知讀者：「國內建立的新政府是文明政府，正努力在平等權和正義的原則下，團結所有居住在省內的祖國之子，諸如維吾爾人、漢人、蒙古人、東干人、吉爾吉斯人和哈薩克人。為了促進權利和滋養慈愛人性，政府廢除隔閡並創造不同民族間的友誼，為所有人的福祉和安適生活服務。」[26]平等權、「祖國之子」和「不同民族間的友誼」等措辭在新疆都十分新穎，並且是源自於蘇聯論述。盛世才發表一系列的口號——八大宣言與九項任務，最終濃縮成反帝、和平、民族平等、清廉、建設和親蘇六大政策。[27]一九三四年八月，盛世才主導組成名為新疆民眾反帝聯合會的組織。這個聯合會應「領導各行各業和各族的民眾切實執行新政府的六大政策」，以利「對於離間新疆各族感情與企圖破壞新疆和平之帝國主義者及其一切走狗們作堅決鬥爭」，並「支持建設新新疆」。[28]聯合會為官員、教師、軍官和公共集會組織「反帝訓練課程」，並經常在街上張貼標語、壁報和傳單。[29]反帝動員將會確保新疆仍是中國的一部分，也確實成為中國其他地區的典範。[30]對盛世才而言，要達成這個目標必須承認有多元民族居住在新疆的事實，並給予每個民族語言和文化權。

盛世才分別於一九三四和三五年在烏魯木齊召開兩次民眾代表大會。第二次大會宣告民族是官方認可的身分類別。東突國曾提到，「我們的突厥人民」是組成國家及其所服務的那個民族。第二次民眾代表大會反而認可了十四個生活在新疆的不同民族。其中包括漢族和東干族、滿族、蒙古族、屬於小型通古斯族群的錫伯族（Sibe，清朝時定居在伊犁谷地的滿洲人）和索倫族（Solon），以及韃靼人、烏茲別克人和俄羅斯人等移民族群。東突厥斯坦的穆斯林人口（亦即東突國的民族）如今被視為多民族群體，由維吾爾人、哈薩克人、吉爾吉斯人、塔吉克人和塔蘭奇人組成。除了最後一個群體，此分類法遵循蘇聯的民族類別。「維吾爾」一詞因而進入官方語彙中，指稱該省說突厥語的定居人口。在蘇治中亞離散的東突厥斯坦人逐漸開始使用這個詞彙，新疆的進步派知識分子也採用之，但烏魯木齊當局從未接受這個名稱——他們繼續使用纏頭這個貶稱。如今，「維吾爾」已經被確立為官方名稱，中文的轉寫用字也已標準化。[31]

這是蘇聯的民族政策，但沒有任何一部分提到自治或本地化。盛世才確實指派了一些當地人擔任要職（例如和加尼牙孜受派為省政府副主席），但他並沒有承諾要培育本地政治菁英。喀什噶爾的大法官阿布杜加夫爾・達姆拉（Abdughafur Damla）直言表示：「不要只是因為你們占了新疆九成的人口，就以為那些職位會按比例分配給你們。那些職位會提供給那些讀書並服務政府的人。」[32]儘管如此，認可民族為身分類別仍是官方政策的重大轉變。這為一種思考新疆及其人民的新方式打下基礎。這個新政策的關鍵特點是建立由政府資助的「文化促進會」和文化俱樂部，提倡不同的語言，並用這些語言發表資料。維吾爾族文化促進會成立於一九三四年八月，分會逐漸遍布全新疆，同時也出現針對哈薩克族和蒙古族的類似促進會。維文會開辦了烏魯木齊第一份維吾爾文報紙《新疆日報》（*Shing Jang gäziti*）。文化促進會也建立地方語言學校網絡。若說楊增新是主動壓制穆斯林的現代教育，那麼盛世才則主導建立了省史上第一個方言公共教育機構網絡。維吾爾文圖書出版的浪潮也隨之而來。雖然盛世才的演說和公告、新頒布的法律和規章占據新資料的絕大部分，但他在位的時代也出現了學校用的識字課本和教科書、「實用書籍」（例如養蠶和會計手冊）和史書。印刷文化終於傳到東突厥斯坦。

◆ ◆ ◆

消滅東突國沒能讓盛世才掌控南疆。表面上效忠國民黨的馬仲英東干軍隊仍十分活躍。在一次至今原因未明的行動中，馬仲英到伊爾克什坦和蘇聯官員會面，再也沒有回來。如今他依然下落不明。最有可能的狀況是他被蘇聯逮捕，挾持為他們未來和東干人談判的人質，畢竟蘇聯一直都希望東干人能配合盛世才。[33]馬仲英的追隨者在他的姊夫馬虎山的帶領下退回和闐，接著他們繼續占領和治理當地，將之當作其屯墾地長達三年時間。馬虎山惡意徵收苛稅，強徵農民入伍，期望有天能夠對抗盛世才。儘管他向南京國民政府宣誓效忠，但他喜歡被稱作國王（*padishah*）。這個新疆的小角落（有時被當代評論員稱為東干斯坦〔Dunganistan〕）一直都不受盛世才掌控，但一如安德魯・福布斯（Andrew Forbes）*正確的描述，這裡是保皇派的「中國殖民主義稜堡，而非新疆穆斯林分離主義的堡壘」。[34]喀什噶爾被一支效忠盛世才的小規模軍隊占領，而盛世才指派馬木提・穆依提擔任南疆軍區的副指揮官。穆依提是吐魯番資深的扎吉德社運人士。他曾組織對抗金樹仁的吐魯番起義。他自那時起便和和加尼牙孜合作，而這正是他獲盛氏任命的原因。因為喀什噶爾距離烏魯木齊十分遙遠，確保穆依提能夠繼續以高度自治治理當地。

然而到了一九三七年，這段關係已經磨損。穆依提不滿盛世才親蘇，在喀什噶爾煽動大規模的街頭遊行示威。[35]情況開始惡化時，穆依提逃往印度。他突然離去引發他在葉爾羌和英吉沙的下屬軍隊起義，軍隊處決所有在蘇聯培訓的軍官（或被懷疑親蘇者），並建立他們自己的突厥政府。此時，自稱東干斯坦國王的馬虎山帶著他的部隊現身。他的目的至今依然無法確認——他聲稱要以南京國民政府的名義「鎮壓叛亂分子」；他和蘇聯接觸，承諾讓南疆恢復和平穩定；他還向英國理事館宣稱要「和突厥人立約合作推翻省政府，並以嚴格效忠南京政府的伊斯蘭政府取代之」。[36]至此，蘇聯人以武力干預。在九月一日，蘇聯陸軍（Soviet Army）中駐紮於吉爾吉斯的奧什軍團（Osh Regiment）和納倫軍團（Naryn Regiment）和盛世才的軍隊並肩展開行動，蘇聯空軍還提供空中掩護。東干部隊遭到擊潰，蘇聯人占領喀什噶爾、葉爾羌、英吉沙和和闐。空襲非常致命（有些流亡者的資料來源聲稱死亡人數達到八萬人），而事後的政治餘波甚至更加殘酷。盛世才的政治警察逮捕並處決數千名東干和突厥士兵。[37]蘇聯勢力終於成功讓盛世才掌控整

*譯注：安德魯・福布斯為英國學者，專長為中國研究、伊斯蘭研究和中亞歷史。

個新疆。

盛世才接著展開極具蘇聯作風的整肅，肅清「叛徒」、「泛突厥主義者」、「人民公敵」、帝國主義間諜和日本特工。這波逮捕和處決潮帶走數千條性命，包括一大部分的維吾爾和東干知識階層。東突國的總統兼叛徒和加尼牙孜自一九三四年起就擔任盛世才在新疆的副手，如今被指控為日本特工而遭到處決。有幾位曾在一九三三年協助盛世才掌權的白俄將領也在此時喪命。此後，省政府放棄了要讓地方居民成員擔任公職的薄弱矯飾，盛世才逐漸在漢族勢力的基礎上獨攬大權。

盛世才和蘇聯結盟促使他和中國共產黨合夥，許多中共黨員都被派到新疆工作。不過他仍小心提防他們，試圖讓自己擺脫他們的影響力。一九三八年歐洲戰爭的威脅升高時，盛世才獲邀拜訪克里姆林宮，史達林親自在三個場合接待他。盛世才如今已變得足夠有用，史達林因而准許他加入蘇聯共產黨。盛世才歸返後，他請求莫斯科政府「同意我的要求，請共產國際命令新疆的中共官員清算黨內組織，並廢除黨基層的祕密集會」。他如此主張來為他的請求辯解：「新疆文化落後的民族（亦即其本地人口）將會發現中共黨員已經抵達新疆，而這將給予帝國主義間諜散播謠言和挑釁的機會。」[38]在第二次世界大戰前夕，盛世才自視為蘇共黨員，負責保證蘇聯邊界的安全，但同時反對中國的民族主義和共產主義陣營。一九三〇年代期間，新疆與蘇聯緊密交織，成為蘇治中亞和日本擴張主義之間的可靠緩衝。日本於一九三七年入侵中國本土反而鞏固了盛世才對蘇聯的依賴。不過，二戰將會為這段關係帶來許多迂迴轉折，正如二戰也改變了蘇聯本身。

# 第十五章　戰爭的嚴峻考驗

第二次世界大戰終於在一九四一年六月二十二日抵達蘇聯。史達林已經不惜任何代價試圖避免和德國發生武裝衝突，甚至曾在一九三九年和納粹政權簽署互不侵犯條約。他有充分的理由認為蘇聯並未準備好參戰。蘇聯政權在一九三〇年代引發的流血事件意味著不能將其公民的忠誠視為理所當然。除此之外，摧毀政治菁英階層的整肅行動也觸及武裝部隊的較高階層，許多將領已遭降級、監禁或槍殺。因為這十年間一切強制工業化的舉措，這個國家完全無法打仗。史達林甚至和納粹德國簽署互不侵犯條約，來避免涉入戰爭。然而，二戰開打後兩年，希特勒為史達林作出決定，他單方面終結條約，並對蘇聯發動正面進攻。

戰爭的開端對蘇聯人來說相當不祥。納粹軍隊長驅直入蘇聯領地，摧毀大部分的蘇聯軍隊，占領其國內工業心臟地帶的主要區域。在前六個月內，納粹殺害超過八十萬蘇聯士兵，導致一百三十萬人受傷，並俘虜兩百三十萬人。蘇聯政權經過十年的重挫後，雙手沾滿自己公民的鮮血，因此面臨重大的士氣危機。公民早已成為集體化和其他國家恐怖統治形式的受害者，而今未戰先降的心態在人民間氾濫。儘管如此，蘇聯政權仍孤注一擲、全力行動，動員國內的資源，最終走向勝利。這次的戰備大大改變這個國家及其公民的心態。

中亞距離前線非常遙遠，並未苦於前線所遭受的破壞。儘管如此，戰爭大幅改變中亞的許多層面。各種背景的中亞人都出征參戰，和所有蘇聯民族成員並肩作戰。一戰時，沙俄政權試圖動員本地人口，導致一九一六年的大規模起義，也強化中亞和帝國其他地區的差異，但二戰的情況截然不同，反而讓該區域融入蘇聯之中。這場戰爭把蘇聯帶進中亞，讓中亞人變成蘇聯人。

◆　◆　◆

戰爭在許多方面帶來解放——從經濟分配、棉花產量要求、讓所有公共論述噤聲的意識形態約束，甚至是對抗宗教的運動中解放出來。因為所有資源都投入戰爭，蘇聯政府放棄完全控制糧食分配，將供應糧食的責任分派給地區和地方組織。考量到蘇聯的四成耕地在戰爭前幾週便已被德國人占領，糧食生產甚至優先於棉花，導致棉花的耕種面積暴跌。中央供應系統崩潰帶來極度的艱困，但也復甦了被禁止十五年的較早期習俗。政治警察警戒地注意到，費爾干納盆地重新出現慶祝生命週期事件的盛宴，諸如穆斯林家庭的新生、婚禮和喪禮。[1]政府並非總是共享政治警察的意識形態狂熱，政府在初期就已經決定要以愛國主義路線，而非意識形態路線來打這場仗。一國社會主義論的口號已經讓社會主義和蘇聯愛國主義在重要層面上都成為同義詞。如今，這場戰爭成為衛國戰爭（Great Patriotic War），多元族群的蘇聯內所有各式各樣的民族都並肩作戰，捍衛他們共同的祖國。這個共同的祖國在定義上是社會主義國家，但在備戰期間幾乎沒有空間談論無產階級團結或國際階級鬥爭。英勇是根據對政府和蘇聯人民的忠誠程度來衡量。

政府甚至和宗教和解。他們允許禮拜場所重新開放，並為了備戰收編宗教用修辭。自一開始，俄羅斯東正教會就發布衛國公告，召集信徒捍衛祖國。凱薩琳大帝於一七八八年成立的奧倫堡穆斯林宗教會議，後來改組為中央穆斯林宗教管理局（Central Spiritual Administration of Muslims），其局長阿布杜拉赫曼・拉蘇勒夫（Abdurahman Rasulev）於一九四一年七月呼籲所有蘇聯的穆斯林「挺身捍衛他們的故土，在清真寺為紅軍的勝利禱告，將祝福獻給他們正在為正義而戰的兒子」。[2]在烏茲別克，幾座清真寺的伊瑪目在戰爭爆發後的第一次週五講道上公開支持備戰。[3]中亞宗教學者——經歷一九三〇年代僅有極少數人倖存——將他們的精力投注備戰，在士氣低落時動員支持，並為前線籌集募款。儘管政權賞識這些努力，但也試圖監督他們。為此，政府決定允許按照中央穆斯林宗教管理局的模式，在中亞創辦宗教管理局。[4]接著塔什干的一群宗教學者肩負一項任務，為了建立這樣的組織，要向政府請願允許召開集合中亞各地宗教學者的會議。此一任務的領導人是來自塔什干、八十餘歲的納格什班底教團導師巴巴汗・伊本・阿布杜瑪吉德汗（Babakhan ibn Abdulmajid Khan）依禪。巴巴汗是頗具聲望的學者，曾在一九三〇年代和所有其他的宗教學者一同受苦。他的房子被充公，並在一九三〇年代末入獄又出獄。如今，他渴望協助備戰。他被傳喚到莫斯科，最後在那裡與史達林碰面——史達林請他喝茶，並詢問他穆斯林居民的情緒狀態。[5]巴巴汗回到塔什干，主持一場召集橫跨五個中亞共和國的宗教學者會議，接著建立中亞和哈薩克穆斯林宗教管理局（Spiritual Administration for the Muslims of

Central Asia and Kazakhstan，或一般會以俄文首字母簡稱為SADUM）。一九四三年九月，俄羅斯東正教會的主教會議（Bishops' Council）自革命以來首次召開，並選出教會神聖大公會議的成員。為了備戰，戰爭時期的蘇聯政府動員了所有宗教勢力。

中亞穆斯林宗教管理局就像沙俄時代的奧倫堡宗教會議，半是教會，半是宗教事務部。因為當地從未存在過這樣的機構，管理局的建立是中亞伊斯蘭歷史的重要里程碑。康斯坦汀・考夫曼曾保證突厥斯坦不會受宗教會議管轄。然而，改革者逐漸認為必須透過某種官僚機構來執行改革，於是在革命後的幾年內，他們建立了地方層級的伊斯蘭法管理局（*mahkama-yi shar'iya*）。蘇聯當局從未允許這些地方管理局合併成單一的聯合組織，並在一九二七年解散這些管理局。如今，在二戰最如火如荼之際，政府當局態度一百八十度大轉變，允許宗教學者成立遠更中央集權且大規模的組織，管轄權橫跨所有五個共和國。這是中亞穆斯林歷史上首次，宗教學者在一個結構錯綜複雜的官僚機構中匯聚。

負責籌備建立中亞穆斯林宗教管理局的宗教學者希望能夠劃出一個空間，讓伊斯蘭教和伊斯蘭實踐能夠合法存在並被容許。為了達成這個目標，他們相當樂意協助備戰。中亞穆斯林宗教管理局的第一波行動之一是發表〈呼籲全體蘇聯穆斯林〉（Appeal to All Muslims of the Soviet Union）一文，巴巴汗在其中敦促「突厥斯坦和哈薩克的穆斯林」：

> 攜手與我們國家的弟兄民族團結起來，並在完美的友誼中，懷抱獅子的熱情和強悍，奮鬥對抗希特勒的可惡（軍隊）；絕不寬容地殲滅卑鄙的法西斯分子；將他們從地球表面剷除；

用盡你的每一滴鮮血去保護蘇聯的每一寸土地；以絕對忠誠猛烈戰鬥，防止領土落入敵人手中；讓你的戰線固若金湯；堅守你的軍紀；遵從你指揮官的命令，（面對本分）絕不畏縮，以全速和絕對忠誠執行命令。[6]

這篇呼籲文運用明確的宗教語彙，宣稱這場戰爭是「全體而神聖的聖戰」，並聲稱「每一位在宗教的正道上為真主犧牲自己的穆斯林都是烈士。每一位殺害煽動暴亂的可憎敵人的穆斯林都是信仰的戰士」。[7]儘管宗教學者在前十五年經歷種種苦難，他們仍保持對政府的忠誠。他們的動機是他們從根本上相信秩序的必要性和維護秩序者的正當性。過去也是同樣的信念讓他們接受沙皇的統治。如今，在遠更嚴酷的環境下，他們依然效忠史達林政府。

◆ ◆ ◆

不過，儘管戰爭帶來解放之感，其壓倒一切的影響是嚴重的貧困和犧牲。中亞人完整參與了這場戰爭——這個區域派人到前線戰鬥，藉由額外的勞動和稅賦貢獻備戰。因為幾乎沒有家庭未受影響，社會整體都感受到戰爭的艱苦。戰爭經驗改變了上戰場的男性的身分認同，也讓年長者和女性前所未有地融入蘇聯生活之中。

當地對兵役仍不甚熟悉。自一九二〇年代起，中亞人曾被徵募加入紅軍所謂的民族部隊。這些部隊的指揮官說著一口流利的當地語言，被部署在家鄉負責保衛蘇聯的邊境，並維持律法和秩序（以及對抗「土匪」）。他們是紅軍中不可互換的部隊。一直到一九三八年，因為史達林正在為可能開戰做準備，政府才下令普遍徵募中亞人加入蘇聯軍隊。當政府在一九四一年宣告全國居民總動員，不分族裔或居住地，招募所有十八至五十歲的男性公民時，鮮少有中亞人有過服兵役的經驗。在戰爭期間，三百四十萬名中亞人應募入伍，和所有蘇聯民族的男性一起服役。他們見證前線的戰鬥，許多人都隸屬於解放東歐脫離納粹和在柏林國會大廈（Reichstag）上升起蘇聯國旗的部隊。

戰爭期間，蘇聯軍隊徵召了烏茲別克六百五十萬人口中的一百五十萬人。大約有五十萬人一去不復返。[8] 哈薩克集體化饑荒的恐怖記憶尚未遠離，但仍提供一百二十萬士兵，其中約有四十五萬人是哈薩克族裔。[9] 到了戰爭結束時，中亞民族估計有三十一萬四千人在戰鬥中喪生。[10] 也有非戰鬥人員死亡，不過當然沒有前線的傷亡情況嚴重。有這麼多男性離家上前線，迫使女性必須出外工作。在烏茲別克，即使戰爭讓女性更容易遭受過多的管理控制，但也終於讓婦女脫去蒙面並加入勞動力。[11] 中亞人還動員資助戰爭軍備和捐獻送往前線的貨物。軍隊在中亞徵用大量馬匹和幾乎全數可供應的運輸車輛，同時現存的工業轉為生產戰備物資。

◆ ◆ ◆

面對戰爭頭幾週德國以驚人速度進攻，蘇聯政府下令將重要人員和所有經濟部門撤離到內地。撤離人員包括政治人物、學者和知識分子，有些是以個人身分撤離，其他則是研究或藝術組織的成員。除此之外，工廠被拆卸放上火車，搬運到窩瓦－烏拉地區、西伯利亞和中亞的城市中。一九四一至四二年，哈薩克接收從戰區撤離的五十三萬兩千名平民和五萬名純熟技工。烏茲別克接收的人數更多，總共超過一百萬人，其中包括二十萬名孤兒。塔什干是撤離居民的主要目的地，這座城市接待部分俄羅斯最重要的詩人和藝術家長達兩年，他們在期間創辦了一批文學沙龍。一如許多研究機構，列寧格勒音樂學院（Leningrad Conservatory）也遷移到塔什干。不過，撤離的主要目標是要保護國家的國防工業，而負責管理撤離行動的人員最關心的正是移植中亞的那些工廠。戰爭期間，哈薩克共建立超過三百間工廠，烏茲別克則超過兩百八十間。[12]在戰前，因為新興的區域專業化模式將生產原料的角色交付給中亞，該區的工業化程度相當輕微。如今，重工業在一夕之間出現，大量投資注入新建設和水力發電廠等基礎設施計畫。儘管如此，撤離行動是後勤的惡夢。中亞缺乏基礎設施去建立重工業。舉例來說，工廠往往會發現新的設廠地點不適合，且能源資源極度缺乏。大量人口流入對住宅和糧食飲水供應造成沉重負擔——塔什干尤其如此，當地人口在戰爭期間膨脹到超過二百萬人（一九三九年的普查估計該城人口為五十八萬五千人）。

撤離的影響有好有壞。撤離的民眾和機構往往會取代現存的地方機構，成為計畫者的優先處理事項。而因為工廠帶著他們自己的工人遷移，新興工業也沒有創造出許多新的工作機會。不過，撤離也在許多重大層面上將蘇聯帶進中亞，同時也將中亞帶進蘇聯。對許多撤離人員而言，他們待在中亞的時間是他們第一次認識蘇聯東方地區（Soviet East）。他們很多人返鄉時都帶著暖心的回憶，謹記著他們接受到的善意和熱情款待。他們也帶回中亞的文化和料理知識，在更廣泛的蘇聯文化中重塑該區域的印象。許多工廠在一九四四年遷回原址，但有些留在中亞，包括龐大的莫斯科第八十四號飛機製造工廠（Moscow Aviation Factory no. 84），遷移到塔什干後繼續在當地營運至二〇一五年。來訪的學者還在一九四三年協助建立烏茲別克的科學院（Academy of

Sciences)。撤離行動已經推動興建發電廠和執行水力發電計畫。普遍看來，意外的戰時撤離為中亞的重工業打下地基，這並不在蘇聯政府戰前的計畫之中。

◆ ◆ ◆

戰爭影響最大的是中亞人看待蘇聯、他們在蘇聯中的位置、最後是他們自己的方式。戰爭改變民眾的自我意識和歸屬感，讓他們變成蘇聯公民，這是在戰前鮮少發生在中亞人身上的狀況。那些沒有從前線返家的士兵的家庭當然深受影響。而順利回鄉的吉爾吉斯或烏茲別克農民以蘇聯公民的身分歸返，與來自蘇聯各地的男性並肩作戰的經驗已經拓展了他們的視野。不過，戰爭也涉及許多其他人，他們自願捐贈協助備戰、所屬組織籌募資金購買戰機或戰車、寫信給前線士兵、苦於糧食和住屋短缺，以及收養俄羅斯或烏克蘭孤兒。戰爭讓中亞人加入蘇聯公民的新共同體——這個共同體並非基於任何對全球革命或社會主義的意識，而是「一個共度戰爭帶來的苦難和英勇精神的共同體」。[13]

一九四二年，蘇聯官方的論調開始將這場戰爭描繪成民族戰爭，每個居住在蘇聯境內的民族都必須參戰。政黨官員和每個民族的作家都起草「族人」寄給前線戰士的書信，並在地方和中央報紙《真理報》(*Pravda*)和《消息報》(*Izvestiia*)上發表。[14]這些信件將德國的惡毒行為描述成針對蘇聯的所有民族而來，而非只針對俄羅斯人。他們運用強而有力的詩意語言，並援引每個民族的地理和歷史。來自烏茲別克族的信件是由幾位重要的烏茲別克作家撰寫的，曾在多個公開場合朗誦，共有兩百四十一萬兩千人簽署之。接著又以烏茲別克文和俄文刊登在《真理報》

上。在信中，「烏茲別克民族」告訴其士兵：

敵人想要開發奴隸市場，把自由的烏茲別克人當作牛隻一樣販賣。他們想要將我們用愛建成的運河變成鮮血之河，他們帶來的時代將會比布哈拉的曼吉特埃米爾，或希瓦和浩罕嗜血可汗的時代更加糟糕。他們想要將撒馬爾罕、費爾干納和布哈拉夷為平地，撒馬爾罕曾孕育出偉大的烏茲別克詩人納沃伊和天文學家兀魯伯，費爾干納孕育出烏茲別克詩人穆基米（Muqimiy），布哈拉則孕育出對戰蒙古入侵者的英雄圖洛比（Turobiy）……希特勒想要摧毀我們的文學和作家、我們的書籍和詩歌、我們的歌曲和音樂、我們的舒適家園和柔滑夜晚、我們女性的美好、我們長者的和睦、我們孩子的安眠。[15]

塔吉克族的信件只以俄文發表，但提醒塔吉克士兵「當我們提到母國，我們不只想到瓦赫什河谷地的蓊鬱豐饒、列寧納巴德（Leninobod）*的杏桃和蘋果園、帕米爾高原高聳入雲的覆雪山峰，我們的母國也是俄羅斯的綠林和大河、烏克蘭的沃田、黑海風景如畫的海岸……以及革命的搖籃——偉大的列寧之城」。[16]民族和蘇聯在這些信件中緊密交織。

這些書信是政治動員的重要技藝。官員回想起當時這些信件是多麼有效地激勵士兵士氣，還傳出烏茲別克士兵曾將這些書信當成護身符隨身攜帶的事蹟。戰時的文學和劇場同樣適當地尋求

＊譯注：現名為苦盞，於一九三九年更名為列寧納巴德，蘇聯解體後恢復舊名，為塔吉克第二大城。

是因為全德國各地的擴音器每天在叫嚷的『亞洲傳染病』才發生的。」[18]他並不贊同納粹的目標，但納粹戰勝將會摧毀蘇聯並解放中亞的想法令他動搖：「沒錯，除了反蘇聯，除了希望能夠戰勝蘇俄和俄羅斯的布爾什維克主義，我們別無他途。無論我們的意願為何，這條途徑必須通過德國。而且路途上登比察處決的戰俘屍橫遍野。」[19]要達成民族解放的目標，就必須接受這「造成人類不幸、小規模且可憐的投機交易」。

紹凱在某座集中營染上斑疹傷寒，並於一九四一年十二月二十七日在柏林逝世，但加優姆汗活著見證了突厥斯坦軍團於一九四二年一月十三日成立。他成為突厥斯坦民族團結委員會（Turkestan Committee of National Unity）主席，這個組織表面上是流亡政府，成立目的則是充當軍團的政治側翼。委員會發行名為《民族突厥斯坦》（*Millij Turkistan*）的雜誌，分發給新兵，鼓吹民族解放的目標：「為了讓突厥斯坦獨立，必須集結所有突厥斯坦人的力量並投注在為理想奮鬥上。」突厥斯坦民族團結委員會如此宣告。[20]這裡的「突厥斯坦」指的是五個中亞共和國，比一九一七年在浩罕宣告自治的突厥斯坦範圍遠更廣大。很難說這個概念是否對那些應募加入軍團的新兵的想像力有任何影響。男性為了各式各樣的理由入伍。對民族解放的渴望往往混雜著遠更實際的擔憂，亦即要逃離在戰俘集中營注定會發生的可怕死亡。戰爭期間突厥斯坦軍團的人數估計落在十一萬至十八萬人。有些人曾參與一九四二年納粹入侵高加索地區的行動，其他則在戰爭的最後階段於義大利北部對戰美軍。東方軍團的六個兵營參與了一九四五年孤注一擲捍衛柏林的作戰行動。不過大多數時間，軍團的任務都是在納粹戰線後方打擊游擊隊員，或維護烏克蘭、斯洛伐克（Slovakia）和法國占領區的安全。[21]數萬名軍團成員在戰爭中喪生。

◆ ◆ ◆

若戰爭的結局不同，我們可能會以不同的筆調描寫突厥斯坦軍團。然而，到頭來在中亞人之中，對蘇聯的忠誠無疑勝過投敵的誘惑。若說有些東方軍團捍衛了柏林，那麼則有遠遠更多在紅軍陣營的中亞人奪下那座城市，另外還有些人在納粹占領的歐洲作戰。中亞村莊的子子孫孫猛攻歐洲首都，將那裡的居民從納粹的枷鎖中解救出來，這段事蹟經常為世人遺忘，卻因為替一段快速變動的時期畫下句點而至關重要。戰爭動員的數百萬名中亞人中出產了許多非凡人物，他們往往廣獲讚揚，同時被譽為蘇聯和民族的英雄。來自塔什干的哈薩克人薩比爾・拉希莫夫（Sabir Rahimov，一九〇二－一九四五）晉升為少將，他是第一位達到此軍階的中亞人。他在蘇聯最後一次進攻納粹德國時，指揮拿下但澤（Danzig，或拼作 Gdańsk）的分隊，卻在勝利前夕戰死沙場。潘菲洛夫師（Panfilov Division）是一支多元民族部隊，其成員是戰爭初期從哈薩克南部和吉爾吉斯招募而來的。此一分隊參與了一九四一年末的莫斯科戰役（Battle of Moscow），其中的二十八名戰士被誤傳在摧毀十八台德國戰車後陣亡，因而阻止了德國的攻勢。在後蘇聯時代，這起事蹟的部分細節證實是編造出來的，但潘菲洛夫二十八勇士（Twenty-Eight Panfilovtsy）成為傳奇，在全蘇聯都被譽為蘇聯多元民族主義和中亞對戰爭貢獻的典範。有少數中亞女性也經歷過戰鬥。其中有兩人獲得蘇聯英雄（Hero of the Soviet Union）的頭銜，這是該國的最高軍事榮譽（戰爭期間只授予給九十位女性）——狙擊手阿莉雅・莫達古洛瓦（Äliya Moldaghŭlova，一九二五－一九四四）和機槍手曼舒克・瑪梅托瓦（Mänshuk Mämetova，一九二二－一九四四），兩人都是哈薩克人。還有許多其他英雄。哈薩克飛行員塔爾加特・比格迪諾夫（Talghat Begeldinov，一九二一—二〇一四）曾在三百零五次戰鬥任務中駕駛戰機，二度被封為蘇聯英雄（這是極度罕見的功績）。有數百名中亞人獲得那個榮銜。他們的功績廣受稱頌，讓他們成為泛蘇聯和民族英雄殿堂的一員。

數百萬名存活下來的普通退伍軍人返鄉時，他們的世界觀和自我意識皆已改變。他們已經看過遠離他們村莊的世界，和來自蘇聯各地的同志建立友誼，並學習俄語。有些人還獲得俄語綽號，或是和俄羅斯女性結婚。[22]不過，他們所有人歸返時都認同自己是蘇聯公民，是更大整體的一分子。在剩餘的蘇聯時期中，蘇聯愛國主義以衛國戰爭為中心點形成，讓不同的蘇聯民族緊密團結。共同的犧牲和奮鬥成為中亞人取得完整蘇聯公民身分的主要關鍵。參戰在個人親身經驗層次相當有效，也成為蘇聯公共論述在為中亞人主張共同公民身分時最常見的說法。直到蘇聯時期尾聲，強調戰時的服役和犧牲依然是為蘇聯多元民族人口主張共同蘇聯身分時最重要的方式。在中亞，這個說法出現在數以千計的小說、電影和劇作中。中亞的退役軍人和任何其他蘇聯公民一樣驕傲地配戴他們的勛章。衛國戰爭讓中亞人融入蘇聯。

◆　◆　◆

不過，蘇聯戰勝不單純是精神勝利。這場勝仗付出巨大的代價，勝者經歷莫大的苦難。一擊退德國人後，蘇聯政府就將怒氣轉向那些他們指控通敵的人身上。這是對集體的控訴——他們並非針對個人，而是整個民族群體都被控背叛社會主義祖國——懲罰也是集體承擔。政府將被指控民族的所有人口都驅逐出境，並解散他們的共和國。驅逐令牽涉到幾個北高加索地區的民族（車臣人、殷古什人〔Ingush〕、卡拉齊人〔Karachay〕、巴爾卡爾人〔Balkar〕、麥斯赫特突厥人〔Meskhetian Turk，或作 Ahska〕和卡爾梅克人〔Kalmyk〕）和克里米亞的韃靼人。現代政府經常利用驅逐令和強制人口遷移，來塑造完美的政治實體。驅逐出境可以將對國家有害的群體切除，並透過強迫他們進行有益的勞動，給予他們贖罪的機會。蘇聯政府自一開始欣然採用此一技巧，但許多一九二〇年代的驅逐令都是以階級仇恨為由正當化（集體化期間，被驅逐的人口中有一大部分都是所謂的富農）。到了一九三〇年代，驅逐的理由已經轉向民族，被驅逐的是民族群體，而非社會群體。一九三七年，接近十七萬兩千名蘇聯朝鮮人被迫離開遠東地區，移居中亞。凱薩琳大帝曾在十八世紀邀請德意志人到窩瓦地區定居，而在二戰開打的頭幾週，所有這些窩瓦德意志人（Volga German）的後代人口都被驅逐到蘇聯內地。德國撤退後的驅逐令也是這種廣泛現象的一部分。中亞也是這輪驅逐行動主要的被逐人口去棄區。

一九四三至四四年的驅逐行動涉及超過一百萬人。驅逐過程匆忙又殘忍，人民只有幾小時的時間能夠打包他們的財物，接著就被趕上載運牛隻的火車送往東方。非常多人在運輸過程中死亡，還有更多人在流亡的第一年喪生。儘管同樣都是穆斯林和突厥人，但他們一抵達中亞，就發現迎接他們的社會不怎麼同情他們。被驅逐者是額外要餵養的人口，而且他們也被視為叛徒。烏茲別克的村民抱怨，他們在為戰爭犧牲後，現在還得和國家的敵人一起生活。某名烏茲別克男子以蘇聯愛國者的身分發言，抱怨這種「叛徒」不應該「送來烏茲別克這樣的好地方，他們至少應該被送到西伯利亞的某處，才能懲罰他們背叛祖國的罪行」。[23] 驅逐行動以反常的方式強化了中亞人對蘇聯的國家認同。

蘇聯政府還對返鄉的戰俘多所猜疑，且殘忍至極地對待他們。在戰爭初期，經過史達林簽署批准後，蘇聯陸軍的最高統帥部（Supreme High Command）發布聲名狼藉的第二七〇號命令，根據命令，「指揮官和政治官員若在戰鬥期間撕去拋下他們的佩章，或向敵人投降，（將）被視為蓄意逃兵，他們的家族將會被捕，成為違背誓言、背叛祖國的家族」。[24]這種將被俘視為等同於逃兵和叛國的做法從未消失。返國的戰俘都要通過「過濾營」，他們必須在營中說服政治警察他們沒有通敵。他們有可能被再度徵召入伍、送進勞動營，或甚至淪落至古拉格中。有些中亞戰俘成功避免被遣返回國，其中曾經和不曾在突厥斯坦軍團戰鬥的人都有。他們加入土耳其、沙烏地阿拉伯和西歐人數不多的中亞離散移民社群。有幾位突厥斯坦軍團的成員存活了下來。瓦里・加優姆汗待在德國，繼續發行雜誌《民族突厥斯坦》。拜米爾扎・海特（Baymirza Hayit）於一九五〇年在科隆大學（University of Cologne）取得中亞歷史的博士學位，成為卓越的歷史學者。冷戰開打改善了前退伍軍人的處境，因為事實證明，要從納粹的反共主義轉變成美國的反共主義再簡單不過了。他們許多人在自由電台（Radio Liberty）找到工作，這是由美國資助、針對蘇聯的政治宣傳設施。另一位突厥斯坦軍團的要員魯濟・納扎爾（Ruzi Nazar）努力討好美國占領區當局，並於一九五一年進入中央情報局（Central Intelligence Agency）工作。他剩餘的職業生涯都在為美國打擊共產主義，一直到一九八〇年代的阿富汗戰爭。[25]突厥斯坦軍團另一項長久存續的遺緒，是突厥斯坦民族團結委員會明確闡述的中亞團結願景。大多透過海特等學者的努力，那樣的願景成為西方少數關心中亞的學者所認定的原則，但在中亞當地卻並不盛行。

# 第十六章　東突厥斯坦的另一個共和國

一九四四年十月，數百名武裝叛亂分子闖入新疆遙遠西北部尼勒克（Nilka）小鎮的駐防地，強迫駐紮在那裡的漢族部隊撤退。叛軍接著進軍到固勒扎，亦即伊犁地區的首都，並在十一月七日進攻該城。根據流亡人士的敘述，那座城鎮和鄰近村莊的穆斯林居民挺身而出，配備舊步槍或刀子，前來協助叛亂者。[1]叛軍經過三天的戰鬥後占領固勒扎，並趕走駐紮在當地的漢人軍隊。叛軍已經取得驚人的軍事成功，而在接下來的九個月內，他們將中國軍隊趕出西北部的伊犁、阿爾泰和塔爾巴哈台三區。

這群叛亂分子甚至在完全掌控那座城市前，就已經宣布建立共和國。第二個東突厥斯坦共和國於十一月十二日在固勒扎建立，這天是第一個東突國在喀什噶爾建立的十一週年紀念日。新政府的成員在同月公布，包括宗教顯要、固勒扎及其近郊的著名商人和地主，以及現代主義的知識分子。[2]政府主席為艾力汗・吐烈・夏齊爾賈諾夫（Alikhan Tora Shakirjanov，生於一八八五年），他是固勒扎頗負盛名的伊斯蘭學者。他和參與第一個東突國的宗教學者十分相像，也帶有現代主義傾向，並且深受突厥主義的理念影響。更令人驚訝的是，他是在托克馬克（位於現今的吉爾吉斯境內）出生的烏茲別克族人，於一九三一年因「反蘇工作」被捕而逃離蘇聯。共和國最早的建國宣言融合了伊斯蘭和民族的主題，和第一個東突國的情形大同小異。其中一個例子是烏魯木齊美國領事館翻譯的這段內容：「突厥斯坦伊斯蘭政府已經成立——讚美真主的諸多祝福！……除非我們將你們從中國壓迫者霸權的血淋淋五指中拯救出來，除非中國壓迫者政府的根基乾枯並從東突厥斯坦的地表上——這片我們從我們的父親和祖父繼承而來的祖傳地——死去，否則我們絕不會放下武器。」[3]其他聲明主張東突厥斯坦是本地人口的祖國，並否認與中國有任何歷史連結：「生活在東突厥斯坦的十四個民族中，有十個公認人數最多的民族和中國人並沒有任何民族、種族或文化關係，也沒有任何共同血統，在歷史上也不曾存在任何這樣的關係。」[4]雖然這份宣言提到十四個生活在突厥斯坦的民族，採用盛世才引入的蘇聯式分類制度，但其他聲明提到「東突厥斯坦的人民」時，是視之為單一民族，回復第一個東突國的論調。一如第一個東突國，第二個東突國也是明確的分離主義政權。他們採用反殖民民族主義的語彙，抗議漢人占領東突厥斯坦。

然而，第二個東突國的情況和第一個截然不同。新共和國是在新疆西北部的伊犁谷地宣告建國，而非阿勒提沙爾。哈薩克人組成其人口的最大部分，而除了維吾爾人之外，還有不少蒙古族和錫伯族人口。在一九四四年十一月起義前，許多哈薩克族群體曾在阿爾泰叛亂，而蒙古人和錫伯人也有他們自己的不滿。共和國的軍隊被稱作伊犁民族軍，招募了幾個民族的新兵，包括一個錫伯族騎兵連。[5]若說第一個東突國是在和漢族統治新疆有關的普遍危機中出現，那麼第二個東突國則是公開宣告反對中央政府，當時中央政府已經重新掌控新疆省並主張自己有權統治當地。而儘管蘇聯反對第一個東突國，但他們完全支持第二個東突國。相較於第一個東突國只成功維持了三個月，第二個東突國延續了五年。在這五年間，其領導階層換人，論調演變進化，同時行使所有的政府職責。共和國組織了縣級的新行政機構，發行自己的貨幣和印花稅票，推行土地改革運動，監督境內的基礎設施成長，供養武裝部隊以利對其掌控的三區行使真正的主權。

◆　◆　◆

這兩個共和國的差異是二戰引發的新疆大規模地緣政治轉變所致。一九四一年蘇聯捲入戰爭時，盛世才重新思考了他的選擇。他依然需要外界協助他維繫政權，但戰爭前幾個月內蘇聯所承受的巨大挫敗，讓他開始思索蘇聯可否繼續提供支援。美國參戰也改變了盛世才的盤算，因為這讓國民黨變成貌似比蘇聯更安全的賭注。再者，史達林已經為盛世才提高賭注。一九四〇年，戰爭迫在眉睫，史達林強迫盛世才接受一項新協議，據此，蘇聯將租用新疆的十座礦場，為期五十年，而蘇聯專家有權不受限制地探勘和開發該省的資源。盛世才開始向他的親信抱怨列寧和史達林根本不了解馬克思主義，而蘇聯只是在施行「紅色殖民主義」。[6]接著在一九四二年三月十九日，盛世才的弟弟盛世騏——新疆省軍的蘇聯訓練將領——遭離奇謀殺。盛世才怪罪這起謀殺是「共產黨的陰謀」，是在新疆的蘇聯機構中策畫的，目的是要「侵擾中國（抗日）戰爭的後方區域」並「推翻現存的新疆政府」，他還主張是蘇聯總領事巴庫林（Bakulin）策動這起陰謀。[7]盛世才中止與蘇聯的關係，暫停所有和蘇聯的貿易，關閉和蘇聯相鄰的邊界，並要求蘇聯顧問和技術人員離開新疆。他還迫害許多被送到新疆工作的中國共產黨員。時任省政府財政廳長的毛澤民（毛澤東之弟）是受害者之一。他被指控策畫大規模陰謀，此一陰謀「已經滲透政府的所有機關，且是莫斯科和延安（即中共總部）共同指使的」，並遭到處決。[8]盛世才接著聯絡國民黨，展開讓新疆省重新融入中國的過程。到了一九四二年夏天，國民黨已經開始將其軍隊移入新疆，並首次在那裡建立黨分部。

這個故事還有另一段轉折。一九四三年春天——蘇聯在史達林格勒（Stalingrad）戰勝後，風向已經轉為對蘇聯有利——盛世才企圖再次換邊站。他逮捕新疆的國民黨代表，並向史達林求助對抗他剛粉碎的「日本陰謀」。史達林受夠了。他把盛世才的信件洩漏給蔣介石，不再管盛世才的事。國民黨將盛世才免職，送他到重慶接任農林部部長的職位。謠傳他運用他在新疆當權十年所累積的資金，捐贈鉅款給國民黨國庫，才免於被處決的命運。（盛世才後來過得相當順遂。他持續為國民黨工作，直到他們於一九四九年戰敗，他和其餘的黨領導人一起撤退到台灣，一九七〇年在他的臥床上離世。）國民黨指派吳忠信接替盛世才的位置，擔任新疆省政府主席。這是在民國時期，中央政府首次至少在名義上掌控新疆省。

國民黨打算如何讓新疆省融入中國？早年在共產國際的施壓下，國民黨認可中國所有民族的自決權利，但並沒有接受領土自治的概念。[9]日本於一九三七年入侵中國，讓情勢劇變，導致國民黨強調團結勝過其他一切價值。某種種族主義的國家願景出現，讓人聯想到二十世紀早期反滿人的種族主義。這個論點在一本題為《中國之命運》的小書中闡述得最為完整，這本書於一九四三年以蔣介石之名發表，並成為所有黨員的指定讀物。此書事實上是由歷史學者陶希聖代筆的，他聲稱有一個中華民族已經存在整整五千年之久，期間是由「多數宗族融和而成的」。不同的「宗族」散布各地，從帕米爾高原到黑龍江流域，而「他們各依其地理環境的差異，而有不同的文化」。可是儘管他們多元各異，但「若非同源於一個始祖，即是相結以累世的婚姻」。[10]漢族以外的民族並非少數或邊疆民族，而是一個古老同質的中華民族的一部分。這個願景支撐了國民黨要採取行動「恢復對新疆之主權」的政策。他們計畫要移入多達一百萬漢人移居者來「開發」西北地區（當時新疆的總人口約為四百萬人）。除此之外，政府希望能在省內設置十萬兵力的漢族和回族軍隊。這個觀點——透過中國人移居、管理和軍事占領就能夠讓新疆融入中國——在中國治國歷史上存在已久，但先前的政府都無法實現這些目標。新疆的問題並非在於中國對異族人口強加統治，而僅僅是「基礎建設不佳和外國持續干預」所致。[11]外國干預當然是指蘇聯。削弱蘇聯影響力的方法之一，是邀請美國和英國到烏魯木齊開設領事館。這兩大強權都欣然接受此提議。美國勢力過去從未進駐中亞，而這也是英國首次能夠在新疆北部開設領事館。

不出所料，當地居民無法接受國民黨的同化政策。民怨長期存在。他們不滿於漢族官員麻木不仁的行為和警察普遍的迫害，也擔憂中國軍隊對待地方婦女的方式。在盛世才當政的時代，維吾爾語言教育和出版業有所拓展。出版業雖然受盛世才的政治掌控，但無論如何也創造出遍布省各地的讀者群，並培養居民的政治意識。盛世才關閉與蘇聯的邊界，切斷了游牧民和農民的主要市場，造成新疆工業製品短缺。國民黨印製無擔保的新疆紙幣，來填補隨之發生的赤字，但接著又決定將地方貨幣替換成通貨膨脹甚至更加嚴重且固定匯率的國民政府法幣。緊接著還有盛世才在卸職前實施的大量苛捐雜稅清單。一九四三年，因為要將漢族難民安置在古城（奇台）附近的草原，導致哈薩克人被迫離開他們的土地。到了秋天，阿爾泰區和天山山脈北坡的哈薩克人暴動叛亂，由首領烏斯曼．巴圖爾（Osman Batur）領導起義。一九四四年在固勒扎宣告建立共和國的那場起義，正是建立在這股民怨上。

蘇聯提供多少支持給東突國，在當時僅能推測，但蘇聯檔案庫開放後，答案便昭然若揭。我們現在知道蘇聯提供大量軍事援助給東突國，從武器和制服到軍事顧問和士兵，應有盡有。事實上，蘇聯將領指揮所有的軍事行動，東突國軍隊的勝利大多也要歸功於他們。盛世才突然開始攻擊蘇聯後，中央政治局便決議，「蘇聯政府無法容許督辦這種敵視蘇聯的挑釁行為，也無法協助他繼續實施當前旨在壓迫新疆民族的政策」。反之，中央政治局規劃出不同的行動路線。蘇聯政府將會「提供新疆的非中華民族（維吾爾人、哈薩克人、吉爾吉斯人、蒙古人等）支援，協助他們對抗督辦和新疆政府壓迫的殖民政策」。支援的方式包括創辦「每個新疆民族的非法團體（『民族復興團體』）」，以及協助他們建立「軍事和政治幹部……並提供他們必要的武器」。執行此一計畫的責任被分派給哈薩克、吉爾吉斯和烏茲別克的共產黨。[12]隔年間，他們在阿拉木圖和塔什干印刷大量的維吾爾語言素材，再偷渡進新疆。除此之外，俄羅斯和中亞的蘇聯幹部湧入新疆西北部。

◆　◆　◆

過去蘇聯一直都追求中國統一，並視該國為一個整體和帝國主義受害者，這個支持新疆的計畫翻轉了蘇聯長久以來的政策。史達林支持新疆非中華民族反殖民鬥爭的新興熱忱，源自於他在考慮戰後未來時赤裸的地緣政治考量。在雅爾達會議（Yalta Conference）上，史達林已經承諾富蘭克林・羅斯福（Franklin D. Roosevelt）和溫斯頓・邱吉爾（Winston Churchill），在擊敗德國後將會加入對抗日本的戰爭。作為回報，兩人向他保證，蘇聯將能取回沙俄曾在滿洲享有，而後「日本在一九〇四年背信棄義進攻時遭破壞」的特權——包括對大連港、中東鐵路和南滿鐵路的掌控權。早期蘇維埃勢力對於祕密協定和不平等條約的厭惡已消失無蹤。無人徵詢中國的意見。史達林還試圖簽訂中蘇友好同盟條約，旨在對抗日本。蘇聯涉入東突國是對國民黨施壓的一種方式，要求他們簽署條約的同時，默默容許蘇聯在滿洲強取勒索。除此之外，蘇聯希望在他們的邊界周圍建立緩衝區，藉此保有長期的戰略影響力。蘇聯干預新疆的同時，他們也支持伊朗北部欲分裂獨立的亞塞拜然共和國（Republic of Azerbaijan），並向土耳其施壓給予蘇聯船運免費通行達達尼爾海峽（Dardanelles）的權利。正如亞塞拜然歷史學者傑米爾・荷森利（Cemil Hesenli）指出，對蘇聯而言，在這三個地區的干預行動是緊密交織的。[13]這些行動都是在沿著邊界扶植友善政權，屬於確保蘇聯邊境安全策略的一部分。這完全是舊式的帝國思維，反殖民的語彙只是用來達成蘇聯的地緣政治目標。

蘇聯支援並不代表第二個東突國只是按莫斯科政府的命令行事。就算是史達林也沒有可以無中生有變出起義的魔法棒。民怨確實存在。中國對新疆的統治是建立在殘忍軍事占領的基礎上，拒絕認可新疆非漢族民族的存在，或拒絕承認他們應有任何集體權利的政策，迫使人民陷入經濟困境，這一切都引發民眾不滿。蘇聯也並非無中生有喚起對民族地位和獨立的渴望。事實上，蘇聯和東突國間的合作多有緊張和矛盾。相較於為躲避迫害逃離蘇聯的艾力汗・吐烈和蘇聯合作，一起在他的避難地推動民族解放的目標，或許更令人意外的是蘇聯政府竟願意和前蘇聯公民合作——況且他還有神職背景。在一九三〇年代，許多蘇聯公民只是被指控有意離國就會遭到處決。

但時代已經不同了。中央政治局在評估煽動起義的可能性時，蘇聯領事官員的實地調查報告強調，東突厥斯坦社會和中國統治極為疏離，而且必須和神職人員合作。[14]史達林為達成地緣政治目標，手段可以相當靈活變通。他已經和蘇聯的宗教和解。事實上，艾力汗·吐烈的兄弟艾力姆汗（Alimkhan）還被派任一九四三年成立的中亞穆斯林宗教管理局之下在吉爾吉斯的要職。

東突國取得幾次軍事成功，到了一九四五年夏天，其氣勢似乎已銳不可擋。艾力汗·吐烈希望可以持續進攻，促成全新疆的解放。他在六月時寫信給一名蘇聯戰地指揮官：「我希望你能夠不惜任何手段加速入侵南方。不要浪費一分一秒。關鍵時刻已經到來，打鐵要趁熱。」[15]幾週前，他曾直接寫信給史達林，「致所有民族文化和平等權的建立者、蘇聯的偉大領袖」：

> 我本人，和近期從壓迫中解放的東突厥斯坦民族，都盼望大元帥您能夠主導，在偉大蘇聯的幫助下……解放東突厥斯坦的民族，正如當前蘇聯在此目標上給予我們的全面援助。東突厥斯坦的數百萬人民始終將您視為他們的領袖，保護受壓迫民族的利益。我們深信，我們將能持續獲得您合理且必要的協助。藉此，我們便能將我們所有的壓迫者逐出我們的家園。我希望如果蘇聯提供我們所需的援助，就能驅逐殖民者。[16]

可是史達林有其他考量。他一旦在一九四五年八月簽署中蘇友好同盟條約，就不再需要新疆的叛亂了。他強迫東突國要求和解，並協商停火。國民黨純粹將起義視為「伊犁民族的叛變」和蘇聯陰謀所致，但這項提議讓他們鬆了口氣，也樂於展開和平協商。

艾力汗．吐烈對此不滿，堅持他繼續軍事行動的訴求。最終，蘇聯政府對他感到厭倦。一九四六年六月，他被傳喚到固勒扎的蘇聯軍事總部，並被告知烏茲別克共產黨主席烏斯曼．尤蘇波夫（Usmon Yusupov）想要會見他。艾力汗．吐烈被送上蘇聯的軍用車輛，駛越邊界到阿拉木圖，再搭機到塔什干，在那裡受到官方的歡迎。然而，對方歡迎他後，便將他拘留審問數月之久。當時受蘇聯審問的人往往凶多吉少，但艾力汗．吐烈存活了下來。他最終獲准住在塔什干舊城區的某個街坊，在那裡從事傳統醫療、寫作和教學度日。他在地下講授伊斯蘭課程，並「為書桌抽屜的藏書」寫作——也就是撰寫在蘇聯環境下無法出版的作品。他的著作包括一本先知穆罕默德的傳記，以及一本他在東突厥斯坦的回憶錄，不幸還沒寫到他掌權就中斷了。他一直到一九七六年才逝世。[17]我們如今已經知曉一切真相，但在當時，無人曾解釋艾力汗從固勒扎失蹤的原因。

艾力汗．吐烈甚至在被帶離現場前，在政府內部就已經大失影響力，較世俗化和具現代主義傾向的較年輕成員逐漸得勢——他們許多人都曾在蘇聯生活和接受教育。其中最傑出的人物是阿合買提江．哈斯木（Äkhmätjan Qasimi，生於一九一四年）。他留存下來的生平細節不多，但他是在固勒扎出生，年幼便失去雙親。他的叔叔於一九二六年帶他到蘇聯，送他進入扎爾肯特一所專收孤兒的寄宿學校就讀。他先後在阿拉木圖、塔什干和莫斯科的教育機構求學，但關於他在蘇聯首都就讀哪一所大學眾說紛紜。[18]他一直到一九四二年才回到新疆，當時正逢盛世才和莫斯科政府決裂。哈斯木立即遭到逮捕，被關押在不同的監獄超過一年。他於一九四四年被吳忠信釋放，終於回到固勒扎，在那裡開始為東突國發行的報紙工作。他的同事很快就發現他的教育背景和精湛的俄文能力，於是迅速晉升高位。他率領東突國一九四五年夏季和國民黨開始和談時的代表團，並且在艾力汗·吐烈失蹤後隔年毫無異議地繼承政府領導人的位置。到了一九四五年秋天，東突國的公告已不再公然提及伊斯蘭。

◆　◆　◆

和平條約的談判始於一九四五年十月，並且一直拖延到隔年夏天。中央政府的代表團是以國民黨前軍事委員會西北行營主任張治中為首，他先抵達烏魯木齊率領對起義的軍事鎮壓。一九四六年三月，張治中被指派為新疆省政府主席。最後終於制定出一項協議，其中規定省政府將由二十五名官員組成，其中十名（包括主席）由中央政府任命，另外十五名則從各區推薦的人選中選出。東突國的三區將負責推薦六名政府成員。更重要的是，這三區還可以保有他們多達一萬兩千人的軍隊，其中只有一半必須聽命於新疆國軍的指揮。省內的其他七區設立保安團，阿克蘇和喀什噶爾的保安團成員將從穆斯林居民中招募，並由穆斯林長官指揮。這份協議還規定舉辦縣級官員選舉、給予完整的宗教自由，而官方在政府內部、商貿往來和教育上要使用地方語言。[19]這些和任何其他中國現行的協議都有所不同，對新疆的未來造成深遠的影響。在這些協議下展望成立的第一個政府由張治中擔任領導人，並有兩名穆斯林副手輔佐他——省政府任命的包爾漢·沙希迪（Burhan Shähidi）和東突國提名的哈斯木。議會的二十五名成員中，只有六人是漢族。

協議從未履行，聯合政府從未實際掌權。艾力汗·吐烈即將失蹤，哈薩克軍閥烏斯曼·巴圖爾對於東突國和蘇聯的結盟已經愈來愈警戒。張治中還面臨軍方的反彈，多位軍隊領袖堅決反對他的讓步方針。相較之下，東突國領袖一直都相當懷疑中央政府及其在省內其他地區的重度軍事駐防。這些領袖幾乎沒有採取任何行動去恢復東突國和其他省區的交通連結，或去統一新疆的貨幣，但他們確實在其他省區動員民眾支持。東突厥斯坦青年黨（Eastern Turkestan Youth League）在省各地成立分部，全盛時期成員多達三十萬人。[20]青年黨散布強烈的民族訊息，負責提出在中國內部廣泛自治的訴求。一九四七年春天，張治中在南部參訪時遇上大規模示威遊行，要求中國軍隊撤離新疆省、自治普及化和將他本人罷黜。[21]群眾動員還有許多其他形式。在烏魯木齊，一九四七年二月時有大批民眾在幾個場合集會，要求徹底履行和平協議，並聆聽哈斯木和其他東突國領袖的評論。新疆各地的都市人口都因東突國追求的民族理念而振奮激勵。

◆　◆　◆

面對這樣的動員，國民黨不再主張全中國人民的種族一統，轉而向三位東突厥斯坦穆斯林尋求建議和支持，他們一直以來都為了爭取新疆在中國國內的更多權利而和國民黨合作，因此經常遭受諸多反對。三人中最重要的一位是艾沙・玉素甫（Isa Yusuf，生於一九〇一年），他自一九三二年起便和國民黨合作。艾沙的父親是喀什噶爾附近、英吉沙當地的一位伯克，他從小就讀地方的漢語學堂，同時也接受一般的經學院教育。他認同民族和進步等常見的扎吉德概念，並且對於新疆穆斯林社會在中國國內的地位深感不滿。二十五歲時，他受派擔任蘇聯烏茲別克安集延城的新疆領事館通譯，在那裡度過關鍵的六年。他除了學習俄文，還接受了當時在烏茲別克知識階層盛行的民族觀念。他駐留蘇聯期間正逢史達林由上而下的革命，中亞知識階層因而遭受攻擊。這段經歷讓他變成堅定的反共主義者，終生質疑俄國的地緣政治動機。他認定東突厥斯坦無法真正獨立，因為任何獨立政權都將屈從蘇聯霸權。依他所見，解決方法是東突要在中國國內尋求最高程度的自治。他懷抱著此一目標，於一九三二年前往中國本土，開始接觸政府。他足夠且獨特的資歷讓他一舉成功，而且時機絕佳——國民黨正試圖找出阻止國家分裂的方法。艾沙獲邀進入參謀本部邊務組任職，這是處理國內非漢族人口事務的機關。為了回報，他和國民黨合作，於一九三八至三九年間巡訪中東和印度，爭取外交和公眾支持中國抗日。[22]

出行期間，艾沙造訪阿富汗，在那裡遇見三位關鍵人物的第二人穆罕默德·伊敏·布格拉——也就是第一個東突國的領袖，他已經在喀布爾流亡生活數年。布格拉獲准在阿富汗生活的交換條件是他必須放棄政治活動。於是，他轉向學術研究，正在撰述東突厥斯坦的通史。艾沙說服他到南京和國民黨合作，推動他的家鄉實現自治。布格拉花了些時間準備必要的文件，但在一九四三年四月抵達國民黨的戰時首都重慶。分離主義叛亂的領袖如今將與中央政府合作，這個事實顯現出東突厥斯坦地緣政治情勢多麼複雜，而且各方陣營握有的選擇都寥寥可數。第三人是麥斯武德·沙布里，他是固勒扎望族的後代。他在二十世紀初曾在鄂圖曼帝國生活超過十年，並在那裡受訓成為醫師。除了醫學訓練外，麥斯武德也養成對突厥主義的高度支持。回到固勒扎後，他不僅創辦了一間醫院和藥房，還有幾所現代學校。這些行動觸怒楊增新，他一再關閉麥斯武德創辦的學校，並以「革命活動」為由監禁他。一九三三年動亂期間，麥斯武德前往阿克蘇，參與了東突國的建國過程。共和國被摧毀時，他不得不逃往印度。他在一九三四年順利回到南京，基於和艾沙類似的理由加入國民黨。麥斯武德在黨內節節高昇，獲選進入中央委員會，並被提名為中華民國國民大會代表。[23]

這三位人物因為認為東突厥斯坦別無他途而與國民黨合作。他們希望敦促中央政府逐步認可那個區域的民族特殊性，並給予更多的自治權。他們深信東突厥斯坦的突厥主義觀點，因此對於蔣介石提出中華民族是單一種族整體的概念沒有好感。艾沙為旅居南京的東突厥斯坦學生和居民組織了社團東突厥斯坦同鄉會（Eastern Turkestan Association），並發行報紙《中國突厥斯坦之聲》（*Chiniy Türkistan avazi*），當作他倡議計畫的傳話筒。這三人都曾推動官方認可東突厥斯坦的突厥人口為獨特的民族群體。他們加入對抗中國學者的激烈辯論，反對中國學者主張新疆省的居民不是突厥人，而是單一種族的一統中華民族的一部分。一九四一年第八次國民黨代表會議上，麥斯武德主張反對使用「回族」（穆斯林）這個通稱來指稱突厥斯坦的居民，因為這個名稱將宗教和民族混為一談。他論稱，儘管東突厥斯坦是中國領土不可或缺的一部分，但仍是一個獨特民族（*millät*）的祖國（*vätän*），這是應該受到官方認可的事實。他也堅持這個省應被稱為東突厥斯坦，而非新疆。[24]

一九四五年，情勢迫使國民黨要聽這三位人物的話。他們受派擔任烏魯木齊的官職，在當地逐漸以「三位先生」（*Üch äpändi*）的稱號為人所知。他們上任後開啟了一小段時期，中國政府承認該省的本地人口擁有政治權利和自決權。一九四六年受派為新疆省政府主席的張治中在烏魯木齊的一場記者會上表示：「我們漢人只占新疆人口的百分之五。為何我們仍未將政治權力交給占人口百分之九十五的維吾爾人和其他民族？新疆政府過去在各方面採取的政策都完全錯誤——事實上與帝國主義國家對待殖民地的政策無異。我們必須修正這些錯誤，我們必須除去前主席盛世才留下的諸多罪惡和血跡，彌補過錯。」[25]這樣的陳述在清朝或中國統治東突厥斯坦的歷史上前無古人，也後無來者。張治中認定突厥文為省內的一種官方語言，地方歷史成為學校課程的一部分，官方媒體還被告知要使用「東突厥斯坦」一詞取代新疆。此外，張治中允許三位先生在本地居民間組織文化和政治工作。艾沙創辦名為「阿爾泰」的出版社，發行同名期刊和題為《自由》（*Erk*）的報紙。其報頭印著加斯普林斯基的扎吉德口號「語言、思想與行動的團結」和以下的宣告：「我們是民族主義者。我們是民主派。我們是人文主義者。我們的種族是突厥。我們的宗教是伊斯蘭。我們的祖國是突厥斯坦。」還有一間圖書館和一個科學委員會附屬在出版社之下，開始為所有突厥斯坦的突厥群體創造共同語言，並用這個語言出版實用書籍。[26]

三位先生多數的行動組織都與東突國對立，導致相當耐人尋味的政治衝突。我們於此可以看見兩種版本的突厥主義並列，兩者的政治和地緣政治涵義大不相同。東突國的論調在一九四六年後改變，其公告愈來愈常使用對抗帝國主義的鬥爭、人民團結和階級鬥爭等蘇聯語彙。更重要的是，東突國的公告會以蘇聯的語調提及東突厥斯坦的多個民族。捍衛新疆和平民主協會（Association for the Defense of Peace and Democracy in Xinjiang）是東突國建立來推動履行和平條約的組織，他們曾提到東突厥斯坦是許多民族的原生土地：「我們誠摯相信新疆民族間的和平與友誼，只要居住在我們領土上的維吾爾人、哈薩克人、吉爾吉斯人和蒙古人、中國人和東干人、烏茲別克人和其他民族攜手合作，最終終結沒有法紀、否認權利、奴役、貧窮和無知的情形，就能建立公平正義和真正的自由。我們將會為投入有益工作的民族的利益，在我們的原生土地上打造合宜的生活，在這樣的生活中，再也不會有不同民族間的仇恨，抑或少數民族群體受辱之情事。」[27]東突國擱置了單一東突厥斯坦民族的主張，以及要符合伊斯蘭正當性的呼籲。

三位先生則傾向提及東突厥斯坦的單一突厥民族。這解釋了艾沙企圖為當地編制共同語言的原因。三位先生深植於突厥伊斯蘭認同的扎吉德體系中，但一九四七年的東突國是運用蘇聯體系來闡述其突厥認同。這導致雙方互相猜疑，並尋求不同的政治策略。第一個東突國的領導人布格拉如今據理反對第二個東突國。數十年後，艾沙曾回想起和哈斯木的一次私人對話，當時哈斯木告訴他：「中國人大肆壓迫我們。」艾沙回道：「中國人壓迫我們。這我同意。但他們有像俄羅斯人壓迫西突厥斯坦的人民那樣壓迫我們嗎？」他認為中國是兩害相權之輕者。哈斯木還向他保證：「最重要的是，無論如何我都是維吾爾人！」艾沙沒好氣地指出：「他說他是維吾爾人。他沒說他是突厥人。」[28]這就是他們雙方立場的重大差異。艾沙認為哈斯木只是個蘇聯特工（他懷疑哈斯木實際上是在俄屬突厥斯坦出生），而哈斯木認為三位先生是帝國主義的間諜——「抽英國菸草、喝美國啤酒、穿殖民者的服裝」——意圖出賣他們自己的民族。[29]雖然雙方都是民族主義者和突厥主義者，但他們想像的東突厥斯坦的未來大相逕庭。

◆　◆　◆

到了一九四七年，仍受國民黨掌控的七區發生反對中國統治的激烈政治動員，已經促使國民黨採取孤注一擲的行動。中央政府於一九四七年六月將張治中免職，指派麥斯武德·沙布里取代他，於是麥斯武德成為東突厥斯坦被清朝征服以來首位突厥斯坦領袖。麥斯武德處境艱難。國民黨黨內堅決反對賦予民族人口自治權，他的權力也嚴重受限。他對於長期困擾新疆省的大量問題無能為力——基礎必需品大量短缺和通貨膨脹失控顯現出經濟惡化；壓倒性多數由漢人組成的國

和動盪」。[36]需要漢人和中共的監護才能完全解放那個地區。維吾爾人對於兩個東突國的記憶大相逕庭，他們視之為企圖實現民族獨立的兩次失敗嘗試，但指明了仍舊可能發生的未來。無可否認，固勒扎的東突國體現出許多矛盾。這個東突國是由維吾爾人掌權，但其統治的三區人口大多都是哈薩克游牧民族，而東突厥斯坦的多數定居穆斯林人口都不在其掌控之中。蘇聯的支持使之得以存續、甚至興盛，但在許多方面也受其限制。然而，對於受這個政府統治，或在其存在五年間受其完善治理的居民而言，東突國政府無疑享有正當性。東突國最重要的意義是在省內提醒中國統治的殖民本質。

【第三部】

PART THREE

# 共產時代

CENTRAL ASIA

A New History from the Imperial Conquests to the Present

中國革命和蘇聯解體之間的四十年是共產主義實際存在的時期。對中亞而言，這是變革的年代。在蘇治中亞，因為蘇聯政府在史達林死後的時期選擇透過制度來統轄，而避免了恐怖統治。接續的數十年幾乎沒有發生一戰後時期頻傳的動盪和暴力事件。在史達林主義的數十年間，對舊事物的破壞掩蓋了對新事物的創造。戰後重建走向穩定與長期的經濟和人口成長，讓中亞經歷重大轉型。大規模投資基礎建設和工業促進經濟和人口成長，新領導階層支持穩定發展，讓本地政治菁英得以整合進蘇聯的體系中。蘇聯一直都是發展主義國家——迅速的工業化和人類發展是支撐政權正當性的要點——但一直到二戰後，中亞才不再是蘇聯政府的邊陲，終於完全融入其中。蘇聯對中亞的政策和對去殖民化世界的政策大同小異，皆為發展投入大量資源。建設運河、水壩和工業讓中亞進入蘇聯的主流，而教育方面的發展也意味著中亞人逐漸開始認為自己是蘇聯人。

這段時期沒有大規模動盪或轉型運動，代表我們將以不同的方式敘述這段時期的歷史。現在我們將不再關注構成前章敘事的各種政治運動，改為聚焦在長期的經濟和社會發展。我們追訴中亞社會穩定時期的發展時，將提供更多表格和圖表。一九六〇和七〇年代在許多層面都是蘇治中亞的黃金年代，民眾也是如此記憶這段時期——即使那段回憶遮擋了威脅未來的烏雲，也不減此感。無論是好轉或惡化，這數十年形塑了蘇聯一九九一年解體後出現的社會。

新疆走的路線大不相同。該區併入中華人民共和國後，開啟了一段暴力轉型頻仍的時期，和一九三〇年代蘇治中亞的命運十分相像。新疆省被捲入大躍進和文化大革命的災難之中，重挫其社會也改變其經濟。接著，在中蘇同盟毀於一旦後，該省成為情勢緊繃的邊境地帶，兩大共產勢力在此對峙（並在一九六九年交火）。新疆幾乎沒有經歷蘇治中亞同一時期發生的經濟發展。相較於歷史上的任何其他時期，中亞的兩個區塊在這個時代相去最遠。

# 第十七章　蘇聯式發展

一九四九年八月二十九日，哈薩克東北部塞米巴拉金斯克區的村民感受到地面震動，並看見蘑菇雲占滿天空，天色轉紅。隨二戰終結而展開的核子時代立即抵達中亞，迎接其到來的是哈薩克的命運。蘇聯政府開發核彈時，將核試驗設施設在偏遠的哈薩克草原。蘇聯的核武計畫顯現出蘇聯戰後的全球超級強權地位存在諸多矛盾。相關設施是藉由古拉格的強迫勞動建成，運用的技術會讓埃及金字塔的建築工人感到熟悉。（對國家最為重要的高度機密設施由被控叛國和從事反政府活動的人員來建造，這可算是史達林主義時代最不具諷刺意味的一項事實。）儘管如此，塞米巴拉金斯克試驗基地（Semipalatinsk Test Site）無情地將中亞推向核子時代的現代化進程——這是位於塞鎮西邊、面積約一萬八千平方公里的區域，也是蘇聯核武計畫的中心。蘇聯一九四九年首次核試爆後的四十年間，蘇聯在基地進行了四百五十六次核試驗，其中一百一十六次是在地表上進行。塞米巴拉金斯克是一九一八至一九年間短命的阿拉什國政府的首都，於一九五〇年代成為大陸版本的比基尼環礁（Bikini Atoll）＊。後期的試驗移動到地底下，但因為已經成為例行

＊ 譯注：比基尼環礁隸屬於馬紹爾群島，在一九四六至五八年間是美國的核試爆基地。

公事，核試驗通知會在地方廣播電台與電影時刻表和天氣預報一起播送。[1]幾乎沒有哈薩克人在基地工作，但他們是放射性物質大禮的接收者。這座基地受國家機密掩蓋，蘇聯愛國主義的呼籲也為其辯解，直到一九八九年都相當活躍，而當時那裡已經成為強而有力的反核和環境運動中心。

備戰讓中亞比過去都更融入蘇聯，也讓中亞人成為蘇聯公民。這些過程在接下來的數十年間持續發生。除了服役，共產黨和共青團提供其他打造本地政治菁英的管道，如今他們已徹底蘇聯化，自信和影響力都在增長。教育制度的指數成長重新形塑中亞社會，創造新的知識階層，他們同樣也徹底蘇聯化，被穩穩安頓在蘇聯體制中。顯著的經濟成長伴隨著可觀的經濟投資，鞏固了這些發展的基礎。因為接近前線的工廠被撤離，重工業在戰爭期間來到這個區域，而有相當多重工業工廠留在當地。在戰後時期的中亞，礦產開採迅速擴張，並打造冶金和化學工業，但最重要的是基礎建設大幅成長——新建的道路、鐵路、灌溉計畫和水力發電水壩改變了中亞及其和蘇聯政府的關係。

◆　◆　◆

戰爭剛結束的幾年前景一片黯淡。蘇聯政府試圖重建控制，收回戰爭期間溜出其掌控之外的一丁點自由。對中亞的南方共和國而言，這代表著緊急的新要求下達，戰期數年因生產穀糧的需求而棉花減產，如今必須回復生產重心。一九四五年七月，柏林淪陷後僅幾個月，莫斯科當局發布命令，要求烏茲別克恢復戰前的棉花生產水準。烏茲別克的領導階層已經自願投入這項工作，但他們希望莫斯科當局能夠供應資金、機械和技術協助，以推動轉型。政府不大樂於協助，但達成生產配額的壓力持續存在。在糧食短缺的狀況下，烏茲別克農民拖拖拉拉地改種棉花，而戰前的生產水準一直到一九四九年才達成。彼時，莫斯科政府已經強迫烏茲別克接受一位全權代表官員，他擁有聘雇和開除最高階層人員的權力。那位官員是伊格納特伊夫（S. D. Ignat'ev），他著手重新改組共和國的領導階層，並強制執行烏茲別克共產黨的另一波肅清，導致數千名黨員因貪腐、民族主義或追求名利的指控而被革職。烏斯曼・尤蘇波夫自一九三七年大整肅以來就擔任該黨第一書記，如今被迫高升為莫斯科政府新創的產棉部（Ministry of Cotton Production）部長，同時他的追隨者遭到降職，許多低階官員遭到解雇並開除黨籍。[2]然而，這並非大整肅重演——降級、免職和閒職遠遠好過一九三六和三七年肅清受害者被處決的命運。儘管如此，中央權力的主張極具威脅性，也挫挫共和國領導階層的銳氣。

這次的重新改組伴隨著推動純正意識形態的運動復興。這波運動以安德烈・日丹諾夫（Andrei Zhdanov）為首，始於一九四九年對「無根的世界主義」的攻擊。這個用詞幾乎是直接指涉猶太人——畢竟這個民族並非根源於蘇聯，對史達林政權的忠誠度引人質疑。這場運動因為在一國社會主義論的口號下展開，成為蘇聯愛國主義的重要部分，不過戰爭已經重塑了愛國主義。必須具備相關根源才符合愛國主義，但並非所有的根源都可以接受。後來證實和中亞土地淵源太深的文字也會遭受質疑，但不是因為世界主義，而是被控「資產階級民族主義」、「封建和富人的落後」和那永遠存在的妖魔鬼怪——「泛伊斯蘭主義」。史達林或許曾短暫支持過東突厥斯坦穆斯林人口的反殖民民族主義，但他看待蘇聯內部情況的方式大不相同。戰爭期間，史達林逐漸將俄羅斯人視為蘇聯的主幹。在一九四五年五月二日，克里姆林宮為紅軍指揮官舉辦的凱旋宴會上，史達林曾提議舉杯祝賀「我們蘇聯人民的健康，首先是俄羅斯人民。我要先為俄羅斯人民的健康乾杯，因為他們是組成蘇聯的所有民族中最傑出的民族。我提議為俄羅斯民族的健康乾杯，因為他們在這場戰爭中贏得普世的認可，成為我國蘇聯所有民族中的主導勢力」。[3]

非俄羅斯人只能藉由肯定俄羅斯人的監管，才能與蘇聯有所關聯。在戰爭期間創作來讚揚地方英雄對抗外國入侵者的愛國作品，如今變得帶有民族主義的味道。哈米德．奧利姆容（Hamid Olimjon）題為《穆蓋納亞的起義》（*The Revolt of Muqanna*）的劇作被認為充滿伊斯蘭象徵，而瑪格蘇德．謝赫佐達（Maqsud Shaykhzoda）一九四一年描述英勇捍衛花剌子模、對抗蒙古人入侵的劇作《賈拉魯丁》（*Jalaluddin*），竟被認定實際上是在宣揚「大烏茲別克」（Greater Uzbekistan）的理念。到了一九五一年，輪到史詩遭殃了。這類的詩歌在前幾十年間被民族化，於是《阿勒帕米斯》（*Alpamish*）成為烏茲別克的民族史詩，而《瑪納斯》（*Manas*）據稱是吉爾吉斯的民族寶藏。土庫曼史詩《哥爾庫特阿塔》（*Gorkut Ata*）被譴責為「烏古斯封建主嗜殺成性的歷史、描述宗教狂熱和對非穆斯林禽獸般仇恨的詩歌」。《阿勒帕米斯》「充斥著封建主義和反動的毒藥，散發著穆斯林的宗教狂熱和對非穆斯林的仇恨」，而《瑪納斯》則是「以要教導吉爾吉斯青年無產階級國際主義、史達林主義的民族友誼和蘇聯愛國主義的立場來說危害甚深」。[4]中亞音樂體系因強調民族特色和抵抗（透過已經成為正統形式的俄羅斯音樂準則所帶來的）歐洲音樂影響而遭受攻擊，同時中亞音樂也因為「原始」和單音而被詆毀。距離一九三七至三八年大整肅期間中亞知識階層遭到屠殺尚不滿十餘年，他們又面臨另一波的攻擊。這次，受害者被送進監獄，而非送入墳墓，但恐懼又回來了。非俄羅斯人發現，任何關於他們種族特殊性的表示都可能成為犯罪，就算是那些源自於社會主義祖國的民族也不例外。雖然史達林本身是喬治亞人，但他已經快要將蘇聯變成新的俄羅斯帝國。

◆　◆　◆

不過，就算是史達林也難逃一死，他在一九五三年三月五日逝世。他留下許多令人卻步的問題——生活水準過分低落，農業生產力疲弱，還必須在爭奪權力和影響力的全球鬥爭中，對抗遠更富裕的美國。他的繼任者明白，史達林那種以恐懼和暴力為基礎的統治方法，顯然無法在他不在場時延續下去。戰後重建都聚焦在重工業，導致日常用品幾乎不存在。尼基塔・赫魯雪夫（Nikita Khrushchev）在史達林死後的權力鬥爭中獲勝崛起，公開指責史達林危害蘇共的罪行，並開始帶領國家遠離史達林的遺緒。這個去史達林化的過程是建立在分權管理經濟，以及改善糧食產製和蘇聯公民生活條件的運動之上。赫魯雪夫面對許多守舊菁英的反對，他努力將他們免職。在中亞，他成功打聽出許多史達林任命的人員，尤其是那些在最高階層的官員，並以比較願意服從改革的人員取代他們。

赫魯雪夫還擊退史達林崇拜，開始試圖降低他統治時的意識形態冷感。在這個「解凍」時期，檢查制度規模縮減，許多史達林主義末期的意識形態限制遭到駁斥。赫魯雪夫也啟動為整肅受害者平反的程序。特別法庭複審將許多人送進古拉格或墳墓的指控，並撤銷多數的控告。如今倖存者可以復職，而若是那些在死後才獲得平反的人，他們的家族得以擺脫指控的惡評。然而，赫魯雪夫並非自由派，只是真正的熱心人士，認為蘇聯在史達林統治下已經失去革命精神支柱。

他的目標是恢復革命時期的熱忱，於是他發起許多動員運動來激發民眾的熱情。

第一波運動鎖定農業的龐大問題。集體化並未成功，糧食依然稀缺。赫魯雪夫試圖改善產量和普遍的生產效率，同時開耕新田。哈薩克和西伯利亞都有大片開放空間從未用來生產糧食。如今去除其游牧人口後，那裡被想像成處女地，等待熱情蘇聯公民受復興的革命熱忱驅動，到那裡從事生產。一九五四年，蘇共率領將這些土地改為農用的運動。處女地運動訴諸革命熱忱，並在接下來的幾年內，讓四千萬公頃的土地變成耕地，其中一半位於哈薩克境內。定居草原、開墾土地的呼籲獲得超過三十萬人的迴響，大多都是共青團的成員。在數年間，有數以萬計的國民加入他們的行列，前來提供技術支援，以及在新建城鎮和聚落的基礎設施工作。絕大多數來自俄羅斯和烏克蘭的移民都懷抱夢想，要開拓光明的共產主義未來。這些一個世代前還有游牧民族在活動的土地，如今成為國營農場種植小麥，並以非游牧的方式畜養家畜。這波運動改變了哈薩克的人口結構。到了一九五九年，斯拉夫人占據該共和國人口的百分之五十二，而哈薩克人只占百分之三十。處女地運動的移居者不是人口結構改變的唯一因素。戰前被驅逐的波蘭人和戰時被驅逐的車臣人和高加索地區的其他民族，再加上數十萬古拉格制度的囚犯到來，早已改變哈薩克的人口平衡。赫魯雪夫開始解散古拉格後，那些勞動營立即變成蘇聯各地的工業或採礦城市。[5]許多囚犯無處可去，也沒工作可做，於是就留在原地。加拉干達是惡名昭彰的勞動營所在地，在一九五九年的人口普查中，成為哈薩克的第二大城。哈薩克是以人口氾濫的方式融入蘇聯。

莫斯科當局依舊著迷於棉花。赫魯雪夫迫切要求比過去都更高的產量目標，但沒有提供任何新的誘因。許多赫魯雪夫提攜至共和國領導高位的人士，都因為他承諾分權，讓共和國更能自己掌握決策，而效忠於他。一九五七年，一群史達林時代的忠實擁護者因為質疑赫魯雪夫的政策方向，打算群起反抗，這些領袖替他阻止了這場叛亂。然而，赫魯雪夫鞏固了他的權位後，就和他的盟友反目成仇，開始採取中央集權政策，不容許絲毫異議。一九五九至六二年間，他以政治或民族政策的「不足」為由，強制將全部五個中亞共和國的領導人革職。一九五九年，烏茲別克共產黨的第一書記薩比爾．卡瑪洛夫（Sobir Kamolov）因為沒能達成棉花生產配額和其他缺失而被撤職。取代他的人是沙拉夫．拉希多夫（Sharaf Rashidov），他是戰爭英雄兼作家，大可說是個折衷人選。[6]一九六一年，塔吉克共產黨（Communist Party of Tajikistan）第一書記圖爾松．烏利賈巴耶夫（Tursunbay Uljaboyev）在發現地方官員浮報棉花產量的醜聞餘波中被革職。土庫曼的第一書記蘇罕．巴巴耶夫（Suhan Babayev）因為民族主義被迫離職。吉爾吉斯的第一書記伊斯哈克．拉扎科夫（Ishak Razzakov）是史達林時代的倖存者，同樣遭到撤職。隔年，丁穆罕默德．庫納耶夫（Dinmuhammed Kunayev）因為反對將南部的灌溉土地轉移給烏茲別克，也違背赫魯雪夫將共和國首都遷移至位在處女地內的亞克摩林斯克的期望，被迫離開哈薩克第一書記的職位。[7]（諷刺的是，獨立的哈薩克政府於一九九六年因為一連串不同的理由，遷都至亞克摩林斯克，當時已改名為阿克摩拉〔Aqmola〕。）到了一九六二年，五位中亞共和國的新領導人都被扶植上位，但其權位並不穩固，而且顯然任由中央政府擺布。然而，靠著一些運氣和莫斯科情勢的新發展，這群人將長期掌權。雖然他們在上任時可能不曾懷疑過，但他們將會監管蘇聯時代中亞最穩定繁榮的時期。

◆ ◆ ◆

工程師於一九五四年為土庫曼的卡拉庫姆運河（Karakum Canal）破土動工。這個宏大計畫的目標是要從阿姆河抽水灌溉卡拉庫姆沙漠的荒地。興建工程一直持續到一九八〇年代，這條被吹捧為「幸福之河」的運河完工時總長一千三百七十五公里，灌溉著六十萬公頃的棉花耕地。史達林死後的那幾年間，蘇聯政府發起許多野心勃勃的計畫，意圖要征服自然和創造其生產力，卡拉庫姆運河正是其中之一。烏茲別克的飢餓草原發展計畫，包括沿著阿姆河建造許多蓄水池，並興建南飢餓草原運河（Southern Hungry Steppe Canal），預計灌溉三十萬公頃的土地。阿姆布哈拉運河（Amu-Bukhara Canal）於一九六〇年代間建成，將阿姆河的水引至布哈拉附近的卡爾希草原（Qarshi steppe），目標是灌溉一百萬公頃的耕地。一系列的水壩利用中亞的河川生產水力電。最重要的計畫可能是塔吉克瓦赫什河的努列克水壩（Nurek Dam），在一九六〇年代間興建。塔吉克的領導階層長期力勸莫斯科政府建設水壩，但計畫一直到一九五九年才批准，接著又經歷一段不確定的時期。努列克水壩於一九七二年完工時，三百公尺的高度是當時全世界最高的水壩。它擁有兩千七百兆瓦的容量，將能支持共和國發展重工業，並促進其經濟轉型。許多這些計畫在沙皇時代第一波帝國征服的傲慢激情中都曾有人夢想過，如今在戰後的蘇聯實現。中亞在蘇聯早期經歷過大量混亂情勢，倉促行事和濫用的情形比比皆是，也無法從中獲益。一九三〇年代的大規模建設計畫大多忽略中亞。如今，到了一九五〇年代中葉，中央政府開始願意投資更多資源到中亞的計畫中。

提高投資該區域的轉變也是受到二戰餘波去殖民運動所致的全球局勢驅使。蘇聯把自己塑造成提供給實現獨立的亞洲和非洲國家的另一種經濟發展模式，並強調了一項事實——原先是殖民地邊緣的中亞如今成為殖民母國的一部分。然而，前帝國心臟地帶的工業化區域和中亞大多農用的邊陲地帶之間仍存在懸殊差異。中亞的黨魁相當堅持不懈地爭取高額資助基礎建設計畫，他們往往會採用明確的反殖民論點，並主張必須預先阻止因為蘇聯國內差距而造成的外交窘境。在赫魯雪夫任內的塔吉克第一書記圖爾松·烏利賈巴耶夫爭取努列克水壩，因為興建水壩將能讓塔吉克出口電力到阿富汗，並成為鄰國的典範。「東方需要這樣的明燈。」他如此告訴赫魯雪夫。[8]

蘇治中亞在後史達林年代的發展，與亞洲和非洲新近獨立的國家所經歷的過程不可思議地相似。水壩及其所生產的水力電是二十世紀最強而有力的發展象徵。從美國的田納西河谷（Tennessee valley）到迦納（Ghana）的沃爾特水壩（Volta Dam）、埃及的亞斯文大壩（Aswan High Dam）和巴基斯坦的塔貝拉水壩（Tarbela Dam），水力發電計畫被視為人類主宰自然的媒介，體現出現代科技帶來進步和更高生活水準的承諾，更是改善民族經濟的機制。蘇治中亞在這類計畫中占有一席之地。如謝爾蓋·阿巴辛（Sergei Abashin）*所述，這個區域和「第三世界」的許多地區十分相似，於一九五〇年代發生「綠色革命」，促使農業部門的機械化程度提升，增進農學支援，並使用肥料來提高產量。[9] 赫魯雪夫年代是蘇治中亞的去殖民化時期。

---

* 譯注：謝爾蓋·阿巴辛為俄羅斯人類學者和歷史學者，任教於聖彼德堡（Saint Petersburg）的歐洲大學（European University）。

◆ ◆ ◆

赫魯雪夫的熱忱最終因為黨領導階層的同事而磨耗殆盡。經歷過一九二〇年代的動盪、史達林的大整肅和二戰後，他們對穩定的渴望勝過一切。一九六四年十月，他們以赫魯雪夫外交政策和「不切實際的方案」失敗為由推翻他。新的領導階層開啟委員會專制（rule by committee）的時期，一直持續到一九八〇年代中葉。「信任幹部」（而不像史達林那樣不斷懷疑他們）成為新口號。這個新秩序的理論基礎是赫魯雪夫本人提供的。在一九六一年蘇共的第二十二次代表大會上，他推動通過黨內的一項新計畫，厚臉皮地承諾「當前的世代應該生活在共產主義制度之下」。更重要的是，這個計畫宣告蘇聯已經進入「成熟社會主義」階段，也就是完整實現共產主義前的倒數第二個階段。「成熟社會主義」的到來意味著所有社會內部的矛盾都已經解決，互相敵對的社會階級已經被三個和諧共處的群體（工人、農民和知識分子）取代。階級鬥爭因此顯得過時，共產黨如今是「全體（蘇聯）人民的政黨」。黨此刻的任務是要組織人民，以逐漸提升至完整的共產主義。就某些層面而言，這是史達林一國社會主義論的最終勝利。共產黨從無產階級的先鋒，變成任務是要監督生產的大眾政黨。一九八八年，蘇聯共產黨在全國各地有超過一千九百萬名黨員，等於全國人口的整整百分之八。這個政黨已經成為分配權力和資源的政治機器。（中亞的黨員人數較少，但基本的原則依舊——入黨就是獲得機會的門路。）

一九六四至八二年間，亦即列昂尼德．布里茲涅夫（Leonid Brezhnev）擔任蘇聯共產黨總書記的時期，是蘇治中亞的黃金年代。經濟成長，生活水準提升，五個共和國的中亞人逐漸比過去都更認同蘇聯這個國家。布里茲涅夫對動盪反感，促使他和各共和國的民族領導階層達成心照不宣的協議。民族共產黨的菁英只要達到生產配額，不對中央政府提出激進要求，並限制民族主義發展，他們就能在不會受中央過度干預的情況下，治理他們的共和國。在中亞，布里茲涅夫和那些在赫魯雪夫時代末期開始掌權的人士合作。他唯一作出的改變是讓庫納耶夫在哈薩克復職。布里茲涅夫在一九五〇年代中期擔任哈薩克共產黨（Kazakh Communist Party）第一書記時，便已和庫納耶夫成為好友，這段私人關係對莫斯科和阿拉木圖政府之間的關係影響重大。在布里茲涅夫時代，中亞情勢前所未有地穩定（蘇聯的其他地區亦然）——期間，五個共和國中有四個都是由同一人治理，其中三人在任內逝世（見表 17-1）。唯一的例外證實了這個通則。導致土庫曼共產黨第一書記巴利什．奧維佐夫（Balyş Övezov）於一九六九年下台的是土庫曼幹部間的反叛，而非莫斯科當局或黨紀的指示。布里茲涅夫時期的剩下幾年，當政的都是他的繼

**表 17-1　布里茲涅夫時代中亞各共產黨的第一書記**

| 共和國 | 第一書記 | 任期 |
|---|---|---|
| 烏茲別克 | 沙拉夫．拉希多夫 | 1959-1983 |
| 塔吉克 | 賈巴爾．拉蘇洛夫 | 1961-1982 |
| 哈薩克 | 丁穆罕默德．庫納耶夫 | 1960-1962 和 1964-1986 |
| 吉爾吉斯 | 圖爾達昆．烏蘇巴利耶夫（Turdakun Usubaliyev） | 1961-1985 |
| 土庫曼 | 巴利什．奧維佐夫 | 1960-1969 |
| | 穆罕默德納扎爾．蓋普洛夫 | 1969-1985 |

任者穆罕默德納扎爾・蓋普洛夫（Muhammetnazar Gapurov）。

這是一批新的政治菁英，他們的成員同時是蘇聯人，也是民族的一分子。第一代的中亞共產黨員已經在一九三七年被史達林摧毀。取代他們的世代已經透過親身的痛苦經驗，學會史達林時代的政治遊戲規則。他們能夠讀懂莫斯科當局的信號，但活在永遠的恐懼之中，也深知不要對中央提出過多要求。赫魯雪夫在掌權初期任命的那批人稍微年輕一些，但他們的政治本能與蘇聯人無異，在黨內十分自在，沒有他們前輩那種根深蒂固的恐懼。在赫魯雪夫一九五九至六二年間重新改組官員後接管的那批人也屬於同一世代。而今，他們無須擔憂莫斯科當局的武斷干預，不僅逐漸自視為共和國的領導人，更自認是他們民族的領袖。

在烏茲別克作為蘇聯共和國之一存續的六十七年間（一九二四至九一年），拉希多夫統治的二十四年對其的影響甚深。拉希多夫生於一九一七年十一月，可說是蘇維埃政權統治的化身。他出身撒馬爾罕附近、吉扎克的寒門，後來就讀於家鄉的教師訓練學院，接著在撒馬爾罕的烏茲別克國立大學（Uzbek State University）拿到語文學學位。他在中學教了幾年書後，成為撒馬爾罕省官方報紙《列寧之道》（*Lenin yo’li*）的記者。接著二戰開打。他參與莫斯科戰役並身受重傷。他因傷殘而回到家鄉，全職從事新聞報導和寫作。他於一九三九年加入烏茲別克共產黨，逐步晉升並於一九四四年當上撒馬爾罕省黨組織的書記，一九四七年成為黨報《紅色烏茲別克》（*Qizil O’zbekiston*）的委任編輯。一九五〇年，他成為共和國作家聯盟（Writers Union）的主席，並獲選為該共和國名義上的立法機構烏茲別克最高蘇維埃主席團（Presidium of the Uzbek Supreme Soviet）主席。他還被招募擔任蘇聯外交在去殖民世界的門面，在接下來的九年間數次

**圖 17-1** 沙拉夫・拉希多夫（右四）陪同蘇聯共產黨總書記列昂尼德・布里茲涅夫（右五）和部長會議主席亞歷克賽・柯西金（Alexei Kosygin），於 1978 年參訪米爾扎喬爾（Mirzacho'l）的第 19 號國營農場（Sovkhoz）。一如同批的其他中亞領袖，拉希多夫也喜歡和莫斯科政府的領導人建立私人關係，而農業是對國家相當重要的產業。照片來源：烏茲別克吉扎克州的沙拉夫・拉希多夫宅邸博物館（Sharaf Rashidov House Museum）；sharafrashidov.org。

出訪海外。他的背景顯然和那些在他之前的主席團主席不同。第一位領導共和國共產黨的烏茲別克人阿克馬爾・伊克拉莫夫是意外成為共產黨員；一九三七年接替他位置的烏斯曼・尤蘇波夫則是獲益於大整肅所提供的機會，但他並未受過蘇聯教育，也不曾在軍中服役。拉希多夫和莫斯科當局的領導階層培養私人關係，而在烏茲別克時，他安坐在廣大的資助網絡之上，得以確保資源分配和維持影響力，負責實現以棉花為主力的經濟計畫（見圖 17-1）。

庫納耶夫在哈薩克的路線有些許不同。庫納耶夫一九一一年生於維尼伊（現今的阿拉木圖），父親是哈薩克族的公務員，他接受技職教育，一九三六年畢業於莫斯科的有色暨純金屬冶金學院（Non-Ferrous and Fine Metallurgy），並在哈薩克的一些採礦作業中擔任工程師。他於一九三九年入黨，隨後飛黃騰達，於一九四二年成為共和國人民委員會的副主席。他也在一九五二至五五年間擔任哈薩克科學院的院長，接著又回頭領導部長會議（Council of Ministers），直到一九六〇年獲派為哈共第一書記。他和拉希多夫的不同之處不只有技術背景（他的世代的蘇聯領袖大多都是技職教育出身），他還在一個俄羅斯人數超過本地人口的共和國中擔任共產黨的領袖。他是哈薩克僅僅第二個成為黨魁的哈薩克族人，但莫斯科當局聲稱允許自治和自決，意味著他們別無選擇必須指派哈薩克族人擔任哈薩克的最高職位。他和布里茲涅夫的友誼是關鍵資產，確保庫納耶夫能夠在唯一一個主體民族沒有占人口多數的蘇聯共和國保有領導地位。

新一批的蘇治中亞政治菁英受託治理他們自己的共和國，儘管如此莫斯科當局仍握有某種控制權。在第一書記背後還有群第二書記，他們通常是從莫斯科派來的俄羅斯人。在多數的中亞共和國中，政治警察（現稱作國家安全委員會〔KGB〕）的領導權都仍掌握在俄羅斯人手中，而在每個共和國駐紮的軍隊皆應對中央當局負責，部隊的指揮權也留在俄羅斯職業軍官手中。庫納耶夫於一九七一年獲准加入中央政治局，拉希多夫從一九六一年到他離世的一九八三年，都一直仍是候選成員（即列席成員）。蘇聯黨國存在的七十年間，庫納耶夫是唯二進入最高政府機關的中亞人之一（另一人是一九五六至六一年間在主席團〔亦即當時的中央政治局〕服務的烏茲別克人努里金・穆希金諾夫〔Nuriddin Muhitdinov〕）。身為受託的共和國領袖，他們可以爭取在其共和國內的投資案——也確實曾這麼做——並在全蘇聯的論壇上捍衛那些共和國（及其公民）利益，這又會反過頭來鞏固他們的民族領導權。一九六六年一場災情慘重的地震發生後，拉希多夫收到中央政府的高額資助，供塔什干重建。他也是塔什干地下鐵系統建設的一大功臣，裝飾華麗的車站於一九七七年對大眾開放，那年正逢十月革命和拉希多夫誕辰的六十週年。蘇聯性和民族性和諧共存。

◆　◆　◆

莫斯科當局永不滿足的棉花需求決定了烏茲別克、塔吉克和土庫曼三個南方共和國的命運。棉花不僅確立了這些共和國的經濟結構，也說明了在那些社會中權力和權威的運作。在我們探討的這三十年內，還出現中亞「棉花化」的顛峰，對政治、社會和環境都具有重大涵義。

蘇共早在一九二九年就宣告「棉花自給自足」的目標。在戰後時期，不僅實現自給自足，棉花還成為蘇聯重要的出口商品。到了一九七〇年代，棉花已是農業部門賺取外匯第二大的來源。政府負責訂定採購目標，同時也制定向生產者購買棉花的價格。政府的定價和棉花在世界市場上的價格並無關聯。為了回報生產者，政府在戰後時代承諾投資灌溉、機械化和其他基礎設施，話雖如此，中亞領袖預期的投資額和政府實際提供的金額總是有所落差。到了蘇聯末期，單單烏茲別克生產的棉花就超過全美國的產量。他們增加產量的方式是拓展耕地面積。如前文所述，大規模灌溉計畫讓大片的新土地得以耕作，而這些土地大多都用來種植棉花。棉花田面積在戰後期間激增。到了蘇聯末期，棉花占南方三個共和國所有耕地的百分之四十六（在許多區域，占比甚至超過七成）。烏茲別克六成的灌溉土地都種植棉花。[10]中亞南部已經成為一座大型棉花農園（圖表17-2）。

與農園經濟對照不僅只是修辭方法。農園和中亞產棉的集體農場有些驚人的相似之處。棉花農場生產出口用的經濟作物，聘雇大量無專業訓練的工人，由一小群監工監督。集中生產經濟作物會阻礙糧食作物或家畜的生產，並普遍的資源分配偏差。中亞的棉花農場就像美國南方或殖民世界其他地方的農園一樣，被垂直整合到以其他地區為中心的生產流程中。關於價格、薪資、生產時程表或資本投資的決定都是在遠方制定的，生產者並未參與。[11]赫魯雪夫任內自始至終，不斷增加的需求都沒有配合足夠的激勵動機。赫魯雪夫甚至似乎認為

**圖表 17-2　戰後時期的棉花產量**

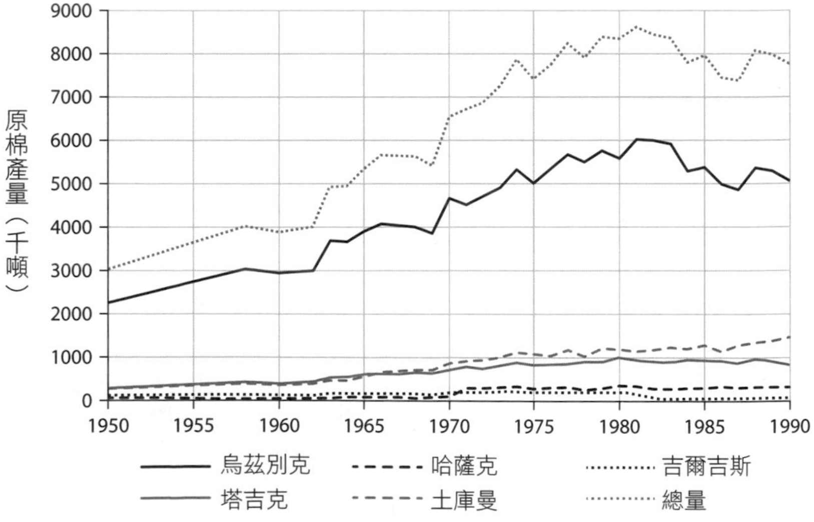


資料來源：*Narodnoe khoziaistvo SSSR*（Moscow，若干年分）。

中亞的棉花農都是靠著他人的補助金過活，對蘇聯沒有足夠貢獻。莫斯科政府要提高購買其要求生產的棉花的價格時總是躊躇不決，但產量一直在增加，價格卻只是偶爾上漲。然而，一如蘇聯經濟的多數情況，因為生產成本依舊難以計算，價格和成本幾乎毫無關聯。官方的棉花價格並沒有留意到許多成本，諸如耕地貶值、運送糧食到中亞的費用，以及其他為棉花而放棄的生產機會。更重要的是，相較於穀糧或其他消耗品的價格，政府收購棉花的價格大幅縮減。若以產棉所需的工時來評估，蘇聯棉花部門的生產力依舊相當低落。

政府一心一意要提高產量帶來了意想不到的結果，往往和預期完全相反。棉花是高度勞力密集的作物。蘇聯政府基本上相當致力於推動機械化。美國於一九三〇年代發展出採棉機，而蘇聯則於一九四〇年代末開始製造他們自己的機型。到了一九五〇年，烏茲別克已經在產製採棉機。原先的期望是採棉機械化後能夠釋出勞力，接著再將勞力轉移到工業。事態發展卻不如預期。因為受過訓練的技工相當稀少，且備用零件難以取得，導致農耕機器昂貴（一九五八年後，集體或國營農場都被要求要自行購買設備）又難以維護。於是許多農場經理發現使用人工比較容易且廉價。事實上，棉花作物的機械採收比例自一九七〇年代末起節節下降。勞動力負擔在鄉村社會分布不均。蘇聯解放婦女讓她們得以加入勞動力的行列，而最後她們往往從事最艱辛的工作。男性認為採棉花是有失尊嚴的卑微工作，於是提出各式各樣的理由逃避這項工作，並交由女性負責。[12]動員收成人力的責任落到地方黨組織身上，而他們對於管理負責達成其配額的集體農場往往相當心狠手辣。棉花將政府勢力帶進村莊。

棉花是以糧食作物和畜牧牧地為代價生產出來的（見圖表17-3）。多數的農場都放棄苜蓿的輪作或休耕季，以便趕上不斷增加的棉花需求。中亞早就已經依賴外地輸入的糧食，且長期缺糧。該區的人均肉蛋奶類消耗量一直都遠低於蘇聯平均。[13]然而，在中亞永遠都能看到棉花。他們不只用棉鈴裝飾從茶壺到公寓建築立面等各式各樣的東西，村民還把棉莖當作燃料，用棉籽油來煮食。唯一缺少的是紡織工業。農民會在現場軋棉，但接著就送到俄羅斯的工廠製成紡織品。一九八四年，烏茲別克生產蘇聯百分之七十的棉花，但卻只製造百分之四的紡織品。[14]在棉花方面，中亞依然是殖民地。

在其他層面，中亞人是完整的蘇聯公民，擁有所有伴隨此身分而來的權利和義務。男性有服兵役的義務，但一如所有蘇聯公民，中亞人也受益

**圖表 17-3　1940-1990 年土庫曼、烏茲別克和塔吉克的棉花和穀物生產規模**

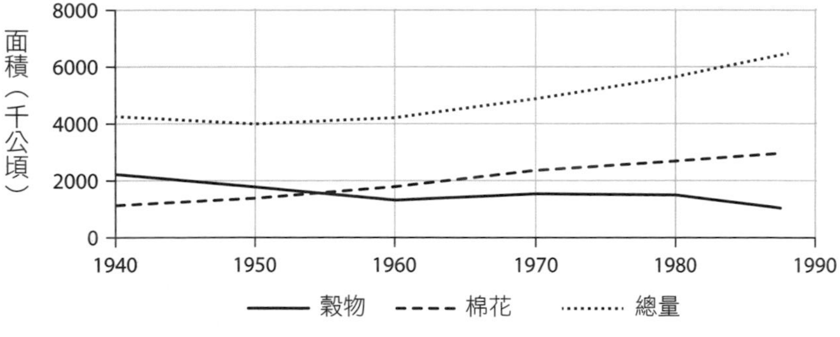


大規模灌溉計畫在該區拓展的耕地優先用來種植棉花，而種植穀物的土地無論是絕對或相對而言都持續縮減。

資料來源：Robert Craumer, "Agricultural Change, Labor Supply, and Rural Out-Migration in Soviet Central Asia," in *Geographic Perspectives on Soviet Central Asia*, ed. Robert A. Lewis (New York: Routledge, 1992)。

於普遍的免費教育和幾乎免費的健康照護。除此之外，國家的社會保障支出（包括保證聘雇、退休金和有薪產假）在布里茲涅夫任內大幅提高。到了一九八〇年代，社會支出已經升高到國內生產毛額的百分之十二，大多都是透過莫斯科政府匯款支付的。[15]然而，中亞在戰後時期的發展有許多獨特之處。赫魯雪夫任內計畫的工業化已延遲。初期希望採棉機械化能夠釋出供給工業化的勞力，而今已經落空，中亞多數地區依然是鄉村（見表17-2）。這其中存在選擇的因素。世界其他的開發中地區在二十世紀中葉都有顯著的貧窮鄉村人口流入城市，但蘇聯末期的關鍵特性確保了此一現象沒有在中亞發生。多數村莊都有電力和基礎教育，政府在薪資和退休金上的社會支出減少了貧窮。生活空間充足熟悉，居民可以依靠親朋好友的支持。鄉村是熟慣之地，是俄羅斯人不多的民族空間。反之，城市依然是歐洲人支配的異族空間。幾乎沒有中亞青年覺得自己非離開鄉村不可。經濟規劃師已經很難讓鄉村

**表 17-4　1959-1989 年都市人口的總人口占比**

| 民族 | 1959 | 1970 | 1979 | 1989 |
|---|---|---|---|---|
| 蘇聯整體 | 47.9% | 56.3% | 62.0% | 65.9% |
| 烏茲別克族 | 21.8 | 24.9 | 29.2 | 31.0 |
| 塔吉克族 | 20.6 | 26.0 | 28.1 | 28.3 |
| 哈薩克族 | 24.1 | 26.7 | 31.6 | 38.7 |
| 吉爾吉斯族 | 10.8 | 14.6 | 19.6 | 22.2 |
| 土庫曼族 | 25.4 | 31.0 | 32.3 | 33.4 |

資料來源：Robert J. Kaiser, The Geography of Nationalism in Russia and the USSR (Princeton, NJ: Princeton University Press, 1994), 203.

地區的中亞人遷移到他們自己共和國內的城市，更別提要去蘇聯其他地區的都市了。[16]

儘管如此，自一九五〇年代末起，中亞的城市大幅成長，並換上嶄新的面貌。赫魯雪夫推動擴大都市住房，促使按照標準設計建造（許多都是預製組合屋）的公寓街區增生，在蘇聯城市的各處冒出。從塔林（Tallinn）到海參崴（Vladivostok）和中亞各地，一模一樣的五層或九層樓建築改造了都市景觀。隨著愈來愈多居民搬出傳統的都市街坊（*mahalla*）、住進公寓街區，都市生活劇烈改變。在尚存的都市街坊與在蘇聯時代新建住宅區，生活節奏仍存在顯著差異，而大城市或共和國首都，與歐洲居民人數沒那麼占優勢的較小城市相比，落差也相當明顯。最重大的轉型發生在塔什干。塔什干在被征服後一直是中亞的俄羅斯權力中心，早在二十世紀開始前已經成為該區最大城。一九三〇年，城內的舊城區和新城區終於合併成單一市區，但兩者仍是天壤之別。許多新建設都在新城區進行——諸如政府和黨辦公室所在的建築、公園和廣場。舊城區確實有電力和自來水，但在設施和社會服務供應方面落後新城區。對蘇聯規劃師而言，城內兩區的鮮明落差就和舊城區的蜿蜒窄巷一樣令人討厭。當局自一九三七年起開始計畫徹底重新規劃這座城市，將摧毀多數的舊城區，並以寬闊的大道和公寓街區取代之。因為戰爭攪局，這項計畫沒有什麼結果可言。撤離行動以意想不到的方式改造了這座城市，但舊城區和新城區的分裂仍存。塔什干城在戰後年間擴張，新規劃的建築沿著新城區的邊緣加入，而舊城區逐漸因拆除工程而縮減。促進該城現代化的長程計畫正在進行中。[17]

情況在一九六六年四月二十六日起了變化，那天估計芮氏規模五點一的強震襲擊塔什干，震央就位在市中心正下方。死亡人數奇蹟般地不多，但城內許多區域已是一片廢墟。莫斯科當局迅速採取行動。布里茲涅夫和總理亞歷克賽・柯西金在地震發生當天搭機前往塔什干，承諾提供大筆重建資金。重建塔什干成為擴及全蘇聯的計畫——建築工班從全國各地而來，協助重建工作。城市在接下來的三年內重建完成——更準確地說是新城建成。破壞的規模和大量可用的資金給予蘇聯規劃師一張白紙，打造一座模範蘇聯城市。出現的塔什干是座有著寬闊林蔭大道、廣大公園綠地和大規模公寓街區的城市。市中心被重新規劃成蘇聯現代性的展示櫃。舊城區遭受大範圍的破壞。如今其中許多部分都被夷為平地，替換為新建築，只有幾個都市街坊留存。新的總體規劃將工業移到城鎮的市郊，還有一項運輸基礎建設的長期計畫，包括於一九七七年開放的地下鐵。一九六六年第一批建築物按照通用的蘇聯樣式建成後，「民族」元素自一九七〇年代起開始出現。這大多僅限於裝飾性元素，但也包括考量到塔什干炎夏和烈日的建築改革。[18]

不過，中亞人依然不願搬離鄉村，導致沙俄時期成形的雙重社會從未真正瓦解。此一情形造成獨特的勞動族裔區分，中亞人主要從事農業、服務部門、輕工業和食品工業，而歐洲人繼續主掌重工業和技術領域。中亞確實出現了技術知識階層和工業勞動階級，但這些族群的人數一直不多。多數受過較高教育的中亞人往往都被人文和社會科學吸引。一九八七年，烏茲別克的工業工作只有百分之五十三是由烏茲別克人從事，而塔吉克人占其共和國工業勞動力的百分之四十八，吉爾吉斯人則僅占四分之一。[19]與此同時，政府在一九六〇年代開始提供的慷慨生育福利促進高生育率。中亞在戰後出現大量人口成長，不僅對中亞，更對蘇聯整體重塑人口結構平衡（見表17-3）。這段時期中亞民族的總蘇聯人口占比幾乎翻倍，從一九五九年的百分之六點三，上升至一九八九年的百分之十二點三。在那三十年間，中亞穆斯林占總蘇聯人口成長的百分之二十八。人

表 17-5　1959-1989 年中亞各民族人口成長情形

| 民族 | 1959 | 1970 | 1979 | 1989 | 1959-1989 成長比例 |
|---|---|---|---|---|---|
| 烏茲別克族 | 6,015,416 | 9,195,093 | 12,455,978 | 16,697,825 | 277.5% |
| 哈薩克族 | 3,621,610 | 5,298,818 | 6,556,442 | 8,135,818 | 224.6 |
| 塔吉克族 | 1,396,939 | 2,135,883 | 2,897,697 | 4,215,372 | 301.8 |
| 土庫曼族 | 1,001,585 | 1,525,284 | 2,027,913 | 2,728,965 | 272.5 |
| 吉爾吉斯族 | 968,659 | 1,452,222 | 1,906,271 | 2,528,946 | 261.1 |
| 卡拉卡爾帕克族 | 172,556 | 236,009 | 303,324 | 423,520 | 245.4 |

資料來源：demoscope.ru 的人口普查資料。

附注：這些數據是統計全蘇聯的護照民族別。然而，98% 的中亞人都持續在五個中亞共和國內生活。

口成長也讓中亞更「中亞」。這個區域在革命後曾有歐洲人口流入潮。數百萬人因流亡和驅逐出境被丟棄在此，其他人則是前來尋找工作機會。後史達林時期又有另一波歐洲人流入中亞。處女地運動所造成的移民規模和強度並不尋常，但有遠遠更多歐洲人到這裡求職，或被中央政府派來擔任各種職位。歐洲人在一九七〇年代間持續移民，但此後移民潮逐漸減退，人口流動方向於一九八〇年代反轉。因為中亞人的高生育率，二戰以來歐洲人口的整體占比已經下降。歐洲移民減少放大了主體民族在他們共和國內的支配力量。就連比中亞其他地區都湧入更多移居者的哈薩克，到了一九八九年，本地人口也成為多數（見表 17-4）。

這並不是要表示中亞鄉村地區未受蘇聯生活影響。實際情況正好相反——政府在許多層面都影響著鄉村地區。棉花生產是最重要的部分，但除此之外，在學校、診所和地方警察部

**表 17-6　1959-1989 年中亞共和國的民族組成**

| 共和國 | 1959 | | 1970 | | 1979 | | 1989 | |
|---|---|---|---|---|---|---|---|---|
| | 主體民族 | 俄羅斯族 | 主體民族 | 俄羅斯族 | 主體民族 | 俄羅斯族 | 主體民族 | 俄羅斯族 |
| 烏茲別克 | 62.1% | 13.5% | 65.5% | 12.5% | 68.7% | 10.8% | 71.4% | 8.3% |
| 哈薩克 | 30.0 | 42.7 | 32.6 | 42.4 | 36.0 | 40.8 | 39.7 | 37.8 |
| 塔吉克 | 53.1 | 13.3 | 56.2 | 11.9 | 58.8 | 10.4 | 62.3 | 7.6 |
| 土庫曼 | 60.9 | 17.3 | 65.6 | 14.5 | 68.4 | 12.6 | 72.0 | 9.5 |
| 吉爾吉斯 | 40.5 | 30.2 | 43.8 | 29.2 | 47.9 | 25.9 | 52.4 | 21.5 |

資料來源：Robert J. Kaiser, *The Geography of Nationalism in Russia and the USSR* (Princeton, NJ: Princeton University Press, 1994), 174.

門任職的人員，全都是在村莊代表政府的當地人。這些「鄉村知識階層」由政府資助，其成員也自視為承載蘇聯價值之人。鄉村已徹底蘇聯化，以至於蘇聯人和民族族人的身分完全交織在一起。拒絕遷移到城市和堅持習慣的生活方式並不是對抗蘇聯統治的行為，反而是因為蘇聯統治才能夠如此。

◆ ◆ ◆

隨著一九八〇年代推進，布里茲涅夫的黃金年代開始失去光彩。經濟成長到了一九七〇年代末已大幅減緩。全蘇聯的經濟成長皆趨緩，但中亞有些地方的特殊性。人口迅速成長削弱了許多獲益。工業部門的投資開始衰退，絕對值和人均值皆然。就連農業部門也受害。新啟用的土地往往品質不佳，無法擁有和舊土地一樣的生產水準。棉花產量停滯，機械化程度下降，每噸原棉產出棉纖維的總量減少。一九八〇年代手採的棉花比前十年更多。嬰兒死亡率在一九七〇年代間上升。在蘇聯時代末期，烏茲別克的嬰兒死亡率幾乎是蘇聯平均值的兩倍，塔吉克和土庫曼的數據甚至更高（而本地民族的數字無疑更高）。[20]蘇聯規劃師也開始關注勞工供過於求及其所導致的實際失業問題，但鄉村地區的中亞人依然拒絕遷移到都市，更別提搬遷到蘇聯的其他地區了。企圖為蘇聯其他地區的長期計畫動員中亞勞工的舉措都成效不彰。比方說，一九七六年，開墾俄羅斯諾夫哥羅德（Novgorod）地區農地的多年計畫協議由烏茲別克供應勞工，但這類的新措施並沒有對人口結構問題造成絲毫影響。[21]

不間斷地追求產量引發生態災難，一九八〇年代起生態浩劫的完整規模逐漸顯現。放棄輪作導致土質耗損，而灌溉的後果是鹽化和積水。用水效率普遍低落——多數的灌溉渠道都沒有對齊，因為滲漏和在沙漠烈日下蒸發而損失大量的水源。灌溉抽取的水量過多，以致河流乾枯。到了一九八〇年代初，阿姆河和錫爾河流入鹹海的水量減少到微乎其微，一九八二至八三年間甚至是零進水量，一九八五至八六年又發生了一次。[22]鹹海的面積早在一九七〇年就開始萎縮（見地圖17-1）。一九六〇至八七年間，其水位下降了十三公尺，表面積縮減四成。[23]到一九六〇年為止，鹹海支撐了蓬勃的漁撈業，而今已完全消失。湖水的鹹度上升超過兩倍，殺死多數的海生生物，而鹹水湖退縮還改變了區域氣候，讓溫度範圍變得更加兩極化，降水減少，同時引發前所未見的猛烈沙塵暴。

這些挑戰並沒有對蘇聯規劃師的無限信心造成任何打擊，他們依然深信科學和科技征服大自然的能力。他們其實已經預見中亞河川乾涸的問題，而他們認為克服這項挑戰的方式是甚至更大

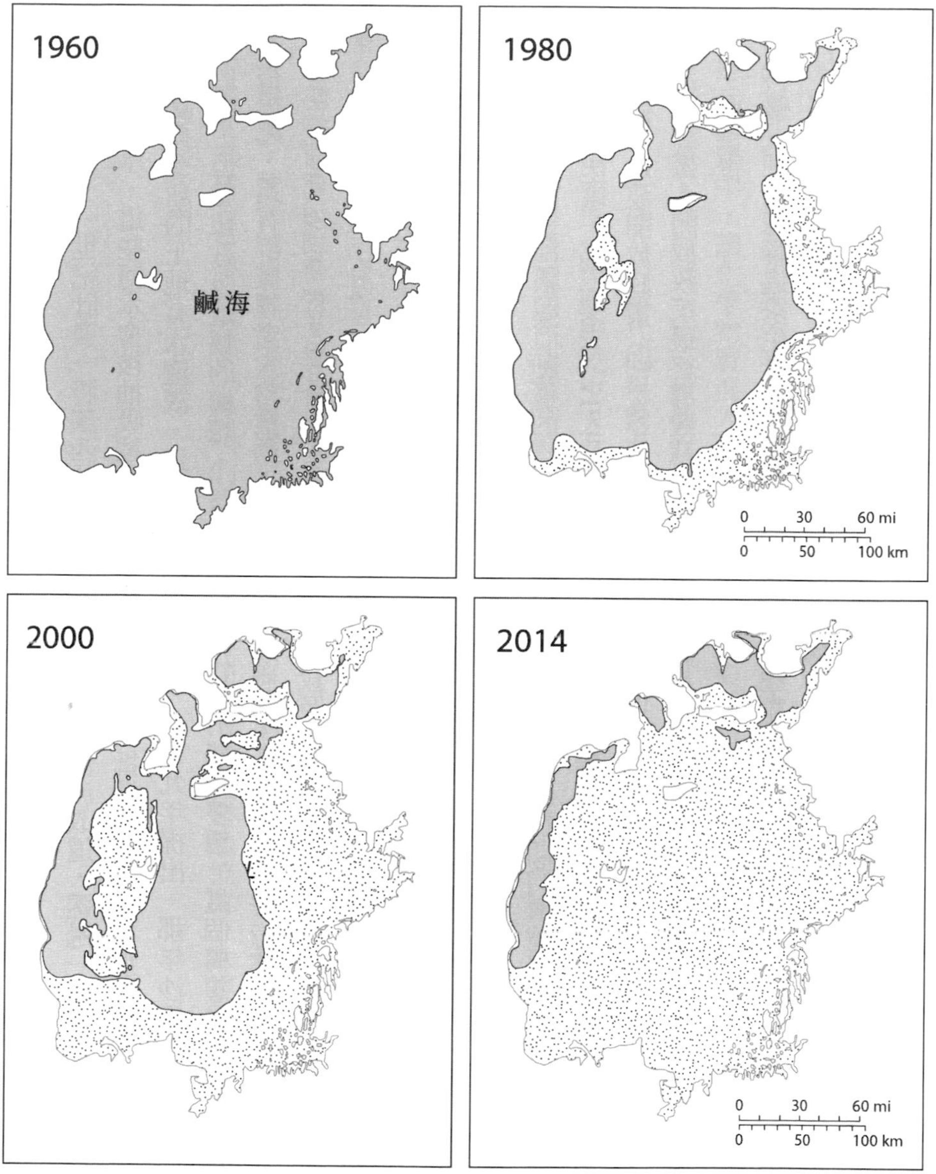


**地圖 17-1** 面積萎縮的鹹海

# 第十八章　蘇聯為表，民族為裡？

塔什干的地下鐵於一九七七年開始營運。這是一九六六年震災後採行的塔什干都市發展計畫的一部分，但也是個建立威望的計畫。地下鐵在革命六十週年舉行落成典禮，起初共有兩條路線，在交會該城新設正式中心的兩個車站，名為棉農站（Paxtakor，意思當然是棉花農民，但在此是指塔什干的一支足球隊，他們會在附近的一座體育場比賽）和阿里希爾·納沃伊站（以帖木兒時代的偉大詩人為名）。蘇聯的地下鐵站是「無產階級的宮殿」，華麗地裝飾著與站名有關的場景。阿里希爾·納沃伊站是全蘇聯最富麗堂皇的車站。站內裝飾著描繪納沃伊詩歌場景的馬賽克畫，以他的時代中亞細密畫（miniature painting）的風格打造而成。蘇聯政府揮霍大量資源在頌揚一位宮廷詩人的成就，而他作品的密契內容充斥著中亞的伊斯蘭化文學傳統。

納沃伊是在蘇聯時代成形的烏茲別克文化英雄殿堂的核心人物。烏茲別克的國家歌劇院也以他為名，從塔什干中心向東延伸、最重要的林蔭大道亦然，而該城周邊還能找到他的幾座雕像。在這民族驕傲的公開展示中，還有一群傑出的歷史人物與他並列，他們代表著烏茲別克民族偉大的文化遺產。塔什干的俄羅斯人可能比烏茲別克人多，但身為共和國首都，城內的公共空間展示的是烏茲別克遺產。烏茲別克過往歷史的象徵銘刻在城市空間之中——諸如地下鐵站、公園和街道，還有新建築的立面。這些象徵也一直存在於這個時期的文學和史書中，在電影和舞台上，在共和國各地的博物館內。烏茲別克的情況也是所有其他蘇聯共和國的情況。蘇聯人總是視民族的存在為理所當然，承認每個民族都有獨特的文化和歷史。民族可以如何談論歷史，因蘇聯的各個時期而異。史達林時代末傾向高度質疑任何談論民族獨特性，但沒有以卑屈感恩俄羅斯人的措辭來包裝的表述。反之，赫魯雪夫和尤其是布里茲涅夫時期，堪稱民族敘事和頌揚民族遺產的黃金年代。對民族表述的限制無可否認依然存在，而民族性也和所有蘇聯公民共有的蘇聯性共存，但在這數十年間，民族身分認同逐漸成形，並且變得對一般民眾意義重大。

這些現象將中亞完整民族化——也就是說，將中亞的過去和現在按照民族界線來劃分。每個民族都被認為與他族明確不同，居住在他們自己的共和國內（這是他們的民族祖國），而其特異性無疑根源於過往歷史。蘇聯以外的多數人假設這些民族名稱是蘇聯政府人工創造的，對中亞人的意義不大，他們應該仍保有僅僅自認為是中亞人或穆斯林的意識。但這個看法與事實相距甚遠。中亞的民族計畫早在革命前便已出現，但是在蘇聯時期、在蘇聯國內才具體成形。民族分類是人民生活的重要部分。分類會載明在他們的身分文件上，與政治息息相關，也為人民的自我意識賦予意義。一般公民視這些分類為理所當然，並投注大量意義於其中。然而，至關重要的是，這些民族身分並未破壞蘇聯秩序，反而是讓人民熟悉蘇聯秩序，讓他們習以為常。文森·福尼奧（Vincent Fourniau）*將這個過程稱作蘇聯統治在戰後中亞的「沉默本地化」。[1]

---

* 譯注：文森·福尼奧為巴黎社會科學高等學院（Ecoles des Hautes Etudes en Sciences Sociales）的中亞研究教授。

◆ ◆ ◆

蘇聯文化應是以社會主義為裡，民族特色為表。這個口號是史達林主義所提出的，但表達出所有社會在現代世界所面臨的挑戰——如何在現代化的同時，保有自我意識。舉例來說，日本該如何適應隨現代性而來的新習慣、新物品和新思維？美國社會如何處理從工業化和都市化衍生出來的新思想或新性別結構？現代印度家庭應該要是什麼樣子？伊朗人現代化的意義為何？現代性總是造成焦慮和爭論，改變和本真性之間的辯證在各地都以獨特的方式展開。在蘇聯，黨國聲稱自己有權定義現代性（也就是社會主義）和民族性。後者的限制因時期而異。如前文所示，史達林對民族主義的質疑侷限了民族表達。中亞菁英曾在一九三〇年代被指控民族主義而被大批殺害，而在史達林任期末期的戰後冷凍情勢下，任何民族情感的表達再度遭受攻擊。然而，赫魯雪夫任內的解凍政策重塑了文化風景，放寬允許民族表達的限制。在這個時期崛起、剛獲得自信的新共產黨民族菁英，再加上每個共和國內新世代的民族知識階層，共同改變了情況。民族文化和民族身分認同不會顛覆蘇聯秩序，反而是在蘇聯環境下才得以成形。

民族是蘇聯的官方分類。屬於某個民族、而非另一個民族會實際影響結果，從開放給孩子就讀的學校選項到職業偏好都會有所不同。民族歸屬因此成為蘇聯公民日常行為的一部分。各式各樣的舉措都將民族身分具體化。食物會按照民族分類。每個民族都有自己的料理，以其自豪的一道菜為核心——諸如烏茲別克人的抓飯（*pulov*）（塔吉克人有他們獨有的變異作法）、哈薩克人的五指肉麵（*besparmak*）、土庫曼人的肉餡圓餅（*işlykly*）等。＊每個民族也有自己的服飾。民族風格無所不在。這個民族化的過程也涉及標準化，以及一定程度的簡化。每個民族的民族形式都被識別、系統化並保存。研究其民族遺產是一九二〇年代中亞知識分子民族計畫的一部分。那個世代被摧毀後，決定民族形式的任務落入大多來自歐洲的民族誌學者，甚至是政黨官員手中。新世代的民族知識分子重新拿回那個角色。蘇聯的計畫經濟讓每個共和國都有空間去生產民族物品——不只是用來展示的藝術作品，還有日常生活物品，諸如具獨特民族風格的服飾、陶器和家具。在整個蘇聯時期，但尤其是後史達林時期，每個民族都主張擁有與眾不同的圖樣和圖案。民族物品經常會轉由工廠產製，但工藝師的生產從未消失。民族物品在蘇聯的計畫經濟中提供了一席之地，讓傳統工藝的大師能夠在嶄新的環境條件中存活。[2]

蘇聯政策和學術界都視民族為自然現象。一九三〇年代末，蘇聯民族誌學者和歷史學家開始運用「民族起源」的概念，亦即假設每個民族都有特定的基因組成，是經過數百年的各式混融排列後形成的。每個民族都有自己的一套特徵，以及自己具有歷史淵源的文化成就紀錄。並非遺產的所有面向都值得頌揚——封建、宗教或其他過去退步的特點要加以譴責——但每個民族也總有些為人喜愛的元素（因此被認為是進步特質）可以頌揚。何者是進步的、何者不是，開放給意外

* 譯注：「*pulov*」是中亞常見的主食，一般以羊肉、洋蔥、胡蘿蔔和米燉煮而成，宴會時會放置一大圓盤的抓飯在桌上，眾人圍坐共享、用手抓取食用。「*besparmak*」有時音譯為「別什巴爾馬克」，意思是五根手指，據稱是因為這道菜要用手食用而得名，手揉蛋麵片水煮後，淋上肉湯、放上塊狀或末狀的羊肉或馬肉製成。「*işlykly*」是一種烤製的圓餅料理，中間的餡一般是洋蔥碎和羊肉末，有時被稱作「土庫曼的牧羊人派」。

學院和職業學校。此外還有類似的研究機構體系——每個共和國都有自己的科學院，其下分枝出人文學科和科學的研究所體系。教育和研究組織的廣泛基礎設施培育出新世代的專業人士，也提供大量工作機會給那些投入知識性工作的人。儘管歐洲人持續支配技術和科學領域，每個共和國的主體民族成員獨占人文學科領域。蘇聯的教育制度培育出大量的歷史學者、文學學者、民族誌學者、民俗學者和音樂學者，接著又雇用他們，而這些學者逐漸自視為獨特民族文化的創造者和掌管者。

蘇治中亞的知識階層在蘇聯體制中專業化，並占有一席之地。他們因此與宗教學者和扎吉德——也就是在一九三〇年代被摧毀的更早期知識分子群體——大不相同。有些元素誠然是從先前的世代延續下來的。有些古拉格的倖存者在獲得平反後，得以再次覓得學術工作。新的知識階層也包含不少受整肅人士的子代。他們擁有大家族網絡的幫助，但也必須重新改造自己，對他們的出身背景絕口不提，並強調他們顯貴家族服務人民的承諾。不過他們都做到了，戰後有許多人都在蘇聯機構中找到一席之地。穆罕默迪約恩・沙庫里（Muhammadjon Shakuri，或拼作Shukurov，一九二五－二〇一二）成為塔吉克文學的主要學者，他在莫斯科通過論文口試，並於一九八一年獲選為塔吉克的科學院院士——他的父親是布哈拉顯要薩德爾・濟尤（Sadr Ziyo），曾經支持青年布哈拉黨人，並死於蘇聯獄中。芭蘿雅特・霍吉巴耶娃（Baroat Hojiboyeva）（一九六八年時）也在莫斯科通過論文口試，成為塔吉克的著名學者——她的父親阿布杜拉希姆・霍吉巴耶夫（Abdurahim Hojiboyev）是首位塔吉克政府領袖，於一九三三年遭到肅清。欽吉斯・艾特瑪托夫（Chingiz Aitmatov，一九二八－二〇〇八）是吉爾吉斯最著名的作家，在全蘇聯都頗負盛名，他的父親是早期的吉爾吉斯共產黨員，於一九三八年遭到槍殺。還有許多其他遭整肅者的後代沒有背棄蘇聯制度的例子。他們的故事所象徵的不只是倖存，還有適應。蘇聯新知識階層的其他成員則出身卑微。他們是戰後教育大規模普及化和蘇聯制度的受益者。他們在蘇聯機構中發現學術的世界，並深受其影響。就算他們依然保有中亞人身分，他們仍是徹頭徹尾的蘇聯人。蘇聯末期的中亞知識階層也和民族共產黨菁英關係密切，一般是透過友誼建立關係，有時則是婚姻。許多政治家本身也是作家。別忘了，小說家沙拉夫・拉希多夫就曾擔任烏茲別克的作家聯盟主席兩年，而後坐上政治權力高位。文化和政治菁英之間的密切連結深深影響了蘇治中亞的生活樣貌。

◆　◆　◆

民族也不只攸關敘事和頌揚。民族逐漸建立在日常社會實踐的基礎之上。若說民族政策承認民族的習俗和傳統，並在許多方面公開支持之，那麼計畫經濟就是制定了鞏固慣常生活方式的結構，在鄉村地區尤其如此。蘇聯經濟及其長期存在的短缺問題，導致要獲取商品和服務，就必須仰賴以家族和社群為基礎的社會網絡，光靠金錢是無法取得的。伴隨對農業生產的重視，蘇聯制度造成中亞社會根深蒂固的社會保守主義。

共產黨的集體主義價值觀與農業勞動的節奏互相搭配，讓在一九二〇和三〇年代動盪中動搖的地方團結精神重現。集體農場成為社群的節點。集體農場主管和地方政黨官員對政府負責達成配額目標，同時擔任政府和地方社區建設的代理人。[3]集體農場主管的集權控制重新創造的說法——不是獨立於蘇聯秩序之外的事物，反而完全是蘇聯秩序的一部分，而且確實受其影響。

蘇聯和習俗價值觀的匯集也形塑了性別關係。蒙面已經因為戰爭消失，而戰後所有女孩都上學讀書，多數婦女都開始工作。然而，這些現象無法撼動社會的性別秩序。有些都市女性在學術界和政治圈擁有備受矚目的地位。烏茲別克人非常自豪，一九五六至五八年間擔任共和國司法部長的哈蒂嘉・蘇萊莫諾娃（Khadija Sulaymonova）是全世界第一位部長級的女性官員。她是烏茲別克科學院的院士，最後的職位是共和國的高等法院院長。亞德加爾・納斯里丁諾娃（Yodgor Nasriddinova）於一九五九至一九七〇年間擔任烏茲別克最高蘇維埃主席團主席，而後獲選為莫斯科的最高蘇維埃民族院（Soviet of Nationalities）主席，民族院亦即蘇聯立法機構的上議院。有少數女性獲選進入共和國的立法機關，偶爾也會掌管集體農場或企業。然而，這些成就和全中亞社會（哈薩克和吉爾吉斯社會是部分的例外）的性別角色僵化同時存在。在八年義務教育後還繼續就學的女孩人數依然很少，絕大多數的女孩都在青少女時代就被她們的家族透過包辦婚姻嫁出去了。多數的家族都施行性別隔離，就算女性成員出外工作也不例外（女性在鄉村地區往往是從事最體力密集的勞動）。家族中有許多小孩，這強化了與母職相關的價值觀。儘管公共空間完全是男女混雜，所有學校也都是男女合校，但在社會的多數部門，家庭生活都具有明確的性別分野形式，融入社會的過程也遵循著男女隔離的原則。蘇聯的女性解放運動已經廢除蒙面，並讓女性加入勞動力，但其他蘇聯政策鞏固了中亞的新性別階層制度。

所有蘇聯女性都面對著工作和擔任家中主要照顧者的雙重負擔，但中亞的女性還肩負更多責任。世界許多地區都遵循相同的模式，女性逐漸被視為信仰和社群內部價值的守護者。男性應該要出外參與世界的混戰拚搏，而女性則守護家中和社群的貞潔。她們也代表整個社群，守護傳統和宗教儀式。英國人類學者吉蓮・邰蒂（Gillian Tett）在蘇聯統治晚期曾在塔吉克的某座村莊進行田野調查，她詢問某位村內的顯要，他同時身為穆斯林和共產黨員，是否感受到兩個身分之間有任何矛盾之處。「完全沒有。」他笑答，「我是共產黨員。我沒辦法在工作時齋戒或禮拜。但我的妻子和媳婦（*kelin*）都待在家，所以她們必須齋戒和禮拜！這麼一來我們不會因為罪孽而受苦。我們是穆斯林家庭！」[4]這當然會對經常公然違抗蘇聯官方公告的女性造成特殊的負擔。更耐人尋味的是，女性端莊被聲稱是中亞的官方蘇聯價值。最自然成為目標的是那些穿著或行為被認為反社會、因此等同於反蘇聯的女性。這些規範在地方語言的媒體上明確傳達，諷刺和生活雜誌是最主要的傳播管道。烏茲別克的名作家阿卜杜拉・卡霍爾（Abdulla Qahhor）於一九五六年發表的一則短篇故事中，講述某位受人敬重的學校教師可能是為了恢復青春而改造自己，最終走向社會性死亡。他刮掉白色鬍子，開始穿著時髦流行服飾，並娶一名穿著不檢點的年輕女性為妻——她常穿無袖上衣和高跟鞋。他的改變震驚都市街坊社群，於是他們憤怒反彈，將這對夫妻逐出社區。居民對那位年輕女性最為氣忿，認為她「奪走都市街坊的溫暖，並熄滅一直以來都照耀人心的那道光」。那位教師在婚禮後一個月因「過勞」而猝死，無人參加他的葬禮。[5]卡霍爾的同情完全倒向社群那一邊，其諷刺則完全針對那名年長男子和他俗豔的少妻。社群及其保守價值觀、公憤和監督社群成員的行為，全都被認為是完全正確的。三十年前社群為回應蘇聯的除去蒙面運動，對女性嚴重施暴，而今女性被讚頌為蘇聯價值的守護者。中亞人已經成為蘇聯人——烏茲別克人或吉爾吉斯人或塔吉克人、蘇聯人，甚至是穆斯林的身分皆並未互斥。在蘇聯末期，這些身分大多愉快共存。

◆ ◆ ◆

雙重社會繼續存在。在布里茲涅夫時期，歐洲人和穆斯林兩大保護傘群體間的鴻溝體現了雙重社會。這個脈絡下的「穆斯林」一詞，指的並非宗教信仰或實踐，而是蘇聯脈絡下的社群歸屬。穆斯林是地方主義的記號，適用於那些實行地方習俗和被認定屬於地方社群的人。這個分類不只涵蓋單一種族，屬於不同民族的人民之間所存在的差異依然相當重要。韃靼人或車臣人因為沒有和中亞人一樣的習俗，而位處穆斯林性（Muslimness）的邊緣。「歐洲人」一詞指的是中亞的所有外來者——俄羅斯人、烏克蘭人、波蘭人、德意志人、阿什肯納茲猶太人、亞美尼亞人、喬治亞人，甚至是朝鮮人。歐洲人的主要語言（要不就是唯一語言）全都是俄文。鄉村地區完全是穆斯林的區域（哈薩克除外），而城市往往是歐洲人居多。一九七九年時，塔什干是蘇聯的第四大城，其人口的百分之四十五是歐洲人，只有百分之四十一是烏茲別克人。其他共和國首都的歐洲人比例甚至更高——阿拉木圖的人口有四分之三是歐洲人，伏龍芝城（Frunze）亦然；阿什哈巴特和杜尚貝則有幾乎一半的歐洲人。除了哈薩克擁有不少鄉村地區的俄羅斯居民，中亞絕大多數的俄羅斯人都住在城市（舉例來說，烏茲別克百分之九十六的俄羅斯人都是都市居民）。在主要城市中，街上使用的語言是俄語，而歐洲居民自認是都市空間的主人。

我們不應誇大其詞。歐洲人和穆斯林的分野存在於社會實踐的範疇，沒有任何法律基礎。蘇聯政府一貫採用反種族歧視論述，並監督維護公民間的平等，而對蘇聯公民而言，跨民族情誼和國際主義的概念也具有實質意義。中亞的都市生活以各個民族來往混融為特色，居民視之為常態，許多人仍非常鍾愛那段回憶。[6]歐洲人和穆斯林的對立包含許多細微的層次。最終落腳中亞的阿什肯納茲猶太人，經常能夠找到比在俄羅斯更好的專業職位。韃靼人、亞美尼亞人和朝鮮人到了蘇聯末期全都使用俄文，在公共領域扮演重要角色，他們的存在減輕了俄羅斯人和本地人之間的劇烈分歧。

歐洲人和穆斯林的對立也透過其他方式獲得緩和。官方論調鼓勵並讚揚異族通婚，視之為跨民族情誼活生生的證明。跨越分歧的通婚雖不普遍，但絕對存在，而且是社會中顯而易見的一部分。中亞的異族通婚絕大多數都是穆斯林男性和歐洲女性結婚，但不限於任何特定的社會階層。青年在蘇聯陸軍役畢（他們總是在蘇聯的其他地區服役）返鄉時，有時會帶回歐洲妻子。有些人在大學或研究機構找到他們的伴侶，其他人則在共青團中愛上某人。跨族裔婚姻的前提都是要在多數婚事依然由父母安排的社會中互相吸引，因此通婚並不常見。[7]除了異族婚姻之外，中亞的都市生活也是由多元民族組成。不同民族的人民在住宅、工作場所、學校和大學互動往來。野心勃勃的父母把他們的孩子送進以俄文為教學語言的學校，這些學校較具聲望，並能傳授學生流利地使用國內最重要的語言。到了一九八〇年代，許多中亞菁英的主要語言已經變成俄文，在哈薩克和吉爾吉斯尤其如此。

◆ ◆ ◆

奧爾扎斯．蘇萊曼諾夫（Oljas Süleymenov，生於一九三六年）可能是蘇聯晚期最著名的哈薩克文人。他的人生在許多方面都圍繞著蘇聯時期迂回曲折的發展。他的父親是名軍官，在蘇萊曼諾夫年僅一歲時在整肅中遭到處決。蘇萊曼諾夫的家族存活了下來，他得以接受地質學的培訓，在哈薩克國立大學（Kazakh State University）取得學位。他接著轉而投入文學界，成為詩人和文學史家，著作等身。一九六六年，他為《祖先的土地》（*Land of the Fathers*）撰寫劇本，那是部由哈薩克第一代電影工作者兼退役軍人夏肯・艾瑪諾夫（Shaken Aymanov）所執導的電影。電影講述十四歲少年巴洋（Bayan）的故事，他「在戰後的第一個夏天」陪同他的祖父到俄羅斯，去取回在列寧格勒附近前線戰亡的巴洋父親的遺體。祖父想要遵循習俗，將他的兒子埋葬在哈薩克草原，在他祖先的土地上。可是，巴洋終於抵達目的地時，卻發現他的父親已經和同時陣亡、來自各個蘇聯民族的同袍一起下葬在某座公墓。巴洋領悟到整個蘇聯都是祖先的土地，對其所有的公民都同樣神聖。如果巴洋的父親埋葬在列寧格勒，那麼列寧格勒就也是他的土地，而哈薩克族也擁有列寧格勒。不過這部電影還帶有更多意義。巴洋的父親當然已為蘇聯捐軀，他的蘇聯精神不容質疑。巴洋代表的是未來。他將會成為蘇聯公民（或者已經成為蘇聯公民，因為他是本片的敘事者）。祖父代表的是過去，以及過去的習俗和傳統。有些關於他的描述並非從正面觀點出發。他不信任俄羅斯人，嚴格遵守純正儀式的伊斯蘭教規，導致他無法欣然接受友好的多元民族社群。不過，他對傳統的堅持賦予他在片中沉默尊嚴的鮮明性格。電影的最後一幕是巴洋和他的祖父——未來和過去——充滿愛的擁抱。[8]

這部電影表面上遵從跨民族情誼的官方口號，不過卻依然反對蘇聯民族關係中根本的不對等情況。蘇聯的民族政策支持前俄羅斯帝國的非俄羅斯人建立民族共和國，藉此贏得他們的信任，並削弱民族主義情緒。每個共和國都是其主體民族在蘇聯整體內的民族祖國。贏得內戰並建立蘇聯的老布爾什維克派是一批多元民族的人士，其中包含不成比例的大量喬治亞人、拉脫維亞人、烏克蘭人和猶太人。經過史達林由上而下的革命後，那樣的世界性受到傷害，但從未消失。因此俄羅斯人和蘇聯的關係十分複雜。他們想像整個蘇聯都是他們的空間，可以四處漫遊和安頓下來，並自視為蘇聯的主人。在多數俄羅斯人眼中，儘管中亞和他們不同，又帶有些異國情調，但仍是他們的領土，而且許多人都不總是能夠分辨幾個中亞共和國的差異。就連最高層的官員往往也對中亞一無所知。赫魯雪夫有個著名事蹟，他曾在烏茲別克首都塔什干的一場集會中問候「塔吉克的人民」。數十年後，戈巴契夫提到「烏茲別基亞」（Uzbekia）和「塔吉基亞」（Tajikia）這種從來沒人在中亞使用過的稱呼。官方論調將俄羅斯人描述成平等民族中的最初民族，以及蘇聯民族大家庭中的大哥。俄文是國家預設的官方語言。儘管蘇聯政府認可各式各樣的語言，但沒有在平等的基礎上授權使用其他語言（不像諸如加拿大或比利時那樣的官方雙語政策）。俄羅斯人原本就會他們自己的語言，也幾乎沒有需要學習其他語言，而非俄羅斯菁英必須要能流利使用俄語才能飛黃騰達。還有些俄羅斯沙文主義者希望蘇聯被認可為俄羅斯國家，但他們從未占有優勢。無論如何，戰後俄羅斯人的蘇聯人口占比僅略超過一半（在一九五九年的人口普查中占百分之五十四點六，一九七九年占百分之五十二點四），無法輕易支配這個多民族國家。

然而，蘇聯從未被塑造成一個俄羅斯國家。她是個民族共和國聯盟，也是世界上唯一一個國名沒有任何地理或族裔指涉的國家。蘇聯性不屬於特定民族，也從未直接等同於俄羅斯性。蘇聯性象徵現代性、社會主義，以及平等正義的承諾。蘇聯愛國主義——亦即效忠於多元民族的蘇聯

——是股重要力量，在公共領域的無數儀禮中被表現出來。它能夠也確實與民族認同共存。到了蘇聯晚期，無疑存在一種共同的蘇聯文化，其共同的實踐和理解可以以多種語言表達。中亞的都市居民認為，參與這種共同蘇聯文化等同於採納現代性的普遍文化，或者等同於歐洲化而非俄羅斯化，即使他們承認這種較廣泛的歐洲文化是透過俄羅斯傳入中亞的。[9]

當然，因為民族無法吸收蘇聯現代性的所有層面，民族和蘇聯之間的關係一直多少有些緊張。蘇聯的醫學認為男性割禮是危險且危害健康的做法，同時也是落後的象徵。中亞人拒絕將包皮視為啟蒙和現代性的象徵，在整個蘇聯時期，幾乎中亞所有地區都仍在執行男性割禮。其他問題更令人緊張。民族和蘇聯，或傳統和現代性之間的平衡總是在不斷變動，對都市專業人士的家族而言尤其如此。因為必須展現地位和財富、和歐洲人社交、維護品味和文雅教養，導致面臨各式各樣的選擇。若說人可以太現代化（例如穿迷你裙的女性，或頭髮留太長的男性），人也可以太民族化——尤其是在仍屬於歐洲人空間的城市中。如何穿著、飲食和布置居家，全都是必須小心回答的問題。個人和家族將自己放在從地方、傳統和民族，到歐洲、現代和蘇聯的光譜上的不同位置。這些選擇經常視情境而定——一個人可以在工作或上學時穿歐洲服飾，而在家或拜訪朋友時穿民族服飾。許多都市家庭依然保有兩間餐廳或客廳，一間是歐洲風格，另一間是民族風格。世界各地的社會當然也面臨類似的問題。不過在蘇治中亞，因為民族和歐洲的二元性一直存在，官方分類在多數情況下也都有民族和蘇聯兩者，其獨特之處在於選擇的自我意識。民族或傳統和代表現代的歐洲都符合蘇聯特質（見圖18-2）。

吉爾吉斯作家欽吉斯・艾特瑪托夫一九八〇年出版的小說《一日長於百年》（*The Day Lasts*

**圖 18-2** 1970 年的塔什干國立大學（Tashkent State University）。中亞的都市區是多元民族的空間。仔細觀察學年第一天 9 月 1 日各式各樣的面孔和女性服飾風格。照片來源：Sputnik Images。

*More than a Hundred Years*）具備許多面向——描繪未來烏托邦的科幻小說幻想、對蘇聯生活的反思，以及關於記憶、身分和歷史的沉思。這本小說的背景設定在哈薩克草原的一座火車站——「這裡的火車從東方駛向西方，也從西方駛向東方」——而其中的一條敘事主線是一名哈薩克老人葉迪傑・詹格丁（Yedigey Jangeldin）提供的，他試圖在距離三十公里的一座祖傳墓地，以正規的儀式埋葬他的朋友。將這位死者好好下葬，是在面對進步和變遷時維護記憶所必須的舉措。儀式是伊斯蘭的，但記憶是祖先和民族的，而這也都屬於蘇聯的一部分，彼此不相衝突。詹格丁半夜在鐵路信號台工作時得知他朋友的死訊。他打電話給他的主管，對方說：

> 「你能怎麼辦——現在是半夜。」
> 「我會禱告。我會擺放好遺體。我會念禱詞。」
> 「念禱詞？你念嗎?!」
> 「對，我念。我記得所有的禱詞。」
> 「蘇聯統治都統治六十年了，還要這麼做嗎？」
> 「這跟蘇聯統治有什麼關係？人們已經為死者禱告好幾百年了。死去的是個人，不是什麼野獸。」[10]

詹格丁是優良的蘇聯公民——他曾在衛國戰爭中服役，戰後一輩子都在鐵路系統（代表著現代性、進步、社會主義和蘇聯性）工作。然而，他也在乎透過伊斯蘭儀式保存民族記憶。蘇聯人、穆斯林和民族成員的身分在他身上輕易共存。

詹格丁適切地隱喻了伊斯蘭在蘇聯末期中亞的位置。史達林在戰爭期間與宗教和解，一九三〇年代的壓迫從未重啟。但那十年間的破壞也沒有復原。無論是物質或知識上的公共空間都徹底去伊斯蘭化。撒馬爾罕和布哈拉的大清真寺被當作「建築遺跡」而保存了下來，但沒有再舉行任何禮拜儀式。在官方公告中，伊斯蘭及其道德戒律無足輕重，全都必須符合馬克思列寧主義的架構。蘇聯的公共空間依然對宗教懷有敵意。戰爭期間縮減對宗教的積極壓迫，並不代表政府已經放棄打造世俗社會、希望能夠將宗教從人民腦袋中除去的基本目標。反而是方法有所改變。一九三〇年代到處褻瀆教堂和清真寺的戰鬥無神論者同盟（League of the Militant Godless）在戰後被解散。取而代之的是知識協會（Knowledge Society），這是規模遍及全蘇聯的組織，舉辦關於「科學無神論」的講座和展覽，並提供世人理性的解釋。反之，沒有任何宗教教育或相關主題的出版。一代又一代的穆斯林在家庭以外沒有任何宗教教育的情況下成年，愈來愈少人仍擁有伊斯蘭知識。我在此所謂的伊斯蘭知識，不是指神學要點的正式敕令或文本詮釋（這在所有社會中都是一小群學術菁英的專業範圍），而是日常儀式習俗，諸如正規的禮拜、不同場合該念的禱詞、維持儀式純正的規定等等。在所有穆斯林社會，奉行儀式的程度差距甚大，有人幾乎不禮拜或齋戒，也有人一天一絲不苟地禮拜五次，並在齋月（Ramadan）齋戒（甚至在其他時間也齋戒）。在蘇聯末期的中亞，鮮少有人每天執行儀式。飲食禁忌大多已經消失。酒精是整個社會生活不拘禮節的特徵，甚至連吃豬肉——因為在軍隊服役時、火車上和自助餐廳等許多情況無法避免——都變得稀鬆平常。日常生活的例行公事和伊斯蘭儀式幾乎毫無關聯。

這並不意味著民眾不再認為自己是穆斯林。情況遠非如此。反而是穆斯林身分的意義改變了。對蘇聯多數的穆斯林而言，信仰伊斯蘭教成為民族身分的標誌，但沒有必要投入個人虔信或奉行儀式。伊斯蘭是民族習俗和傳統不可或缺的一部分，用以區分中亞人和各式各樣的外來者。當地出現了某種「代理虔誠」的現象，也就是社會中有某些群體——某些高貴血統的家族、女性和老年人——比較勤奮地執行儀式，並被認為是為整個社群履行義務，因此社群依然是穆斯林。多數中亞人都是藉由「穆斯林性」（烏茲別克文稱「*musulmonchilik*」，哈薩克文稱「*musïlmanshïlïq*」）的概念來認同伊斯蘭——亦即圍繞在一套文化和行為模式的共同身分，但信仰和奉行儀式並非其核心特徵。有些後蘇聯時期的民族誌研究指出，多數中亞人都認為伊斯蘭存在於家庭儀式和習俗慣例，而非公共領域。我們可以將這種宗教低限主義形式稱為蘇聯伊斯蘭或民族伊斯蘭。詹格丁是此一現象的完美代表。

伊斯蘭的學術傳統在一些瀕危的空間中存活了下來。其中之一是中亞穆斯林宗教管理局，這是一九四三年創立的官方認可組織，同時促進和監督伊斯蘭活動。管理局獲准重新營運布哈拉的阿拉伯聖賢經學院（Mir-i Arab madrasa），於一九四八年開始教授徹底現代化的課程。第二個機構布哈里伊瑪目伊斯蘭學院（Imam al-Bukhari Islamic Institute）於一九七一年開設，成為布哈拉經學院的附屬研究生教育機構。阿拉伯聖賢經學院於一九八二年有八十六名新生註冊，伊斯蘭學院只有三十四個名額，而這兩個機構是供整個蘇聯的學生就讀。這就是正式伊斯蘭教育僅存的規模。中亞穆斯林宗教管理局也負責經營經官方核准登記的清真寺，但數量依然不多（一九八一年全中亞只有約一百八十間這樣的清真寺），聖壇的數量也一直都很少。管理局在一九六〇年代開始送學生到友蘇穆斯林國家的宗教機構就讀，例如埃及、敘利亞和利比亞（Libya）。在蘇聯的環境下，這種與蘇聯以外的穆斯林維持某種聯繫的能力特別珍貴。中亞穆斯林宗教管理局為蘇聯在穆斯林世界的外交政策目標效力作為回報。管理局的領導人歡迎從穆斯林國家來訪的顯要人物，參與關於和平或宗教自由的國際會議。中亞穆斯林宗教管理局還發行了名為《蘇聯東方穆斯林》（*Muslims of the Soviet East*）的季刊，多種語言版本（英文、法文、阿拉伯文和達利文〔Dari〕＊）提供外國消費。[11]

中亞穆斯林宗教管理局的創辦人是從一九三〇年代大整肅中倖存、貨真價實的宗教學者。他們的目標是保存某種像樣的伊斯蘭學術傳統，或許也希望能夠維持對當地社會一定程度的影響力。中亞穆斯林宗教管理局的一項初期舉措是建立一個部門，針對其管轄範圍的民眾寄來的問題發布伊斯蘭敕令。雖然中亞穆斯林宗教管理局的創辦人巴巴汗依禪是中亞守舊派的納格什班底教團導師，但他在管理局的繼任者受到現代派的嚴格伊斯蘭潮流吸引，這波思潮和扎吉德有些關聯，但和阿拉伯世界的當代發展密切相關。在儀式的問題上，有些管理局的伊斯蘭敕令抵觸了中亞伊斯蘭傳統的共識。管理局也應蘇聯政府要求發布敕令。這些敕令代表該組織部分最為激進的立場。舉例來說，管理局頒布老實工作是伊斯蘭的美德，穆斯林要達到這項美德就必須避免缺勤和酒醉（兩者都是國內常年的問題）。其他敕令更進一步，公告參與體力勞動者沒有義務在齋月期間齋戒，或者在蘇聯環境下，在宰牲節（*Qurban hayit*）獻祭家畜、齋月期間慶功的開齋飯

＊ 譯注：達利語是從波斯文演變而來的語言，與普什圖語（Pashto）同為阿富汗的官方語言。

（*iftar*）以及為窮人籌集救濟品也不再是義務。然而，還有些敕令譴責某些習俗不符合伊斯蘭教義，諸如拜訪聖壇、請求死者代為向真主說情、穿著帕蘭吉、蘇非導師的活動、慶祝生命週期事件時宴會過度鋪張等等。反對傳統讓中亞穆斯林宗教管理局的宗教學者陷入危險處境，因為他們似乎在批評可以用宗教和民族立場來捍衛的傳統。從這兩方面的立場來看，宗教學者理應在社會中被邊緣化。[12]我們應當記住，中亞穆斯林宗教管理局是蘇聯的次要機構。其敕令沒有法律效力，其官員沒有公眾形象或公開現身，也沒有參與國內的官方職務。

大量宗教活動在中亞穆斯林宗教管理局的掌控之外進行。這種非官方的伊斯蘭活動根據定義是非法的，但在蘇聯晚期大多都被容許。和同一時期蓬勃發展的地下經濟十分相像，非官方的伊斯蘭不具顛覆性，和中亞穆斯林宗教管理局的官方伊斯蘭之間的區別也並不清楚。管理局的宗教學者是在試圖提供引導，而非掌控所有非官方活動。未登記的清真寺數量超過官方的清真寺，祕密存在於集體農場或都市街坊的倉庫和存貨棚屋中。眾多的聖壇吸引朝聖者，而生命週期慶祝儀式上經常會由社群的長老朗誦《古蘭經》或賜福祈禱。許多聖壇隸屬於在地方備受尊敬的高貴血統家族，他們設法跨世代傳承伊斯蘭知識。在一九五〇年代末，有些聖壇開始為經過挑選的學生祕密授課。這種學習小組被稱作「學房」（*hujra*，字面意義是指經學院學生居住的房間），是中亞少數保存正式伊斯蘭知識的場所。多數的教師都是從一九三〇年代動亂中倖存的宗教學者，投入在他們的社會中保存伊斯蘭知識的工作。他們對於扎吉德的反傳統批評，或是二戰後在中東出現的政治伊斯蘭新潮流，都不大感興趣。

其中最重要的教師是穆罕默迪約恩・盧斯塔莫夫（Muhammadjon Rustamov，約一八九二—

一九八九），他的學生稱他為「印度教授」（Domla Hindustoniy）。穆罕默迪約恩屬於扎吉德世代，但生命經歷大不相同。扎吉德在闡述對中亞傳統教育的批評時，他就讀於浩罕和布哈拉的經學院。他並不贊同扎吉德的主張，而在俄羅斯內戰動盪期間，他離開突厥斯坦求學。他最終抵達印度（這是他稱號的由來），在那裡就讀堅決反對改革、位於阿傑梅爾（Ajmer）的烏斯瑪尼亞經學院（Usmania madrasa）。他於一九二九年返鄉，恰逢史達林展開由上而下的革命，於是他當然立即惹上麻煩。在接下來的二十五年內，他三度被判有期徒刑，總時超過八年，但他仍在二戰期間於蘇聯軍隊中服役，並在白俄羅斯的西部前線受傷。隨後，他短暫在塔吉克擔任中亞穆斯林宗教管理局的官方伊瑪目。他退休後開始在某個學房非正式授課。他還寫作了六卷未出版的《古蘭經》評注。另一位學房的重要人物是艾力汗・吐烈，他是過去第二個東突國的領袖，曾因拒絕服從被蘇聯當局綁架送到塔什干。他和印度教授一樣，純然主張保護傳統——他希望能夠保存伊斯蘭知識，不受扎吉德喜愛的那種批評支配。蘇聯統治對他來說是信徒的試煉，必須透過信賴真主和耐心，而非藉由政治或軍事鬥爭，才能成功通過。伊斯蘭對他而言與政治無關。[13]

# 第十九章　中共統治下的新疆

新疆所經歷的戰後四十年與蘇治中亞大相逕庭。中國革命於一九四九年十月以人民解放軍軍事接管的形式來到新疆。在接續的數十年間，政黨政策在警戒調和當地條件和殘忍壓迫的激進階段之間擺盪變化，後者令人想起一九三〇年代的蘇聯。在一切騷亂之下，新疆融入中國的程度前所未有。蘇聯的影響力在盛世才時代至關重要，但在一九五〇年代間逐漸消失。到了五〇年代末，中蘇聯盟被勢不兩立的分裂取代時，鄰蘇邊界有軍隊嚴密駐防，而蘇聯成為敵方領土。而接下來的三十年間，中亞的兩個區塊都彼此隔絕。

◆　◆　◆

「新疆的和平解放」並不完全和平。國民黨軍隊不戰而降，但省內的其他勢力沒有那麼順從。脫離東突國的哈薩克族首領烏斯曼・巴圖爾率領人馬，繼續對抗人民解放軍，爭取自治並維持游牧的生活方式。人民解放軍耗費超過一年才平定他們的反抗。烏斯曼於一九五一年二月在甘肅和青海省界周邊遭到圍捕，並於四月二十九日在烏魯木齊公開處決。許多他的追隨者離開新疆以表達立場。四千個家庭展開跨越新疆和西藏到喀什米爾的長途跋涉。他們被人民解放軍追捕、狂風暴雨阻撓，最終只有三百五十個家庭成功越過邊界。他們落腳土耳其避難。這波「哈薩克族外逃」在當時受到國際關注，讓新疆最後一次登上新聞頭版，而後長達數十年，整個世界大多都遺忘了新疆。[1]大規模反抗到了一九五二年已大半落幕，但較為地區性的反叛行動和暴力抗爭持續多年。光是和闐，在一九五四年末至一九五六年五月間，就發生八次暴力抗爭，其中幾次有數千人參與。[2]

人民解放軍在征服該省後的頭幾年小心翼翼。他們並沒有侵擾有伊犁民族軍保衛的第二個東突國領土，直到一九五〇年末才占領之，並將民族軍吸納進解放軍的隊伍。他們除了公開處決外，還同時進行「政治工作」，說服追隨者接受新秩序。烏斯曼的兒子謝爾德曼（Sherdiman）又躲避人民解放軍長達一年半，但最終仍投降屈服。他和他的追隨者被安置在阿爾泰地區，並獲得物質支援，謝爾德曼成為阿爾泰城的畜牧科主管。新政權幾乎沒有干涉私人貿易，僅僅執行了一次適度的土地改革，相關舉措包括在貧農間組織互助組，目標是最終將他們納入合作社。北部的游牧地區甚至更沒有感受到新秩序的影響。土地改革確實影響了大地主、清真寺的虔信捐獻財產和其他伊斯蘭機構。但影響遠更重大的是漢人系統性遷居當地的政策，隨著人民解放軍抵達該省而展開。一九五〇年，解放軍遣散十一萬人，讓他們沿著綠洲邊緣和從烏魯木齊通往中國本土的道路落腳屯墾。這些被遣散的士兵從事農業、畜牧、墾殖和首都建設。他們也協助維護地方治安，並輔助邊境警察。諸多大規模農場和牧場在新疆各地出現。這些所謂的「兵團」於一九五四年正式成立，被稱為新疆生產建設兵團，是直屬於北京農業部的準軍事組織。[3]從最初清朝征服新疆以來，目標促進自給自足的屯墾政策就經常被提出討論，但從未成功執行。然而，在共產黨的支持下，這個制度蓬勃發展，並在接下來的數十年間大幅擴張。新疆生產建設兵團存續至今，是幾乎獨立於區域政府之外的實體。兵團根據軍事方針組織，運行一套平行的行政制度，管轄範圍涵蓋全區。

新疆在一九五四年前都直接受軍事統治。一九四九年十二月組建的新疆軍區擁有最高權力，並由第一野戰軍指揮，這個新權力機關的領導階層成員主要都是野戰軍的幹部。第一野戰軍司令員王震是該省實際的統治者。他在一九五二年被召回中國本土，由將領王恩茂取代，而他擔任新疆軍區的司令員和中共新疆委員會*第一書記，直到一九六七年。新權力機關配備軍事人員，而且絕大多數都是漢人。儘管「和平解放」前的十五年間新疆發生諸多動亂，但中共對於該區的本地人口幾乎沒有留下任何影響力。新疆少數的穆斯林共產主義者都心向蘇共，而非中共。中共因此別無選擇，只能吸納非共產黨員加入其組建的新權力機關。國民黨最後一任新疆省主席包爾漢，成為一九四九年十二月十八日建立的新疆省「人民政府」主席。東突國的領導階層提供了另一批共用的本地幹部。賽福鼎・艾則孜是神祕空難事件後東突國倖存最資深的成員，他成為該區最著名的穆斯林共產黨員。他的人生一帆風順，持續擔任官職直到一九七八年退休。然而，包爾漢和艾則孜很大程度上都是傀儡領袖，因為他們顯要的高位沒有促使大量招募本地幹部擔任較低階層的官職。漢族官員支配了黨和政府。新疆愈來愈融入中國，意味著新疆的蘇聯影響力減弱。毛澤東在奪權後的第一波舉措中，出訪莫斯科，參與和史達林的一場高峰會。這是毛澤東人生中第一次離開中國。史達林待他態度傲慢，但屈尊和這個新共產黨政權簽署了友好同盟互助條約。中蘇同盟在十年間蓬勃發展——蘇聯承諾在五年間提供三億元的援助，派遣數千名顧問專家到中國，協助維持這個共產黨政權的存續。史達林確實強迫中國作出一些讓步。有份附加協定創辦了兩間中蘇合營公司，以利開採新疆的石油和有色金屬，並允許蘇聯保留他們在烏魯木齊和固勒扎的領事館。中國需要蘇聯的支持，而毛澤東順從讓步，但他們嚴重激怒了他。奇怪的是，史達林仍在世時同盟牢不可破，但在赫魯雪夫開始讓蘇聯遠離史達林的遺緒時逐漸碎裂。中蘇關係到了一九五九年已經惡化，雙方在一九六二年大打出手，邊界衝突頻傳。新疆處於爭端的中心。甚至在雙方反目成仇前，中國政府便已盡其所能降低蘇聯在當地的影響力。中國在史達林死後不久就買斷合營公司的蘇聯股份，企圖削弱蘇聯在該省的經濟勢力。甚至在同盟的鼎盛期時，中共當局也對新疆的知識分子和曾與蘇聯來往的黨員十分多疑。這種懷疑態度將在一九五八年撼動新疆的「整風運動」中影響重大。

◆ ◆ ◆

「自此刻起，中國的民族問題邁入新的歷史階段。」賽福鼎．艾則孜於一九五一年宣告，「少數民族問題不再和向泛種族主義者爭取自由平等的鬥爭有關……而是關乎如何保衛和建設祖國，以及如何掙脫封建剝削的枷鎖。」[4]中共已經公告一項施政計畫，承認非漢族擁有可擴及自治的權利，並在中國內戰戰勝後就開始執行。儘管其論調和政策與其仿效的蘇聯民族政策有些相似，但實際上，在中華人民共和國承認民族差異的空間遠比蘇聯更小。中國依然是單一民族國家。自

---

＊ 譯注：該組織全名為中國共產黨新疆維吾爾自治區委員會。

治只存在於嚴格限制的範圍內，附屬在對民族團結的強烈重視之下。聯邦制從不曾列入選項。

自一開始，中共就是拯救民族運動的推動者。這是在殖民和半殖民地區眾多運動中最重要的一波，主要將共產主義解讀為反帝國主義。據劉曉原*所述，毛澤東「對西方的了解，尤其對馬克思主義的認識……十分有限」。對毛澤東來說，「共產主義首先是可以解決中國問題的若干『方法』之一」。[5]在關於民族政策的思考方面，中共比他們所坦承的與國民黨有更多相同之處。這兩個政黨都視中國為殖民的受害者，而非加害者。中國的非漢族地區是國家整體不可缺少的一部分，不能設想那些地區脫離中國的可能性。國民黨已經多次針對民族問題表述立場，從想像中國是「五族」的聯合，到堅持所有中國公民都屬於同一種族血統。共產黨的陳述使用不同的語彙，但同樣堅持國家的團結統一。

一九二〇年代時，共產國際曾強制新興的中共將民族自治的概念納入其黨綱中。在江西省短暫存在的中華蘇維埃共和國（一九三一至三四年）憲法承認少數民族自決的權利。條文聲稱：「蘇維埃一直承認到各弱小民族有同中國脫離，自己成立獨立的國家的權利。」[6]然而，共產國際對該黨的影響力正在減弱，不久後中共就避開任何獨立或自決的承諾。一九三〇年代間，中共的聲明較為模稜兩可，提及「以承認中國境內少數民族的民族自由權為目的」。[7]日本入侵中國迫使毛澤東重新評估許多事。就連階級鬥爭也被擱置一旁，中華民族成為鬥爭的主要核心。當國民黨理論家堅稱種族統一，以及所有中國人都擁有共同血統，共產黨作家則是談到「複合但有機統一的中華民族互相連接的歷史演變」。[8]對共產黨作家來說，通往民族統一的路線或許不同，但統一就像對國民黨一樣重要且沒有商量餘地。共產黨員也認為，「各個民族」有義務「團結統一為單一整體，共同抵禦日本入侵」。民族將擁有平等權利和「管理他們自己的事務的權利」，但他們必須存在於單一國家之中。在中共戰勝前夕，史達林派遣阿納斯塔・米高揚（Anastas Mikoyan）出訪中國，與中共領袖協商。米高揚曾在毛澤東的野戰司令部見過他幾次。在討論民族問題的過程中，米高揚建議中共不應「在民族問題上過度熱衷，允許少數民族獨立，因而縮減中國領土」。他是在傳達史達林的優先順序，更廣泛的政治目標先於解決「民族問題」。毛澤東不需要有人提醒他這一點。「毛澤東很高興聽到這個建議，」米高揚指出，「但你可以從他的表情看出來，他原本就沒有打算讓任何人獨立。」[9]

對毛澤東而言，答案一清二楚。「中國地大物博，人口眾多，」他在一九五六年指出，「實際上是漢族『人口眾多』，少數民族『地大物博』，至少地下資源很可能是少數民族『物博』。」[10]蘊含大量未開發資源的領土被非漢人占居。中共是在此一背景下構想其民族政策。中國是「統一的多民族國家」，其中所有民族都享有平等權利，並得以透過自治制度「當家作主」。然而，自治與自決毫無關聯。「各民族區域自治地方，」根據一九五六年的一份意見書所述，「都是中華人民共和國的一個不可分離的部分，民族區域自治是在中央人民政府統一領導下實行一個地區的自治，民族自治機關是一級地方政權，受上級國家機關的領導。這就保證了少數民族聚居地區，完滿實現他們『當家作主』的權利（建立了家又有了作主的權利）。」[11]與此同

＊譯注：劉曉原為冷戰及中國邊疆史研究的重要學者，曾任教於哈佛大學、上海華東師範大學等美國和中國多所大學的歷史系。

時，政府試圖根據民族誌架構，將國內不同的非漢民族分門別類。孫中山曾提及居住在中國的五個種族，但如今政府承認五十六個民族。漢族占據超過九成的人口，而其他五十五個民族是「少數民族」。因此，就算是在阿勒提沙爾，維吾爾人構成人口的絕大多數，他們仍是少數民族。漢族是最先進的民族，肩負帶領少數民族進步並走向社會主義的義務。這個「五十五個少數民族加漢族等於中華人民共和國」（或簡化為55＋1＝1）的公式，成為中華人民共和國如何管理民族差異的基本範例。[12]這是與蘇聯最根本的差異。俄羅斯人在該國擁有優勢——官方稱他們為所有其他民族的大哥和聯盟的主導勢力——但這個國家從未被塑造成俄羅斯國家，或以單一整體的形式存在數百年之久。反之，中華人民共和國是中華民族之國，並被想像成歷史悠久的統一國家。這個國家隸屬於單一的中華民族，他們也是歷史悠久的民族。非漢民族是該國中的少數，他們沒有祖傳的權利根據可以主張擁有他們所居住的區域。

中華人民共和國於一九五五年宣告新疆自治。起初自治權純粹是某個區域所有。然而，艾則孜主張，「自治不是給山川、河流的，而是給某個民族的」。毛澤東似乎同意他的看法，於是新疆被稱作新疆維吾爾自治區。[13]然而自治區和維吾爾人的關聯不大，自治權也嚴重受限。新疆成為從零建立起來的多個自治行政區拼湊而成的區域。最低層級是眾多的自治縣，在更大的分區中相依偎。第二個東突國所掌控的領土變成伊犁哈薩克自治州。此外還有回族和吉爾吉斯族的自治州，*以及兩個蒙古自治區域——其中之一的巴音郭楞蒙古自治州占據新疆近一半的領土。這些分區上有遍布各地的兵團農場管轄，組成平行行政制度的一部分，並且直接向北京當局負責。因此，儘管自治區的官方名稱有維吾爾三個字，但新疆並沒有被塑造成維吾爾人的民族祖地，維吾爾人也沒有任何該區的所有權（不像例如蘇聯時期的烏茲別克人擁有烏茲別克那樣的情形）。新疆反而只是「十三個民族和平共處」之地。

新疆因為自一九三〇年代起經歷過蘇聯式的民族政策，成為中國的特例。別忘了，盛世才曾經承認新疆的十四個民族，並為每個民族成立文化促進會。儘管他從不曾接受區域自治的概念，一九三七年後也對民族問題失去興趣，但民族權利的概念留存了下來。在國民黨統治新疆的時期，曾經發生都市穆斯林居民因民族理念而擴大動員的情形，而東突國曾深入投入其中。因此，中共的民族政策及其最低限度自治的觀念，讓民族菁英失望透頂，並持續爭取更多權利。一九五一年在固勒扎舉行的一場會議共有五十一位知識分子參與，他們投票通過在聯邦制的中國中，建立維吾爾斯坦自治共和國。哈薩克族社運人士的一場類似會議則要求在新疆內建立自治的哈薩克省，匯集伊犁谷地、烏魯木齊和內蒙古的哈薩克族人口。這兩個提案都預期共產黨和政府機關會遵循蘇聯模式，將權柄移交給維吾爾和哈薩克族重要人物。[14]蘇聯的領土自治是誕生自內戰時期民族運動的墳墓，目的一直都是要先發制人，但對許多曾在塔什干求學的新疆本地菁英而言（一直到一九五〇年代，一九三〇年代世代的塔什干生都依然是新疆本地政治和文化菁英的骨幹），這似乎遠遠勝過任何中共願意給予的權利。[15]著迷於蘇聯模式也不僅只是菁英階層的贊同。直到一九五〇年代中葉，新疆所有維吾爾和哈薩克學校的教科書都來自蘇聯。「在當地居民之中，」有兩位中國歷史學者抱怨，「這種情況甚至導致對於母國的認知混亂。截至一九五〇年代，伊犁

---

＊譯注：中共官方稱吉爾吉斯族為柯爾克孜族，此處所指位於新疆的自治州為克孜勒蘇柯爾克孜自治州。

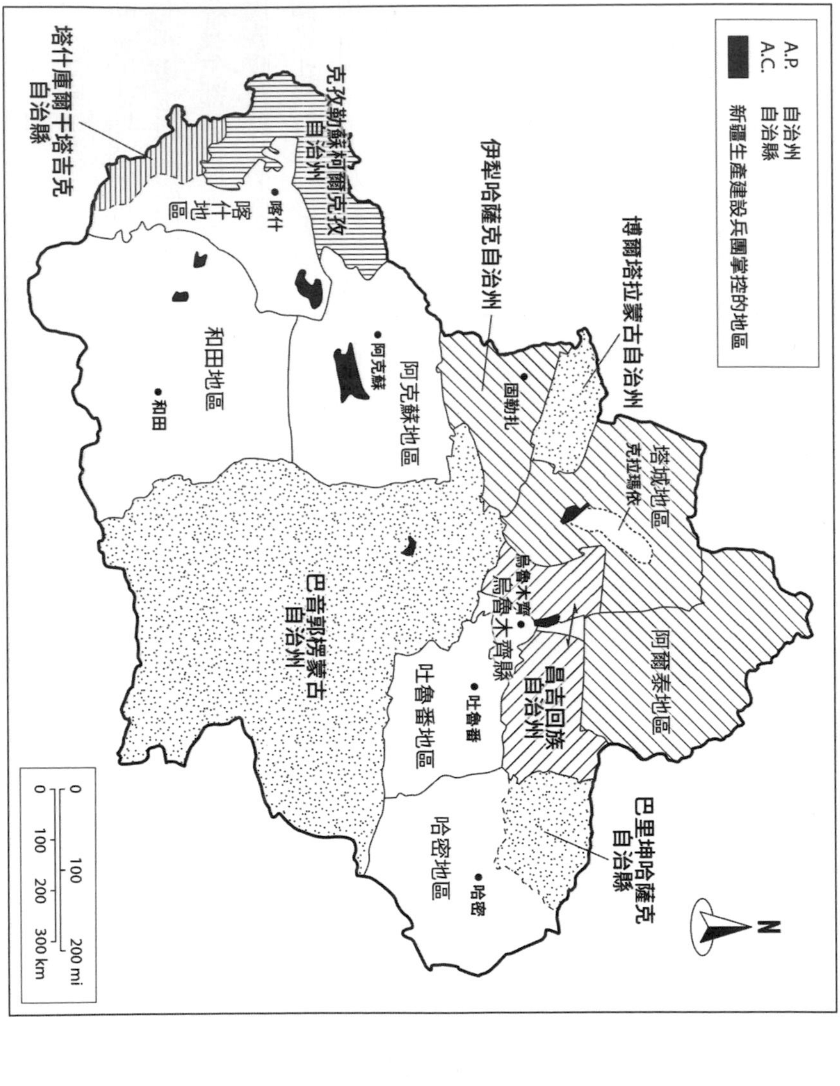


**地圖 19-1** 新疆層層套疊的自治行政區

地區少數民族的孩童對蘇聯和莫斯科略知一二，但對中國和北京毫無概念。許多知識分子、少數民族幹部和民眾都將蘇聯視為他們的母國，僅僅將中國視為次要母國。」[16]

當毛澤東發表他的著名宣言「百花齊放、百家爭鳴」，這些民怨公諸於世。這場運動於一九五六年發起，旨在引出社會對共產政權的回應。隨後批評聲浪排山倒海而來，讓中共大吃一驚，接著他們便發動反右運動來迫害這些批評者。新疆的穆斯林知識分子控訴，新疆只是名義上自治，沒有任何實質的權利。他們也針對漢人屯墾的規模，以及漢人占據黨內和產業關鍵職位的情形表達強烈的不滿，他們還意識到新疆的自然資源都被利用來增進中國本土的利益。在一九五八年一月的一場新疆黨委全會上，穆斯林幹部高聲主張贊同蘇聯式的自治：「為什麼我們需要漢人的幫助才能變成社會主義者？蘇聯採行聯邦制度，每個民族也都變成社會主義者了，不是嗎？」其他人更進一步。省政府文化廳廳長孜牙．賽買提（Ziya Sämädi）要求建立獨立於中華人民共和國的維吾爾斯坦。[17]他在會議上獲得許多人的支持，但最資深的維吾爾共產黨員艾則孜以四小時的演說反制，題為〈堅決反對地方民族主義，為社會主義的偉大勝利而奮鬥〉。最終，這場全體會議通過「執行非漢民族幹部和知識分子整風計畫」，指控異議分子「地方民族主義」、「分裂主義」和支持蘇聯。這對人數不多的本地菁英造成巨大衝擊，他們自一九四九年以來就擔任新權力機關的官員。伊犁哈薩克自治州人民委員會副主席阿布都熱依穆．艾沙（Abdurehim Äysa）在他的看法被公開譴責後自殺。齊放的百花被「反右派和反地方民族主義」的猛烈運動取代，導致許多本地領袖遭到卸職。超過一千六百名幹部被指控「地方民族主義」。其中九十二人逃亡至蘇聯，其餘則被送到勞動營進行「思想改造」。

◆ ◆ ◆

對抗地方民族主義的運動和兩個重大發展交織在一起。首先是與蘇聯的關係惡化。赫魯雪夫一九五六年轉換路線後，中蘇同盟始終存在的緊張關係便突顯出來。毛澤東接手正統馬克思主義的衣缽，指控赫魯雪夫是修正主義者（revisionist），在國內的階級鬥爭和與外國資本主義集團的鬥爭中屈服。在新疆，贊同修正主義成為在政治上不可靠和反革命的象徵。第二個重大發展是發動「大躍進」，這場運動迅速強制中國鄉村經濟轉型投入工業。這與史達林一九三〇年代的動員十分相似，都希望能夠協助啟動工業化。在新疆，大躍進運動還包括放棄調和地方民族特殊性的溫和政策。如果中國要往前躍進，無論其民族或文化起源為何，所有落後形式都必須摧毀。官方論調如今堅稱民族問題是階級問題，要藉由利用通用方法，將對抗壓迫階級的鬥爭帶入每個民族，才能夠解決問題。任何捍衛地方特殊性的行為都只意味著地方民族主義。早期對「大漢族主義」的警戒態度已經消失。如今情況清楚明瞭——漢族代表著現代性；所有其他文化按照定義都是落後的，要克服這些落後文化就必須仿效漢族的做法。大躍進的激進理念允許漢族沙文主義在新疆橫行。

大躍進改造了新疆的鄉村地區。所有新疆農民都被分成五百六十二個公社，每個公社平均有五千五百戶家庭，而畜牧地區終於被降服納入新秩序中。北方的游牧民於一九五八年被組織成二十四個公社，他們的家畜共有，收益共享。[18] 雖然政府依舊小心謹慎，並購買公社的家畜，但其目的是要將游牧民變成對政府負責的牧場主，為政府生產。公社以食堂取代個人廚房（家庭廚房器具被以「後院土高爐」熔化，煉製工業化用的鋼鐵）。對落後的攻擊特別針對伊斯蘭教和伊斯蘭機構，某種程度上再度令人回想起一九二七至四一年的史達林主義運動，但新疆事件的文字記載遠遠更少。攻擊「宗教和保守思想」，導致清真寺和聖壇關閉，許多更遭到破壞，並禁止慶祝伊斯蘭節日和朝聖旅行。

大躍進造成的災難甚至比蘇聯的集體化更加嚴重。這場運動引發甚至更大規模的饑荒——估計總死亡人數約三千萬至四千五百萬人——但其中心位在中國本土，新疆大多逃過一劫。儘管如此，省政府當局告誡人民減少食量，並將穀糧送到祖國的其他地區。[19]公社食堂的宗旨是要「推廣混合粗細糧的計畫運用穀糧的先進方法，粗糧細做，固體食物和粥糜交替供應」。[20]烏魯木齊的糧食短缺導致一九五九年十二月多所大學關閉。大躍進也引發了最後一次跨越中蘇邊界的大規模人口遷移。

因為我們在前文所讀到的各種人口遷移，一九四九年的新疆包含大量來自蘇聯的近期移民和流亡人士。其中包括那些逃離大整肅時期的蘇聯的民眾，還有那些以蘇聯官員身分來到新疆的人員。也有許多新疆人曾待過蘇聯，並取得蘇聯身分文件。就連中蘇關係熱絡時，中共也對這群人抱持懷疑態度。到了一九五四年，總理周恩來建議蘇聯外交官，讓蘇聯公民取得中國公民身分，抑或將他們遣返。剛剛啟動的處女地運動需要額外人手，於是中國各地的蘇聯領事館開始招募蘇聯公民遣送回國。他們的這波行動成效頗佳。一九五五年，十一萬五千名拿蘇聯護照的民眾被遣返回蘇聯，其中六萬八千人來自新疆。[21]中國似乎擔心新疆人口外流的問題，因此改變心意，要求蘇聯停止接受維吾爾族和哈薩克族的被遣返者，以避免傷害新疆的經濟。往蘇聯的移民潮減緩了一陣子。然而，到了一九五九年，中蘇同盟已經瓦解，大躍進的激進政策正全力執行。塔什干和阿拉木圖的維吾爾語廣播節目批評中國的民族政策，並描述蘇聯豐饒的情況。許多維吾爾人和哈薩克人開始移民到蘇聯——而且經常是先前和蘇聯沒有關聯的居民。起初，蘇聯邊境衛兵會送回他們攔截的人民，但很快就不再攔阻，那些逃離新疆的民眾獲准進入蘇聯。與此同時，新疆的蘇聯領事館開始近乎任意地核發蘇聯文件，導致移民潮暴增。一九六二年春末，蘇聯開放距離固勒扎僅六十五公里的霍爾果斯（Khorgos）邊界，並准許任何想要通過的人通行，無論有沒有護照都可以入境。此一事態的消息在固勒扎如野火燎原般傳播開來，大量人民拋下一切，直奔邊界，利用公車這唯一的交通運輸工具。那幾週內跨越邊界的人數估計有六萬至十萬人。接著，中國當局在五月二十九日停售公車票。憤怒的群眾聚集在公車站，並朝當地縣政府辦公室前進，將之洗劫一空。群眾在移動至中共大樓途中遭機關槍掃射，殺害許多抗議民眾，還有更多人受傷。反對這波「反革命」行動的運動接續展開，大量人民遭到逮捕。邊界關閉並設軍隊駐防。長達二十五年都沒有再度開放。

蘇聯嚴密保衛邊境，也不常接受難民。一九六二年對新疆的維吾爾人和哈薩克人開放邊界的舉措極不尋常。開放邊界有部分是為了要譴責中國領袖對待非漢民族的方式，但也根源於蘇聯和新疆長期以來的關係。移民大多留在哈薩克——其中的哈薩克人被安置在共和國周邊的集體農場，不過有許多人前去投靠親戚。維吾爾人則被安置在邊界旁的塞米列琴，這是清朝和中國統治下的穆斯林移民和流亡人口多年的聚集中心，但還有許多人最終落腳在阿拉木圖，那裡有著歷史悠久的蘇聯維吾爾社群。因為俄語能力欠佳，也比較有奉行穆斯林儀式的習性，新移民與其他人有所區別。然而多年後，這些區別逐漸減少。反之，反中情緒並未減退，阿拉木圖成為反中蘇聯維吾爾人的堡壘。[22]在中國境內，對於這波外逃潮的原因並沒有太多推測，他們視之為蘇聯陰謀所致，並且將這點列入對過去盟友早已大量累積的不滿清單中。

◆ ◆ ◆

大躍進在其引發的災難之中，於一九六一年喊停，而在新疆，前大躍進時期較為溫和的政策回歸了一陣子。平靜於一九六六年再度被打破，那年中共發動無產階級文化大革命。若說大躍進和蘇聯經驗有些相似，那麼文化大革命就是中國獨有的經歷。大躍進的災難有損毛澤東在黨內的權威，而文革是他藉由發動對抗共產黨本身的草根起義，試圖恢復威信的行動。毛澤東號召國內青年破四舊——亦即舊思想、舊文化、舊風俗和舊習慣——無論在哪裡發現其蹤跡都要打擊之。學校和大學因為學生四散全國、發動革命而關閉，武裝紅衛兵與他們的長輩彼此鬥爭，讓中國陷入混亂。在新疆，文化大革命是不同漢人派系間的戰鬥。一九六八年，區域政府被十人（其中有八人為漢族）的革命委員會取代時，王恩茂和他第一野戰軍的同夥因而失勢。王恩茂被降級為第二書記，隔年就被調離新疆。新疆陷入混亂，就連蘇聯威脅入侵也無法遏制。

若說新疆文化大革命的政治層面可以簡略描述為一連串爭奪區域控制權的會戰，那麼其文化層面則大不相同。文革明確針對「少數」民族。關於新疆文革恐怖情形的紀錄不多，而且幾乎沒有此一主題的文獻研究。就我們所知，沒有跡象顯示維吾爾或哈薩克族青年被動員捍衛毛澤東思想，或試圖在他們自己的社會發起革命。反而是漢族的革命分子企圖消滅新疆穆斯林文化中的四舊。這是一九二〇和三〇年代中亞的蘇聯運動與新疆事件根本上的差異，當時蘇聯運動所有的馬前卒都是地方民族的激進青年，而新疆的各個民族整體都成為懷疑和鄙視對象。清真寺、聖壇和墓園被迫關閉，還經常遭到褻瀆。數十年後，有位流亡人士描述他在喀什噶爾附近的英吉沙爾的一段童年回憶：「有些黑豬和白豬被養在人們稱為『清真寺』的建築裡……我長大後發現，我們這區幾乎所有清真寺都被改成豬舍。就連維吾爾族的歌曲也在讚美豬隻。」[23]文革分子關閉經學院，焚燒《古蘭經》，禁止穿著地方服飾，當眾強迫剪掉維吾爾婦女的長髮。非漢族的知識分子、宗教人物和名譽受損的幹部都被逮捕，並遭受所謂批鬥的公開羞辱，他們經常被強迫吃下豬肉。這類對伊斯蘭教和地方文化的攻擊持續至一九七〇年代末，那時政治動亂早已平息。文化大革命對本地幹部而言十分慘烈，他們喪失了原本在領導階層便已微不足道的勢力。除了一直擁有強大適應力的艾則孜，在一九六八年成立來恢復新疆秩序的革命委員會中，已經沒有任何維吾爾人。民族在政策上已經變得無關緊要。

◆ ◆ ◆

毛澤東逝世導致文化大革命落幕。在一個月內，黨高層就逮捕了他的主要追隨者——四人幫，其中包括他的遺孀——並逐漸與前十年的政策劃清界線。一九七八年，中共推選鄧小平擔任最高領導人*，他是毛澤東的前同袍，曾在文革期間受辱。鄧小平開啟了改革的時代，中華人民共和國與國內少數民族的關係又擺盪回到溫和的走向。國家民族事務委員會是監督民族政策執行的主要機關，經過十年休止後，於一九七八年五月恢復運作，而承認和調和民族差異的議題又謹慎地重回官方論述之中。對新疆而言，改革時代開啟了新的可能性。對伊斯蘭教的壓迫中止，而在一九八〇年代初，政府甚至出資維修或修復在文革期間遭破壞或摧毀的清真寺。[24]中共政府重建中國伊斯蘭教協會，並再度准許提供宗教教育，甚至出資將一小群地方的伊瑪目送到北京的中國伊斯蘭教經學院（有些甚至被送到埃及），接受更高等的教育。[25]語言權利再度變得貨真價實，表達地方民族文化的新空間浮現。在現在看來，一九八〇和九〇年代似乎是現代維吾爾文化的黃金年代，新的表達形式出現，而維吾爾知識分子得以創造一套維吾爾民族歷史的有力敘事。

共產黨政權於一九五〇年代初曾創辦維吾爾學術和文化機構，賦予他們將維吾爾語言標準化、蒐集統整維吾爾民間傳說和其他方面的文化遺產、創作適合現代的學術作品等任務。新疆文字改革委員會以一九二〇年代在蘇聯開創的改革阿拉伯文字為基礎，設計出標準正字法。一九五六年，北京當局決定將所有少數民族語言都換成西里爾文字，但在實際執行任何相關舉措前，中蘇同盟便畫下句點，因此拉丁化成為優先的選項。一九五七年，維吾爾文和哈薩克文被替換成拉丁文字，而這些拉丁字母的音值和新採用的漢語拼音轉寫相同†（因此字母q代表「ch」的發音，字母x代表「sh」）。替換文字是與大躍進同時發生，於是不容許任何異議。「反對採用以漢語拼音計畫為基礎的新書寫系統，以及反對少數民族語言和中文並行發展，就等同於反對中華民族的社會主義和共產主義；反對根據該計畫改革少數民族語言的書寫系統，就等同於反對所有

＊ 譯注：原文為「總書記」，但實際上鄧小平並未擔任過中央總書記一職，他曾擁有的正式官銜僅有國務院副總理、中央軍事委員會主席等，但他是中共認定的最高領導人。

† 譯注：音值意指字母所代表的發音，也就是說拼寫維文和哈文的拉丁字母所定義的發音和漢語拼音相同。

中華民族的團結和祖國統一。」艾則孜於一九六〇年代寫道。[26]蒐集和保存新疆文化遺產的工作也已經展開，其中最重要的特色是木卡姆（*muqam*）音樂及其伴奏歌曲全集。不過，這項文化工作在大躍進和文革動亂期間大多已不復存在，維吾爾知識分子被大量開除，遭受批鬥，還經常被捕。伊布拉音·穆提依（Ibrahim Muti'i）的命運相當典型。他是名語言學家，曾出版一本十八世紀五語辭典的現代版本。他在一九六〇年因被指控為「右派」而被捕，入獄長達十五年。文革一開始，他就面臨批鬥，審問者將多冊他編纂的辭典扔向他的頭部。[27]他活到見證了改革時代，維吾爾學術界終於恢復原樣，不再四分五裂。

維吾爾語文出版僅限於官方報紙和雜誌，文學內容非常稀少。新時代於一九七八年展開，有些新文學和學術期刊開始發表，而維吾爾文小說姍姍來遲。維吾爾語言再度獲得受保障的官方地位。一九五七年引進的拉丁字母拼字法從沒有貫徹實施。一九七〇年動亂已略為平息時，又開始重新推動拉丁化。「維吾爾和哈薩克文字改革是一場破舊立新的革命。」艾則孜如今宣告，「在維吾爾族和哈薩克族人民的政治和文化生活中，這是深具實質和深遠歷史重要性的事件。」[28]然而，這些新文字從未盛行，計畫終於在一九八二年廢止。到了一九八六年，拉丁文字的最後蹤跡已經消失。自那時起，維吾爾文和哈薩克文便以改革過的阿拉伯文字書寫，一如前述，首先使用這種文字的是一九二〇年代的蘇聯。那絕大部分是扎吉德的計畫，於俄羅斯內戰年間引入。新疆的阿拉伯文字是扎吉德主義極少數在二十一世紀依然完好無損的真正遺產之一。新字彙的發展和文法標準化伴隨拼字改革而來。和現代世界其他語言改革計畫相同的是，書面的維吾爾文比較接近口語，伊犁地區的方言成為維吾爾文現代標準化語言的基礎。這意味著白話的突厥語詞彙取代了許多阿拉伯和波斯文的對應詞，同時也為該區新出現的物品和概念創造新詞。儘管官方施壓把中文外來詞當作新詞彙，但成效不彰。維吾爾作家在戰間期已經吸收大量的俄文詞彙——尤其是政治用語，但不限於這個領域。那些語彙從未被中文的對應詞取代。今天，書面維吾爾文依然保有大量豐富的俄文借用語。（該區完整的維吾爾文名稱為「*Shinjang Uyghur Aptonom Rayoni*」，其中包含了兩個俄文外來詞。）

維吾爾知識分子於一九八〇和九〇年代擁有的自由空前絕後，他們在此時創造出一套關於維吾爾民族的有力敘事，表達這個民族已世居新疆數百年之久。闡述此一身分的主要載體是歷史小說，這個文類在一九八〇和九〇年代間蓬勃發展。就像蘇聯在布里茲涅夫時期的狀況，小說家的創作可以比歷史學家更自由，而撰寫維吾爾通史的正是阿布都熱依穆·烏提庫爾（Abdurähim Ötkür）、賽福鼎·艾則孜和阿布都瓦里·阿里（Abduväli Äli）等這類的作家。民族誌和音樂學研究打造出一群可以宣稱全維吾爾人民共享的民族文化英雄。其中包括十世紀的喀什噶爾喀喇汗朝王子薩圖克·博格拉汗，他是第一位改信伊斯蘭的突厥統治者；十一世紀的詩人兼作家玉素甫·哈斯·哈吉甫，他的《福樂智慧》一書是最早以突厥文寫成的文字作品之一；與他同時代的辭典編纂者瑪赫穆德·喀什噶里，他（以阿拉伯文）編纂了第一本突厥語言概述；十六世紀葉爾羌統治者的王妃阿曼尼莎汗（Amannisa Khan），她被認定是十二木卡姆（Twelve Muqam）的統整者。這些人物都曾在東突厥斯坦生活和工作，象徵著維吾爾民族對新疆領地的所有權。因此，維吾爾人對他們自己民族歷史的認知從根本上就抵觸中國政府的認知。這樣的歷史隱含反駁意味，駁斥宣告新疆有史以來都屬於中國領土的中國官方聲明。

這類制定重要作品集的做法，幾乎和後史達林時期蘇聯共和國的知識階層所完成的工作一模一樣。然而，蘇聯知識分子有在蘇聯體制和黨內占有一席之地且自信的民族政治菁英支持。維吾爾菁英的發揮空間遠遠更少。艾則孜的職業生涯儘管是特例中的特例，但仍展現出兩者的差異。艾則孜於一九一五年生於富裕的維吾爾家族，他是塔什干生，也就是一九三〇年代那批在烏茲別克受教育的維吾爾青年。他是固勒扎東突國的教育部長。當共和國整個資深領導階層在神祕的空難事件中喪生，艾則孜成為東突國的資深成員，也是該省與中共的少數中間人之一。在接下來的二十五年內，他都是最著名的維吾爾共產黨員，於一九五五至六七年間擔任新疆政府主席，一九七二至七八年再次上任。在第二段任期間，他同時也是中共新疆委員會的書記，是唯一一位擔任此職位的非漢族人士。在晚年的一九九三至九八年，他擔任中國人民政治協商會議的副主席，這是中共諮詢立法相關事務的機構。他於二〇〇三年壽終正寢。艾則孜精通生存之道，大多都是扮演北京傳話筒的角色，安然度過那數十年間的迂回曲折。他在一九五八年和整個文革期間譴責「右派」和「地方民族主義」，他忠實附和毛澤東的宣告，擔任中共民族議題方面的熱衷代言人。艾則孜對毛澤東的讚揚與一九三〇年代蘇聯共和國領袖的言論十分相似，而不像與他同時代人可能會使用的言辭。因為艾則孜不是拉希多夫。這位烏茲別克第一書記必須達成生產配額，並在許多方面服從規定，但他占據烏茲別克政治菁英階層的高位，他們可以掌控共和國，而且對自己在蘇聯生活中的地位信心十足。烏茲別克菁英可以歌頌自己的民族遺產，以身為蘇聯多民族大家庭的一分子為傲——他們也確實這麼做了。維吾爾菁英沒有同等的空間；甚至也沒有可相比擬的維吾爾政治菁英。

艾則孜也是作家、劇作家、詩人和歷史學家，他的創作闡述維吾爾民族歷史的想像，並讚揚維吾爾民族英雄。一九五〇年代，他曾參與蒐集、採譜和出版木卡姆音樂及其伴奏歌曲全集的工作。經過二十年忙著試圖安然度過文革的中斷期後，他在情勢較和緩的一九八〇年代退休時再次提筆。他撰寫了那個時代的第一批歷史小說之一、一篇記錄薩圖克．博格拉汗生平長達千頁的史詩，還有一部關於阿曼尼莎汗生平的歌劇、其他歷史著作和大量的詩歌。他也出版一本冗長的回憶錄，花費超過千頁的篇幅在形容他早期的人生，但止於一九四九年。在這大量的作品集中，他一九八三年在一本喀什噶爾文學雜誌上發表的一則短篇寓言故事值得注意。這個故事是在講述一隻住在池塘的青蛙，他的那座池塘位在由一隻公雞統治的穀倉院子裡。青蛙爬出池塘外，渴望成為整個院子的王者。他透過諂媚公雞和唱過度讚美他的歌曲來往上爬。公雞對他印象深刻，因而指派他擔任池塘的伯克。池塘的居民已經親眼見證他的阿諛奉承，完全失去對他的尊重，並拒絕接受他的職權。深感絕望的青蛙試圖爬上公雞居住的樹木，不料竟失足摔死。公雞十分震驚，但足夠鎮定地說出：「這下場是你應得的……青蛙怎麼能和公雞平起平坐呢？」艾則孜寫下一篇對他自己人生的尖刻諷刺——艾則孜（青蛙）可以盡其所欲討好毛澤東（公雞），但毛澤東沒有打算拔擢艾則孜擔任任何高位。奉承也導致艾則孜失去池塘（新疆）其他居民的尊重。「這篇維吾爾版的《動物農莊》（*Animal Farm*）戳破了中國政權的自我吹噓和恩賜態度，最終也揭露其種族歧視。」加德納．鮑文德（Gardner Bovingdon）＊寫道，「強調種族形成和生物學是個人命

＊譯注：加德納．鮑文德為美國歷史學者，任教於美國印第安那大學（Indiana University）中央歐亞研究學系。

運，反映出更廣泛社會中的大漢族沙文主義。」[29]艾則孜在退休期間似乎意識到了中國政權提供給少數民族的機會相當有限。

◆　◆　◆

一九八〇年代，中國開始開放新疆給外國旅客旅遊。自從中共接管後，這個區域便已幾乎徹底對外界封閉（例外是中蘇同盟鼎盛時期在當地工作的蘇聯專家）。在民國時期的動盪之年，曾有些歐洲旅人經過當地，留下一些遊記藏書。那樣的交流在一九四九年戛然而止，接下來的四十年幾乎沒有任何外國人造訪新疆。蘇聯邊界到了一九六〇年代初便有軍隊嚴密駐防且封閉，與印度的邊界亦然（中國曾在一九六二年與印度對戰）。而今，在一九八〇年代中葉，中國開啟通往巴基斯坦的陸路路線。這兩個國家都是蘇聯和印度的敵人，中巴友誼因此鞏固強化。這兩國間的策略友好關係顯現在喀喇崑崙公路的建設上，這條公路穿越喀喇崑崙山脈，連接喀什噶爾和巴基斯坦北部。這條路線於一九八六年開放，將巴基斯坦商人帶到喀什噶爾，他們數十年來是第一批造訪此區的外國人。與此同時，新疆也開放觀光旅遊。當時新疆的主要賣點是當地美麗的自然景觀，以及彷彿停留在過去的城市氛圍。我曾在一九八六年拜訪喀什噶爾，當地惡劣的生活水準和老城區仍完整且如常運作的狀態，都令我驚訝。喀什噶爾感覺十分遙遠——蘇聯和印度邊界都關閉了，唯一進入巴基斯坦的通道是一條海拔五千公尺的山路，而在城市以外的地區旅行仍非常困難。我當時並不知道，但中亞正要發生翻天覆地的改變。

# 第二十章　位處冷戰前線

快倒數到零時，穿著太空衣的男子說：「我們出發吧（*poekhali*）！」那天是一九六一年四月十二日，尤里．加加林（Yuri Gagarin），也就是那位太空衣男子，正要成為史上第一位進入太空的人類。蘇聯在三年半前的一九五七年十月四日，發射第一顆人造衛星史普尼克一號（Sputnik 1）進入行星軌道時，已經在太空競賽中獲勝。然而，首次有人類進入太空完全是更重要的里程碑。加加林繞行地球的消息在蘇聯各地引發自發性的慶祝。太空探索成為蘇聯末期的核心神話和蘇聯公民無比自豪的一件事蹟。因此，我們要記得蘇聯太空計畫的基地是哈薩克草原的拜科努爾（Baikonur），這點相當重要。史普尼克一號和加加林都在哈薩克開啟他們的旅程。太空時代始於中亞。

太空競賽是冷戰不可或缺的一部分，而中亞位處其中心。柏林圍牆或許是冷戰最強而有力的象徵，但也是個全球現象。在歐洲以外的區域，戰爭幾乎都不冷，世界各地的代理人衝突犧牲了數百萬人的性命。冷戰也是爭奪全球人心和民意的鬥爭，在許多因歐洲帝國勢力撤退而出現的國家尤其如此，這些國家如今成為世界舞台上的主權參與者。美國人將自己塑造成解放和自由鬥士的形象，甚至當私刑持續在美國發生，被委婉稱作黑人歧視法（Jim Crow）的種族恐怖控制國內的半數地區時，他們仍如此自稱。蘇聯人把自己定位成提供另一條通往現代性的道路的角色——亦即一種消除殖民主義遺緒，並提升前殖民地至平等地位的政治秩序。[1]中亞的共和國對於這些主張至關重要。他們成為向所謂第三世界展現蘇聯成就的展示櫃，蘇治中亞人在此一擴大勢力範圍的過程中扮演顯要角色。冷戰亦非兩極事務。一九五〇年代末中蘇同盟瓦解，引發共產主義陣營內的敵對狀態，也擴散到全球。蘇聯和中國之間的競爭被稱為影子冷戰，造成沿著兩國間長距離的陸路邊界劇烈軍事化、激烈的脣槍舌戰和外國影響力的競逐。中亞位處此一衝突的中心。一九六二年數萬名哈薩克人和維吾爾人外流至蘇聯後，新疆和哈薩克之間的長距離邊界便遭關閉，並設有軍隊嚴密駐防。而冷戰的最後一起戲劇性事件正是發生在與蘇治中亞接壤的阿富汗，極度暴力且殘忍。

冷戰一直都是不對等的鬥爭。美國遠比蘇聯更加富裕，而且擁有遠更強大的地緣政治影響力。蘇聯是衝突中的挑戰者，從未成為驅動者。起初，史達林的目標主要都針對地緣政治。他想要鞏固蘇聯邊界，讓緩衝區包圍這個國家。最重要的是在東歐設立的幾個人民共和國，但史達林也支持在伊朗亞塞拜然（Iranian Azerbaijan）建立自治共和國，並迫使中國的國民黨政權終於承認蒙古獨立。別忘了，史達林對東突國的支持也是相同權力算計的一部分。共產黨在中國革命的勝利並沒有改變史達林的算計，因為他向他在新疆和滿洲的新盟友要求讓步，並保有對中東鐵路的掌控權，這條鐵路穿越滿洲，連結蘇聯城市赤塔（Chita）和海參崴。這為共產黨同盟播下毀滅的種子，同盟將在十年內轟轟烈烈地崩解。

同盟持續期間，進展十分順利。蘇聯為其投入大量資源。他們接受數千名中國學生，派遣差不多數量的顧問和專家到中國，幫助中國啟動重建工程。許多蘇聯專家都是中亞人，他們在新疆扮演重要角色，而且經常是當地唯一一群能夠與地方居民對話的專家——中國的漢族專家對突厥語言一無所知，最後只好用手勢和臉部表情來溝通。蘇聯專家還協助啟動中國的核武計畫。中國核武計畫的主要試驗基地設在新疆東部的羅布泊（Lop Nor）周邊，一九六四年十月十六日中國首次的核試驗就是在這裡執行的。大氣試驗持續至一九八〇年，期間羅布泊共進行了四十五次核試驗。中亞因此成為蘇聯和中國執行核武計畫的場地。

◆　◆　◆

冷戰初期與解殖時代重疊，提供蘇聯外交新的機會和挑戰。其中一項核心挑戰是要打破前殖民主對新獨立國家的掌控，並帶領那些國家遠離美國的全球霸權。機會則是寄託在新國家之間的獨立情緒，以及他們掌控自己命運和資源的渴望。蘇聯自稱是被剝削者的捍衛者，也是通往另一條發展道路的指引，能夠讓前殖民地和殖民母國平起平坐，表面上終結剝削。就許多方面而言，這是恢復到一九二〇年代的論調，當時蘇聯曾自稱想要解放殖民世界。一九二五年，史達林曾頌揚塔吉克在「印度斯坦」（Hindustan）的門戶」建國，成為「東方國家」的典範。[2]他在不久後就將這一切忘得一乾二淨，他的外交政策愈來愈聚焦在維持蘇聯的國防安全。赫魯雪夫重提（以修正方式）改造前受殖民世界的想法時，中亞成為這個新外交政策的核心。

赫魯雪夫環遊世界時帶著中亞的政治人物和知識分子同行。一九五五年某次拜訪印度和阿富汗時，他自誇道：「我們的代表團包含……烏茲別克和塔吉克的代表，他們是穆斯林信仰的民族。但在我們的國家，穆斯林和其他宗教信仰有何不同？在我們國內沒有這種區別，因為我國的所有民族都是偉大蘇聯的寶貴成員，組成我國眾民族團結一致的大家庭。」[3]赫魯雪夫的其中一位隨行人員是沙拉夫．拉希多夫，也就是未來的烏茲別克共產黨第一書記。在整個一九五〇年代期間，拉希多夫以蘇聯特使的身分周遊解殖中的各個地區。中亞人幾乎從未獲派在他們自己的共和國以外的地方任職（不像俄羅斯人和某些烏克蘭人、韃靼人和亞美尼亞人，他們任職的範圍包含全蘇聯），但許多人在海外代表蘇聯——尤其是在穆斯林世界。拉希多夫一九五〇年代以蘇聯文化特使的身分出訪後，許多中亞人受派為海外的蘇聯大使。一九五六年，赫魯雪夫調派塔吉克共產黨第一書記博博占．加富羅夫（Bobojon Ghafurov）到莫斯科，擔任東方研究院（Institute of Oriental Studies）院長。加富羅夫是史達林任命的，而將他調離杜尚貝是赫魯雪夫打擊各共和國內親史達林派的舉措之一。不過，在莫斯科任職不只是客氣的明升暗降。加富羅夫直到在他一九七七年逝世前不久都持續擔任院長，對制定政策貢獻良多。加富羅夫是歷史學者，他的巨著——一九四九年首次出版的《塔吉克人》（*The Tajiks*）——是塔吉克民族敘事的基礎著述。他的學術資歷讓他得以和穆斯林世界、甚至其他地區的學者建立關係。他除了舉辦許多國際會議外，還在研究院內定期召開與第三世界大使的會議。他是世界上最引人注目的中亞人之一。

不過，蘇聯外交界中最突出的中亞人是烏茲別克的努里金．穆希金諾夫（一九一七－二〇〇八）。他是曾在史達林格勒受重傷的退役軍人。退伍後，他在烏茲別克打造自己的政黨事業。赫魯雪夫於一九五五年指派他擔任烏共第一書記，這是對抗親史達林派的行動之一，但接著在一九五六年又將穆希金諾夫調派到莫斯科，拔擢他擔任蘇聯共產黨主席團。他是第一位進入那個機構的中亞人。「我們中央缺少來自東方的人員，甚至也缺乏了解東方的人。」赫魯雪夫告訴穆希金諾夫，「你是烏茲別克人、亞洲人，又有穆斯林背景，所以你能夠了解這些問題。除了你之外，還有誰能夠處理我們的東方政策呢？」[4]穆希金諾夫不僅處理「東方政策」，他還因為成為赫魯雪夫爭奪黨內掌控權的關鍵盟友而嶄露頭角。穆希金諾夫也在一九五〇年代下半葉出訪國外，並在莫斯科或塔什干接待無數賓客。赫魯雪夫突然轉而攻擊他所提攜的後進時，穆希金諾夫於一九六一年被逐出主席團。他待在莫斯科，在不同的聯邦層級機構工作了數年。接著，布里茲涅夫於一九六八年任命他為蘇聯關鍵盟友敘利亞的大使。一九六七年的戰爭*對蘇聯的中東目標和阿拉伯民族主義而言同樣慘痛，因此大馬士革的職位至關重要。穆希金諾夫在大馬士革服務直到一九七八年退休。

蘇聯不只解決民族問題，更提升前殖民地至平等地位，這樣的主張成為冷戰早期蘇聯對第三世界展現之形象的核心。在接續的數十年內，蘇聯作家將會論稱，中亞經驗證明可以「避開資本主義」、實現社會主義。這是列寧主義對馬克思歷史階段理論所作出的修正，與第三世界的新獨立國家密切相關——這些國家全都在和現代化和發展議題搏鬥。不必長時間停留在資本主義，直接通往社會主義無階級光輝未來的道路，無疑將是一份大禮。對許多新獨立的國家而言，蘇聯的計畫經濟模式及其進口替代和自給自足的特點極具吸引力。中亞如今不再是革命的前哨站，而是

---

＊譯注：指六日戰爭，或稱第三次中東戰爭，埃及、約旦和敘利亞聯軍敗給以色列，以色列因此占領戈蘭高地、約旦河西岸、加薩走廊和西奈半島，數十萬巴勒斯坦人流離失所。

其他人效法的典範。

冷戰還有文化戰線，兩大超級強權在此爭奪第三世界的人心和民意。美國人派爵士樂團巡迴世界，但他們也訴諸比較愚鈍的戰術，諸如支付第三世界作家鉅額款項，讓他們出版親美或反蘇的純文學作品。美國也提供許多道德和財務支持給來自蘇聯的流亡者，以及世界各地的反共組織。蘇聯不總是有大把鈔票可以揮霍，但他們可以利用強大的情緒。對許多反殖民的知識分子而言，美國是全球現狀的擁護者，幾乎不曾改變並給予前殖民地正式的獨立地位。許多非共產黨員還發現蘇聯能夠提供實現他們志向的另一支柱，他們也受蘇聯人所表達的平等理念所吸引。赫魯雪夫任內的新外交政策利用這些友好傾向，而中亞的參與者也提供許多協助。一九五八年十月，塔什干舉行了非洲和亞洲作家會議。與會者包括流亡莫斯科的土耳其詩人納欣・希克美（Nazim Hikmet）；在母國受官方懷疑的巴基斯坦詩人費茲・阿赫瑪德・費茲（Faiz Ahmad Faiz）；塞內加爾（Senegalese）作家兼電影工作者烏斯曼・塞姆班（Ousmane Sembene）；非裔美國學者兼社運人士杜博依斯（W. E. B. Du Bois）；印尼小說家普拉姆迪亞・杜爾（Pramoedya Toer）；中國作家茅盾；以及印度小說家穆克・拉傑・阿南德（Mulk Raj Anand）。也有作家身分的拉希多夫是會議的主持人（見圖20-1）。亞非作家協會（Afro-Asian Writers Association）在這場會議上成立，這是第三世界團結的一次關鍵表述，也是在試圖建立沒有歐美居中促成的全球關係。這個組織一直持續到冷戰結束，定期召開會議，其中一九七三年的場次在阿拉木圖舉行。

塔什干成為蘇聯和第三世界交流的中心，比任何其他地方都更活躍。有間彩虹出版社（Raduga Publishing House）出版了波斯文、阿拉伯文、烏爾都文（Urdu）、印地文（Hindi）和

圖 20-1　1958 年塔什干的亞非作家會議（Conference of Afro-Asian Writers）主席團。沙拉夫・拉希多夫（站立者）擔任主持人。講台後方的標牌是用烏茲別克文寫成。照片來源：古扎克的沙拉夫・拉希多夫宅邸博物館；sharafrashidov.org。

其他語言版本的中亞作家作品。塔什干於一九六八年開始舉辦雙年影展，展示亞洲和非洲國家的電影作品（一九七六年起也放映拉丁美洲的電影），還有數千名來自非洲、中東和南亞的學生就讀城內的大學和學院。在蘇聯境內旅行一直都受到某些限制，在這前提下，塔什干還有這麼多外國學生就遠更令人驚訝了。這座城市本身成為蘇聯現代性的展示櫃，世界各地的官方代表團絡繹不絕，前來參觀其新建設（尤其是一九六六年地震後的建設）。向外國訪客炫耀這個地區的做法也對國內造成重要影響。這讓中亞人——尤其是那些參與這些外賓參訪的人員——成為驕傲的蘇聯公民，並將他們納入革命的傳奇故

**圖 20-2**　作家聯盟會議。由左至右為烏茲別克作家卡米爾·亞辛（Komil Yashin）、吉爾吉斯小說家欽吉斯·艾特瑪托夫、經常拜訪蘇聯的費茲、俄羅斯作家兼編輯阿納托里·薩夫羅諾夫（Anatoly Safronov）以及拉希多夫。這張照片扼要說明了蘇聯晚期的文學和政治菁英大幅重疊的情形，以及他們在文化冷戰中與國際訪客的互動。照片來源：吉扎克的沙拉夫·拉希多夫宅邸博物館；sharafrashidov.org。

事中。我們或許會注意到，伊斯蘭教在這互動過程中扮演微不足道的角色。多數在中亞求學的國際學生都是穆斯林，但他們大多是堅定的世俗主義者。他們完全用俄文學習研究。大多數人都親俄，與中亞人宗教信仰相同對他們來說意義不大。

蘇聯外交成就各異。有些最靠近蘇聯的鄰國——土耳其、伊朗和巴基斯坦——依然小心提防之，並在一九五〇年代與美國結盟。他們的政府以強度不一的手段鎮壓國內的社會主義運動。蘇聯和那些試圖遠離美國的國家關係較好。印度便成為親近的友國。在中東的其他地方，透過推翻保守君主政體而掌權的現代化政權（諸如埃及、敘利亞、伊拉克和利比亞的情形）是蘇聯最好的朋友，這些政權十分欽佩蘇聯的社會改造政策和發展經驗。在穆斯林世界各地，關於蘇聯的辯論圍繞在其對待穆斯林的方式。對反共人士來說，對伊斯蘭習俗和宗教教育的限制表明了蘇聯壓迫宗教，其民族自治相關的宣言只是場騙局。那些左派人士聚焦在那個地區的經濟進步和社會轉型，同時強調蘇聯生活存在宗教自由。蘇聯很早就理解到這一點。一九五四年，拉希多夫在參訪印度、巴基斯坦和阿富汗回國後，寫下一則備忘錄給當時烏茲別克共產黨的第一書記穆希金諾夫，主張烏茲別克需要採取積極舉措去反駁「這些國家內部……來自美國和英國帝國主義者的政治宣傳」，宣稱蘇聯的穆斯林受到壓迫。拉希多夫建議出版共和國內伊斯蘭景點導覽手冊，藉以擊退這樣的觀點。然而，如他所述：「烏茲別克許多清真寺、聖壇和宗教古蹟都處於荒廢狀態，而且沒有按原先的用途使用。」這是一九二七至四一年間反宗教運動的成果。著名的巴拉格汗經學院（Baraq Khan madrasa）成為煤油庫，而中亞穆斯林宗教管理局所在的提拉謝赫清真寺（Tilla Shaykh mosque）的院子裡，有棟建築物被送給一所學校，當作體育館使用。[5]在拉希多夫的介入下，這些建築有部分獲得修復，並交給中亞穆斯林宗教管理局管理，以便向外國高官炫耀。

中亞穆斯林宗教管理局在這場競賽中扮演重要角色。其領袖接待無數外國代表團，尤其是來自穆斯林國家的外賓，而其總部建築是每個觀光行程的固定景點。管理局得以將學校體育館移出其總部辦公室，但其局處建築一直到最後都相當樸實。（我一九八五年去當地觀光時曾拜訪管理局辦公室。其建築古雅寧靜，但看起來不像是極度重要的機構所在地。）中亞穆斯林宗教管理局的宗教學者也拜訪其他國家。他們是探討和平、裁軍和共存問題的國際會議常客，而他們出訪其他穆斯林國家，則是蘇聯文化外交的一部分。目標是說服外國穆斯林，伊斯蘭教在蘇治中亞蓬勃發展。不過，中亞穆斯林宗教管理局是否曾對懷疑者造成許多影響，這點難以確知。管理局還曾安排每年到麥加（Mecca）的朝聖之旅，一九四七年起政府再度允許穆斯林參與朝聖。然而，每年全蘇聯代表團僅有二十五至五十人。（到了一九八〇年代，每年朝聖會吸引平均九十萬名外來訪客，來到主辦朝聖的沙烏地阿拉伯，而人口數和中亞相等的穆斯林國家，代表團會多達數萬人。）預計參與朝聖者出發前會經過國家安全委員會謹慎審查，回國後還要接受盤問。沙烏地阿拉伯是狂熱的反共派。蘇聯的朝聖代表團是用來維繫兩國間的某種連結，但其極小的規模逐漸削弱了全民外交的任何可能性。

◆　◆　◆

對中亞人而言，冷戰最重要的前線是貫穿中亞的中蘇戰線。一如前述，中蘇同盟轟轟烈烈地崩解，而到了一九六二年，兩大共產勢力的軍隊開始交火。許多這些小規模戰鬥都沿著哈薩克和新疆的邊界發生。事後看來，同盟崩解並不那麼令人意外。在整個二十世紀，共產主義都和民族解放的概念綁在一起。中國是這套老生常談的最佳範例。中國革命主張民族主義和反帝國主義。自一開始，驅動中共的就是恢復中國主權和克服百年國恥的理念。他們充其量只能容忍蘇聯的監管。儘管蘇聯提供的協助不可或缺，但中共永遠無法忘記俄羅斯是曾讓中國受辱的強權之一。別忘了，史達林曾向毛澤東強索滿洲和新疆的讓步——這兩個地區是俄羅斯的傳統勢力範圍——而讓毛澤東耿耿於懷。一九五八年，史達林死後，毛澤東向赫魯雪夫抱怨「一個名叫史達林的男子，他占領旅順港，將新疆和滿洲變成半殖民地，還創辦四間合營公司」。[6]但說來古怪，真正讓同盟開始走向崩解的是赫魯雪夫的去史達林化政策。毛澤東和中共因赫魯雪夫提及與資本主義共存惱怒，他們視之為背叛革命理念，而赫魯雪夫對於中國因台灣問題和美國對抗、因新疆爭議領地和印度對立都漠不關心，也得罪了他們。在醞釀的對峙中，毛澤東接手正統馬克思主義的衣缽，並指控赫魯雪夫和蘇聯人是修正主義者。毛澤東主張，赫魯雪夫的改革將「改變蘇聯共產黨的無產階級性質……為復辟資本主義開闢道路」。[7]到了一九五〇年代末，不滿的清單已經增長，加入蘇聯介入新疆一事，據傳是要煽動維吾爾民族主義，以利推翻中國主權。

中蘇分裂後，措辭反而變得愈來愈尖銳。一九六四年，毛澤東告訴日本代表團：「大約一百年以前，貝加爾湖（Baikal）以東地區才成為俄國領土，於是，海參崴、伯力（Khabarovsk）、堪察加（Kamchatka）等地也就是蘇聯領土了。這筆帳我們還沒有算。」赫魯雪夫怒不可遏。「讓我們來研究這些事，」他告訴蘇聯共產黨主席團，「俄羅斯沙皇占領了一些領土。（而今）沙皇已不復存在，也沒有中國封建主，或中國皇帝。就像俄羅斯沙皇一樣，他們（中國人）也占領領土。住在當地的不是中國人，而是吉爾吉斯人、維吾爾人和哈薩克人。這些人是怎麼跑到中國去的？答案一清二楚。毛澤東心知肚明是中國皇帝征服了這些領土。」[8]赫魯雪夫言之有理，但二十世紀的所有中國政權都對這個論點深惡痛絕。反之，對毛澤東而言，蘇聯人是「社會帝國主義者」，利用社會主義的語彙去施行帝國主義。身為前被殖民國，中國是第三世界的真正捍衛者，而比起蘇聯的任何提議，其農民發起的革命遠遠更能在解殖世界大多從事農業的國家引起共

或附庸國。起初，中央政治局對介入阿富汗不感興趣。蘇聯並沒有策畫革命，但樂於擁有阿富汗的友好政權。至於雙方的友好關係是否值得軍事干預則是另一回事，畢竟軍事干預必然會對與美國的關係火上加油，並破壞在兩大超級強權間形成的低盪狀態（détente）。然而，在一九七九年間，蘇聯的看法改變了。阿明的行為愈來愈難以捉摸，而中央政治局的領導人物擔心他的激進作風可能會危及阿富汗的社會主義，也害怕他會和美國達成協議、背叛蘇聯。一九七九年十二月十日，中央政治局作出干預阿富汗的重大決定。兩週後，蘇聯的特種部隊突襲喀布爾的政府所在地。阿明在這場軍事行動中被殺害，由旗幟派的成員取代，他們流亡歸國並被扶植掌權。蘇聯為了較溫和的社會主義派系介入，並希望其干預僅限於確保秩序，同時由阿富汗軍隊鎮壓叛亂和鞏固權力。[9]事情並沒有照計畫發展。反抗政府的叛亂太過擴散，而阿富汗軍隊分裂得太過嚴重，無法恢復秩序。蘇聯軍隊不久便發現自己開始和阿富汗軍隊並肩作戰（甚至經常代替他們打仗）。他們將會待在阿富汗近十年之久。

蘇聯入侵導致大量平民外流至伊朗和巴基斯坦。巴基斯坦的難民營成為反蘇陣地，美國、巴基斯坦和沙烏地阿拉伯提供的資源推波助瀾。對美國來說，蘇聯入侵緊接著伊朗的革命發生，有可能會動搖美國在中東的地位，並破壞取用該區石油的管道。阿拉伯世界以沙烏地阿拉伯為首的保守君主政權，感受到伊朗革命和蘇聯進攻的直接威脅，巴基斯坦的軍事政權亦然——儘管兩國宗教信仰相同，但他們和阿富汗的關係長期不穩。這三方團結合作，一同支持阿富汗的反抗勢力。他們將之定義為對抗蘇聯無神論者的聖戰，並提供戰士大量援助。這些人稱聖戰士的反抗戰士在西方被譽為自由鬥士。在一九八〇年代的華府政府高層中，聖戰一詞帶有完全正面的涵義。

羅納德·雷根（Ronald Reagan）曾邀請幾位聖戰士領袖來訪白宮，將他們比擬為美國的建國之父。在整個冷戰期間，西方的普遍觀念都將伊斯蘭視為對抗共產主義的手段，因此是需要培養良好關係的戰略資產。而今，在阿富汗的戰場上，西方把伊斯蘭陣營當作其代理人對抗蘇聯。還有人假設蘇聯的穆斯林代表第五縱隊，是在蘇聯統治下受壓迫的未同化人口。權威專家提到，可以期待伊斯蘭對蘇聯造成威脅。不只專家這麼想。中情局局長威廉·卡西（William Casey）認為，中亞穆斯林「可以對蘇聯造成許多傷害」。[10]中情局將《古蘭經》和其他強硬派伊斯蘭主義作家的宗教短文翻譯成烏茲別克文，並偷渡進蘇聯領土。他們設想，蘇聯穆斯林用他們自己的語言閱讀《古蘭經》，將會促使他們起義對抗蘇聯制度。阿富汗戰爭並沒有在中亞傳播伊斯蘭狂熱，但確實創造出聖戰主義（jihadism），其觀念主要是透過軍事手段的聖戰可以解決穆斯林社會所有問題。聖戰主義誕生於阿富汗，是冷戰的產物。

對蘇治中亞而言，這場戰爭並沒有帶來某些西方觀察員所期望的結果。中亞部隊以蘇聯公民的身分參戰。沒有人從他們的軍隊中變節或叛逃。（有些蘇聯陸軍部隊確實曾叛變，但其中許多士兵都是俄羅斯人，他們改信伊斯蘭並開啟嶄新的人生。無論他們的故事多麼有趣，其人數微乎其微。）蘇聯的民意並不支持這場戰爭，但中亞的反對聲浪並沒有超越國內的任何其他地區。多數青年都接受官方所提出的參戰理據——這是為了協助友邦對抗反革命和外國干預而戰。甚至在蘇聯解體後一個世代，中亞的退役軍人仍記得以蘇聯公民身分參與這場戰爭的經驗。[11]多數的中亞人都是以一般士兵、而非軍官的身分參戰，但有許多人擔任阿富汗政府的通譯或顧問——一九六〇年代起，許多中亞人便已填補這些職缺。肯定有某些退役軍人在歸國時心懷疑慮，但他們的人數和其他蘇聯族裔的軍人大同小異。令西方鷹派人士失望的是，伊斯蘭並沒有影響中亞人對這場戰爭的反應。蘇聯領導階層甚至大多都毫不擔心戰爭對蘇聯穆斯林人口的任何潛在影響。眾領導人的行動都是基於一項堅定的假設，亦即穆斯林是忠誠的蘇聯公民，並已透過在衛國戰爭中的犧牲展現他們的愛國情操。[12]這個假設一直到蘇聯時代終結時才改變。一九八〇年代，中亞人是完整的蘇聯公民，熟悉蘇聯的價值觀和常規。從塔什干、阿拉木圖或杜尚貝的觀點來看，阿富汗（甚或新疆）似乎落後又未開化，需要良善蘇聯公民的國際援助。然而，其他與戰爭無關的變化正在發生，將會讓這些必然的事物遭受質疑。布里茲涅夫時代來到尾聲。蘇聯新世代的高層領袖將企圖重建蘇聯制度，而這個企圖將會瓦解讓國家團結一致的結構。

【第四部】

PART FOUR

# 後共產時代

CENTRAL
ASIA
A New History from
the Imperial Conquests to the Present

我們對一九八九年最深的印象是十一月九日在柏林圍牆上的盛大派對。圍牆開放前，當年蘇聯在其帝國內接連多次投降。二月，最後一批蘇聯軍隊撤出阿富汗。六月，波蘭舉行多黨選舉，而到了九月，匈牙利開放其與西德相鄰的邊界。到了當年年末，「絲絨革命」（velvet revolutions）在東歐各地蔓延，將歐洲的地緣政治分歧掃入歷史的灰燼中。鐵幕已經升起，冷戰終結，自由在歐洲方興未艾。這一切都是米哈伊爾·戈巴契夫一九八五年在莫斯科掌權後，發起的一連串改革所造成的結果。改革的目的是要強化蘇聯經濟，增加其競爭力。為尋求經濟改革，戈巴契夫也提議放寬政治和文化制度的限制。這項同時改革經濟和政治機構的實驗後來證實是場災難。當政府縮減審查制度的規模，就面臨由下而上訴求改變的巨大壓力。社會動員要求政治權利，並重新協商政治秩序。到了一九八八年，蘇聯國內政治已經面目全非。一九八九年，改變的浪潮外溢到蘇聯在東歐的帝國。蘇聯政府不願也無法壓制新的訴求。在一九九一年結束前，蘇聯已經解體，五個蘇治中亞共和國成為主權國家。柏林圍牆倒塌前幾個月，中國黨國以不同的方式回應由下而上的施壓。鄧小平主導的十年改革已經讓中國經濟大幅轉型，並讓那些改革的受益者愈來愈渴望政治自由化。要求政治改革的學生占領北京的象徵性中心天安門廣場。這些學生受到蘇聯正在發生的改革啟發，而戈巴契夫是他們特別崇拜的英雄。兩個共產黨政權已經開始改善關係，作為正常化過程的一個環節，戈巴契夫在五月造訪北京。他的來訪似乎激勵了抗議行動，這些異議活動成為官方會面的背景。戈巴契夫離開後三週，中國當局已忍無可忍。他們下令將學生逐出天安門廣場，而他們拒絕離開時，政府當局派軍淨空該區。隨後的大屠殺導致超過三千人死亡。一恢復秩序後，中共繼續執行影響深遠的經濟改革，遠遠超越蘇聯改革者的任何預期。依中共所見，經濟和政治改革必須分開。今天，中國實際上採行資本主義經濟，卻由列寧主義政黨領導，不容許任何對其全能權威的挑戰。

一九八九年這一年對中亞的政治和文化造成翻天覆地的改變。兩個政權的兩套改革讓中亞的兩半步上大相逕庭的軌道。蘇治中亞的五個共和國突然獲得獨立和國家主權。他們在後冷戰的國際秩序中協商取得自己的位置，而對國內則重新改造成民族國家，頌揚民族及其文化。反之，中國統治的中亞已經比過去都更和中國緊密交織在一起，其民族和文化特殊性受限，人口結構組成改變。兩區的經濟情況也已翻轉。一九八九年時，在中亞的兩區中，蘇治中亞的經濟遠遠更加強大，擁有可觀的重工業和健全的基礎建設，但如今新疆已經成為該區的經濟動力。中國的商品和人力原先因邊界封閉而擋在蘇聯之外，如今在後蘇治中亞的國家占據優勢，而新疆在貿易中扮演重要角色。中亞兩區間的關係已經反轉。

# 第二十一章　不情願的獨立

一九九一年十二月二十五日的電視現場直播上，米哈伊爾・戈巴契夫辭去蘇聯總統的職位，不僅為他的任期、更為蘇聯實驗畫下句點。事實上，聯盟已經停止運作幾個月了，各個共和國全都宣告獨立，但蘇聯解體等於官方承認了新現狀。蘇治中亞的五個共和國出現在世界舞台上，成為主權國家。

走向獨立是意料之外的發展，而在許多層面上，中亞的人民和政治菁英都不想要獨立。蘇聯解體為莫斯科所引發的近十年動盪畫下句點。在一九八二年十一月列昂尼德・布里茲涅夫逝世的餘波中，讓局面失衡的不是外圍地區的叛亂，而是中央所作出的決定。布里茲涅夫的繼任者尤里・安德洛波夫（Yuri Andropov）曾在一九六八至八二年間擔任國家安全委員會主席，而他將打擊貪腐訂為首要任務。「布里茲涅夫契約」曾給予共和國層級的菁英許多餘裕，以回報他們達成經濟目標，而今中央廢除此一約定，並讓烏茲別克成為對抗貪腐之鬥爭的中心。不過，在空前穩定的前二十年期間維繫國家正常運作的正是貪腐——包括忽視法律的細節、私人關係和地方的非正式協議盛行等許多腐敗情況。安德洛波夫道貌岸然地追求合法性，導致穩定情勢終結，並打開潘朵拉的盒子，引發許多無法解決的問題。

◆ ◆ ◆

沙拉夫．拉希多夫某次在一九八三年八月定期訪問莫斯科時，被要求和葉戈爾．利加喬夫（Yegor Ligachev）會面，他是近期剛上任的共產黨組織局（Organizational Bureau）局長。中央政治局的候選成員一般鮮少接受區區部門首長的會面要求，但拉希多夫同意見他。當時，利加喬夫將烏茲別克一般人民寄到中央委員會的成堆信件展示給他看，信中都在抱怨共和國高層的腐敗和不法行為。那些信件已經持續寄到莫斯科數年之久。它們會被寄回塔什干的黨高層，而他們通常的回覆要不是表示傳聞沒有事實根據，就是已經採取適當的舉措處置。如今，在安德洛波夫的監督下，蘇共決定直接和拉希多夫當面對質。[1]對質後，中央派遣幾個調查小組到共和國，而他們發現大量「負面現象」。人事任命一般都是以私人關係為基礎——往往是根據親屬關係、共同的出身地或共同的教育背景——因此創造出安置在政治和行政機關內部的支持網絡。賄賂相當猖獗。最重要的是，調查員發現棉花生產組織的腐敗程度令人震驚。棉花產量報告長年遭到有系統地竄改。數字都經過灌水，中央政府被索價的棉花量只在紙上生產。後來證實一九七八至八三年間，棉花產量被浮報了四百五十萬噸，幾乎等同於一整年的產量配額，還有數億盧布遭到侵吞。[2]面對達成不斷增加的配額的要求，地方的「生產指揮官」無所不用其極，一再壓榨他們的下屬。他們會強迫集體農場的成員加班，或簽收他們從未收到的薪資。個人可以藉由儲蓄現金或貴重商品來取得巨大財富，他們都將多數這些財物藏匿在地下室或埋在地底下。某位名叫亞斯拉諾夫（Aslanov）的男子是羅米坦鎮（Romitan）的前消費者聯盟主任，他落網時被發現擁有九公斤的黃金、三點五公斤的珍珠、九百七十四枚沙皇時期的金幣、超過一千顆珠寶、十七萬盧布現金和三輛汽車。[3]最惡名昭彰的例子可能是阿赫瑪德詹・奧迪洛夫（Ahmadjon Odilov），他是費爾干納盆地帕普區（Pop）的地方農產工業綜合企業負責人。他過去是某座集體農場的場主，也是被授予許多勛章的黨員（他的胸前佩帶三枚列寧勛章〔Orders of Lenin〕、一枚十月革命勛章〔Order of the October Revolution〕和宣告他是社會主義勞動英雄〔Hero of Socialist Labor〕的一枚獎章），他曾獲選加入各種黨代表大會，並在烏茲別克的最高蘇維埃擔任代表。據傳他將帕普的許多地區改造成個人封地，其中包含一座私人監獄，那些妨礙他的人會在獄中遭處酷刑或強迫勞動。

調查導致一波逮捕潮，不僅遍及共和國各地，更垂直擴及共產黨和蘇維埃高層。到了一九八六年二月，下次的烏茲別克黨代表大會召開時，六十五名省級書記中有四十人——包括十三名第一書記中的十人——以及超過兩百六十名區級和市級黨組織書記都遭到替換。區級和市級行政機構的主席中，有三分之一都面臨刑事指控。共和國中央委員會的一百七十七名成員中，只有五分之一和前一次一九八一年的代表大會相同（一般中央委員會的人員更換率遠遠更低，大概有三分之二或甚至更多成員會續任到下次的代表大會）。[4]當局審理了數百起刑事案件並監禁數千人。有些人遭判處死刑，其中至少包括一位省級黨書記。[5]還有幾個案件的官員因蒙羞而自殺。一九八三年十月三十一日，正當調查加速進行時，拉希多夫突然逝世。他生前的最後幾週神情總是擔憂抑鬱，至今仍有謠言堅稱他是自我了結。拉希多夫的時代在相當突然且令人悲傷的情況下落幕了。當時拉希多夫已經治理烏茲別克接近一半的歷史，並曾主導大規模的社會和經濟轉型。一九

政策的環境生態成本愈來愈明顯，尤其是棉花單一作物栽培所帶來的危害，同時中亞南部大幅人口成長，烏茲別克人和塔吉克人不願搬到城市生活、加入工業勞動力，都讓許多莫斯科的決策者和學者重新思考某些基本假設是否合理。

一九八三年，莫斯科的民族誌學院（Institute of Ethnography）院長尤里安．布羅姆利（Yulian Bromlei）主張，蘇聯在中亞的經濟政策沒有考慮當地的民族傳統，據說中亞人因此不願加入違背那些傳統的產業。布羅姆利是「民族起源」概念的主要擁護者，認為不同民族在歷史上透過基因混合發展而成，因此每個民族都擁有獨特的基因。因為假設每個民族都有基因起源，並強調其特殊性，進而質疑馬克思主義和蘇聯計畫的通用性，這個概念引發議論。現在，布羅姆利實際上是在主張，中亞人在基因上就不適合從事工業勞動。其政策暗示昭然若揭——投資該區域的工業部門是沒有意義的。其他俄羅斯人類學者開始對中亞人拋下傳統、加入工業現代生活的能力失去信心。這個路線的論述集大成是一本俄羅斯學者賽爾蓋．波利亞科夫（Sergei Poliakov）的著作，他在書中描繪出一個受制於「傳統主義」的社會，這個現象呈現出「完全拒絕所有從外來引進熟悉、『傳統』生活方式的新事物。傳統主義不僅對抗新事物，還積極要求持續修正生活方式，以符合古老、原始或『古典』的典範」。[8]根據這些悲觀的分析，中亞在蘇聯時期毫無改變，因為傳統的力量打敗了所有現代化的嘗試。這個區域截然不同且無法同化。此一分析路線不僅懷疑蘇聯政策，還質疑蘇聯計畫的本質。「如果普世願景無效，」亞特米．卡利諾夫斯基（Artemy Kalinovsky）＊指出，「那麼蘇聯的角色和目的為何？」[9]

烏茲別克的肅清行動不只在黨菁英階層，更在一般居民中造成深切的憤慨。被派任高位的調查小組和外來者逐漸被稱作共和國的「紅色入侵」（*krasnyi desant*）。然而，莫斯科當局主張權力的作為最先引發公開衝突的地點是在哈薩克。一九八六年十二月十六日，有群哈薩克學生在哈薩克共產黨中央委員會的建築物前聚集，抗議庫納耶夫遭到革職。因為取代他的人是個俄羅斯人，根本不是來自哈薩克，讓憤慨之情轉變成抗議行動。一夜之間，政府當局派遣軍隊驅散高達數千人的群眾。在接下來的三天內，示威轉變成暴動，並遭到暴力鎮壓。傷亡人數十分可觀，保守估計約有兩百人死亡。這是戈巴契夫時代全蘇聯第一場反對中央政府命令的公眾抗議。在哈薩克，這場戰爭逐漸被人稱作十二月事件（Jeltoqsan events）。蘇聯當局在抗議結束後立即封鎖相關消息，但幾年後，這波事件將成為哈薩克不只一個民主組織的政綱基礎。

面對這些改革的中亞與一九一七或一九五三年的中亞大相逕庭。如今，每個共和國都擁有引以為傲的受教育百姓和民族知識階層，能夠闡述公開立場。在開放政策的時代，知識分子——除了經濟學家和技術專家外，還有作家、詩人和電影工作者——找到他們的發聲管道。每個共和國不同學院和作家聯盟出版的期刊雜誌成為新意見的論壇，準備好辯論所有議題。這些民族知識階層大多是蘇聯晚期的產物——蘇聯時期的社會流動孕育出他們，而蘇聯對學術部門的投資讓他們有工作可做。就某種程度而言，出現這些知識分子是深具蘇聯特色的現象。因此，他們對蘇聯政府十分忠誠，也在蘇聯的範疇內思考。如今他們闡述的批評也具有蘇聯特色，但仍然深具破壞力。

* 譯注：亞特米．卡利諾夫斯基為美國學者，專精於俄羅斯、蘇聯和後蘇聯研究。

們已經有太多新公共組織的狀況下，還適合提出成立各種組織的建議嗎？那些由衷想要幫助改革重建的人，可以透過共產黨、工會和共青團組織、新獲選的蘇維埃，以及我們無數現存的公共協會和創意聯盟，將他們的精力、進取心和渴望用在服務他們的人民，將之落實為實際的行動。」[18]土庫曼的情況甚至更容易處理，那裡的非正式團體似乎甚至都稱不上是真正的組織。一九八五年末，戈巴契夫強迫布里茲涅夫時期的土共第一書記穆罕默德納扎爾．蓋普洛夫下台。蓋普洛夫的繼任者是薩帕爾穆拉特．尼亞佐夫（Saparmurat Niyazov），他在接下來的六年間幾乎沒有付出任何努力，但在一九九一年末成為獨立土庫曼的總統。儘管情況極為不利，但共產黨菁英成功存活到一九九一年，對社會的掌控權大多完好無缺（見表21-1）。

◆ ◆ ◆

那麼那些理應會為蘇聯製造麻煩的穆斯林呢？別忘了，有些西方觀察員視中亞為蘇聯的軟肋，那裡幾乎沒有被同化的居民應該會在蘇聯的壓迫下沸騰。此外，西方普遍認為伊斯蘭是共產主義解毒劑。阿富汗的代理人戰爭一開打後，巴基斯坦、美國及其盟友就將希望寄託在伊斯蘭的戰鬥精神，以對抗蘇聯占領，中情局也希望能夠讓蘇聯的穆斯林人口激進化，進而去攻擊蘇聯。這一切都沒有發生。阿富汗戰爭並沒有導致中亞出現以伊斯蘭為由的不滿之情。因為開放政策允許眾人整體重新評估蘇聯的政策實驗，民眾對伊斯蘭的興趣確實飆升。過去祕密經營的清真寺對外開放，已廢棄不用的清真寺也重新修復、再次開始運作，還有許多新寺建成。伊斯蘭教育復興，奉行伊斯蘭儀式的情形變得愈來愈普遍。然而，這些現象都不必然是反蘇聯的。對多數人而

**表 21-1　改革重建時代的領袖**

| 共和國 | 1985 年 3 月的領袖 | 戈巴契夫任命 | 1989 至 1990 年的新派任領袖 |
|---|---|---|---|
| 哈薩克 | 丁穆罕默德・庫納耶夫<br>1964 年上任 | 根納季・科爾賓<br>1986 年 12 月上任 | 努爾蘇丹・納扎爾巴耶夫<br>1989 年上任 |
| 吉爾吉斯 | 圖爾達昆・烏蘇巴利耶夫<br>1961 年上任 | 阿布薩馬特・馬薩利耶夫<br>1985 年 11 月上任 | 阿斯卡爾・阿卡耶夫<br>1990 年上任 |
| 塔吉克 | 拉赫蒙・納比耶夫<br>1982 年上任 | 卡哈爾・馬赫卡莫夫<br>1985 年 11 月上任 | 無 |
| 土庫曼 | 穆罕默德納扎爾・蓋普洛夫<br>1969 年上任 | 薩帕爾穆拉特・尼亞佐夫<br>1985 年 12 月 | 無 |
| 烏茲別克 | 伊納姆江・烏斯曼霍賈耶夫<br>1983 年上任 | 拉菲克・尼沙諾夫<br>1988 年 1 月上任 | 伊斯隆・卡里莫夫<br>1989 年上任 |

言，回歸伊斯蘭儀式是恢復民族價值的一部分，而不是要威脅蘇聯政府。

政治應以伊斯蘭教為基礎的概念並不古老。這個想法是在二十世紀發展而成，印度和埃及的保守思想家對世俗民族主義的幻想已經破滅，於是構想出伊斯蘭政治的概念。他們的主張通常被稱作政治伊斯蘭或伊斯蘭主義（Islamism），這個概念試圖將伊斯蘭變成一種政治意識形態，這也是現代世界的一個關鍵特徵。自一九二○年代起，中亞大多已經被和穆斯林世界的其他地區切割開來，因此這些發展一般都沒有對中亞造成影響。透過中亞穆斯林宗教管理局的外國管道，有部分新的伊斯蘭文獻確實在當地出現。管理局自己的做法是嚴格謹守經文，但堅決不涉及政治。政治伊斯蘭的概念最先是在學房（地下的伊斯蘭學識圈）的環境下出現。學房大多和在不利環境中保存伊斯蘭知識有關。其中的主要人物「印度教授」穆罕默迪約恩堅決反對在不友善的環境中談論聖戰。一九七七年左右，他的部分學生表達異議。起初的爭論是圍繞在儀式上。異議分子主張，中亞習慣採行的儀式已經腐敗，必須淨化。關於儀式的辯論很快變成在討論伊斯蘭教在政治中的位置。那些異議分子自稱復興者（*mujaddidlar*），指責印度教授對政治毫無意識，並為伊斯蘭爭取更堅定的政治角色。[19]一九八六年，當局逮捕了某位名叫阿布杜拉．賽多夫（Abdulla Saidov）、不在官方名單上的宗教導師，他曾公開呼籲在塔吉克建立伊斯蘭政權，力勸他的追隨者向即將到來的共產黨第二十七次代表大會請願、表達這些訴求。他被捕後引發民眾聚集在區中心庫爾干泰帕（Qurghonteppa）的內政部（Ministry of Internal Affairs）辦公室前抗議。[20]賽多夫的看法顯然有支持者（但我們並不清楚他所謂「伊斯蘭政權」的意思，尤其是要透過向共產黨訴求來達成目標，讓其本意更加模糊）。然而，除了這起事件外，中亞在改革重建時代幾乎沒有發生以伊斯蘭為號召的政治動員，一直到一九九一年末也都沒有出現任何爭取伊斯蘭政權的訴求。蘇聯當局正忙著因伊朗的革命而措手不及，因阿富汗的伊斯蘭主義反對蘇聯占領而憤怒，仍不大擔心中亞可能會出現伊斯蘭主義的反對聲浪。他們大致上是對的。

◆　◆　◆

蘇聯的聯邦主義大多是法律擬制，而不是健全的政治現實。根據蘇聯憲法，十五個加盟共和國都是自願加入蘇聯聯邦的主權實體。他們都擁有主權政權的所有外在標誌——國旗、憲法、國歌、立法機關，甚至外交部。受戈巴契夫的改革政策激勵後，共和國開始表現得愈來愈像實際的政治實體。他們不只試圖主張蘇聯憲法保障他們擁有的權利，還單方擴大那些權利。一九八八年十一月，愛沙尼亞最高蘇維埃（Estonian Supreme Soviet）發布宣言，申明擁有蘇聯憲法所承諾的主權。在改革重建的背景下，主權意味著廣泛的自治權，共和國法律將會取代聯邦法律。其他共和國也跟進，於是到了一九九〇年，「主權遊行」正如火如荼地進行中。這波浪潮在那年夏天來到中亞。烏茲別克在一九九〇年六月二十日宣告主權。土庫曼和塔吉克在八月也宣告主權，接著哈薩克在十月跟進，吉爾吉斯則在十二月。一年前，每個共和國皆已宣布其主體民族語言為共和國的官方語言（蘇聯所有其他的共和國也都通過類似的宣告）。做出這些舉措的，是仍被共產黨地方分部牢牢掌控的立法機關，而這帶有兩項目的。首先，這麼做可以鬆綁共和國和中央政府的關係，畢竟中央一直試圖控制他們、強迫他們更自由化。第二，共和國自治可以打擊地方公共組織的勢力。語言權利是所有中亞非正式團體名列前茅的關注議題。中亞的黨領導階層藉由收編他們主要競爭者的民族議題，便能確保他們持續掌握權力。

儘管如此，無論是居民或地方的共產黨菁英都不想要完全獨立。蘇聯的民族領土自治制度是一種對民族勢力先發制人的方法，以防他們又像在俄羅斯內戰期間那樣成為強大勢力。領土自治主要是關於語言權利等文化議題；從來沒有打算要給予經濟主權。在中央集權的蘇聯經濟中，中亞主要擔任原料供應者，位置相當不利。中亞負擔不起脫離賦予其經濟生存環境的架構。然而，離心勢力開始在蘇聯各地茁壯。一九九〇年六月，俄羅斯宣告擁有脫離蘇聯的主權，蘇聯解體過去一度難以想像，如今開始看似無可避免。戈巴契夫開始談論將蘇聯重組成「革新聯邦」，並以各共和國間新訂定的聯盟條約為基礎。一九九一年三月，他將這個問題交給全聯盟的公投決定。公投問題——「你是否認為有必要保留蘇維埃社會主義共和國聯盟，並將其革新為一個各個主權共和國平等的新聯邦，讓任何民族的個人權利和自由都受到充分保障？」——語意模糊不清，在不同共和國的措辭也不相同。戈巴契夫支持保留蘇聯的根據不是共產主義，而是歷史：「由於歷史，許多大大小小的民族生活在廣袤的西伯利亞地區、遠東和中亞的平原和草原、高加索地區和帕米爾高原的谷地，以及波羅的海、裏海和黑海沿岸地區，並圍繞著俄羅斯團結一致。」他在二月的全國演說上表示，「這個歐亞大國是在數百年間成形的，擁有全世界最大的領土和大量的多語人口……要試圖摧毀這歷史之流塑造而成的自然結果，實在相當瘋狂。」[21]反對的聲音很多，十五個共和國中有六個拒絕參與公投，但五個中亞共和國都壓倒性贊成保留聯盟。這次公投最終的投票率和多數票數，和開放政策前的蘇聯選舉結果相似到十分可疑，但我們仍然可以將投票結果視為中亞普遍民意的指標。中亞人完全沒有以伊斯蘭為由對蘇聯造成威脅，反而是所有蘇聯公民中最支持蘇聯的（見表21-2）。

接續發生的事件讓這一切都顯得毫無意義。八月十九日，中央政治局的一個保守派系試圖發動政變，期望能夠恢復秩序，並阻止讓國家變得難以治理的離心勢力。戰車隆隆駛進莫斯科，軍隊企圖突襲成為蘇聯秩序主要對抗陣營的俄羅斯政府辦公室。在戰車部隊在北京謀殺數千人後的兩年兩個月，莫斯科的事態發展大不相同。戰車因被抗議民眾包圍而變得無害。近期剛當選的俄羅斯總統鮑利斯・葉爾辛（Boris Yeltsin）爬上其中一輛戰車，發表了一段挑釁演說。政變失敗落幕前只有三人死亡。就連對蘇聯的強硬派人士而言，也不再能夠想像大規模暴力發生。

## 表 21-2　1991 年 3 月保留蘇聯公投結果

| 共和國 | 總數 | | 贊成 | | 反對 | |
|---|---|---|---|---|---|---|
| | 票數 | 百分比 | 票數 | 百分比 | 票數 | 百分比 |
| 俄羅斯 | 79,701,169 | 75.4 | 56,860,783 | 71.3 | 21,030,753 | 26.4 |
| 白羅斯 | 6,126,983 | 83.3 | 5,069,313 | 82.7 | 986,079 | 16.1 |
| 烏克蘭 | 31,514,244 | 83.5 | 22,110,899 | 70.2 | 8,820,089 | 28.0 |
| 亞塞拜然 | 2,903,797 | 75.1 | 2,709,246 | 93.3 | 169,225 | 5.8 |
| 阿布哈茲 | 166,544 | 52.3 | 164,231 | 98.6 | 1,566 | 0.9 |
| 哈薩克 | 8,816,543 | 88.2 | 8,295,519 | 94.1 | 436,560 | 5.0 |
| 吉爾吉斯 | 2,174,593 | 92.9 | 2,057,971 | 94.6 | 86,245 | 4.0 |
| 塔吉克 | 2,407,552 | 94.2 | 2,315,755 | 96.2 | 75,300 | 3.1 |
| 土庫曼 | 1,847,310 | 97.7 | 1,804,138 | 97.9 | 31,203 | 1.7 |
| 烏茲別克 | 9,816,333 | 95.4 | 9,196,848 | 93.7 | 511,373 | 5.2 |

資料來源：《真理報》1991 年 3 月 27 日。

附注：阿布哈茲（Abkhazia）是喬治亞（Georgia）的自治共和國。雖然喬治亞拒絕參加公投，但阿布哈茲的領導階層仍決定參與投票。

除了吉爾吉斯的阿卡耶夫，所有中亞總統因為都傾向恢復聯盟，似乎都支持政變。政變明確失敗後，他們全都連忙宣告共和國獨立。未來情勢太過混亂，難以從長計議，棄守而逃是最佳選擇。烏茲別克和吉爾吉斯在八月三十一日宣告獨立，塔吉克在九月九日，土庫曼則在十月末。哈薩克一直等到十二月才宣告獨立。這些獨立宣言一直到十二月末，蘇聯正式解體時，才被國際承認。一九二二年蘇聯成立的原始條約僅存三個簽約國俄羅斯、烏克蘭和白羅斯（第四個簽署國外高加索社會主義聯邦蘇維埃共和國〔Transcaucasian Federative Soviet Socialist Republic〕已經在一九三六年解體），這三個共和國的總統合作施行法律策略，為蘇聯畫下句點。十二月八日，三位總統在白羅斯政府靠近波蘭邊界的郊外別墅中會面，決議解散聯盟。雖然共和國的主權大多是法律擬制，但法律擬制在特定的歷史條件下也可能變得至關重要。所謂的白拉維沙協議（Belavezha Accords）正是如此。他們在現存的（前）共和國之間發起另一輪協商。那些共和國中有十一個派出代表，於十二月二十一日在阿拉木圖開會確認協議，並成立獨立國協（Commonwealth of Independent States）取代蘇聯。十二月二十五日，戈巴契夫辭去蘇聯總統的職位，該國正式解體。中亞的五個共和國成為主權國家。

# 第二十二章　新中亞

一九九一至九二年的冬天，中亞的五個國家加入了從聯合國到國際奧林匹克委員會（International Olympic Committee）的各種國際組織，他們的國旗開始和其他主權國家的旗幟並列飄揚。寧靜的蘇聯省級城鎮，諸如阿什哈巴特、比斯凱克（舊名為伏龍芝）和杜尚貝，都成為國家首都，外面的世界以許多形式現身在這些城市中。外國大使館和外國商品一同出現，如今能夠負擔得起的少數人可以買到外國貨了。所有蘇聯共和國原先就都有外交部，但此時才開始實際運作。他們增加雇員，在海外開設大使館。機場升級，新航線創立。現在無須途經莫斯科，也能夠到中亞旅行。

然而，大量的問題沖淡了實現獨立的興奮之情。改革重建已經引發嚴重性可媲美經濟大蕭條的經濟危機。所有交易制度都被打亂了，商品短缺，薪資積欠。當許多企業倒閉，整個經濟部門消失，國內產出量便隨之驟降。生產和交易網絡在改革重建期間已經遭受一次打擊，但蘇聯解體的衝擊遠更強大。過去蘇聯內部的貿易都受到人為制定價格影響，拋棄這個制度後對哈薩克和土庫曼有利，他們的石油和天然氣出口如今已以世界市場價格售出，但其他三個中亞國家卻因新的貿易條件而苦不堪言。蘇聯盧布陷入通貨膨脹，一九九二年的通膨率高達四位數。人民每天都在

**圖 22-1**　停泊在鹹海暴露海床上的船。鹹海退縮讓我們能夠看到許多這樣的驚人景象。環境退化是中亞的新國家獨立後面臨的一個重大問題。這張照片讓人忍不住聯想為蘇聯計畫及其烏托邦夢想的隱喻。夢想可能已經擱淺，但蘇聯時代的變化仍繼續在形塑中亞。由丹尼爾・普魯德克（Daniel Prudek）所攝，取自 Shutterstock。

為取得最低限度的必需品而掙扎受苦，仰賴家族連結和非正式關係才得以存活。當許多蘇聯的現代性結構消失得無影無蹤，社會瀰漫著一種可以感受到的去現代化和發展倒退的氛圍。

蘇聯解體標誌著十九世紀中葉的殖民征服世代，中亞被分割為俄羅斯和中國以來，中亞地緣政治最重大的改變。如今俄羅斯已經撤出，那個區塊的中亞以前所未有的方式向世界開放。其他勢力進入，尋求貿易機會、影響力和取用該區自然資源的門路。分析師很快就將這波不計手段的謀利稱為新的大競逐，借用這個一直以來都意義不甚明確的老舊用詞。事實上，新的地緣政治是多方參與的，牽涉到若干勢力——沒有一個有能力決定後蘇聯時期中亞的實際局勢。

距離第一批英國使者造訪中亞宮廷後一百五十年，英國終於能夠在這個地區開設大使館。英國在二十世紀末已不再是強權，美國是當地新出現的主要勢力。在一九九〇年代，美國協助哈薩克處理掉從蘇聯繼承而來的核子武器，並填平塞米巴拉金斯克（即今天的塞米伊）前試驗基地的地面鑽孔和隧道。九一一事件改變了美國和中亞的關係。為了在九一一後準備入侵阿富汗，美國在烏茲別克和吉爾吉斯租用空軍基地。幾乎沒有觀察員注意到這是多麼諷刺的事實，距離蘇聯入侵阿富汗二十二年，美國正在使用蘇聯建造的基地向該國發動戰爭，而且對戰的對象是一九八〇年代他們自己的代理人戰爭所直接產生的組織。

土耳其是第一個和中亞的新國家建交的國家。多數的土耳其決策者都假設中亞人（甚至包括塔吉克人！）是長期被外來政權壓迫的突厥同胞，如今會很樂意接受土耳其的引導，走向現代性和世俗主義。他們很快就發現中亞人已經受夠大哥的掌控，也擁有自己的突厥主義觀念，而且土耳其在其中並非要角。一九九二年時，土耳其成功在安卡拉（Ankara）組織了一場所有突厥語國家（土耳其、亞塞拜然、土庫曼、烏茲別克、吉爾吉斯和哈薩克）的高峰會。這會議後來變成每年定期舉辦，二〇〇九年正式成立突厥語國家合作委員會（Cooperation Council of Turkic-Speaking States）。然而，多邊合作從未真正啟動。注入土耳其影響力遠更重要的管道是拓展到中亞的私人企業，以及受蘇非理念啟發的現代主義者法圖拉·葛蘭（Fethüllah Gülen）所發起的跨國服務奉獻運動（Hizmet）。服務奉獻運動企圖透過教育改變個人和社會，最終重塑政治領域。他們在中亞各地（但在二〇〇〇年被驅逐出烏茲別克）成立了數十間私立學校，以英語提供嚴格的教學。直到二〇一四年反目成仇前，這場運動都受到土耳其政府的暗中支持，並協助在中亞培育出一小群親土耳其的菁英。[1]

伊朗、巴基斯坦和印度在這個地區登場時，前蘇聯的南部邊界一百年來首次開放。西方因被誤導而擔心伊朗成為中亞地區的伊斯蘭激進主義勢力，他們擔憂的事從未成真。伊朗在中亞從事貿易並確保國家安全，尤其是在沿著其與土庫曼的長邊界的鄰近地區。阿富汗連年的動亂阻礙了與南亞關係正常化的任何機會。超過十年的戰爭已經讓該國變成一片無國籍的廣闊區域，住著從穆斯林世界各地來到阿富汗對抗蘇聯的志願者所組成的聖戰組織。美國的任務在蘇聯撤退後已經完成，對阿富汗的興趣盡失，但許多聖戰士派系仍持續接收來自沙烏地阿拉伯和巴基斯坦的武器和資金。共同敵人已經消失，各派系齟齬對立。蘇聯支援一消失後，喀布爾的共產政府便在一九九二年初垮台，但勝利的聖戰士無法組成穩定的政府，於是阿富汗陷入無政府狀態。在一九九〇年代間，阿富汗將會見證塔利班（Taliban）和蓋達組織（Al Qaeda）的崛起。這場戰爭也讓阿富汗成為毒品的重要來源。聖戰士接管後，毒品產量顯著提升，出口路線北移。在一九九〇年代，塔吉克成為阿富汗毒品的主要出口管道。最重要的是，這樣的動盪情勢讓安全和伊斯蘭激進主義問題穩坐中亞的重要議題之列。

後蘇聯時期的俄國面積大幅縮減，這在歷史上並不尋常。上次俄羅斯政權領土範圍位在現今俄羅斯聯邦（Russian Federation）國界之內的時刻是在十七世紀中葉。蘇聯解體還導致大量俄羅斯族人離散在前蘇聯各地，他們如今在突然變成外國的國家中成為少數人口。然而，俄羅斯和中亞的關係並未消失。中亞因為商貿、交通運輸、語言和教育等各式各樣的連結，和俄國息息相關。蘇聯鐵路擁有自己的規格，且所有路線都通往莫斯科；中亞的所有工業產品都是按照蘇聯標準製造，並且鎖定泛蘇聯市場；而俄文是中亞人通曉的主要國際語言。雖然俄國軍隊駐守塔吉克和阿富汗邊界直到二〇〇六年，但俄國一九九〇年代的情況太過混亂，幾乎無力處理撤退問題。

中國是蘇聯解體的最大受益者。中國無須再面對其西方的超級強權，如今只有幾個小國需要對付。中國總理李鵬於一九九四年四月出訪中亞各國，宣告穩定、經濟合作和友誼的新時代來臨。中國很快成為中亞的主要貿易夥伴，藉由一系列的雙邊和多邊協議鞏固其與中亞各國的關係。直到一九六二年中蘇邊界關閉前，蘇聯製的商品已經在新疆占有優勢，而新疆大致就是中亞更貧窮、發展程度更低的那半邊。自一九九〇年代起，情況翻轉了。因為中亞自己的工業部門縮減，中國製的商品填滿中亞的市集，中國的存在在一九九〇年代間也變得愈來愈有感。中國和俄國一樣，對冷戰結束後出現的美國霸權抱有疑心。一九九六年，中國和俄國發起多邊行動，建立互助機制並結盟實施安全政策，與哈薩克、吉爾吉斯和塔吉克合作——這三個國家都和中國接壤。這所謂的上海五國會晤機制，於二〇〇一年六月成為正式組織，名為上海合作組織（烏茲別克也加入其中）。這個組織自那時起便逐步擴大，納入印度和巴基斯坦，並提供促進中亞國家間關係的基礎平台。

蘇聯瓦解也對中國對其境內的中亞地區政策造成重大影響。中共對於改革重建期間民族動員的力量相當警戒，他們擔心中亞的獨立國家會成為中國自己國內民族的典範。維吾爾人對政權不滿的情形相當普遍，而中共擔心新的跨境影響會觸及新疆。新疆擁有超過一百萬哈薩克族居民，以及較少的吉爾吉斯族人，同時新獨立的中亞國家——尤其是哈薩克——收容了大量離散的維吾爾人，其中多數人都對中國對新疆的統治毫無好感。自一九九一年起，中共加倍努力要讓新疆融入中國。在前蘇聯共和國成為獨立國家之際，新疆往另一個方向走去，愈來愈被中國同化。

◆ ◆ ◆

在哈薩克、土庫曼和烏茲別克三個共和國內，共產黨領袖不費吹灰之力就讓自己變成國家領導人，以完全掌握新建國家之姿現身。哈薩克的努爾蘇丹・納扎爾巴耶夫是一九九一年十二月總統選舉的唯一一位候選人，得票率高達百分之九十八點七，頗具蘇聯特色。一九九二年六月，土庫曼的薩帕爾穆拉特・尼亞佐夫以百分之九十九點五的得票率超越了他。烏茲別克的伊斯隆・卡里莫夫有一位競爭對手——自由政治運動（Erk）的詩人穆罕默德・薩利赫——對方在一九九一年十二月的大選中獲得百分之十二點五的選票。這三位勝選者都成功當選連任數次。尼亞佐夫和卡里莫夫在任內逝世，並由其親信繼任，而納扎爾巴耶夫則是在上任近三十年後，於二〇一九年辭職下台。吉爾吉斯的過渡情況比較複雜一些，其黨內領導階層的混亂足以讓他們在一九九〇年選出一位局外人阿斯卡爾・阿卡耶夫，當作黨魁的折衷人選。阿卡耶夫接著在一九九一年十月贏得無人競爭的大選（得票率百分之九十五點四），並不只一次連選連任。他一直掌權到二〇〇五年的大規模街頭抗議迫使他逃亡為止。自那時起，吉國已經經歷了幾次權力轉移，但其政治菁英仍和蘇聯晚期有所關聯。

塔吉克的情況與眾不同。內亂蔓延伴隨軍隊和治安機構叛變，所導致的衝突於一九九二年夏天變成全面的內戰。當時，這場戰爭被認為是共產主義者和伊斯蘭主義者的對立，並被當作新中亞的警世故事，用來提醒伊斯蘭戰鬥精神的危險性。距離伊斯蘭主義在西方支援下，在阿富汗打敗共產陣營僅僅三年，但情況已經改變了。蘇聯消失，冷戰落幕，塔吉克的共產主義者似乎略勝伊斯蘭主義者一籌。然而，事實上，這場戰爭的隱憂並不相同。在多數塔吉克共產黨運作期間，其菁英都是從北部行省苦盞（在蘇聯期間名為列寧納巴德）招募而來的，這個省分還曾獲得中央政府投資的一大部分。列寧納巴德人學會把大餅分享給來自共和國其他地區的人，主要是庫洛布（Kulob）和希薩爾（Hisor）城。改革重建期間，他們對資源的掌控權面臨多方挑戰，包括其他來自更貧窮省分的共產黨派系、世俗的知識分子，還有一些在一九九〇年十月成立塔吉克伊斯蘭復興黨（Islamic Renaissance Party of Tajikistan）的伊斯蘭運動人士。這個政黨是鄉村地區非官方改革派宗教導師的聯盟，其綱領具有地方導向。其領導階層主張要在塔吉克建立伊斯蘭政權，但承認這只是其中一個長期目標。經歷七十年蘇聯統治後，主要目標是恢復社會的伊斯蘭基礎，並啟動讓伊斯蘭知識和價值觀回到公共生活的進程。如穆麗艾兒．阿特金（Muriel Atkin）*所論稱，將這場戰爭視為「新蘇聯派」（neo-Soviets）和「反對派」的鬥爭，或守舊派及其挑戰者之間的對抗，會比視之為意識形態的競爭遠更具成效。[2]參與的各個團體結盟都幾乎完全是基於務實的原因，而衝突的因素相當明確是源自於蘇聯解體的危機。這場戰爭十分殘忍：死亡人數估計四萬至十萬人，還有另外一百萬人流離失所——而其總人口也不過五百萬人。不過在整個戰爭期間，新蘇聯派都堅守首都，並獲得國際援助和認可為塔吉克的合法政府。一九九二年十一

＊ 譯注：穆麗艾兒．阿特金為美國歷史學者，專長領域為蘇聯、俄羅斯和中亞研究。

月，戰爭打到一半時，俄國和烏茲別克軍隊協助新蘇聯派，將埃莫馬利．拉赫莫諾夫（Emomali Rahmonov）扶植為塔國總統。拉赫莫諾夫在他成長的丹加拉（Danghara）曾擔任國營農場場長，如今變成受國際認可的主權國家元首。內戰於一九九七年落幕，聯合國促成的和平協議讓塔吉克組成聯合政府，雖由新蘇聯派主導，但反對派也扮演次要角色。[3]因此，就連塔吉克內戰也並未動搖蘇聯晚期菁英對該國的掌控。反之，獨立反而讓高層進入另一段的穩定期，可以媲美布里茲涅夫時期，畢竟在一九九二至二〇〇六年期間，五個國家都是由同一批人擔任領袖。自那時起，菁英階層就沒有任何重大的輪替（見表22-1）。

中國政府從蘇聯垮台中學到教訓。按其分析，蘇聯解體的最重要因素是民族的動員——蘇聯憲法給予共和國太多權力，而蘇聯的本地化政策提拔了太多少數民族官員坐上高位。[4]中華人民共和國不能允許同樣的事情發生。中國一直都不是聯邦，那裡的領土自治權甚至在理論上就已經遠比蘇聯更加受限。一九九一年後，就連那有限的自治權也縮水了。較早期強調要讓更多少數民族進入地方政府機關任職，如今已經淡化，因此到了二〇〇一年，地方政府機關只要包含合理數量的少數民族官員便已足矣——而就連這些最低標準的目標也鮮少執行。「民族」一詞被重新定義。這個詞是在二十世紀初從日文引進中文，用來指稱「民族」，運用在受蘇聯啟發的民族和自治論述中。官方中文文件將之翻譯成英文的「nationality」（民族）。在二〇〇〇年代，這個詞開始被翻譯成英文的「ethnicity」（族裔）。兩者的差別顯而易見。「Ethnicity」並未帶有任何族群權利的含意，或任何領土或政治權利的主張。在美國的用法中，「ethnicity」會喚起對族群遺產的驕傲，但完全不像「nationality」一詞與歷史或政治權利有關。維吾爾人是中國的一個族

**表 22-1　後蘇聯時期的國家領袖**

| 國家 | 總統 | 在位年分 |
|---|---|---|
| 哈薩克 | 努爾蘇丹．納扎爾巴耶夫 | 1989-2019 |
| | 哈斯穆－卓瑪爾特．托卡耶夫 | 2019- |
| 吉爾吉斯 | 阿斯卡爾．阿卡耶夫 | 1990-2005 |
| | 庫爾曼別克．巴基耶夫 | 2005-2010 |
| | 蘿扎．奧通巴耶娃 | 2010-2011 |
| | 阿爾馬茲別克．阿坦巴耶夫（Almazbek Atambayev） | 2011-2017 |
| | 索隆拜．熱恩別科夫（Sooronbay Jeenbekov） | 2017-2020 |
| | 薩德爾．扎帕羅夫（Sadyr Japarov） | 2020- |
| 塔吉克 | 拉赫蒙．納比耶夫 | 1991-1992 |
| | 埃莫馬利．拉赫莫諾夫 | 1992- |
| 土庫曼 | 薩帕爾穆拉特．尼亞佐夫 | 1985-2006 |
| | 庫爾班古力．別爾德穆哈梅多夫 | 2006-2022 |
| | 謝爾達爾．別迪穆罕默多夫（Serdar Berdimuhamedow） | 2022- |
| 烏茲別克 | 伊斯隆．卡里莫夫 | 1989-2016 |
| | 沙夫卡特．米爾濟約耶夫 | 2016- |

裔，如今被視為等同於比方美國的華裔美國人——這個族群可能會頌揚其社群和文化遺產，但無法主張擁有領土或自治權。

「55＋1＝1」的公式出現了新的形式。漢族和五十五個少數族群之間的關係總是不平衡，但進入二〇〇〇年後，便轉為愈來愈強調統一，五十五個族群變成大多只是裝飾用。北京的中國國家博物館完全都在講述漢人的歷史，並聚焦在「中華祖先」的成就。其他五十五個民族則被分到市郊的中華民族園，每個民族都有自己的展示館，裡頭包括每個族群傳統建築的複製品。說明牌以極為扼要且自以為高人一等的方式描述每個族群。舉例來說，「藏族人在高原從事畜牧和飼養犛牛，對人類文明貢獻良多」，而維吾爾人「極擅建造溝渠水道，供綠洲農業之用。（他們的）手工藝和商業也蓬勃發展」。在新疆各地，維吾爾人穿著民俗服飾，通常邊演奏民俗樂器，邊唱歌或跳舞，這樣的形象描繪無所不在，這可能是維吾爾人出現在中國意象的唯一樣貌。蘇聯或許曾想出透過民俗文化呈現民族的做法，但是在中國，民族和僵化的民族誌刻板印象畫上等號，變得根深蒂固。這樣的民族身分形象充其量只強調了新奇古怪和異域風情。而最糟的狀況還會讓民族顯得天生落後。中華民族園將五十五個族群包裝成異國生物，供漢人（外國遊客十分稀少）凝視。

重新思考民族政策外，中共還有鋼鐵般的決心，要讓新疆比過去都更融入中華人民共和國。政府在一九九〇年代大量投資新疆經濟。中共一九六二年和蘇聯決裂後，就刻意不發展新疆的交通運輸基礎建設。如果蘇聯入侵，他們就拿不到良好的道路和有效的鐵路網絡。在後蘇聯時代，中國政府採取行動發展該區。西部大開發於二〇〇〇年啟動，這是一項野心勃勃的政策，要將政府投資、外部專門技術、國外貸款和私人資金帶進中國西部。對新疆而言，這意味著基礎建設大幅提升。一九六五年，新疆擁有三百六十八公里的柏油路；到了一九九九年，變成三萬公里，而到了二〇〇八年又增加到十四萬六千公里。[5]優質的柏油路如今連接新疆的許多城市——你可以從喀什噶爾快速移動到葉爾羌，只需要兩個半小時（一世紀前這趟旅程要耗費五天）。鐵路終於將阿勒提沙爾連結到北方，而北方也比過去都更和中國本土密切相連。高速鐵路正在興建中，未來會將北京到新疆的旅途縮減為十五個小時。長久以來將新疆和中國分隔開來的距離已經克服。

新口號是「加快經濟發展、淡化民族問題」。[6]一九五五年，賽福鼎・艾則孜曾成功主張自治權是賦予民族，而不是給山川和河流。然而，西部大開發政策完全是關於開發山川谷地，並刻意忽略任何民族暗示。這是藉由改造新疆人口結構，將之融入中國的長期進程最終的結果。別忘了，清朝曾提到讓漢人移民屯墾新疆，但從未成功實現。一直要到共產黨占領新疆後，漢人才真正開始移居。共產黨統治的前三十年間，大多數的移民都是復員的士兵，或那些在上山下鄉運動中「下放」或為革命目標動員的人民。到了一九七八年，漢人占新疆人口的百分之四十二，一九四九年時才僅僅百分之六。流動方向在改革開放時代翻轉，許多被迫遷移至該省的漢人回到中國內地。一九九〇年，漢人人口占比下降到百分之三十七點五，當時官方估計到了二〇三〇年會降為百分之二十五。[7]自一九九〇年起，政府提供一套截然不同的誘因——財產權、減稅和工作保障——吸引漢人移民到新疆。其邏輯十分簡單——如果中國是統一的多民族國家，那麼所有公民對所有領土都擁有平等的所有權。舉例來說，維吾爾人並不比任何比方來自海南的漢族公民，更有權擁有新疆的土地，而中國政府可以不需考慮民族就四處移動人民。一九八〇年代暫歇後，漢人又繼續移居新疆，自那時起便維持相同的步調（見圖表22-2）。真要說，人口普查數據還低估了漢人移居當地的程度，因為其中並沒有包括駐紮該區的軍事人員，以及「浮動人口」——有數十萬人沒有居住在他們登記戶口的地區。[8]

漢人移居並非均勻分布在全新疆各地。該省可分為三區。第一是北部（即準噶爾盆地，原生人口在歷史上是游牧維生），這區一直以來都是漢人移居的目標。首府烏魯木齊事實上是座有個

**圖表 22-2　1949 年後新疆的人口結構變化**

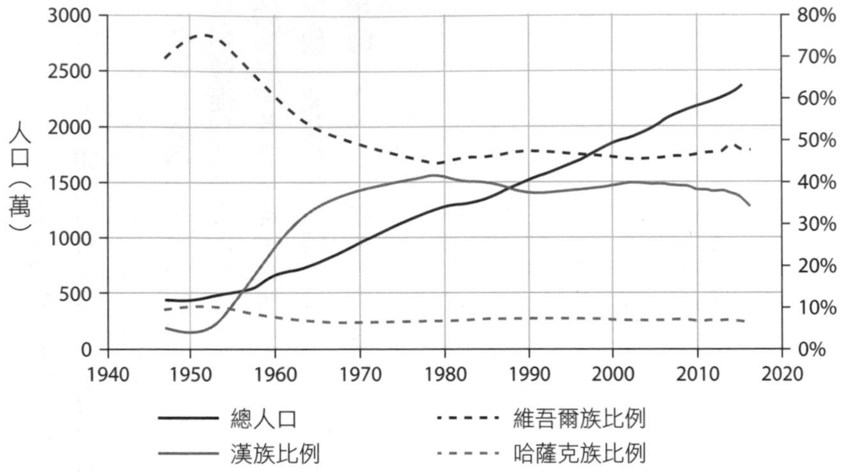


資料來源：1949 年的粗估數據：James A. Millward, *Eurasian Crossroads: A History of Xinjiang* (New York: Columbia University Press, 2007), 306–307；1953 年：Michael Freeberne, "Demographic and Economic Changes in the Sinkiang Uighur Autonomous Region," *Population Studies* 20 (1966): 108；1964 和 1982 年：Stanley W. Toops, "The Demography of Xinjiang," in *Xinjiang: China's Muslim Borderland*, ed. S. Frederick Starr (Armonk, NY: M. E. Sharpe, 2004), 246；1950 至 1976 年兩年一次的統計：Ren Qiang and Yuan Xin, "Impacts of Migration to Xinjiang since the 1950s," in *China's Minorities on the Move: Selected Case Studies*, ed. Robyn Iredale et al. (London: Taylor and Francis, 2003), 91–92；其他年分：*Xinjiang Statistical Yearbook 2017* (Beijing: China Statistics Press, 2017), table 3-8。

維吾爾區的漢人城市，其中幾區漢人都占人口的絕大多數。例如，石河子於一九五〇年代建城時是兵團基地，如今有超過九成的漢人。第二是東部，包含哈密和吐魯番綠洲，和中國本土來往的歷史最長，也有大量漢族居民。第三是南部，也就是阿勒提沙爾及其幾座老城，這裡是真正的維吾爾樞紐地區，至今仍多是維吾爾人居住。南部的漢人移民大多集中在城市，但就算在那裡他們也是少數，儘管他們的政治和經濟勢力強大。當然也有例外。庫爾勒市是新疆新興的石油工業中心，那裡的人口超過三分之二是漢人，他們完全掌控石油工業。就像蘇治中亞的俄羅斯人，新疆的漢人移民也帶著他們的語言和文化去到當地。他們從來不需要學習任何地方語言，更別說主動想要學習了。甚至，他們還透過一些英雄化的敘事，合理化他們在新疆的存在——他們是在強大新疆的建設者，將現代性帶給當地及其落後的民族，並確保對祖國具有戰略重要性的地區穩定。[9]

一如我們可能的預期，維吾爾人和其他新疆的原生人口並不樂見民族政策緊縮。如前文所述，維吾爾人一直以來都特別不信任中共政權。原先已經相當受限的民族權利逐漸縮減，導致的民怨有時會公開爆發成暴力事件，但總是在檯面下發生，這點將在第二十三章說明。

◆ ◆ ◆

伊斯隆．卡里莫夫一九九一年十二月當選為獨立烏茲別克國總統前夕有個不快的經驗。在納曼干城（Namangan），有個名叫正義黨（Adolat）的團體要求他在競選期間會見其成員。正義黨是許多改革重建期間出現的非正式團體之一。它部分是政治團體，部分則是民間維和治安組織，據說曾幫助地方警察維持城市秩序。會面時，卡里莫夫在一大群民眾前遭受該黨幾位領袖的挑戰，他們推擠他，並遞上訴求清單，從立即具體到廣泛抽象的訴求應有盡有。正義黨希望將共產黨城市委員會所在的建築物改為伊斯蘭中心、伊斯蘭政黨合法化，並宣告烏茲別克為伊斯蘭國家。卡里莫夫靠口才度過了那場會面，但他相當不悅。與此同時，在鄰國塔吉克，伊斯蘭復興黨成為政治圈的要角，並參與該國的內戰。這些發展讓伊斯蘭威脅穩列中亞獨立後立即面對的安全議題要點。

新中亞出現在全球舞台上時，伊斯蘭正在取代共產主義，成為對既存世界秩序的意識形態威脅。中亞位在世界的聖戰主義活動中心阿富汗旁邊，導致對激進伊斯蘭的擔憂成為中亞安全議題的重點。有許多利益團體在這個議題上匯聚——中亞政治菁英、中國政治菁英、後蘇聯時期的俄國領袖，以及西方觀察員全都有理由提防激進伊斯蘭。中亞菁英的立場不難理解。身為蘇聯人，他們認為宗教干預政治的概念不合常理。他們討厭所有的反對聲音，但認為以宗教語彙表達的反對意見特別可憎。中國領袖也有同樣的想法。西方勢力的立場比較難以解釋一些。直到一九八九年，蘇聯軍隊仍駐紮在阿富汗時，西方還普遍支持阿富汗的聖戰士。如今，距離蘇聯從阿富汗撤軍不到三年，他們已經改變主意。伊斯蘭迅速成為許多人心中的新意識形態敵人。伊斯蘭威脅蘇聯是一回事，而伊斯蘭威脅後蘇聯時期秩序又完全是另一回事。蘇聯的穆斯林並沒有對蘇聯造成許多麻煩，但當他們在後蘇聯時代提出訴求，卻發現自己不受歡迎。

無論如何，正義黨及其社運人士並不屬於前蘇治中亞的宗教圈。戈巴契夫時期的伊斯蘭復興主要是關於復振道德和性靈價值，重建伊斯蘭教育，並恢復前三個世代已經遺忘的知識和儀式習俗。絕大多數的中亞人都認為公共領域沒有伊斯蘭是正常自然的現象，而他們大多也都認為回歸虔信的重點是恢復傳統價值。然而，中亞國家對於反對意見的容忍度很低，甚至更無法容忍伊斯蘭論述出現在公共領域。卡里莫夫將正義黨逐出國內，並發起對抗「宗教極端主義」的運動。

正義黨的運動人士最終來到阿富汗，在那裡變得愈來愈激進，並成立名為烏茲別克伊斯蘭運動（Islamic Movement of Uzbekistan）的聖戰團體，目標推翻卡里莫夫，並在烏茲別克建立伊斯蘭政權。這個運動團體可能是一九九九年二月十六日塔什干爆炸事件的幕後主謀，殺害十六人，還破壞了許多政府大樓。幾個月後，一支隸屬於這個運動團體的武裝隊伍，從塔吉克進入吉爾吉斯的巴特肯區（Batken），俘虜了一些人質。這群叛亂分子要求贖金和烏茲別克領土的通行權，他們打算在那裡發動對抗「專橫的烏茲別克政府與傀儡伊斯隆・卡里莫夫和他的黨羽」的聖戰。叛亂分子收到贖金並撤退，不料卻在隔年夏天再次襲擊。他們對領土或受害者沒有造成太大影響，但形塑了中亞的安全議題。[10]

接著發生了九一一事件和全球反恐戰爭（Global War on Terrorism），創造出新興的全球政治語彙。反對恐怖主義和宗教極端主義，成為主張自己屬於理性、啟蒙與世俗主義陣營立場的普世語言。如今這樣的說法給予專制政權鎮壓其反對者的完美藉口。中亞政權欣然接受這新興語彙，中國政府亦然。自九一一事件起，他們已經利用恐怖主義和極端主義的指控，針對各式各樣的敵人。

# 第二十三章　全球化世界中的民族化國家

許多西方評論在談論中亞國家以主權行為者之姿出現時，都堅稱這些國家是人造產物、衰弱無力且缺乏凝聚力。西方觀察員假設這些新國家只是蘇聯產物，無法抓緊他們國民的忠心。現實情況大不相同。共和國獨立時已經存在超過六十年，他們還擁有民族正當性的大寶庫。民族是蘇聯常規的基本分類，許多改革重建期間的辯論都是圍繞在民族利益上。共產黨菁英具備承擔民族責任的良好條件。在整個布里茲涅夫時期，他們都是民族的實質領袖，而安德洛波夫和戈巴契夫啟動的反貪腐運動只是讓他們變成蘇聯壓迫下的民族受害者。他們收編了一九八九至九一年間反對他們的民族運動所提出的議題，而獨立後，他們重新將自己塑造成新民族國家的國父。自一九九一年起，所有中亞國家皆已利用民族正當性去形塑團結力和達成凝聚力。一如我們在前文所見，許多這些民族概念在蘇聯前便已出現，但是在蘇聯期間因蘇聯政府建立的制度和常規而具體化。獨立之後，中亞國家企圖將自己重新打造成完全的民族國家，在許多層面都試圖在不受蘇聯限制阻礙的狀況下，實現蘇聯民族政策的承諾。就算新政府正在顛覆蘇聯時期的政策，他們也表現出十足的蘇聯作風。

獨立後，所有中亞國家都表現出民族化國家的樣子——亦即承諾將努力改善主體民族處境的國家。[1]他們試圖提升民族語言的地位，藉由改正過去蘇聯時期的錯誤，來確保主體民族的經濟福祉。民族化國家是二十世紀在歐洲等其他地區的普遍現象。當代的西方自由主義思想鄙視民族主義，將之與沙文主義畫上等號——這個看法和過去蘇聯的正統觀點相同，也認為「民族主義」是個髒字。二戰後的多數時期，西方自由主義者都高度讚揚後民族主義世界，認為民族和民族主義概念將變得過時。然而，自由主義的世界秩序是建構在由護照和簽證保衛的民族空間上，民族國家仍是政治組織的預設模式。最好是在這樣的背景脈絡下，檢視中亞獨立國家的後蘇聯經驗。

◆　◆　◆

帖木兒成為烏茲別克民族的根基人物，而塔什干主要廣場的馬克思雕像被帖木兒取代時，令外國觀察員十分驚訝。他們顯然不知道，早在俄國革命前，帖木兒在現代想像的烏茲別克認同中便已多麼重要。蘇聯人不贊同帖木兒，因此他重新出現是打破蘇聯禁忌的徵兆。他的回歸伴隨著創造出帖木兒時代崇拜。塔什干如今點綴著新帖木兒風格的新建築——綠松石圓頂的白色石頭結構。政府以大筆經費修復全國各地的帖木兒時代建築。撒馬爾罕的帖木兒陵寢圓頂內部的金工翻新，令訪客目眩神迷，同時在城鎮另一端的比比哈努姆清真寺（Bibi Khanum mosque），原先是帖木兒下令建造但從未完工，如今被賦予前所未有的榮光。在獨立的前二十五年，烏茲別克也慶祝了無數個週年紀念——布哈拉（第兩千五百年）、撒馬爾罕（第兩千七百五十年）、馬爾吉蘭（第兩千年）和塔什干（第兩千兩百年）建城紀念；民族史詩《阿勒帕米斯》（*Alpomish*）

用的詞彙。如今官方也開始投入這類的工作，將注意力轉向改革字母。一九三〇年代末開始使用的西里爾字母如今遭受質疑。眾人又沒有興趣恢復成阿拉伯字母。對多數的改革者而言，合理的選擇似乎是一九三〇年代使用的拉丁字母。一九二〇年代的拉丁化運動源自於當時的激進文化運動，知識分子想方設法要解決民眾普遍文盲的問題。而在大眾普遍已經識字的年代，這又是另一回事。不過，此一改變的象徵性價值賦予了正當理由。土庫曼文於一九九三年改為使用拉丁字母。烏茲別克於一九九三年引入一套拉丁字母，並計畫在數年間逐步實施。其他國家對於這項改變比較不感興趣，不過哈薩克的辯論仍持續沸騰。一直到二〇一七年，哈國政府才突然決定改用拉丁字母。在塔吉克，拉丁化被認為等同於突厥主義，從未在當地引發流行，他們至今仍在使用西里爾字母。

這些政策已將空間本身民族化。蘇聯人熱愛將地點和公共場所以重要人物的名字命名，藉此紀念偉人。獨立後出現一波改名潮，地點擺脫蘇聯時代的名稱，恢復舊名。列寧納巴德復名為苦盞，伏龍芝變成比斯凱克（蘇聯時期以前的名字是皮斯佩克）。在其他地方，新政府堅持要將地點名稱根據本地，而非俄文的方式拼寫。因此在新地圖上，「Ashkhabad」拼作「Ashgabat」（阿什哈巴特），「Alma-Ata」拼作「Almaty」（阿拉木圖）。街道、廣場和集體農場被大量改名，擺脫和蘇聯或共產黨有關的名稱，獲得具有民族意義的新名稱。蘇聯時代的象徵開始消失，而且往往被民族標誌取代。都市空間有了新的樣貌。布里茲涅夫時代的公寓街區讓人明確想起蘇聯時代，但其中加入了有意識以現代風格建成的新建築。塔什干的新帖木兒風建築已經讓都市空間改頭換面。土庫曼首都阿什哈巴特的改變遠更徹底。尼亞佐夫決定要將那座城市改造成土庫曼主權的展示櫃。除了許多紀念建築外，該城還以白色大理石興建了許多新政府大樓、多層飯店和公寓街區。這些建設工程需要如此大量的大理石，甚至影響到了大理石的世界價格。這座城市的天際線已經改變，但多數的新公寓都太過昂貴，任何人都買不起，而飯店則因為土庫曼對外國旅客的簽證要求依然十分嚴格而空蕩無人。

不過，哈薩克的新首都阿斯塔納（Astana，二〇一九年改名為努爾蘇丹〔Nur-Sultan〕）以身為後蘇聯中亞最大規模的建築計畫為傲。將首都從國家邊緣遷移到心臟地帶並非史無前例（可以想到巴西利亞〔Brasilia〕、坎培拉〔Canberra〕、新德里和伊斯蘭馬巴德〔Islamabad〕等城市）。不過哈薩克的例子有些諷刺，因為赫魯雪夫曾想要將共和國的首都遷至同一座城市——那時名為策林諾格勒（Tselinograd，意為「處女地鎮」）——但哈薩克族菁英拖延又否決了那項提議。這座城鎮在獨立時改名為阿克摩拉，是座不大的省級城鎮（一九八九年的人口普查顯示其人口為二十八萬一千兩百五十二人），並處於極端的大陸氣候——不同季節的氣溫範圍橫跨攝氏負三十五度至三十五度，還有來自草原的強風。新都建於阿克摩拉旁河流對岸的未開發地區，因此和舊城計畫並無關聯。這座新城反而是按照日本建築師黑川紀章籌備的大師級設計從零建造而成的。它和許多計畫首都一樣，都是規劃來向世界展示他們國家的抱負，並讓國人引以自豪。阿斯塔納建設得十分壯觀。其建築包括大汗帳篷中心（Khan Shatïr），這座購物娛樂中心蓋成帳篷的形狀，高達一百五十公尺，雖然是以金屬建成，但堪稱是世界最大的帳篷；巴伊傑列克觀景塔（Bayterek），九十七公尺高的紀念建築，代表哈薩克民間傳說中的神話生命之樹；金字塔形狀的和平和解宮（Palace of Peace and Reconciliation），代表世界上的所有宗教；總統府白帳宮（Aq

Orda）；以及許多商業和住宅大樓。我們一不小心就會嘲笑這一切，將之貶為獨裁者的愚行，但我們應當記得，華盛頓特區也是以第一位總統為名，其都市計畫也極度宏偉浮誇。無論是在城市規劃或壯觀建築方面，努爾蘇丹都遠遠更像杜拜（Dubai）和上海，而非蘇聯歷史上的任何城市。這座新城市還有另一個建構國族的目標。納扎爾巴耶夫在二〇一〇年時說得沒錯：「建設阿斯塔納已經成為民族理念，讓社會團結一致，並鞏固我們年輕的獨立國家。」[3]

◆　◆　◆

空間也壓縮了。中亞人還是蘇聯公民時，可以旅行橫跨蘇聯的十三個時區，幸運者還能到東歐度假。獨立將人民禁錮起來。因為外國貨幣和簽證不容易取得，要到前蘇聯以外的地區旅行十分困難。起初，到其他前蘇聯共和國的旅行並沒有被嚴格中斷，火車仍持續行駛，入境的手續也不多。然而，到了一九九〇年代中期，共和國之間的邊界鞏固成為正式的國界，輔以簽證制度、邊境管制站和常見的圍欄。這對許多公民而言是貨真價實的改變——家族分隔兩地，地方貿易網絡中斷，流動性縮減。新邊界也需要新的交通路線。蘇聯的道路和鐵路經常穿越共和國的邊界。要從塔吉克北部的苦盞，旅行到該國首都杜尚貝，最簡單的路線是經由烏茲別克的撒馬爾罕。從撒馬爾罕到烏茲別克首都塔什干的路線會通過哈薩克，而費爾干納盆地的道路照例和各共和國的邊界縱橫交錯。烏茲別克已經建造新路線，以確保不用跨越國界也能夠連通國內的不同地區，而塔吉克必須興建五公里長的隧道去連接杜尚貝和苦盞，才無須通過兩道海拔超過三千公尺高的山口。每個國家如今都擁有自己的貨幣、電網、手機網路等設施。

民族化的國家也會創造出少數民族。比方說，生活在吉爾吉斯的烏茲別克人成為少數族群，中亞各地的俄羅斯人亦然。這個情況在一九二四年共和國建立時便已存在，但如今更廣泛的蘇聯背景已經消失，這樣的現象便有了全新且大不相同的意義。當蘇聯解體，中亞也出現一波俄羅斯人的移出潮。人口外流早在一九八〇年代便已開始，但獨立更讓這波浪潮高漲。外移潮有部分是改革重建的經濟危機所致，因為許多工作機會消失了。中亞在蘇聯經濟崩潰期間去工業化，意味著許多技術工作消失。不過，還有另一項因素促使俄羅斯人外移，那就是他們意識到當中亞不再和俄羅斯政府關係密切，在當地的生活將不同以往。蘇聯解體後二十五年，中亞的俄羅斯人已成少數。唯一的例外是哈薩克，俄羅斯人仍占該國人口的四分之一。改革重建和獨立也導致中亞的原生猶太社群絕跡。因為遷徙自由，又有外國贊助，幾乎整個社群（一九八七年時約有四萬五千人）都移民到以色列或美國。

不過，我們得小心不要誇大實際情況。後蘇聯政權十分謹慎，以防因過度民族化而陷入危機。新憲法全都保障少數權利，政府也避免對彼此提出領土主張，或把鄰國的同族人口當作民族衝突中的談判籌碼。儘管有些衝突（二〇一〇年吉爾吉斯奧什城的烏茲別克人大屠殺是最著名的例子），但一般而言局勢相當和平。然而，民族的存在是無可否認的現實。在獨立初年，烏茲別克總統伊斯隆・卡里莫夫提到「突厥斯坦是我們共同的家園」（類似於戈巴契夫在改革重建期間提倡的「共同的歐洲家園」理念），但資源和民族敘事的競爭意味著區域合作依然是遙遠的夢想。

◆　◆　◆

蘇聯菁英依舊掌權並不代表後蘇聯時期的中亞毫無改變。許多蘇聯制度要不是完全消失，就是被弱化。共產黨已不復存在，連同其政治機器、獨占政治權力的情況和青年部門也跟著消失。在這五個國家中，全都是行政部門主導國家事務。教育體系在資源耗竭的情況下難以維持品質，而私立學校和大學如今已經是教育場景固有的一部分。中亞也並未對外界影響免疫。世界匆匆闖入。各式各樣一頭熱想要幫忙改良社會的人士跟著在新大使館任職的外交官前來——傳教士、經濟顧問、輔助官員和非政府組織——還有商人、銀行家和投資客。外國商品前所未有地出現在中亞市場和家中。新式商店和餐廳開張，新消費模式成為可能。到了一九九〇年代中期，這些國家的新貨幣出現時，中亞人已經學會應付匯率和世界價格。外國的書籍和新聞也抵達中亞。在蘇聯時期，短波廣播因為可以讓蘇聯公民調頻收聽到國家的敵人專門使用他們自己的語言、為他們播送的廣播節目，而成為顛覆活動的工具。如今，衛星電視將外面的世界帶進中亞（行動電話和網路隨後也將在這十年間到來）。蘇聯學校一直都有教授外國語言，但現在可以在較大城市的街頭聽到那些語言。這些新事物沒有任何一項是全民共享的。蘇聯經濟終結也導致大量的不平等狀況，決定了誰有辦法取得這個新世界的好處，而誰一無所獲。新菁英階層可以享受國際旅行和取得奢侈品，但就連一般人民的生活也受到這些新潮流的影響。全球品牌出現，還有嶄新的行銷方式隨之而來。銀行和金融機構重新出現，以全新的方式將這些新國家和世界的其他地區連結在一起。民營部門扎根發展，不過其成就因國家和國內地區而異。哈薩克和吉爾吉斯遠遠更樂意立即展開市場改革，而另外三個國家的政府較為謹慎，提防著快速經濟解放可能導致的社會動盪。

依許多西方觀察者所見，蘇聯終結和冷戰結束應該會帶來全世界的自由主義勝利。從專制政權所強加的限制中解放後，社會將自動選擇自由市場和自由選舉，並變得「正常」。他們期望選舉和行使自由意志將能克服歷史和權力結構的限制與不平等。這一切都沒有發生。反之，在多數後蘇聯國家出現的政治和經濟制度都是在他們的歷史環境下所特有的，大規模的轉型和延續蘇聯歷史上的重大政策共存。中亞新國的正式制度很容易描述——每個國家都有憲法，確認公民人人平等，並保障言論、集會、信仰和表述等一般自由民主權利。所有憲法也都載明權力分立、法治和國家的世俗性質。每個國家都有行政總統職位和立法部門，搭配官員的多黨選舉。不過，正式制度幾乎沒有告訴我們權力實際的運作方式。在中亞，政黨被嚴密掌控，立法部門只是總統命令的橡皮圖章，而總統絲毫不受政治反對陣營的束縛，恣意行使行政權。若要了解這些總統如何能夠取得如此地位，我們就必須回溯中亞的蘇聯遺產。在蘇聯晚期，共產黨是分配資源的政治機器，而且往往是按照非正式約定來分配。蘇聯瓦解時，中亞的共產黨菁英成功保住他們的掌控權。共產黨今已消失，但資源分配的非正式結構儘管運作並不透明，仍存續至今。總統坐擁恩庇網絡，讓他們能夠取得資源和歲入。觀察員往往使用「氏族」一詞來形容這些恩庇網絡。這個用詞並不恰當，因為會讓人聯想到以親族為基礎、傳統或原始的團結形式，但這並非支撐網絡的基礎。反之，這些網絡是在恩庇的基礎上運作。領袖為了回報其侍從的忠誠和服從，允許他們利用政府職位謀取私利。政治經濟學者稱之為一種尋租形式。舉例來說，官員可以對商人罰款當作官職的津貼，或向他們收取回扣，但他們必須和上屬分享財富。這些非正式網絡並不是和政府平行存在，而是深植其中。[4]

政治菁英保有對經濟的高度影響力。自然資源依然是國家財產，尤其是哈薩克和土庫曼可觀勢力。這種民怨偶爾會透過暴力事件爆發出來，但維吾爾人日常的抵抗行動，並拒絕接受官方分類和官方公告，一直都表現出他們的不平。[6]在一九九〇年代期間，分隔維吾爾人和漢人的界線逐漸被強化。這十年間，遵循伊斯蘭儀式和婦女穿著端莊保守服飾的現象倍增。蘇治中亞因為勞動族裔區分而出現雙重社會。但新疆的情況遠更極端——維吾爾族和漢族人口的居住空間依然隔離開來，雙方的社會互動充其量只是關係緊張。[7]二〇〇一年夏天，有位主要在香港活動的社會學者得以在極度艱難的環境下進行一項意見調查，行政機關警戒或祕密監視那些調查對象。結果顯示，「維吾爾人和漢人之間的互不信任根深蒂固」，新疆自治區普遍也懷疑政府政策維持「健康族群關係」的能力。[8]

幽默、諷刺和私下嘲笑官方口號，也表達出政府和維吾爾人民間的距離多麼遙遠。在一九八〇和九〇年代，卡式錄音帶讓發行音樂成本變得十分低廉，且難以監控。流行音樂成為維吾爾人表達不滿最重要的載體。許多詩歌和流行歌都帶有顛覆性的訊息，往往以寓言的詩意語言來掩飾。舉例來說，維族歌手阿布都拉．阿布都熱依木（Abdulla Abdurähim）在一九九三年唱道：

> 我佇立水岸，渴望啜飲，但當我舔舐嘴唇，他們摑我耳光
> 當我躺臥河畔，石頭刺痛我；不義之人朝我投石。[9]

在一九九〇年代的另一首流行歌曲中，歌手烏瑪爾江．艾里姆（Ömärjan Alim）唱道有個客人占據了他的房子，拒絕離開：

我帶了個客人回家
在後方鋪好褥墊
如今我無法進入
我親手建造的屋子。

為讓他成為貴賓
我被迫離開這間屋子
連果園都沒有容身之處
我只好把我的褥墊擺在沙漠。

我把沙漠變成花園
卻有更多客人占滿園子
他們把樹枝砍個精光
取走所有果實。

我帶了個客人回家
在頂樓鋪好褥墊
他跳上尊席

## 表 23-1　2017 年新疆的空間和經濟差距

| 行政區 | 人口 | 鄉村地區（%） | 維吾爾人口（%） | 漢族人口（%） | 人均 GDP（元） |
|---|---|---|---|---|---|
| **北部** | | | | | |
| 克拉瑪依（市） | 304,465 | 0.9 | 15.5 | 74.7 | 137,307 |
| 石河子（市） | 573,772 | 39.0 | 1.1 | 94.3 | 78,200 |
| 昌吉回族自治州 | 1,400,973 | 57.6 | 4.9 | 72.3 | 70,162 |
| 烏魯木齊（市） | 2,678,726 | 18.4 | 12.5 | 73.9 | 69,565 |
| 博爾塔拉蒙古自治州 | 477,536 | 58.9 | 14.4 | 63.7 | 57,897 |
| 塔城（地區） | 1,016,893 | 54.8 | 4.2 | 55.4 | 44,396 |
| 阿爾泰（地區） | 671,973 | 61.7 | 1.4 | 39.9 | 33,874 |
| 伊犁哈薩克自治州 | 4,662,016 | 58.3 | 17.9 | 40.6 | 33,120 |
| **東部** | | | | | |
| 哈密（地區） | 561,583 | 39.0 | 19.7 | 65.9 | 65,298 |
| 吐魯番（地區） | 632,664 | 63.1 | 76.0 | 17.7 | 35,333 |
| **南部** | | | | | |
| 巴音郭楞蒙古自治州 | 1,229,438 | 47.5 | 36.2 | 53.4 | 64,142 |
| 阿克蘇（地區） | 2,508,281 | 67.2 | 80.3 | 18.4 | 28,289 |
| 喀什（地區） | 4,514,738 | 77.4 | 92.2 | 6.3 | 16,860 |
| 克孜勒蘇柯爾克孜自治州 | 602,897 | 77.8 | 65.4 | 6.9 | 16,736 |
| 和田（地區） | 2,449,838 | 77.7 | 96.8 | 3.0 | 9,901 |

資料來源：Xinjiang Statistical Yearbook 2017 (Beijing: China Statistics Press, 2017), tables 3-7, 3-9, and 20-1。

附注：GDP 指國內生產毛額。

過與中國的關聯並運用中國的分類，才能講述新疆的歷史。既然這片土地一直以來都是「多民族聚居和多種宗教並存」，維吾爾人和伊斯蘭教也就沒有優先的所有權。反之，一如烏魯木齊的新疆維吾爾自治區博物館所聲稱的，從漢朝開始，就是漢人的努力和關懷在「促進當地經濟和區域文化」。

要堅持這種歷史觀點需要絞盡腦汁才能辦到。如果這個行省長達兩千年都是中國不可分割的一部分，那麼為何稱之為「新疆」，意即「新闢疆土」？白皮書提到，新疆的意思是「故土新歸」。中國本土的滿洲征服者因此成為統一祖國的中華民族英雄。政府也展開或可稱作建築矯正的舉措，創造出能夠維護這種歷史觀點的新建環境。二〇一〇年代初，在固勒扎城外興建的一座壯觀建築，據說是要重建清朝郡縣的指揮中心。在哈密，舊王公宮殿於一九三〇年代動亂期間遭毀，但於二〇〇五年距離原址一公里處重建，混合了中華、突厥和蒙古風格，來表現不同民族和諧共存——儘管和舊宮殿截然不同。喀什噶爾市郊有座漢族風格的新建築是為頌揚班超而建，這位中國將領據稱於西元七三年曾征服匈奴，在該區域建立中國統治。[15]與此同時，蘇非導師阿帕克和卓的陵寢被改為香妃園；阿帕克和卓曾邀請準噶爾人入侵阿勒提沙爾，其後代一直是大清帝國的眼中釘。根據傳說，清朝征服新疆後，乾隆皇帝納霍集占和卓的妻子或配偶為妾——霍集占是阿帕克和卓的後代，其叛亂導致清朝政府在阿勒提沙爾開戰。她以美貌聞名，而就算沒有使用任何香水，她的身體也會散發出宜人的香氣。皇帝深深迷戀著她，但她態度堅定，拒絕獻身給皇帝。皇帝的母親起了疑心，便下毒毒害她。根據某個版本的傳說，她的遺體被帶回喀什噶爾，並埋在她的祖先阿帕克和卓的紀念墓園中。這則傳說故事有些事實基礎——有位來自阿勒提沙爾的生活方式的伊斯蘭應當受到頌揚。因此，歷史上的偉大學者——諸如伊瑪目阿布．伊斯瑪儀．布哈里和阿布．以撒．穆罕默德．提爾米迪，穆斯林世界公認他們的聖訓集為權威；以及法學家布爾漢丁．阿布．哈珊．瑪吉納尼和阿布．曼蘇爾．穆罕默德．瑪圖立迪，他們的伊斯蘭法彙編名聞遐邇——被視為民族英雄，而過去的重要蘇非人物被視為中亞對世界共同文化寶庫的貢獻。他們具有民族本真性。所有其他形式的伊斯蘭，尤其是將其他國家勢力帶入者，都代表著蒙昧和宗教狂熱，必定會將民族從通往進步的道路上擊落。這類的伊斯蘭必須被反擊。中亞政府決定何種形式的伊斯蘭與民族文化一致且能獲得許可，以及何者應被抵制。

中亞的獨立國家企圖嚴密控制伊斯蘭時，採用的是蘇聯式的掌控機制。中亞穆斯林宗教管理局在蘇聯解體後並沒有留存下來。其哈薩克分支於一九九〇年脫離，而到了一九九二年，每個國家都擁有自己的宗教管理局。不過，要設立這類管理機構的基本概念仍然存在，每個國家如今都擁有宗教理事會，是伊斯蘭實踐的唯一場域。中亞穆斯林宗教管理局是個小組織，代表對宗教有敵意的政府，負責管理遍及五個共和國不到兩百間的清真寺。新的理事會管理遠遠更多清真寺，並在認為伊斯蘭屬於民族文化的一部分的社會氛圍下運作，儘管如此他們仍是控管機關。他們完全控制伊斯蘭出版和教育，以及清真寺的營運。他們還會發布伊斯蘭敕令，實際定義何者是正確的伊斯蘭，何者不是。按照規定，獨立於這些管理局之外的伊斯蘭活動都是非法的，而且會被起訴。開第一槍的是烏茲別克，其政府很快就採取行動控制頑強的宗教人物。伊斯蘭界的重要人物被逮捕或直接消失，他們的清真寺被迫關閉並挪作他用。一九九八年的某條新法律命令所有宗教活動都必須在有向政府登記的場所進行，於是逮捕和關閉清真寺變成全面的行動。這波對抗的最高點發生在二〇〇五年五月，保安部隊屠殺安集延城一場群眾示威的參與者。那場示威是號召民眾來抗議該城二十三名商人的審判，他們因遭控極端主義而被捕。他們的家人在他們受審的法庭外守夜。二〇〇五年五月十二至十三日的晚上，示威者闖進監獄，釋放那幾名囚犯。他們接著要求總統親自來訪這座城市，聆聽他們的苦衷。烏茲別克政府將這起越獄事件視為企圖起義，帶頭的是想要在烏茲別克建立伊斯蘭政權的外國戰士。這引發一場大規模的維安行動，於五月十三日展開屠殺。死傷人數從未被查明，但最可靠的估計指出大約有五百人死亡。烏茲別克的逮捕行動仍在進行時，另外還有數百人跨越國界，逃亡至吉爾吉斯。[21]

終結塔吉克內戰的和約，賦予伊斯蘭復興黨在政府中的一席之地，而有幾年的時間，塔吉克被吹捧為宗教自由的國度，擁有前蘇聯國家中唯一一個伊斯蘭政黨。當埃莫馬利．拉赫莫諾夫鞏固權力，這一切都改變了。政府加強控制宗教學者的活動，並將他們變成公務員。自二〇一四年一月起，他們領取政府的薪俸，被要求穿著制服，並朗誦國內官方宗教管理機構——宗教學者議會（Council of Ulama）——事先認可過的講道內容。二〇〇九年的信仰自由與宗教組織法（Law on Freedom of Conscience and Religious Organizations）制定清真寺數量的限額，並命令清真寺必須登記在案。所有非正式的清真寺都被關閉。二〇一〇年，政府下令所有在國外（大多是在埃及、伊朗和巴基斯坦）宗教機構就讀的塔吉克公民返國。隔年，一條「關於教育和養育子女之父母責任」的法律禁止在家中進行宗教教育，也禁止未成年人進入清真寺或參與任何宗教活動，只有葬禮除外。如今，父母對子女福祉的責任還延伸到必須確保他們不會逃學去清真寺參加禮拜。[22]塔吉克的伊斯蘭政策至此已經和烏茲別克如出一轍。其他後蘇聯時期的中亞國家同樣和伊斯蘭保持距離，並擁有類似的控制機制。

中國政府和伊斯蘭教的關係甚至更具敵意。中亞的前蘇聯國家儘管將伊斯蘭頌揚為民族遺產的一部分，但仍加以管控。中國政府所想像的中華民族和伊斯蘭教毫無關聯。政府於二〇一六年開始要求中國的所有宗教自行中國化，但甚至在那之前，他們就已經嚴格限制宗教活動。他們包容宗教，但公開宣稱不會允許任何「組織或個人利用宗教從事破壞公共秩序、損害公民健康、或干預國家教育制度的活動，抑或是其他傷害國家或公共利益、或公民合法權利及利益的活動」。[23]其控制機制和中亞的獨立國家十分相似——國家宗教事務局監督宗教組織的運作，不過實際上，地方當局會忽略法律程序，直接懲處宗教機構。再次強調，差別在於獨立國家必須平衡他們對宗教的控制和對民族文化的頌揚，而中國政府沒有這樣的難題。影響更重大的是，中國政府開始堅稱維吾爾人的民怨本身就是在表達伊斯蘭極端主義。正是因為政府如此判斷這個問題，導致他們在二〇一六年發起公然反伊斯蘭的「去極端化」運動。

# 第二十四章 我們仍身處後蘇聯時代嗎？

中亞的五個獨立國儘管有各式各樣的共通點和共同的過去，卻都在蘇聯解體後的那個世代踏上不同的道路。今天，他們都擁有獨特的面貌，對於自己在世界中的位置的認知也有所不同。我們現在就來簡短導覽這五個國家，以突顯其多元性，並讓我們自己擺脫懶散習慣的思維，別再誤以為中亞五國是同質且可以互相替換的國家。

◆ ◆ ◆

烏茲別克是中亞人口最稠密的國家，也是中亞都市文明的繼承者。其後蘇聯時期的發展帶有伊斯隆・卡里莫夫獨一無二的特徵，這位男士自一九九〇年起便治理這個國家，直到他在烏國宣告獨立的二十五週年紀念日後逝世為止。烏茲別克一九二四年建立以來的九十二年中，他總共統治了二十七年。在一九九〇年代初的過渡時期，他拒絕採用國際機構所囑咐的休克療法*。烏

* 譯注：指在計畫經濟或社會主義國家，在面臨經濟危機和嚴重通貨膨脹時，採行緊縮的財政政策，減少國家補助，實行貿易自由化。因短期內會對經濟造成巨大衝擊，導致社會進入「休克」狀態，因此借用醫學名詞，稱為休克療法。

茲別克倖免於其他地方的情勢所帶來的動盪和極端不平等情況，但烏茲別克的經濟依然有很大一部分直接或間接受國家控制。政府依然握有關鍵產業的控股股份，包括能源、電信、航空和礦業等產業。和國家關係密切的菁英支配大量已經崛起的民營部門。因此，國內沒有任何社會力量落在國家掌控的範圍之外。此外，棉花依然在經濟中占據核心地位。集體農場變成獨立實體，但農場和政府的關係變化不大。蘇聯時代的棉花生產組織不僅支配經濟，更構成鄉村地區的政治勢力，無法輕易推翻。雖然政府已經採取一些舉措，減少單一作物栽培的情況（到了二〇一〇年代中期，原棉產量已經降低到每年略低於三百萬噸），但棉花依舊是主要的出口獲利來源和鄉村秩序的保障。國家持續制定採購價格，每到收成季節，還會用公車運送學校及大學學生和政府雇員去協助採棉。卡里莫夫也利用蘇聯式的政治溝通方法。公共空間布滿張貼著口號和政策宣導的布告欄，但蘇聯領袖的言論或共產黨決議內容被總統的發言取代。卡里莫夫的作品印刷成冊，成為學童的考試科目之一。所有人文學科和社會科學的學術工作，都必須採用他的看法來證明研究的重要性，就像在更早期的世代，學術作品往往會在開頭引用馬列主義的經典或當時的黨綱。

然而，如果政權採用蘇聯的統治方法，其對蘇聯歷史的態度明顯充滿矛盾。獨立時期有項大規模計畫是建造名為「烈士紀念園區」（Shahidlar Xotirasi）的紀念設施，「懷念那些為他們將永垂不朽的國家奉獻生命的人士」，向他們致敬。這座設施建於國家政治保衛總局於一九三〇年代處決其受害者的行刑場位址。不過，雖然該設施主要是紀念史達林整肅的受害者，但也紀念所有俄羅斯統治時期的受害者，從一八五〇年代第一次沙俄入侵，一直到一九八〇年代的棉花醜聞。沙俄和蘇聯時期因此被串在一起，成為一整段殖民壓迫的黑暗時代，其所有的受害者都被認定為烏茲別克人。推翻蘇聯歷史及其烏茲別克英雄的程度有其限制，才不會同時否定了所有的現代烏茲別克文化。而二戰依然是集體記憶的一大重點。就像多數的前蘇聯城市，塔什干的市中心也有無名戰士墓（Tomb of the Unknown Soldier）。紀念園區在獨立後經過重新規劃，特別表現出烏茲別克民族對戰爭英雄的崇敬。草地上，一座比真人大小還大的哀悼母親雕像面對著一簇永不熄滅的火焰，四周圍繞著一列柱廊，裡頭展示著所有戰亡人員的名單（這是全前蘇聯地區的戰爭紀念園區共同的做法）。柱廊以帖木兒時代清真寺風格的拱門和圓柱為特色，上頭還有烏茲別克民族樣式的美麗木雕。戰爭記憶被民族化，而勝戰被呈現為同時是烏茲別克人和蘇聯的成就。

卡里莫夫為維護其正當性，將大量賭注都押在確保情勢穩定上，讓烏茲別克成為和平寧靜的國度，避免落入其鄰國的窘境（最早的反例是阿富汗；接著是陷入內戰的塔吉克；然後是二〇一〇年代苦於政治動盪的吉爾吉斯）。為了確保情勢穩定，卡里莫夫運用國家安全局（National Security Service）的力量，他們是直接承繼自蘇聯國家安全委員會的政治警察，監控國內外的安全。卡里莫夫小心翼翼保衛烏茲別克的主權，藉此維護他自己的操縱空間。和其他中亞國家的關係依然緊繃。烏茲別克還輕蔑地拒絕和土耳其建立密切關係。土耳其的企業在該國的發展成果不豐，而烏茲別克政權對土耳其的官方或半官方文化倡議也沒有利用價值。土耳其慈善家法圖拉·葛蘭的服務奉獻運動在中亞各地開設私立英文學校，主要供都市菁英就讀，但只在烏茲別克維持了短短幾年。反之，卡里莫夫在一九九〇年代和美國培養出緊密的安全關係，雙方關係的發展在九一一事件後達到高峰，那時美國在烏茲別克租用了兩處的空軍基地。然而，當美國持續批評烏茲別克的人權紀錄，讓卡里莫夫提高警戒，兩國關係便迅速惡化。二〇〇三至二〇〇四年，他強迫多數的外國非政府組織和援助組織離境，而到了二〇〇五年，他甚至將美軍逐出他們的基地。卡里莫夫接著又轉向親近俄羅斯，並帶領烏茲別克加入上海合作組織。雖然和美國的合作很快恢復，但在外交忠誠方面，烏茲別克仍和西方保持一定距離。

卡里莫夫在烏茲別克慶祝宣告主權獨立二十五週年時逝世。（他已經昏迷數日，但官方延後公布他的死訊，好讓獨立建國的慶祝活動可以按計畫進行。）交接給他的繼任者的過程十分順利。烏茲別克憲法規定，由參議院主席接手擔任過渡期的總統，但現任主席尼格瑪迪亞・尤爾達舍夫（Nig'matilla Yo'ldoshev）堅持指派在位已久的總理沙夫卡特・米爾濟約耶夫（Shavkat Mirziyoyev，生於一九五七年）擔任臨時總統，以表彰「他長期的行政工作經驗和備受人民尊崇」。國會同意了。三個月後，米爾濟約耶夫在劇本已完整寫好的總統選舉中，打敗另外三位候選人。這段過渡期顯現出烏茲別克政府多麼不透明。儘管如此，米爾濟約耶夫屬於新世代，沒有任何蘇聯時期的政治經驗。他已經帶領國家走出卡里莫夫導致烏茲別克踏入的某種外交死路，並且放寬其前任部分比較嚴厲的政策。自當選後，米爾濟約耶夫鬆綁對公民社會的審查和監控，允許伊斯蘭教提高能見度，並關閉賈斯利格（Jasliq）惡名昭彰的監獄。他也採取行動改善烏茲別克與鄰國和全世界的關係。然而，他任職總統期間並沒有對烏茲別克社會或政治造成結構性的改變。

與此同時，烏茲別克的人口持續增加。儘管政府沒有公開承認，但失業率極高——最明顯的徵兆是大規模的勞動力遷移，男性到外國尋找工作機會，有時甚至整個家庭同行。耐人尋味的是，大量移民都是前往俄國，而非比方說波斯灣地區（Persian Gulf）的穆斯林國家。烏茲別克的勞動力遷移因此在新環境下，重新建立起與蘇聯時代的連結。諷刺的是，蘇聯尚未解體，而烏茲別克人是蘇聯的平等公民時，他們沒有顯現出任何想要搬遷到烏茲別克本身城市的意圖，更別提遷移到俄羅斯了。如今，蘇聯的福利國家已經消失，推力和拉力都變得遠更強大，烏茲別克公民的流動性大大提高。儘管移民在俄國引起排外情緒和歧視，但最終仍讓莫斯科變成中亞的大都市（烏茲別克料理在該城大受歡迎）。

◆　◆　◆

所有中亞國家中，塔吉克的通往獨立之路最為痛苦。在緊接著獨立建國發生的內戰期間，塔吉克幾乎四分五裂。俄國和烏茲別克都為了蘇聯菁英的利益，干預對抗他們的伊斯蘭對手。「新蘇聯派」倖存了下來，並在一九九七年打贏內戰。塔吉克重新統合為一。內戰結束後的數十年間，新蘇聯派在和蘇聯迥異的環境中，鞏固了他們的權力。埃莫馬利．拉赫莫諾夫——這位新蘇聯派總統在二〇〇六年捨棄他名字的斯拉夫字尾，改為「拉赫蒙」（Rahmon）——靈活地協商戰後情勢。他藉由承諾給予官職與分享國家動員資源的能力，同時收編內戰兩邊陣營的指揮官，並且鞏固他在政權中的核心地位，在一九九〇年代的混亂局勢中，鮮少有人能預測到這樣的手段。一九九七年的和約承諾給予反對派三成的政府官職席位，而數年後，伊斯蘭復興黨組成了國內真正的反對陣營。拉赫蒙毅然決然一步步破壞和約條款，企圖將該黨邊緣化，因此他們在二〇一〇年的國會選舉只贏得兩席。二〇一五年，他宣告伊斯蘭復興黨是恐怖主義組織，並禁止之。而世俗派的反對勢力早在二〇〇〇年代中期，就已經受到鎮壓或被迫流亡。拉赫蒙在一九九九年當選連任，但他後來在二〇一六年省去選舉，直接自封為「國家領袖」和終身總統。

在蘇聯時期的發展過程中，塔吉克民族主義將塔吉克人視為中亞本地古代波斯文化的繼承者，因此是該區根源最古老的民族。今天的塔吉克宛如在一片突厥之海中說波斯語的島嶼，這讓塔吉克民族主義帶有不滿的情緒，但也賦予其明確的焦點。最大的競爭對手是烏茲別克人，他們的民族主義也聲稱繼承了中亞定居區域的遺產，而其共和國在建國時也成功占據了撒馬爾罕和布哈拉這兩座河中地區最古老的城市。因此，塔吉克對歷史的崇拜和中亞的任何其他地方一樣狂熱。苦盞省被改名為粟特（索格底亞那），而薩曼朝——最後一批統治河中地區的波斯語使用者——被頌揚為塔吉克人首次建國的朝代。塔吉克的貨幣在二〇〇〇年更名為索莫尼（名稱由來是薩曼朝），而在杜尚貝的中央廣場，薩曼朝建立者伊斯瑪儀．薩瑪尼的雕像取代了列寧像。雖然烏茲別克的武裝部隊曾幫助塔吉克政權在內戰中倖存下來，但塔吉克獨立後和烏茲別克的關係一直十分冷淡。塔吉克試圖和中亞以外的國家建立關係。他們和俄國的關係特別密切（俄軍保衛塔吉克的南部邊界直到二〇〇六年），並且將伊朗視為中亞突厥勢力的平衡力。伊朗和塔吉克的關係是建立在共同使用波斯語言的基礎上。伊朗曾花費大量資金提倡塔吉克的語言和文化，也稍微參與塔吉克的經濟（兩國相隔的距離是一大問題），但他們一直以來都避免干預遜尼派國家的宗教生活。阿富汗也使用波斯語言（達利文是該國兩種官方語言之一，也是波斯文的變體），但因為阿富汗局勢混亂不穩，塔吉克菁英階層又擔憂會發生伊斯蘭起義，兩國的關係一直難以發展。地理問題也阻礙了與巴基斯坦或印度交好。反之，中國逐漸成為塔吉克的主要動力。塔吉克百分之四十五的外貿都是和中國做生意，而中國也是相當慷慨的債權人。長期以來都謠傳塔吉克境內有座不大的中國軍事基地——位於戈爾諾－巴達赫尚自治州（Gorno-Badakhshan）的廣闊山區，靠近新疆和阿富汗邊界——這個謠言在二〇一九年獲得證實。[1]

貧窮依然是該國最重要的一個議題。人口增長，且經濟普遍缺乏活力，導致二〇一〇年代末大量勞動力遷移。該國可能有多達一成的人口（大多為男性）在國外工作，主要是在俄國或哈薩克，而世界銀行（World Bank）的官方數據顯示，匯款占該國國內生產毛額的百分之二十八點六（實際數據很可能更高）。在蘇聯時代，官員幾乎無法驅使塔吉克人搬遷到杜尚貝，更別說是莫斯科了。今天，不同的經濟秩序迫使塔吉克人在他們如今已成外國人的國度謀生。

◆　◆　◆

土庫曼在獨立後變成一個孤僻機密的國家。一九九一年時，有人說該國蘊藏豐富的天然氣，可能成為中亞的科威特（Kuwait）；科威特是資源豐富的獨裁國家，統治的菁英階層利用部分的財富來提供所有人民第一世界的舒適生活，花錢換得國民的政治平靜。但那從未實現。他們確實發展出獨裁政治，人民也保持平靜，但達成如此狀態的方法不是像科威特擁抱世界經濟，而是運用蘇聯政治文化的某些特性——也就是計畫經濟和個人崇拜。現今的土庫曼可能比任何其他前蘇聯共和國都更嚴密控制和專制。

土庫曼的共產黨組織過去是蘇聯中最溫順的。薩帕爾穆拉特．尼亞佐夫一九八五年成為土庫曼共產黨的第一書記後，成功輕鬆度過戈巴契夫時代的動盪。獨立後，他自封為土庫曼民族領袖，並宣告獨立是其民族命運累積而來的結果。那是土庫曼歷史的黃金時代（*Altyn Asyr*），而尼亞佐夫是這輝煌年代的體現。國會授予他「土庫曼人之父」的頭銜，並任命他為終身總統。偉大的土庫曼人之父薩帕爾穆拉特（*Beýik Saparmyrad Türkmenbaşy*）成為該國無所不在的存在。他的側面像疊加在所有電視廣播節目的右上角，他的雕像如雨後春筍般到處出現（最著名的是一座十五公尺高、張開雙臂的鍍金像，而且會旋轉面向太陽）。他的畫像出現在布告欄和建築物的側面；肖像遍布每間政府辦公室、學校和醫院；還出現在報紙、錢幣、紙鈔，以及國家專賣的伏特加和白蘭地瓶身上。「人民！祖國！土庫曼人之父！」成為無所不在的口號，而國歌副歌宣告：「土庫曼人之父的偉大創造／祖國故土，主權之國／土庫曼國，靈魂的光芒和詩歌／萬歲長壽，永遠繁榮！」二〇〇一年，尼亞佐夫出版《靈魂之書》（*Ruhnama*），把個人崇拜提升到全新層次，那本書蒐集了他對於土庫曼族歷史、倫理、政治和許多其他主題雜亂無章的想法。在書中，他概述土庫曼民族的歷史，融合（已經在蘇聯時代民族化的）土庫曼史詩元素和民族起源等蘇聯史學概念。這本書將史詩傳統中的神話人物和事件呈現得宛如事實，並且敘述可以回溯五千年、連續不中斷的民族歷史。土庫曼人團結統一，並遵循長者的智慧時，實現了許多偉大事物，建立了許多偉大政權（《靈魂之書》聲稱塞爾柱朝〔Seljuq〕和鄂圖曼帝國都是土庫曼人建立的）。這本書並沒有談論太多現代時期的發展。土庫曼歷史似乎一直處於停滯狀態，直到獨立和尼亞佐夫上任才繼續前進。除了歷史敘事，書中還包含少量的道德倫理建議。尼亞佐夫聲稱，他是「在創造這美妙宇宙的神注入我心中的靈感的幫助下」寫成這本書的。[2]此書很快就變成「神聖靈魂之書」，政府官員還將其重要性比擬為《古蘭經》和聖經——這兩部宗教經典據說都無法完全滿足土庫曼人的性靈需求。這本書變成學校課程的一部分，公務員為之舉辦讀書會，而那些想要取得駕照的民眾也必須接受關於本書的測驗。書中的段落銘刻在國家清真寺的牆上，這座清真寺是尼亞佐夫在他父親生活的吉普查克村（Gypçak）建造的，位於首都阿什哈巴特市郊。從希特勒和史達林，到毛澤東和金日成，二十世紀出現許多圍繞獨裁者的個人崇拜。尼亞佐夫的崇拜可以勝過他們所有人。

尼亞佐夫於二〇〇六年十二月死於心臟病發。考慮到他生前是如何支配這個國家，權力交接過程出奇地順利。菁英階層間有些內訌，但問題很快就解決了。根據憲法，國會主席應當繼承尼亞佐夫之位。然而，擔任主席的奧韋茲蓋爾德·阿塔耶夫（Öwezgeldi Ataýew）因受控濫用權力和不道德行為而被捕，遭判處五年徒刑。於是權柄交接給擔任副總理和衛生部長的庫爾班古力·別爾德穆哈梅多夫（Gurbanguly Berdimuhamedov），他也是尼亞佐夫的牙醫。別爾德穆哈梅多夫在實際有多名候選人的普選中，贏得百分之八十九的選票後，撤銷了尼亞佐夫一些比較惡名昭彰的規定，但解凍的承諾仍未履行。別爾德穆哈梅多夫自封「護國主」（*Arkadag*），並建立圍繞他自己的個人崇拜。如今變成他的肖像注視著學生和公務員，他還每天都獲得奉承諂媚的新聞報導。土庫曼如今從黃金時代進入威能與幸福時代（Age of Might and Happiness）。別爾德穆哈梅多夫崇拜胡亂地向許多來源借用象徵符號。別爾德穆哈梅多夫的主要雕像是他在海浪形狀的石雕上騎馬，和凱薩琳大帝十八世紀在聖彼得堡為彼得大帝建立的雕像驚人地相似。護國主也展示了他的男子氣概——他上電視彈吉他、饒舌和扮演ＤＪ，他還在某部影片中表演軍事演習，並獲得眾軍官如雷般的喝采掌聲，古怪得令人聯想到阿諾·史瓦辛格（Arnold Schwarzenegger）。

尼亞佐夫和別爾德穆哈梅多夫之所以能完成這些功績，是因為他們成功維持掌控國家機器和安全機關的忠誠。獨立後，土庫曼的統治者躲避了新世界秩序的多數口號——他們與人權、開放社會、新聞自由和民營化全都保持一定距離。戈巴契夫時代出現的少數幾群政治反對派依然軟弱無力，獨立後很容易就被驅逐出境。在國內，政府控制媒體，封鎖所有異議言論。尼亞佐夫讓國家走上孤立主義的道路，並且以「永久中立」的概念來為其辯解。這讓政權能夠迴避國際糾葛，遠離好管閒事的國際壓力。土庫曼一直保持孤僻，藉由讓簽證變得難以取得，來保障其邊界安全。不過，外面的世界並非完全缺席。土庫曼的資源必須出口。土庫曼剛開始開發蘊藏的自然資源時，是和泛蘇聯的輸送管網絡相連，將其天然氣北送至俄國和烏克蘭。雖然那些輸送管已相當老舊且產能不佳，但那些國家依然是其主要顧客。獨立後，土庫曼開始尋找將其天然氣運送到世界市場的新路線。他們夢想透過TAPI輸送管，亦即土庫曼－阿富汗－巴基斯坦－印度輸送管，連接到南亞市場，但因為阿富汗局勢不穩，巴基斯坦和印度關係惡劣，至今仍未實現。二〇〇九年，中國資助興建的輸送管連結起土庫曼和新疆。自那時起，中國已經成為土庫曼天然氣的最大進口國。天然氣出口資助了土庫曼獨立後狂妄自大的建設計畫。亞洲和中東有許多城市利用壯觀的建築，來向世界炫耀自己，阿什哈巴特也是其中之一。然而，因為要到當地旅行非常困難，很少有土庫曼以外的人可以親眼看見威能與幸福時代的榮光。與此同時，農業部門陷入某種危機。雖然棉花產量已經大幅下跌，但棉花依然是最重要的作物。灌溉面積在獨立後不只翻了一倍，導致有限的供水承受前所未有的巨大壓力，而新耕地的品質也不好。[3]土壤退化、鹽化和隱約浮現的缺水問題，全都在訴說環境挑戰，將在未來幾年考驗政權的穩定度。

◆　◆　◆

吉爾吉斯的經驗幾乎相反。因為沒有豐富的自然資源，該國的領導階層在獨立後立刻就讓國家向世界敞開門戶。他們將經濟私有化，縮減對媒體的控制，並邀請非政府組織和各式各樣的顧問前來。有很長一段時間，吉爾吉斯都是自由市場、選舉和言論的新世界秩序的代表國家。因為山景壯麗，又期望能夠轉變成新自由主義的民主體制，吉爾吉斯被稱作「中亞的瑞士」。各地的顧問專家來到這個國家時，其首都比斯凱克曾經是死氣沉沉的省級城鎮，如今外籍人士多到讓其夜生活蓬勃發展。然而，在所有的後蘇聯地區中，這個國家的歷史最為混亂。民變推翻了兩任總統，而二〇一〇年時，還發生在後蘇聯時期的中亞最慘重的族群衝突。吉爾吉斯可以告訴我們蘇聯解體後的國家有何特性。

吉爾吉斯首任總統阿斯卡爾・阿卡耶夫是當時中亞領袖中的異類，他並不屬於蘇聯的政治菁英階層。他主導讓吉爾吉斯走向開放的政策，但他無法避免私有化導致公共資源被侵吞的情況。集體農場主管和工業企業的經理設法私占財產，或將之出售。一九九〇年代間，一次嚴重的經濟危機導致屬於該國主要經濟活動的牧羊產業崩潰，全國的家畜數量從一九八〇年代末的一千兩百萬隻，下降到二〇〇八年的兩、三百萬隻。[4]發生這些經濟變化的同時，政府不再扮演過去提供社會服務的角色。於是，吉爾吉斯和其他中亞國家不同，其社會和政治是真正的多元。新菁英階層支持阿卡耶夫，他當選連任了兩次。可是他無法抗拒新秩序的誘惑，而到了二〇〇〇年後，他的政權深陷貪腐的泥沼。政府成員和阿卡耶夫自己的家人利用私有化的過程，累積了大量財富。阿卡耶夫的兒子和女婿掌控無數企業，包括一間水泥工廠、庫姆托爾（Kumtor）的金礦場和吉爾吉斯獲利最高的手機公司。[5]阿卡耶夫也企圖將其總統職權最大化。他在二〇〇三年被國會賦予終身免受起訴的豁免權，而在二〇〇五年國會選舉的準備階段，他透過可疑的法律操作，取消反對陣營候選人的資格，企圖打造一個順從的國會。這些過分的舉措導致許多阿卡耶夫的夥伴不再支持他，並組織對抗他的群眾示威活動。示威擴及全國，在南方費爾干納盆地的遊行數量特別多。二〇〇五年三月二十四日，阿卡耶夫和他的家人逃亡，最終流亡至莫斯科。他的離去是中亞獨立後領導階層首次發生變動。

藉由群眾公開抗議，主要以非暴力的方式罷黜一位不受歡迎的總統，這和另外兩個前蘇聯國家近期的事件十分相像，亦即二〇〇三年喬治亞的玫瑰革命（Rose Revolution）和二〇〇四年烏克蘭的橘色革命（Orange Revolution）。因此吉爾吉斯的事件被稱作「鬱金香革命」（Tulip Revolution），以吉爾吉斯的國花為名。不過，若說喬治亞和烏克蘭的「革命」是以親西方傾向的政權取代親莫斯科的政權，那麼吉爾吉斯的發展則有些不同。阿卡耶夫是中亞最親西方的領袖，吉爾吉斯和美國的關係也相當熱絡。阿卡耶夫在一九九〇年初次當選時，並不隸屬於吉爾吉斯的共產黨菁英，如今舊蘇聯秩序的成員取代了他。在獨立前的時代，新總統庫爾曼別克．巴基耶夫（Kurmanbek Bakiyev）曾是工廠經理，並在小鎮科克揚加克（Kök-Janggak）短暫擔任黨委書記。另外一位抗議的領導人是蘿扎．奧通巴耶娃（Roza Otunbayeva），她曾任伏龍芝的黨委主席和吉爾吉斯共和國的部長會議成員。就算是在吉爾吉斯較鬆散的政治體制中，蘇聯時代的菁英也並未消失。

鬱金香革命在許多層面都令人失望。巴基耶夫訴諸強制手段，藉以壓制異議，並取得對國家資源的掌控權。二〇〇五年的抗議有部分是因為對貪腐的憤怒而起，但在新政權統治下，情況卻大幅惡化。巴基耶夫及其親信極其靈活地適應了吉爾吉斯深陷其中的新制度。比斯凱克的美國空軍基地需要持續的燃料供給，金礦場如今由外國公司營運，有避稅手段又能持有總部設在西方的公司，這一切都讓他們賺進大把鈔票，其獲利規模是前蘇聯世代無法想像的。另一次的人民起義於二〇一〇年推翻巴基耶夫時，他的兒子搭乘私人飛機逃往倫敦，英國政府提供他政治庇護——忽略吉爾吉斯的引渡要求。馬克辛・巴基耶夫（Maxim Bakiyev）如今住在倫敦市郊一座價值三百五十萬英鎊的宅第中，享受他財富的果實。[6]他的父親在白羅斯避難。吉爾吉斯可能是世界上唯一一個有兩位前總統流亡的國家。

奧通巴耶娃取代巴基耶夫，任職至二〇一一年的選舉為止。自此，儘管有時搖搖欲墜，但吉爾吉斯情勢大致穩定了下來。其領導階層在平衡國際承諾上，展現出絕佳的靈活度。吉爾吉斯繼續讓國內的美國空軍基地存在，但也建立了一座俄羅斯軍事基地，並且親近中國（可能是不得不為），中國的經濟力量是吉爾吉斯必須與之應對的主要因素。然而，吉爾吉斯的經濟仍十分艱困，有許多吉爾吉斯公民在國外工作，主要是在俄國。吉爾吉斯對匯款的依賴程度和塔吉克一樣高（在這項數據上，這兩個國家分別排行世界第二和第三，僅次於海地〔Haiti〕）。

吉爾吉斯的歷史負擔也相當沉重。因為歷史上沒有太多偉大人物，口傳史詩《瑪納斯》成為民族身分認同的核心，在全球化的環境下也是如此。這篇史詩長達五十萬行，直到二十世紀初都是透過口述傳播，之後才首次寫成文字。在蘇聯時代，史詩被認定為吉爾吉斯的民族遺產，如今則用來主張吉爾吉斯民族已經持續存在數百年之久。吉爾吉斯政府宣稱一九九五年是該史詩寫成的一千週年，並組織了一系列的慶祝活動來表明這項主張。聯合國教科文組織將一九九五年訂為

「《瑪納斯》之年」並資助其慶祝活動時，慶祝規模擴及全球。（可口可樂公司提供了額外的贊助，他們希望能夠征服吉爾吉斯的新市場。）將《瑪納斯》頌揚為民族史詩後，創造出一種觀念，讓人民認為獨特的吉爾吉斯民族長期持續存在，而且和他們現今所居住的土地緊緊相連。這也將吉爾吉斯獨立建國詮釋為吉爾吉斯恢復了因歷史意外而中斷的國家地位。

◆　◆　◆

就面積而言，哈薩克是中亞目前最大的國家，而在獨立後的一個世代，也成為人口最稠密的國家。石油和天然氣的大量儲量提供了經濟成長的基礎。一九九一年，哈薩克是所有中亞國家中工業基礎規模最大的，但獨立初年的局勢十分混亂。比起其他共和國的情況，哈薩克的經濟甚至和其他的蘇聯地區更緊密結合。其礦產資源被送到蘇聯其他地區的最終消費者手上。那些產製鏈因蘇聯解體而中斷。哈薩克大量的俄羅斯人口（一九八九年最後一次的蘇聯人口普查指出，俄羅斯人占據全人口的百分之三十八）支配城市，並成為北部地區的多數，這是一九五〇年代處女地運動所遺留下來的結果。哈薩克還有近一百萬的德意志人，他們是二戰期間被驅逐出境的窩瓦德意志人的後代。這些蘇聯的歐洲人掌握了經濟的工業和技術部門。獨立導致俄羅斯人大規模移出共和國，而儘管蘇聯的德意志族裔幾乎無人會說德語，但德國仍提供他們公民身分。獨立後的前十年，有超過一百萬俄羅斯人和七十萬德意志人遷離哈薩克。[7]在沒有建立適當制度的情況下，私有化導致經濟變得萬分艱困，而在一九九〇年代的多數時期，國內生產毛額都在下跌。情勢在一九九九年左右好轉，當時開始大規模生產石油，而石油的世界價格飆升。二〇一〇年代間，哈薩克是世界上最快速成長的經濟體之一。欣欣向榮的經濟資助新首都阿斯塔納的驚人成長，並將阿拉木圖改造成繁忙的大都市。

努爾蘇丹・納扎爾巴耶夫掌控這個國家長達三十年，從他一九八九年就擔任哈薩克共產黨的第一書記，到他二〇一九年意外退休。一場公投延長了他的原始任期，之後他四度當選連任，而且是頗具蘇聯特色的壓倒性勝選（四次的得票率分別是百分之八十一、九十一、九十六和九十八）。他身為首任總統和民族領袖（*Elbasï*）的特殊地位受法律認可為神聖不可侵犯，並且以他為中心發展出個人崇拜，包括許多官方資助的傳記電影、幾座雕像，還有至少三座在著名地點的手印銅模，讓民眾可以觸摸他的手印來許願。有無數機構以他為名，包括一所資金豐沛的國際英文大學。他退休後，他的繼任者將哈薩克首都改名為努爾蘇丹，藉此向他致敬。他的政黨「祖國之光」（Nur Otan，除了字面意義外，也是納扎爾巴耶夫名字的諧音）稱霸國會。二〇〇七年，該黨贏得國會的所有席位，讓哈薩克變成真正的一黨國家。黨員人數超過一百萬人（約等同於一成的選民）這點頗有助益，其中還包括許多透過扣薪來繳黨費的公務員。[8]哈薩克政府幾乎不容許任何異議——他們可以關閉報社和網站，利用只有理論上獨立的司法機構騷擾政治對手，並剝奪反對黨的所有運作能力。

不過，儘管如此，納扎爾巴耶夫無疑很受歡迎。他的全球性高度和贏得的國外勢力認可讓他聲望卓著。他在處理哈薩克面臨的地緣政治挑戰時也相當熟練。在獨立初期，他放棄哈薩克從蘇聯繼承而來的核子武器，將之轉交給俄國（在國際法上，俄國是蘇聯的繼承政權）並封閉國內的核子設施。核試驗的傷害已經讓哈薩克成為世界上最反核的地方之一，反核抗議也是共和國在改革重建期間政治風景的主要特色，因此納扎爾巴耶夫的這項舉措大受人民讚賞。在那之後，他靈活地在俄國、崛起中的中國和美國之間運籌帷幄。

哈薩克仍和俄國保持緊密關係。兩國經濟牽連得太深，無法不維持關係，但也還有其他原因。就算在一九九〇年代的人口外移潮後，俄羅斯人仍占哈薩克人口的百分之二十三。俄文在該國具有官方地位，人民也廣為使用。納扎爾巴耶夫於一九九六年將首都北遷，至少部分削弱了當地俄羅斯族人的分離主義情緒。哈薩克原來的首都阿拉木圖位在這個大國的南緣，靠近比斯凱克和塔什干。努爾蘇丹則是位處完全不同的區域。從新首都來看，其他中亞國家顯得相當遙遠，但俄國就近了許多。自一開始，納扎爾巴耶夫就信奉他獨到的歐亞主義（Eurasianism），強調在經濟上要融入歐亞大陸，並將歐亞大陸視為不同宗教和文化共存的空間。比較具體的表現是二〇一四年成立的歐亞經濟聯盟（Eurasian Economic Union），在關稅同盟中將哈薩克與俄國和白羅斯連結起來。與此同時，和中國的貿易急速成長，讓中華人民共和國變成哈薩克第二大的貿易夥伴。哈薩克對中國也相當重要。習近平二〇一三年在一場阿斯塔納的演說上，向世界宣告啟動一帶一路倡議。新疆和哈薩克邊界的霍爾果斯鎮將在倡議中扮演關鍵角色。該鎮當時已經是全世界最大的內陸口岸。哈薩克國內不只有維吾爾族人對中國有所質疑，但儘管面對這樣的質疑聲浪，納扎爾巴耶夫仍和中國建立良好的關係。納扎爾巴耶夫也從來沒有揮霍他在一九九〇年代放棄核武時所獲得的西方的敬重。儘管他連任手段並不誠實，貪腐醜聞頻傳，國內公民社會的情況也十分可疑，但依然深受西方政府喜愛。

哈薩克政府在分配石油財富方面做得相當不錯。不平等和分配不公的情形誠然存在，但哈薩克公民比他們的鄰居更富裕。政府也把族群關係打埋得相當好，確保俄羅斯人感到自在，但沒有他們的父母在蘇聯晚期可能曾認為自己當家作主的那種意識，同時建立起哈薩克的民族自尊心。「哈薩克是團結一致的國度。」官方口號是這麼說的，而政府也付出許多努力，確保不同民族和諧共存。他們原本就打算讓努爾蘇丹變成新哈薩克的隱喻。哈薩克的財富讓他們得以執行歸國哈僑（*oralman*）計畫，透過提供旅行和安置的財務援助、免費住宅、求職協助和哈薩克公民身分，爭取在其他國家的哈薩克族人「回到」他們的祖國。這個計畫有部分是要補償一九一六年大離散和集體化等讓哈薩克族人逃離家園的災難，但也是讓哈薩克變得更「哈薩克」的方法。獨立後的近三年期間，超過一百萬名哈薩克人接受歸國提議。他們大多來自烏茲別克和其他前蘇聯共和國，但這個計畫也對蒙古和新疆的哈薩克人造成影響。除了不少的維吾爾族離散人口，哈薩克如今也成為許多新疆哈薩克人的家——這讓哈薩克和中華人民共和國的關係變得複雜。

納扎爾巴耶夫在二〇一九年三月十九日宣告退休時震驚所有人，他將權柄交給效忠他的參議院議長哈斯穆－卓瑪爾特．托卡耶夫（Qasïm-Jomart Toqayev）。納扎爾巴耶夫是所有後蘇聯時期的國家中任職最久的元首，也是最後一位仍在位的蘇聯時代共產黨領袖。他宣告退休是為了確保他能夠控制繼任人選。他依然是哈薩克安全理事會（Security Council）的成員，因此得以掌控部長的派任並在幕後影響大局，而他民族領袖的地位讓他終身享有起訴豁免權。我們不應預期在新總統的統治下，政策會發生快速的轉變。不過，托卡耶夫得以享受統治中亞最繁榮、經濟最強大的國家。

◆ ◆ ◆

對中亞的獨立國家而言，蘇聯的過去比較偏向幸事，而非詛咒。蘇聯的教育和交通運輸基礎設施協助這些新國家走過通往主權之路，而民族的語彙——這是另一項關鍵的蘇聯遺產——提供了穩定性的來源和正當化的原則。獨立後仍掌權的蘇聯菁英也是延續的要素之一。不過，他們在五個國家都選擇了不同的道路，而就算是其中最保守的人物也在新世界中發揮影響力。若根據詞彙的狹義定義，這些新國家專制又貪腐，但他們都在全球脈絡下運行，而其專制和貪腐也和全球現象密切相關。就此而言，這些國家和中國境內的中亞既相似又大不相同。

# 第二十五章　二十一世紀的古拉格

新疆的命運和前蘇治中亞截然不同。蘇聯共和國在一九九一年開始擁有國家地位和主權時，新疆變得比以前都更屈從於列寧主義政黨所管理的中國政權，這個政黨摒棄所有對階級鬥爭或經濟重新分配的關注，謹慎保衛其在政治領域的獨占地位。二〇一六年，中共政府發起一場目標明確的運動，旨在漢化新疆省及其人民。他們迅速建立「政治再教育營」的網絡，吞噬該區穆斯林人口的絕大部分——包括維吾爾人、哈薩克人和吉爾吉斯人。到了二〇一九年末，這些古拉格估計拘留了一百五十萬人，超過該省全體穆斯林人口的一成。

再教育營外的生活也不好過，因為整個省分皆已變成露天監獄，所有「少數」人口都持續遭受監控。如今所有著名地點每隔一個街角就有「便民警務站」（見圖25-1）。安全監視器配備有人臉辨識技術，安裝在街角、牆邊和路燈柱，追蹤走在街上的民眾，並在汽車經過時記錄號牌。公路沿路、加油站和「便民警務站」的檢查哨都配有可以掃描身分證和人臉的機器，和政府管理的資料庫中所儲存的生物辨識資料比對檢查。無所不在的警察巡邏隊隨身攜帶可以掃描虹膜和人臉的裝置。二〇一七年，政府當局開始透過強制計畫，蒐集該區所有十二至六十五歲的居民的DNA樣本、指紋、虹膜掃描和血型。在某些地方，維吾爾人還被要求在手機下載某種名為

**圖 25-1** 在新疆最大、最著名的艾提尕爾清真寺（Heyitgah mosque，或拼作 Idgah mosque），中國國旗飄揚，一座「便民警務站」緊鄰其旁。照片為作者於 2019 年 6 月所攝。

「淨網」的應用程式，監控他們的訊息，並隔絕非法內容和據稱有害的資訊。政府會抽樣檢查智慧型手機，確保沒有安裝違禁軟體（包括臉書和 WhatsApp）或含有違禁內容；汽車必須安裝採用全球定位系統（GPS）的追蹤裝置；所有在該省販售的刀具都有二維碼（QR code），可以連結到購買者的國家身分證。當局撤銷維吾爾公民的護照，並呼籲那些在國外生活或求學的維吾爾人返國，否則可能被取消護照。整個維吾爾民族都是可疑分子，並且遭受監控。[1]這場大規模監禁行動是中國征服新疆的最新（最後？）篇章。

通往「再教育」運動之路走過一九八九年後數十年間的若干里程碑。一九九〇年代和二〇〇〇年代，有幾場大規模抗議演變成暴動，或攻擊警察局或其他政府象徵。沒有任何一起事件有可靠的目擊證詞，就連最基本的事發經過事實都備受爭議，但這些事件影響了政府的反應。第一起這類事件發生在一九九〇年四月喀什噶爾附近的巴仁鄉，數百名男性占領政府大樓三天。新頒布的法律限制都市的維吾爾族家庭只能生養兩名子女（鄉村地區的家庭則以三胎為限），這似乎是這場抗議潛在的成因。據說叛亂分子朗誦伊斯蘭教的作證詞，並呼籲發動聖戰，而後被警察開槍射倒在地。[2]另一場重大抗議發生在一九九七年二月往北一千公里處的固勒扎。數百名參與者抗議政府從清真寺和私人讀書會逮捕了三十名男子，他們面對向群眾開槍的警察，數人身亡。這兩大事件之間的數年間，還有些規模較小的暴動、炸彈襲擊事件和警民槍戰。

政府以堅定的鎮壓回應，往往引發更多暴力。他們也開始使用一套新語彙來描述維吾爾人的不滿。中國政府在一九九〇年代中期以前都將其民怨怪罪給泛突厥主義，但如今他們開始提到分離主義、宗教極端主義和恐怖主義，交織形成「三股惡勢力」。二〇〇一年六月，中國要求上海合作組織批准一份對抗這三股勢力的公約。三個月後，美國啟動全球反恐戰爭，讓這套語彙獲得國際支持。全球反恐戰爭是對一個抽象名詞（「恐怖主義」）開戰，而在單極世界中，其敵人——「恐怖分子」——被塑造成全球秩序和人類本身的敵人。美國大肆且蓄意不精確地為反美的非國家行為者貼上「恐怖分子」的標籤。世界各地的許多政權都發現把敵人稱作恐怖分子（或極端分子）是相當有用的手段。烏茲別克的伊斯隆．卡里莫夫政權利用這些標籤來正當化其鎮壓反對派的行為，而對中國來說，這些標籤是天賜的禮物，他們很快就採用了全球反恐戰爭的反恐語彙。二〇〇一年十一月，中國的聯合國代表團聲稱，「『東突厥斯坦』團體」由「超過四十個組織」組成，接受來自阿富汗的奧薩瑪．賓拉登（Osama bin Laden）和塔利班的援助，並曾在前十年間，在中國境內「程度不一地參與恐怖主義暴力」。[3]隔年，美國政府將其中一個組織——東突厥斯坦伊斯蘭運動——列入國際恐怖主義組織的名單。此後，中國政府將新疆多數的騷亂都怪罪給東突厥斯坦伊斯蘭運動和其他「東突厥斯坦團體」，並妖魔化所有維吾爾人的不滿，聲稱他們是為恐怖主義和宗教極端主義所煽動。

二〇〇一年前，阿富汗有一個人數不多的維吾爾人社群，但幾乎沒有理由相信他們和蓋達組織或其他恐怖主義網絡密切往來。[4]當時的新疆學者對東突厥斯坦伊斯蘭運動一無所知。然而，當美軍將二十一名維吾爾人遣送到古巴關塔那摩灣（Guantánamo Bay）的美國拘押中心，這個組織變得惡名昭彰。（就連關塔那摩滿是瑕疵的準法律程序都認定這些維吾爾人不是「敵方戰鬥人員」，而他們在經過多年拘留後全數獲釋。）[5]接著，二〇〇八年時，另一個名叫突厥斯坦伊斯蘭黨（Turkestan Islamic Party）的團體發布一則影像訊息，威脅攻擊北京奧運，吸引了全球的目光。突厥斯坦伊斯蘭黨和蓋達組織結盟，不過其主要成就是以阿拉伯語文製作影片和發行雜誌（因此明顯是鎖定阿拉伯世界的支持者，而非維吾爾人）。幾乎沒有理由相信他們有任何能力可以在中國境內行動。

二〇一一年敘利亞內戰開打後，局勢有所轉變。那場戰爭和前一世代在阿富汗的戰爭有某些令人不安的相似之處——它讓國內的許多地區變成世界各地聖戰士的避風港。到了二〇一七年，戰場上的中亞人為數不少，其中估計有三千至五千名維吾爾人。他們在流亡期間轉趨激進，這是他們受中國政府迫害的結果。然而，我們依然幾乎沒有理由去相信，基地設在國外的組織會對中國領土內的事件造成任何影響，或維吾爾人的騷亂全都是外國命令的單一戰略的一部分。反之，動盪是源自於新疆內部和中華人民共和國所執行的政策。

◆ ◆ ◆

二〇〇九年七月，烏魯木齊爆發長達數日的暴力衝突。這一連串的事件始於數千公里外、中國南部的韶關市。該市的旭日玩具廠雇用了數百名維吾爾工人，這是中央政府倡導的勞力轉移計畫的一部分。這項計畫當時已執行數年，招來了一些批評者，他們指出在漢族工人持續移居新疆，並在那裡就業的同時，竟然還將維吾爾族勞工送出該省，實在非常荒謬。在韶關市，一名心懷不滿的朱姓漢族工人散播假謠言，指控六名維吾爾族男子強暴兩名漢族女子。六月二十六日，操著鐵棒和彎刀的漢族工人襲擊維吾爾人的宿舍。在接續發生的凶殘暴力事件中，數百人受傷，而根據官方數據，有兩名維吾爾男子遭到謀殺。實際的死亡人數極有可能遠遠更多。這場突襲的經過被用手機錄了下來，影片片段上傳到網路上，在維吾爾人間廣傳。那些影片和地方當局的懈怠反應（警察花了很長一段時間才抵達攻擊現場，而且長達十天都沒有逮捕任何人）在新疆引發震怒。高中和大學生運用社群媒體組織一場示威活動，抗議殺人事件，並為受害者討回公道。省內各地的維吾爾人都前往烏魯木齊參與。七月五日，抗議起初相當和平，還有許多示威者揮舞中國國旗，但當警察攻擊抗議民眾，很快就演變成暴力衝突。暴動擴散時具有鮮明的種族色彩，維吾爾人團體破壞漢人持有的公司，一般也都攻擊漢人。戰鬥徹夜未息。兩天後，漢族義警隊對維吾爾族社區發動反擊，公開提到要血債血還，並表達他們對政府在暴動第一天時的反應不滿。維吾爾人的死亡人數至今未知。中國政府的消息來源指出，估計共有一百九十七人死亡，超過一千七百人受傷，還有三百三十一間店鋪和一千三百二十五輛汽車遭毀。流亡的維吾爾族團體對這些數據提出質疑，主張暴動第二天至少有四百名維吾爾人遭到殺害。[6]

烏魯木齊暴動和維吾爾人的怨恨息息相關，而和伊斯蘭極端主義毫無關聯。儘管如此，這些暴動事件標誌著政府改變對新疆情勢的看法的轉捩點。他們所學到教訓似乎是為了讓維吾爾人融入中國所付出的努力已經失敗。烏魯木齊基本上是個漢人城市，那裡的維吾爾人是最融入中華人民共和國的一群。如果連那裡都會發生這樣的衝突，新疆的其他地區似乎就毫無希望了。在接下來的幾個月內，數千人被捕，二十四人最終遭判處死刑。絕大多數被捕和所有被判死刑的人民都是維吾爾人。政府當局幾乎封鎖了整個省分——國際電話服務和簡訊被阻擋直到二〇一〇年一月，全省的網路被切斷長達十個月之久。等到服務恢復時，所有重要的維吾爾文網站都被關閉，那些網站的管理員還被監禁三至十年不等。新興的監控政權形成，檢查哨、警察局和武裝巡邏隊（多數都是由漢人部隊擔任）變得無所不在。更長期來看，政府的維安措施變得無孔不入。暴動後的那年，政府在該省安裝了四萬台高畫質的監視器，而且還罩著防暴保護殼。[7]他們也更加努力控制伊斯蘭的實踐和表達。政府當局開始監控清真寺的出席狀況，家家戶戶搜索未經許可的伊斯蘭文獻，禁止婦女穿戴頭巾，並監控男性蓄鬍的面積大小。任何伊斯蘭的表述或奉行伊斯蘭儀式的行為，都成為極端主義的同義詞。

二〇〇九年後的數年間，該省發生了若干暴力事件。有些就像烏魯木齊事件，抗議活動在警方介入後轉為暴力，或是讓維吾爾人和漢人移居者對立的種族暴動，其他則是攻擊警察局或政府大樓。二〇一〇年八月，兩名攻擊者在一群警察中引爆炸藥，殺害七名警察。二〇一一年七月，示威者攻擊和田*的一間警察局，過程中警方射殺十四名「暴民」。二〇一四年七月，葉爾羌發生一場反對齋月習俗禁令的抗議，警方對抗議人士開火，演變成致命事件。在接續引發的暴動中，據非官方數據所示，共有二十名民眾和十三名警察喪生。（官方報社新華社表示，只有「數十名維吾爾族和漢族民眾傷亡」。）[8]其他攻擊則是針對為中國政府工作的維吾爾人。喀什噶爾地標的艾提尕爾清真寺的伊瑪目居瑪．塔伊爾（Juma Tahir），是敢於發言的官方政策支持者。他在葉爾羌事件後數日遭刺殺身亡。[9]前一年吐魯番也有另一位伊瑪目被刺殺。不過，還有其他攻擊行動借用國際恐怖主義的劇碼，瞄準隨機的民眾。二〇一一年，兩名男子將一輛劫持的卡車開進喀什噶爾的一群行人中。兩男跳下卡車，刺殺六人。隔天，武裝攻擊者襲擊一間中國餐廳，又殺害了數人。[10]二〇一四年四月，中華人民共和國國家主席習近平拜訪新疆時，有三人攻擊烏魯木齊火車站，並刺殺三人。隔月，五名攻擊者開著兩台休旅車，在烏魯木齊市場街上用炸藥殺害四十三人。還有其他事件發生在新疆以外的地區。二〇一三年十月，一名維吾爾族男子駕駛休旅車闖進天安門廣場的群眾中，殺害兩名遊客，接著休旅車爆炸起火。二〇一四年三月，八名帶刀的維吾爾人在中國西南部的昆明火車站殺害三十一人。其中有部分確實是恐怖攻擊——亦即事先預謀、攻擊隨機平民、旨在引起公眾的恐懼——但多數是針對政府或其公務員的暴力行動。這些行動並非透過國外協調，或更廣泛的事件模式的一部分，也並非受宗教極端主義驅使。

中國政府以鐵腕作風回應二〇〇九至一四年的暴力事件。這些手段的範圍和強度年年擴大，直到二〇一四年，這些作為被正式列入嚴厲打擊暴力恐怖活動專項行動。啟動這項行動時，習近

＊ 譯注：即舊稱的和闐，於一九五九年改名為和田。

平敦促中國公眾建立對抗恐怖主義的「銅牆鐵壁」，「要使暴力恐怖分子成為過街老鼠，人人喊打」。[11]他在私下傳達的訊息甚至更加強烈。「我們要針鋒相對，」他在火車站攻擊事件後不久，向烏魯木齊的維安人員發表演說，「毫不留情。」[12]幾個月後，中共新疆維吾爾自治區黨委書記張春賢發動「反恐的人民戰爭」。這奇妙地結合了全球反恐戰爭論調和毛澤東思想風格的動員政治，習近平在經過數十年已成常規的官僚統治後，試圖重新將這種政治引入中國各地。「人民戰爭」包括美術競賽，農民和民間藝術家會製作海報和壁畫，描繪極端主義的危險。[13]有些維吾爾族的農民藝術家也參與其中，並創作出一系列引人注目的圖像（見圖25-2）。不過，儘管公眾受邀協助對抗恐怖主義，對戰的主要責任還是落在政府身上，如今政府得以投注大量他們所擁有的資源——人力、財力和技術資源——同時，政府擴大恐怖主義和極端主義的定義，導致多數維吾爾人似乎都變成這場戰爭的對抗對象，而非和政府並肩作戰的夥伴。

到了二〇一四年，中國已經是和天安門屠殺時截然不同的國家。中間經過的二十五年間出現爆發性的經濟成長，讓中國成為世界強權，也讓中國政府有了新的抱負。二〇一二年末，習近平剛獲派為中共總書記，開始談論「中國夢」。隔年，他揭曉一項極具野心的計畫，要改造歐亞大陸的交通運輸基礎建設，並重劃全球貿易版圖。這項計畫換過幾個名稱，目前被稱作一帶一路，但無論名稱為何，都是以中國對新疆的掌控為前提。偉大中國的新夢想需要國內的統一穩定，也必須重新思考面對所謂少數民族的政策。「第二代民族政策」於二〇一〇年代初提出，聲稱必須在全國「標準化人類行為」才能維持情勢穩定。這就必須以強調不同族群雜居的「大熔爐」模式，取代仿效蘇聯的「沙拉盤式」政策。目標應為創造單一團結的「國族」，去除任何特殊主義

圖 25-2　亞伯雷特・穆薩（Ablet Musa）的作品〈過街老鼠〉，是在 2014 年中華人民共和國文化部贊助的全新疆去極端化繪畫比賽中獲勝的參賽作品。這幅畫直接響應了習近平「要使暴力恐怖分子成為過街老鼠，人人喊打」的呼籲。在畫中，這項任務由穿著民族服飾的維吾爾人執行。這幅畫生動呈現出反恐論調中隱含的將敵人去人性化的觀念。最初發表於新疆的數位新聞平台天山網。

的區域或民族連結。據兩位理論家撰寫的一篇文章所述：「中國夢的基石是中華民族的國族一體化。」[14]與此相關的是政府開始大力強調漢化。習近平在二〇一七年十月第十九次全國代表大會上宣告：「全面貫徹黨的宗教工作基本方針，堅持我國宗教的中國化方向，積極引導宗教與社會主義社會相適應。」基督宗教和藏傳佛教應該具備中國特色，而穆斯林「必須用中華優秀傳統文化浸潤伊斯蘭教，共同守護中華民族的精神家園」。[15]這裡所使用的「中國化」一詞指的是中國，而非漢民族，或可翻譯為「Chinafication」，亦即同化融入一個表面上超越民族的「統一多民族國家」。[16]然而，實際上中國和漢民族顯然密切結盟，不可能明確區分「中國化」和漢化。漢族在官方論述中代表中國，也無人呼籲他們要「中國化」。中國化和漢化無異。同理，「第二代民族政策」的理論家所展望的國族並非超越民族的實體或中立概念——國族就是漢族，而「雜居」就是和漢族同化。

這一切都不應令人感到意外。自一開始，中共就是個民族主義政黨，是二十世紀共產主義往往和民族主義緊密相連的最佳示例。在後毛澤東時期，中共逐漸遠離階級衝突論調，比以往都更直接地將其正當性連結到他們終結中國百年國恥的歷史，以及領導中國走向偉大和全球強權的紀錄。自二〇〇一年起，中共歡迎資本主義加入其行列。毛式中山裝已被掃入歷史的灰燼，中國的共產黨領袖如今偏好精明的商務西裝。我們完全有理由相信，這些民族資格賦予中共在國內漢人多數間的強大權威。事實上，漢人民族主義在華語網路世界無法無天，往往強硬主張其最高地位。[17]中共或許沒有煽動這類情緒，但肯定在利用之。

到了二〇一〇年代，中共領導階層似乎也已經認定，他們對國家的掌控足夠穩固，讓他們得以在國內的非漢族地區為所欲為，無須考慮國內的後果或國際輿論。任何不同意官方民族主義方針的表述都成為極端主義或分離主義的表徵。舉伊力哈木・土赫提（Ilham Tohti，生於一九六九年）為例，他是北京中央民族大學的經濟學教授。他並沒有主張新疆獨立，但曾批評該省的官方政策。二〇一一年，政府當局請他分析局勢。然而，他回應的報告激怒了官僚圈，於是他在二〇一四年一月因遭控「分裂國家」和「煽動民族仇恨」而被捕。九月，法庭正式判處他無期徒刑，並沒收他全部的財產。自那時起，他已經在西方獲頒許多人權獎項（包括以安德烈・沙卡洛夫〔Andrei Sakharov〕*和瓦茨拉夫・哈維爾〔Václav Havel〕†為名的獎項，以及國際筆會〔PEN International〕的獎項），但那些認可改變不了中國政府因他指出明顯的實情——新疆的官方政策犧牲維吾爾人，獨厚漢人，而且民族自治權蕩然無存——而監禁他的事實。這似乎也表示，對中國政府來說，維吾爾人這個民族已經背棄國民義務，因此也失去了伴隨義務而來的任何權利。重新被中國接納的代價是要接受再教育，藉此維吾爾人將被改造成夠格的公民。分離主義、極端主義和恐怖主義三股勢力將會從他們的思想中切除，好讓他們成為統一多民族的中國所需要且夠格的國族成員。這就是通往新疆政治再教育營的道路。

◆ ◆ ◆

中共長久以來都視民怨為病態，將之當作精神疾病來治療，而到了二〇一六年，他們已經將極端主義列為這類的疾病。治療方法是去極端化，人的思想必須「教育轉化」，使之不那麼極端。二〇一七年三月二十九日，新疆政府正式通過《去極端化條例》，這一套行政管理措施是「為了遏制和消除極端化，防範極端化侵害，實現社會穩定和長治久安」。[18]目標是改造那些

---

* 譯注：安德烈・沙卡洛夫（一九二一—一九八九）為蘇聯物理學家和人權運動人士，曾支持蘇聯民主改革，並於一九七五年獲得諾貝爾和平獎。

† 譯注：瓦茨拉夫・哈維爾（一九三六—二〇一一）為參與絲絨革命的捷克作家，後成為捷克共和國首任總統。

極端主義病患的思想和態度。如當時中國的中央政法委員會書記孟建柱於二〇一七年所述，透過「宗教引導、法治教育、技能培訓、心理干預等多種方式，提高教育轉化效果，教育引導他們以健康的心態認真改造」。[19]在和田地區政府於二〇一七年四月發行的手冊中，陳述此事的方式有些不同：「到教育轉化班學習是對思想上患病群眾的一次免費住院治療。」去極端化就像解毒，必須普遍應用到整個社會。「你不可能把田間所有的雜草一根根拔起，」某位漢族官員曾說，「你需要噴灑農藥，把它們全部殺死……對這些人進行再教育就像對農田噴灑農藥。這就是為什麼要進行普及的再教育，而非只限於某些人。」[20]

政府對極端主義的定義如此廣泛，以至於這個詞囊括了多數日常宗教實踐的形式和維吾爾人禮貌行為的規範。根據《去極端化條例》，「極端主義」的表徵包括「干涉他人宗教信仰自由，強迫他人參加宗教活動」、「干涉他人與其他民族或者有其他信仰的人員交往交流交融、共同生活」、「干預文化娛樂活動」、「泛化清真概念，將清真概念擴大到清真食品領域之外的其他領域，借不清真之名排斥、干預他人世俗生活」、「自己或強迫他人穿戴蒙面罩袍」，以及「以非正常蓄鬚、起名渲染宗教狂熱」。二〇一五年，有些維吾爾名字因伊斯蘭色彩太過強烈而遭禁止使用，父母被要求如果十六歲以下的子女使用禁名，就必須替他們改名。[21]二〇一七年，地方當局還開始懲罰生養子女太多的民眾，這如今也被視為宗教極端主義的表徵。對中共而言，伊斯蘭不過是一種精神疾病。如果需要證明，這就證實了伊斯蘭恐懼症（Islamophobia）不僅僅是西方的產物。[22]

若被指控從事若干活動就可能被送進再教育營，包括有犯罪紀錄或曾被指控分裂國家、到國外旅行或有親戚待在國外，以及和外國人有聯繫。旅行到二十六個「敏感國家」的任一國似乎都必然會遭受監禁——多數被列入名單的都是以穆斯林為多數的國家，例如中亞所有的獨立國家、巴基斯坦、伊朗、土耳其和中東的阿拉伯國家，但俄國和肯亞也包含在內。[23]外國聯繫已經導致幾位甚至不是中國公民的維吾爾人和哈薩克人也被送進再教育營，而和巴基斯坦公民結婚的維族婦女同樣也在古拉格中失蹤。[24]多數人都被指控帶有「強烈宗教觀點」和「政治不正確」的觀念。持有任何種類的宗教文獻、手機裡有未經許可的應用程式或宗教素材、表達可疑或不愛國的意見、穿著被認為太具伊斯蘭特色的服裝或蓄錯種類的鬍鬚、不飲酒或遵守伊斯蘭飲食限制——所有這些行為都會被迫送去接受再教育。「去極端化」運動特別針對知識分子和政治菁英。二〇一四年逮捕土赫提，預示了始於二〇一七年、遠遠更大規模的維吾爾知識分子整肅行動。作家兼詩人阿不都卡德爾．加拉里丁（Abduqadir Jalalidin）、人類學家熱依拉．達吾提（Rahile Dawut）、詩人帕爾哈提．吐爾遜（Perhat Tursun）和齊曼古麗．阿吾提（Chimängul Awut）、喀什維吾爾文出版社的資深主管麥麥提江．阿卜力孜．波里亞爾（Mämätjan Abliz Boriyar）等許多其他人都被逮捕，此後便音訊全無。新疆大學校長塔西甫拉提．特依拜（Tashpolat Täyip）在準備前往德國參加會議時失蹤。他後來被判處死刑，但寫作本書期間處於緩刑狀態。同理，職業足球選手葉爾凡．葉孜木江（Erfan Häzim）、流行歌手阿卜拉江．阿尤普（Ablajan Äyup）、當紅喜劇演員阿迪力．米吉提（Adil Mijit）、大師級都塔爾琴（*dotar*）演奏家阿不都日衣木．艾衣提（Abdurähim Heyit）和極具代表性的歌手兼音樂學家塞努拜爾．吐爾遜（Sänubär Tursun）全都在古拉格中失蹤。[25]

透過極少數獲釋並設法離開中國的人士和一些外洩文件，為我們勾勒出再教育營內的情況。在全盛時期，再教育營提供強制的每日中文課和密集的政治思想灌輸，例如囚犯會歌唱讚頌中國和中共的歌曲，感謝習近平主席提供他們基本生活所需。所有敘述都提到，營內的環境十分擁擠，懲罰是家常便飯——從單獨監禁到性侵害和酷刑皆有。[26]治療染病的思想似乎也需要攻擊肉體。

◆　◆　◆

當然，維吾爾社會並非完全同質。都市中產階級和居住在鄉村地區的多數族人並不相同。前者有不少人都接受中文，而非維文教育，而且有部分人是世俗派或沒有嚴格遵守伊斯蘭規範，比其他人更少投入參與伊斯蘭儀式。許多知識分子與伊斯蘭及伊斯蘭菁英的關係都相當緊張焦慮。比方說阿帕克和卓，也就是那位曾請求第五世達賴喇嘛協助他贏回在阿勒提沙爾的勢力的蘇非導師，一般的維吾爾人可能會視他為聖賢，但知識分子一直都認定他是為一己私利邀請外國勢力進駐征服的民族禍首。[27]許多世俗的維吾爾人可能也不滿於一九九〇年代後出現的新虔信風潮。此外，還有共產黨和政府幹部，以及圖25-2海報的創作者亞伯雷特．穆薩那類的人物，他們對於維吾爾社會愈來愈伊斯蘭化並不贊同，甚至可能會歡迎對抗這種趨勢的運動。然而，政府的攻擊如此普遍，顯然他們也對利用維吾爾社會的分裂，或在其中培養支持基礎不感興趣。

去極端化運動曾經針對最徹底同化的維吾爾菁英——他們不遵守宗教規範、中文流利，而且曾是新中國的模範公民——同樣也針對那些據說深受宗教極端主義所苦的人。各個階層的幹部都被懲罰。吉力里．麥提尼亞孜（Jälil Mätniyaz）是和田地區某個村黨支部的書記，他在二〇一七年因為不在長者面前抽菸（在那樣的情況下節制吸菸是維吾爾族的基本禮儀）而遭公開羞辱和降級。遵循禮儀的表示被認為代表不夠「支持世俗化」。[28]哈木拉提．吾甫爾（Halmurat Ghopur）是新疆維吾爾自治區藥品監督管理局局長，也是烏魯木齊的新疆醫科大學附屬醫院前院長，他因為展現出「分裂國家傾向」和計畫在二〇三〇年前在新疆「密謀建立穆斯林哈里發政權」，而遭判處死刑緩刑兩年。[29]哈力甫．庫爾班（Ghalip Qurban）是烏魯木齊的中級人民法院副院長，向中央當局投訴新疆的大規模逮捕行動。他也遭到逮捕——理由是立場反覆。[30]過去的領袖也難逃一劫。在中共統治的前十年中倖存下來的重要人物賽福鼎．艾則孜，如今遭受質疑而失寵，他的著作被撤出圖書館（而賽福鼎也是中國當局以太具伊斯蘭色彩為由禁止的名字）。[31]更切合的例子是努爾．白克力（Nur Bäkri），他在二〇〇八至一四年擔任新疆人民政府主席（他在任期內曾譴責二〇〇九年的烏魯木齊暴動），二〇一四至一八年擔任北京的國家能源局局長，但在二〇一八年九月因貪汙被逮捕和開除黨籍，一年後遭判處無期徒刑。政府就連自己的維吾爾族官員都迫害，顯然已經削弱了維吾爾社會內部的分歧。

若要成為真正愛國的中國人，維吾爾人必須說「普通話」（也就是現今中國對華語的稱呼），適應中國飲食文化，和漢人通婚，並拋棄他們傳統表現尊敬的禮教習俗。許多地方的官員都發布公告，要求維吾爾人所有公開互動都要以普通話來進行，避免使用維族招呼語「*assalamu aläykum*」（這是已經徹底在地化的阿拉伯語句）*，改用華語的「您好」，而且不得在公共場

* 譯注：這句話的意思是「願你平安」，為全球穆斯林共通的問候語。

主張信仰伊斯蘭教。

◆ ◆ ◆

當今的世界透過即時通訊相互聯繫，而這一切都在能被全世界看見的地方發生。儘管中國當局直到二〇一八年末都斷然否認這些再教育營的存在，但學者和記者運用衛星影像和 Google 地球進行嚴謹的偵察工作，已經證實中國興建了這些再教育營。[41]國外的維族運動人士利用這些資訊，試圖影響國際輿論。在進入二〇〇〇年前，新疆大多都不是國際關注的焦點，但已逐漸被認定為重要的事件爆發點。直到蘇聯解體以前，維吾爾族流亡倡議運動的主要中心都是土耳其。共產黨戰勝後，一九四〇年代曾和國民黨合作的「三位先生」中的兩人艾沙．玉素甫和穆罕默德．伊敏．布格拉移居土耳其，並在那裡投入長期運動，企圖讓國際持續關注東突厥斯坦議題，但成效不彰。冷戰結束後，維吾爾族運動都以西方為基地。其中最重要的組織是世界維吾爾代表大會（World Uyghur Congress），這是個總部設在慕尼黑的傘狀組織，盡其所能宣揚維吾爾人的理想。維吾爾人在進入二〇〇〇年後已經在國際媒體上獲得許多關注——部分是因為維吾爾族離散社群的努力。不過，這種西方的善意無法匹敵中國政府的威力及其所能運用的資源。

中華人民共和國將所有國際對新疆的關注（就這點而言還有對西藏的關注），都激烈駁斥為干涉其內政。他們也騷擾企圖離開中國的維吾爾人。中國大使館拒絕替在國外生活或求學的維吾爾公民換發到期護照，因此迫使他們必須回國，否則就會失去國籍。在其他地方尋求庇護的維吾爾族家庭也發現自己成為目標。中國政府強制其他政府交出維吾爾人。其他中亞國家和更廣泛的穆斯林世界對此議題的反應相當沉默。哈薩克有許多維吾爾族人口，也是許多新疆哈薩克人的燈塔，曾短暫成為維族倡議運動的中心。可是中國的外交勢力及其軟實力（和沒那麼軟的國力）確保了哈薩克並未成為維吾爾族的異議平台。到了二〇一九年，哈薩克政府開始逮捕維吾爾族運動人士，有時還會將他們遣返回中國。其他穆斯林國家的反應大多默不作聲（那些國家大都或多或少必須接受中國的援助），唯一的抗議都來自西方。當然，這類抗議能夠促成中國政策改變的力量非常有限。

◆ ◆ ◆

二〇一八年，中國當局不再否認再教育營的存在，改為聲稱它們是「職業技能教育培訓中心」或免費的寄宿學校。二〇一九年間，他們邀請外國記者在嚴密受控的情況下參訪這些設施。世人因此得以看見一些影片，拍攝到被拘留的維吾爾人在練習維族民俗舞蹈、唱中文歌，並向他們的訪客解釋被監禁的好處。二〇一九年十二月，維族的新疆人民政府主席雪克來提．扎克爾（Shohrät Zakir）宣布，所有被拘留者都已經從職訓中心畢業。然而，沒有傳出任何被拘留者返家的消息。反之，外洩的文件提到，這些被拘留者被送到中國各地的工廠強迫勞動（中央政府宣傳這是讓新疆脫貧的計畫）。這些勞工居住在隔離的宿舍，他們被迫要接受強制性的中文課程和愛國教育，無時無刻都受到監控——還有其他這類的因素都讓他們不可能執行伊斯蘭儀式。[42]其他報導提到，愈來愈多被拘留者遭到正規的刑事司法體系審判，而入監服刑。[43]有可靠報導指出，維吾爾族婦女被迫絕育。[44]而一直以來，外界都十分擔心新疆的再教育營和監獄會強摘器官。

我曾在二〇一九年六月造訪新疆，那是我職業生涯中最奇特的考察之旅。安全監視器無所不在，檢查哨和便民警務站亦然。處處可見紅色布條印著毛澤東和史達林時代運動風格的官方口號，不只是在公共場所，在維族人經營的商店外也看得到。維吾爾人經營的商店特意宣傳他們有販售酒類，而在我所去過的維吾爾族速食餐廳中，至少有一間除了漢堡和旋轉烤肉（*döner*）外，還供應豬肉麵。頭巾已經從街道上消失。固勒扎壯觀的真主之家清真寺（Baytulla mosque）於一九九〇年代建成，同時代表新的信仰風潮和維吾爾中產階級崛起，但我到訪當時大門深鎖，並有中國國旗飄揚，還掛著宣稱「積極促進宗教和社會主義互相調適」的布條（只以中文書寫）。喀什噶爾的艾提尕爾清真寺開放禮拜（但在週五下午參加聚禮的群眾不到兩百人，而這間清真寺可容納一萬人），但在禮拜時間以外是觀光景點，唯有購買四十五元的門票後才能進入。喀什噶爾著名的夜市如今變成露天的美食廣場（所有攤販都接受微信支付，也就是中國的數位錢包服務），可以買到許多中國食物和啤酒。那間清真寺裡的酒吧「喀什夢」酒品存貨豐富，但生意差強人意。維吾爾語的廣播和電視節目持續播送，但維吾爾文的書籍已經從書店消失。我在三座城市走訪無數書店，發現架上僅有的維文書名是兩本關於園藝的書，以及一本流芳百世的《習近平談治國理政》第二卷的譯本。曾和我交談的一位維吾爾人一時坦率地告訴我：「他們宣告所有在二〇〇三至二〇一六年間出版的書籍都是非法著作，並家家戶戶搜索這些書籍。民眾把他們的書給燒了。」令人意外的是有許多維吾爾人在監控機構任職。

◆ ◆ ◆

在我寫下這些文字時，新疆有一成的穆斯林人口遭受監禁，孩童和他們的家庭分離並被送進寄宿學校，婦女被迫絕育，知識分子被整肅。我們沒有辦法預測這場運動的走向或可能結束的時間。然而，重要的是去探問這在中亞和其他地區的國家暴力歷史上的位置為何。其範圍和野心極其驚人。中亞的獨立國家也難以容忍異議，視伊斯蘭極端主義為重大危害，但他們的態度大不相同，壓迫的規模也遠遠不及中國。這是因為中亞的獨立國家是原生人口的民族國家。伊斯蘭代表他們公開宣稱要發揚的民族文化遺產的一部分。基於後來漢化的走向，中國無疑是漢族的民族國家，其中的維吾爾人和哈薩克人是少數，而伊斯蘭是外來宗教。中華人民共和國對伊斯蘭教和維吾爾、哈薩克文化的壓迫，比起在中亞的獨立國家，出發的立場大相逕庭。

當前的運動有時會被比作文化大革命，但這樣的比較是有瑕疵的。文化大革命是一次重大動盪，雖然是由毛澤東發起，但是從底層驅動的。其所導致的騷亂動搖一切，並沒有鎖定特定目標。現今的去極端化運動則是由政府驅動，並且針對特定的民族群體。我們可以想到其他的先驅。透過教育改造的概念可以回溯到蘇聯的馬克思主義和儒家傳統，這兩者都提出透過適當的教育和勞動能夠改造人類心靈的可能性。誠然，新疆星羅棋布的再教育營網絡令人聯想到蘇聯的古拉格（及其中國版本的勞動改造），古拉格也企圖透過勞動改變再造人類心靈。史達林大整肅期間也出現有彈性且廣泛的犯罪類別，和今天在新疆詮釋極端主義的方式大同小異。儘管如此，蘇聯古拉格的受害者是根據他們的社會階級（資產階級由於他們的階級位置成為蘇聯秩序的敵人，富農也被當作一個階級來清算），而非民族來定義。針對維吾爾民族的做法最直接類似的是，史達林不論階級位置或政治立場、驅逐整個民族（車臣人、克里米亞韃靼人、朝鮮人和波蘭人）的行動。破壞清真寺和逮捕知識分子和學者，讓人詭異地聯想到史達林執政的一九三〇年代。不過，史達林主義和毛澤東主義的暴行發生在難以取得資訊的年代、機密重重的社會中。而當今中國的去極端化運動是在不斷互相聯繫的世界的眾目睽睽下發生。其系統化和井然有序的程度十分駭人，而且主導的國家機構擁有龐大的財力和技術資源可以運用。

有些學者提出不同的比較，比如北美洲對原住民人口和屯墾殖民政權對澳洲的危害。我們（還）沒有看到維吾爾民族遭受身體上的侵害，但中國政府的政策無疑是要摧毀他們的文化、語言和身分認同。國際法並未認可「文化種族滅絕」一詞，但許多學者已經主張，「蓄意削弱並最終破壞所擔憂的外群的文化價值觀」是摧毀敵對群體的重要部分，藉此損害群體的存續能力，更別說是要抵抗支配了。[45]目前中華人民共和國在新疆展開的運動與此無異——這正是對維吾爾人的文化種族滅絕和開戰。[46]

最後，當前的監控政權與全球商貿和科學網絡完全重疊。再教育營「畢業生」的強迫勞動，是無數全球品牌供應鏈的一部分，從亞馬遜（Amazon）和蘋果公司（Apple）、到H＆M和維多利亞的祕密（Victoria's Secret）、再到福斯汽車（Volkswagen）和傑尼亞（Zegna）。[47]監控科技本身就是門大生意。「對維吾爾人的控制也成為測試案例，將中國科技的超凡技術行銷給世界各地的極權國家。」戴倫・拜勒（Darren Byler）＊寫道。烏魯木齊每年的中國－亞歐安防博覽會都吸引來自二十幾個國家的百間政府代理機構和公司，包括美國、法國和以色列。[48]人臉辨識技術和法醫遺傳學都是頗具聲望的研究領域，世界各地的科學家和公司都渴望參與在新疆發展和檢驗的新科技。中國政府本身就是個大客戶。二〇一三至一七年間，新疆人民政府在資訊科技和電腦設備的花費增加四倍之多。中國政府如今比以往都更富裕，能夠以過去的世代甚至從未幻想過的方式，將資源和能力投注在監視控制上。他們還運用過去的獨裁政權甚至無法想像的先進科技。這是高科技極權主義。在新疆正在形成的是一種二十一世紀的安全狀態，很可能成為接續數十年其他地方的未來。再次強調，中亞位處全球發展的最前線。

＊ 戴倫・拜勒是美國人類學者，也是國際頂尖的維吾爾族社會與中國監控體系專家，著有《新疆再教育營：中國的高科技流放地》（台北：春山，二〇二三）。

# 結語

我們已經概述了中亞兩百五十年間的重大轉變。這個區域經歷了現代的所有潮流——殖民主義、反殖民主義、發展、社會革命、民族主義、國家領導的現代化和社會工程（social engineering）。它曾是自然改造和核試驗大規模計畫的基地，也是太空時代的發射台。中亞既不具異國情調，也不與世隔絕。事實上，中亞的歷史平凡得令人沮喪。

征服和殖民是十八和十九世紀世界各地許多社會的命運，中亞也不例外。這個區域成為跨大陸帝國，而非跨海帝國的一部分，導致征服行動在外界看來似乎比較理所當然，但這依然無損中亞是殖民地的事實。一如我在本書中的主張，殖民主義在本質上就是多元的現象，而我們無法用標準定義去判斷中亞是否是殖民地。讓中亞和帝國心臟地帶有所區別，並導致兩者之間變成殖民關係的因素是距離——道德和政治距離的影響遠大於實質的距離。大清帝國和俄羅斯帝國都視差異為理所當然，以法律認可地方特色，但中亞內部的差異比那些帝國中的任何其他地方都更大。到了十九世紀末，清朝本身正在演變成帝國，而新疆既是俄羅斯帝國，也是大清帝國的殖民地。

殖民帝國也將現代性引進他們的殖民地。中亞人發現自己與嶄新的全球商品交易和思想交流連結在一起，但也面臨全新的問題。為什麼他們會被征服？未來將會如何發展？他們該做些什麼？這些問題和答案都曖昧不明且意見紛紜，結果在中亞社會內部，與他們及其殖民者之間，都引發新的辯論和紛爭。殖民征服塑造出愈來愈現代化的新環境，而新環境反過來影響了提問和辯論的方式。這樣的環境催生出新的政治和公共計畫，並延續至今。民族是政治組織正常且最有效的形式，這樣的觀念在進入二十世紀之際傳入中亞（和中國），自此成為這個區域的重要影響力。

大清帝國和俄羅斯帝國都在一九一〇年代瓦解，但他們的後繼者走上了不同的道路。俄羅斯帝國因面臨一場慘痛戰爭所帶來的帝國正當性危機而衰落。革命導致帝國瓦解和內戰，世界第一個共產主義政權於焉誕生——這個政權繼續一統前帝國的多數地區，但採取的治理方法不同。蘇聯政權將民族概念制度化，並將之建立在承諾給予新國家內部的非俄羅斯民族領土自治權的基礎上。大清帝國瓦解後也發生政治分裂，以及一場持續長達三十七年的緩慢內戰。那數十年間曾醞釀著多種可能性，但中國本土的所有陣營都認同前帝國是單一不可分割的民族國家。國民黨及其共產黨敵營將帝國內的非漢民族視為中國人，且永久和這個國家緊密相聯。一九四九年出現的共產黨政權制定了某些民族自治的政策，是其對應的蘇聯政權政策的弱化版本，但中國依然堅決維持統一。

治理沙俄帝國的是多元民族的行政菁英階層，而其敵對陣營也是由多民族組成。在建立蘇聯的布爾什維克派階層中，非俄羅斯代表的人數超出比例。俄羅斯人僅占蘇聯人口的一半多一些（他們在一九二六年的人口普查中占比為百分之五十二點九，並在一九三九年達到百分之五十八點四的高峰，而後戰後併吞西部邊陲地帶，比例便隨之降低）。俄羅斯人支配這個國家，但他們從未能主張擁有這個國家。蘇維埃社會主義共和國聯盟是世界上唯一一個國名沒有地理或民族指涉的國家。「蘇維埃」是不指涉特定民族的分類，可以和土庫曼或吉爾吉斯等民族標籤共存（也確實如此共存）。戰後的數十年間，蘇治中亞發生巨大轉變。其人民成為正式的蘇聯公民，也逐漸認同蘇聯及其神話。二戰的共同經歷是邁向擁有共同公民意識，並且嚮往特定普世價值的國家的途徑之一。中亞人積極參與蘇聯計畫，並擁有決策權。他們在海外代表國家並以公民身分為之戰鬥。目前中亞獨立國家超過一半的人口都是在蘇聯解體後才出生，但較年長世代的人民都相當懷念蘇聯時代——他們記憶中的蘇聯擁有真實的「跨民族情誼」，存在機會和平等，甚至是任人唯才之地。[1]懷舊的情感肯定有所影響，但蘇聯的歷史幾乎都在後蘇聯時期的中亞留存了下來。

中國統治的中亞發展走向不同。新疆的維吾爾人和其他本地的穆斯林群體被吸收進一個完全都是漢人的國家，注定只能成為少數。泛民族愛國主義在中華人民共和國從來不是選項，因此從來沒有讓非漢族政治菁英嶄露頭角的空間。漢人總是占據中華人民共和國超過九成的人口，他們基本上都自認是國家的主人。這個人口結構上的優勢允許中共政府得以透過漢族移居，輕鬆在少數民族地區改變人口結構平衡。今天，政府或許會試圖區分中國化和漢化，但實際上兩者無異。中國一詞並非（和「蘇維埃」一樣）沒有民族指涉，因此比方說，要同時當維吾爾人和中國人，對維吾爾族和政府來說都是不可能的事。維吾爾民族敘事無法在中國框架中找到一席之地，只能與之對立。目前正在新疆進行的文化種族滅絕是政府對此對立情況的強硬回應。

我們應該謹記在心，中亞歷史的走向既非命中注定，亦非無可避免。因為歷史情勢和意外，事情才如此發展。有許多時間點中亞都可能走上不同的發展路線。要是清朝並不認為波羅尼都和張格爾和卓足夠重要，而沒有越過天山追捕他們呢？或者要是那些認為新疆是清朝國庫負擔的人士獲勝，而該省沒有被重新征服呢？或者要是一戰的結局不同呢？沙俄於一九一七年二月衰落時，布爾什維克派在政治版圖上幾乎是微不足道，沒有任何徵兆預示他們的勝利。或者要是蘇聯在一九四一年面臨納粹攻擊時就已經瓦解呢？希特勒原先也合理地認定他將能擊潰蘇聯。許多本書探討的蘇聯轉型都是在二戰後發生的。戰間期充滿倉促和損耗，破舊的速度快過立新。一九四一年距離整肅的凶殘暴力僅僅三年，當時有許多中亞菁英英年早逝。此外，許多戰後發展往往也是蘇聯政策預料之外，而非預期之中的結果。布里茲涅夫契約儘管給予許多共和國層級的菁英自治權，但最終仍未列入憲法。蘇聯末期的中亞並非被刻意塑造而成。偶然事件影響深遠。

我們可以用兩組思考，來總結中亞歷史所給予我們、關於共產主義和伊斯蘭教這兩股全球力量的啟示。在冷戰終結得意忘形的氛圍下，西方的常見看法都將共產主義貼上歷史錯誤的標籤，並將之拋諸腦後。這必須要遺忘有個共產黨仍統治著全世界人口最多的國家。（甚至，如果中共直到二〇二三年底都仍掌權，其執政期將長過蘇聯共產黨。）如此得意忘形的氛圍也掩蓋了共產主義是在西方文明中出現的事實，一如某個內部評論所述，共產主義與西方文明有許多共通的價值觀和假設。這正是為什麼共產主義在二十世紀間能夠在世界各地廣受歡迎。共產主義一直以來都超過蘇聯的範疇，且從未受其掌控。許多人視之為殖民主義的解毒劑和通往民族救贖的道路。在蘇治中亞，共產主義意味著游牧生活和舊菁英階層的消亡，不過也代表著消弭社會差距、提供普及教育，並讓一般人民參與公共領域的福利國家。最重要的是，共產主義總是和民族緊密相連。馬克思的哲學精神支柱從未完全消失，但對多數經歷過的人來說，實際的共產主義是邁向改善民族處境的途徑。俄國革命與民族無關，但到了一九三〇年代初，共產主義已經逐漸和蘇聯愛國主義連結在一起。其愛國主義包含多元民族，尤其是在後史達林時代，這樣的愛國精神提供了蘇聯的非俄羅斯民族發展民族共產主義的空間。正因如此，共產主義的論調可以在冷戰晚期輕易被拋棄，取而代之的是探尋民族的未來命運。中國和後蘇聯時期的中亞都是如此，畢竟中共自一開始就是以民族救贖為目標的政黨。不過，如果是在蘇治中亞，當地的共產黨菁英可以使用民族的語言對抗中央，但在中國統治的中亞從來都沒辦法這麼做。中共追求的是促進被定義為漢族的民族發展進步，但維吾爾人並不屬於漢族，因而成為共產黨的受害者。

在當代關於中亞的安全辯論中，伊斯蘭的危險顯得愈來愈嚴重，中華人民共和國已經明確訴諸這一點，來為其對維吾爾人的文化種族滅絕辯解。因此，認知到伊斯蘭並非單一同質的整體就變得格外重要。伊斯蘭在其悠久的歷史上所呈現的形式非常多元，也是個爭論不休的場域。在進入二十世紀以前，伊斯蘭是日常生活的一部分，完全和生活融合，以至於多數穆斯林都不會認為伊斯蘭是與生活分開的事物。那些通常因為出身或教育而獲得伊斯蘭權威的人士，在政治上往往不大活躍，而是願意支持那些允許他們保有社會權威的統治者。他們想出各式各樣與中亞的穆斯林統治者達成的協議，以維持秩序，而他們也發現要和非穆斯林統治者建立類似的關係相當容易。阿帕克和卓積極邀請準噶爾人入侵。突厥斯坦的宗教學者找到和沙俄政權和平共處的方法，他們的後代也能夠和蘇聯政權合作——甚至在一九二七至四一年間的反宗教運動中被迫害後還能繼續合作。伊斯蘭面臨的問題來自質疑其正統性的不同群體，以及傳統菁英對伊斯蘭的支配。扎吉德一開始是宗教改革運動，後來才採取反殖民和民族立場。中亞錯過了多數產生伊斯蘭主義這種政治意識形態的二十世紀中葉發展，但當伊斯蘭主義傳入中亞，其傳播者並非受古典訓練的宗教學者，而是那些鄙視傳統菁英的新行動者。如今，無數的鬥爭都仍圍繞著伊斯蘭進行。中亞獨立國家的政府試圖將伊斯蘭塑造成一種民族形象，而中共將伊斯蘭視為精神疾病。伊斯蘭的爭議和不確定性在中亞鮮明可見。

◆ ◆ ◆

我在全球流行病肆虐期間完成本書，疫情已經改變了全球經濟，讓一切都顯得截然不同。這場危機考驗了世界各地的制度，只有極少數的國家安然度過。中亞獨立國家的表現似乎和多數國家大同小異（土庫曼再度成為例外，其政府拒絕承認病毒存在，沒有公告任何病例）。在新疆，前六個月的官方病例數據非常低。二〇二〇年七月在烏魯木齊新爆發的一波疫情較為嚴重，重新點燃民眾的恐懼，擔心疾病會透過人滿為患的拘留營傳播開來，畢竟營中仍關押著大量該地區的穆斯林人口。文化種族滅絕自二〇一七年起便在當地展開，如今因疫情而愈演愈烈。

澤東時期，Donald H. McMillen, *Chinese Communist Power and Policy in Xinjiang, 1949–1977* (Boulder, CO: Westview, 1979) 至今仍是首屈一指之作。關於後毛澤東時期的最佳入門書是 S. Frederick Starr 所彙編的 *Xinjiang: China's Muslim Borderland* (Armonk, NY: M. E. Sharpe, 2004)。這本書觸怒了中國政府，導致他們在出版後不曾核發簽證給十三名投稿人中的任何一位。亦可參見 Gardner Bovingdon, *The Uyghurs: Strangers in Their Own Land* (New York: Columbia University Press, 2010)，以及 Joanne Smith Finley, *The Arts of Symbolic Resistance: Uyghur Identities and Uyghur-Han Relations in Contemporary Xinjiang* (Leiden: Brill, 2013)。Nathan Light, *Intimate Heritage: Creating Uyghur Muqam Song in Xinjiang* (Münster: Lit Verlag, 2008) 精彩地描述了現代維吾爾族文化重要人物及作品集在這個時期具體成形的過程。Tom Cliff 的 *Oil and Water: Being Han in Xinjiang* (Chicago: University of Chicago Press, 2016) 是關於該區域的漢族屯墾者的絕佳民族誌研究。若要了解中華人民共和國墮落到當今展開對抗維吾爾人的運動的過程，Sean R. Roberts, *The War on the Uyghurs: China's Campaign against Xinjiang's Muslims* (Princeton, NJ: Princeton University Press, 2020) 是必讀之作。

後蘇聯時期的中亞不幸沒有受益於卓越的新聞報導。Monica Whitlock, *Beyond the Oxus: The Central Asians* (London: John Murray, 2002)，以及 Joanna Lillis, *Dark Shadows: Inside the Secret World of Kazakhstan* (London: I. B. Tauris, 2019) 是例外。然而，我們擁有大量關於該區域的社會科學文獻。關於慶祝活動和民族身分認同，可參見 Laura L. Adams, *The Spectacular State: Culture and National Identity in Uzbekistan* (Durham, NC: Duke University Press, 2010)；關於新國家及其國界如何影響公民，可參見 Madeleine Reeves, *Border*

*Communism: Religion and Politics in Central Asia*, rev. ed. (Berkeley: University of California Press, 2014)。伊斯蘭已經成為書寫中亞的核心主題。冷戰期間，西方一般認為蘇聯推動世俗化和現代化的努力成效不彰，中亞人依然是穆斯林。有幾位具有伊斯蘭研究訓練背景的學者踏入中亞歷史領域，他們回歸此一論述，而且經常不顧自己所提出的證據，堅稱伊斯蘭依然是中亞生活最顯著的層面，而且和傳統伊斯蘭菁英所表達的一樣，堅持唯有透過伊斯蘭的觀點才能了解中亞。Paolo Sartori 一直以來都非常堅持此一主張。相關例子可參見他所著的 "Of Saints, Shrines, and Tractors: Untangling the Meaning of Islam in Soviet Central Asia," *Journal of Islamic Studies* 30 (2019): 367–405。Eren Tasar, *Soviet and Muslim: The Institutionalization of Islam in Central Asia* (New York: Oxford University Press, 2017) 甚至更強硬堅持此一論述，將蘇聯晚期描寫成幾乎是宗教自由的時期。我認為這些看法大有問題，我的立場比較傾向 Stéphane A. Dudoignon 和 Christian Noack 所彙編的著作 *Allah's Kolkhozes: Migration, De-Stalinisation, Privatisation and the New Muslim Congregations in the Soviet Realm (1950s–2000s)* (Berlin: Klaus Schwarz, 2014)，其中的撰稿人呈現出關於伊斯蘭教在這個時期的實際現實更細緻的觀點。

Philip Micklin 自 1980 年代起便開始研究鹹海的環境災難。他的著述散布在不同的科學期刊，不過可以參見他與 Nikolay V. Aladin 和 Igor Plotnikov 編輯的著作 *The Aral Sea: The Devastation and Partial Rehabilitation of a Great Lake* (Berlin: Springer, 2014)。著作等身的 Richard Pomfret 設下了中亞經濟研究的黃金標準。他最新的著作是 *The Central Asian Economies in the Twenty-First Century: Paving a New Silk Road* (Princeton, NJ: Princeton University Press, 2019)。

新疆研究並沒有經歷重塑俄屬中亞史學的檔案寶庫挖掘。關於毛

*Nation and National Interest, c. 1900–1949* (Leiden: Brill, 2015) 是以徹底閱讀該時期的維吾爾文資料為基礎寫成。若要了解中國民族主義在二十世紀間的演變，及其和清朝征服的民族間的緊張關係，James Leibold, *Reconfiguring Chinese Nationalism: How the Qing Frontier and Its Indigenes Became Chinese* (New York: Palgrave Macmillan, 2007) 是必讀的著作。亦可參見 Joshua A. Fogel, *The Teleology of the Modern Nation-State: Japan and China* (Philadelphia: University of Pennsylvania Press, 2005) 修訂版中，關於中國民族主義關鍵的思考方式。

二戰在許多層面改變了中亞，但現在才開始出現關於這個時期的中亞的著作。Paul Stronski 在他的二十世紀中葉歷史著作 *Tashkent: Forging a Soviet City, 1930– 1966* (Pittsburgh, PA: University of Pittsburgh Press, 2010) 提供了關於戰爭時期的重要見解，而 Roberto J. Carmack, *Kazakhstan in World War II: Mobilization and Ethnicity in the Soviet Empire* (Lawrence: University of Kansas Press, 2019) 則是關於哈薩克後方的可靠著述。歷史學者同樣直到最近才將他們的焦點轉向中亞的戰後時期。關於這個時期的變化的精彩研究包括 Vincent Fourniau, *Transformations soviétiques et mémoires en Asie centrale: De l'indigénisation à l'indépendance* (Paris: Indes Savantes, 2019)，以及 Artemy Kalinovsky, *Laboratory of Socialist Development: Cold War Politics and Decolonization in Soviet Tajikistan* (Ithaca, NY: Cornell University Press 2018)。口述歷史提供了關於蘇聯晚期的重要見解。特別推薦閱讀 Jeff Sahadeo, *Voices from the Soviet Edge: Southern Migrants in Leningrad and Moscow* (Ithaca, NY: Cornell University Press, 2019)，以及即將出版的 Adrienne L. Edgar, *Intermarriage and the Friendship of Peoples: Ethnic Mixing in Soviet Central Asia*。

關於蘇聯晚期的伊斯蘭教，可參見 Adeeb Khalid, *Islam after*

*sédentarisation des Kazakhs dans l'URSS de Staline: Collectivisation et changement social (1928–1945)* (Paris: Maisonneuve et Larose, 2006)；Robert Kindler, *Stalin's Nomads: Power and Famine in Kazakhstan* (trans. Cynthia Klohr [Pittsburgh, PA: University of Pittsburgh Press, 2018])；以及 Sarah Cameron, *The Hungry Steppe: Famine, Violence, and the Making of Soviet Kazakhstan* (Ithaca, NY: Cornell University Press, 2018)。關於蘇聯早期的其他共和國也有些傑出研究。可參見 Adrienne L. Edgar, *Tribal Nation: The Making of Soviet Turkmenistan* (Princeton, NJ: Princeton University Press, 2004)；Ali İğmen, *Speaking Soviet with an Accent: Culture and Power in Kyrgyzstan* (Pittsburgh, PA: University of Pittsburgh Press, 2012)。Victoria Clement, *Learning to Become Turkmen: Literacy, Language, and Power, 1914–2014* (Pittsburgh, PA: University of Pittsburgh Press, 2018)， 以 及 Kirill Nourzhanov and Christian Bleuer, *Tajikistan: A Political and Social History* (Canberra: Australian National University Press, 2013)，廣泛描述了個別國家跨越革命分水嶺的歷史。Sergei Abashin, *Sovetskii kishlak: Mezhdu kolonializmom i modernizatsiei* (Moscow: NLO, 2015) 是關於塔吉克的一座村莊在一百五十年間的變化，是相當引人入勝的研究。

關於新疆的戰間期，Andrew D. W. Forbes, *Warlords and Muslims in Chinese Central Asia: A Political History of Republican Sinkiang, 1911–1949* (Cambridge: Cambridge University Press, 1986) 依然是必讀之作，尤其是關於第一個東突國的部分。亞塞拜然學者傑米爾・荷森利已經徹底搜尋過蘇聯檔案庫，寫成至今關於該時代政治最縝密的著作——Dzhamil' Gasanly, *Sin'tszian v orbite sovetskoi politiki: Stalin i musul'manskoe dvizhenie v Vostochnom Turkestane, 1931–1949* (Moscow, 2015)。Ondřej Klimeš, *Struggle by the Pen: The Uyghur Discourse of*

(Cambridge, MA: Harvard University Press, 2014)，以及研究翔實的 David Brophy, *Uyghur Nation: Reform and Revolution on the RussiaChina Frontier* (Cambridge, MA: Harvard University Press, 2016)。

關於俄屬中亞 1916 年起義的研究不多，但有本新作 *The Central Asian Uprising of 1916*, ed. Aminat Chokobaeva, Cloé Drieu, and Alexander Morrison (Manchester: Manchester University Press, 2020)，彌補了那個缺口，匯集來自三大洲的頂尖學術研究。關於俄國革命時期的研究，可參見 Marco Buttino, *La rivoluzione capovolta: L'Asia centrale tra il crollo dell'impero zarista e la formazione dell'URSS* (Naples: L'Ancora del Mediterraneo, 2003)；Saidakbar Agzamkhodzhaev, *Istoriia Turkestanskoi avtonomii: Turkiston muxtoryiati* (Tashkent: Toshkent Islom universteti, 2006)；以及 Dina Amanzholova *Na izlome: Alash v etnopoliticheskoi istorii Kazakhstana* (Almaty: Taymas, 2009)。關於蘇聯早期，可參見 Adeeb Khalid, *Making Uzbekistan: Nation, Empire, and Revolution in the Early USSR* (Ithaca, NY: Cornell University Press, 2015)。Marianne Kamp, *The New Woman in Uzbekistan: Islam, Modernity, and Unveiling under Communism* (Seattle: University of Washington Press, 2006)，以及 Douglas Northrop, *Veiled Empire: Gender and Power in Stalinist Central Asia* (Ithaca, NY: Cornell University Press, 2004)，提供了關於打擊運動的對比觀點。Cloé Drieu, *Cinema, Nation, and Empire in Uzbekistan, 1919–1937* (trans. Adrian Morfee) [Bloomington: Indiana University Press, 2018]) 提供關於蘇聯早期代表性問題的精彩見解。關於哈薩克，Niccolò Pianciola, *Stalinismo di frontiera: Colonizzazione agricola, stermino dei nomadi e construzione statale in Asia centrale (1905–1936)* (Rome: Viella, 2009) 提供橫跨革命的全面論述。近期有些關於集體化及其所造成的災難的傑作出版：Isabelle Ohayon, *Le*

*1914* (Cambridge: Cambridge University Press, 2020)——這部有趣的作品是奠基在對俄羅斯和中亞資料的掌握，總是敏銳地意識到歐洲帝國主義的比較觀點（Morrison 也解釋了為什麼「大競逐」是個無用的概念）。關於 1860 年代清朝對新疆的統治瓦解，以及阿古柏短暫的政權，最佳著述是 Hodong Kim, *Holy War in China: The Muslim Rebellion and State in Chinese Central Asia, 1864–1877* (Stanford, CA: Stanford University Press, 2004)。

關於中亞的帝國統治，可參見 Virginia Martin, *Law and Custom in the Steppe: The Kazakhs of the Middle Horde and Russian Colonialism in the Nineteenth Century* (Richmond: Curzon, 2001)；Ian W. Campbell, *Knowledge and the Ends of Empire: Kazak Intermediaries and Russian Rule on the Steppe, 1731–1917* (Ithaca, NY: Cornell University Press, 2017)；Jeff Sahadeo, *Russian Colonial Society in Tashkent, 1865–1923* (Bloomington: Indiana University Press, 2007)；T. V. Kotiukova, *Okraina na osobom polozhenii ...: Turkestan v preddverii dramy* (Moscow: Nauchno-politicheskaia kniga, 2016)；以及 Eric Schluessel, *Land of Strangers: The Civilizing Project in Qing Central Asia* (New York: Columbia University Press, 2020)。Julia Obertreis, *Imperial Desert Dreams: Cotton Growing and Irrigation in Central Asia, 1860–1991* (Göttingen: V&R unipress, 2017)，以及 Maya K. Peterson, *Pipe Dreams: Water and Empire in Central Asia's Aral Sea Basin* (Cambridge: Cambridge University Press, 2019)，概述了俄羅斯征服所帶動的經濟和環境變化的重點。關於征服行動劇烈影響中亞人想像世界的方式，可參見 Adeeb Khalid, *The Politics of Muslim Cultural Reform: Jadidism in Central Asia* (Berkeley: University of California Press, 1998)。關於這個時期身分認同被重新塑造的過程，可參見 Rian Thum 的精妙之作 *The Sacred Routes of Uyghur History*

省的檔案庫從未開放給國際學者。甚至，進入 2000 年後，中國政府開始小心提防研究新疆的外國學者。若干重要的新疆專家被拒發簽證，那些獲准入境的學者則在艱難的條件下工作，深知他們聯絡的任何維吾爾人或哈薩克人最終可能都會被政府找麻煩。2017 年起，所有國際訪客——包括記者和學者——都受到前所未有的監控。

以下我列出現代學術界關於中亞最令人印象深刻的幾部著作，其中包括一些沒有在附注提到的著述。我著重在英文著作，但讀者應當謹記，關於中亞的文獻有多種語言，而最優秀的著作往往是以英文以外的語言寫成。以下的清單絕非無所不包，但應能當作更廣泛認識這個區域的入門。

◆ ◆ ◆

研究中亞歷史的著作似乎經常明顯在通俗和品質間取捨。最傑出的著作對非專業人士往往難以理解，而大眾化的著作又會做出令人不安的概括歸納。在這個類別中，幾乎沒有我真心背書推薦的著作，唯二的例外是米華健的 *Eurasian Crossroads: A History of Xinjiang* (New York: Columbia University Press, 2007)，以及 Shoshana Keller 講述俄羅斯和中亞的長期關係的著作 *Russia and Central Asia: Coexistence, Conquest, Convergence* (Toronto: University of Toronto Press, 2019)。瑞士考古學家 Christoph Baumer 的四卷著作 *The History of Central Asia* (London: I. B. Tauris, 2012–2018) 插圖豐富，並且強力聚焦在古代歷史上。將絲路的概念處理得最好的是米華健非常傑出（且扼要）的分析 *The Silk Road: A Very Short Introduction* (Oxford: Oxford University Press, 2013)。關於談論絲路的方法的批評，可參見 Scott C. Levi, *The Bukharan Crisis: A Connected History of 18th-Century Central Asia* (Pittsburgh, PA: University of Pittsburgh Press, 2020), chap. 2；Khodadad

# 延伸閱讀建議

在冷戰結束後的世代，中亞歷史的書寫方式已經完全改變。要前往和離開中亞旅行都變得比以往都更加容易，並且能夠在那裡以冷戰期間幾乎無法想像的方式進行學術研究。中亞學者和前蘇聯以外地區的學術圈建立連結，所有學者都能夠運用大量的原始資料寶庫。沙俄帝國和蘇聯都是官僚制國家，兩者都非常認真看待文件，耗費許多心力搜集和保管文件。蘇聯人建立起擴及全國且錯綜複雜的檔案庫網絡。開放政策時期的一個關鍵發展是開放這些檔案庫給國內外的研究者使用。蘇聯解體後，各國開放檔案庫給外界使用的程度不一——土庫曼除外，他們從未開放國內的檔案庫——但情況和戈巴契夫上台掌權時截然不同。當然，檔案庫裡只有文件，而非真相，許多文件都相當乏味（和大眾認為的相反，其中幾乎沒有「罪證確鑿」的文件）。開放檔案庫並不會向我們揭露真相，但讓我們能夠以前所未有的詳盡程度來談論中亞的歷史，這在過去只存在於我們的幻想之中。與此同時，冷戰落幕讓學者得以提出新的問題，並在無須煩擾冷戰政治鬥爭的情況下思考。最終，愈來愈多學者開始使用以中亞語言書寫的資料，而不只是運用俄文或中文資料。學者得以撇除構成冷戰期間多數分析且充滿政治意涵的分類，去思考中亞歷史的進程。如果沒有這一切的改變，這本書將會大不相同。

中華人民共和國的情況沒那麼美好。1978 年後的改革開放時期曾開放國際學者進入中國，並且得以執行檔案整理工作。然而，因為新疆依然是中國的敏感地區（而不是像哈薩克那樣的獨立國家），該

# 圖表列表

## 地圖



## 表格與圖表

RFA, June 4, 2020.

40. State Council Information Office of the People's Republic of China, "Historical Matters Concerning Xinjiang" (July 22, 2019), http://english.scio.gov.cn/2019-07/22/content_75017992.htm.
41. Shawn Zhang, "Detention Camp Construction Is Booming in Xinjiang," June 18, 2018, Medium, https://medium.com/@shawnwzhang/detention-camp-construction-is-booming-in-xinjiang-a2525044c6b1; John Sudworth, "China's Hidden Camps: What's Happened to the Vanished Uighurs of Xinjiang?," BBC, October 24, 2018, https://bbc.in/2ytNBMY.
42. Vicky Xiuzhong Xu et al., *Uyghurs for Sale: 'Re-Education,' Forced Labour and Surveillance beyond Xinjiang* (Canberra: Australian Strategic Policy Institute, 2020).
43. Chris Buckley, "China's Prisons Swell after Deluge of Arrests Engulfs Muslims," *NYT*, August 31, 2019.
44. Adrian Zenz, *Sterilizations, IUDs, and Mandatory Birth Control: The CCP's Campaign to Suppress Uyghur Birthrates in Xinjiang* (Washington: Jamestown Foundation, 2020).
45. Lawrence Davidson, *Cultural Genocide* (New Brunswick, NJ: Rutgers University Press, 2012).
46. Roberts, *The War on the Uyghurs*, makes this point very thoughtfully.
47. Xu et al., *Uyghurs for Sale*, 5.
48. Darren Byler, "China's Hi-Tech War on Its Muslim Minority," *Guardian*, April 11, 2019.

## 結語

1. Jeff Sahadeo, *Voices from the Soviet Edge: Southern Migrants in Leningrad and Moscow* (Ithaca, NY: Cornell University Press, 2019), 212; Timur Dadabaev, *Identity and Memory in PostSoviet Central Asia* (London: Routledge, 2018).

reeducation-in-western-chinese-camp/29194106.html.

27. Edmund Waite, "From Holy Man to National Villain: Popular Historical Narratives about Apaq Khoja amongst Uyghurs in Contemporary Xinjiang," *Inner Asia* 8 (2006): 5–28; Rian Thum, *The Sacred Routes of Uyghur History* (Cambridge, MA: Harvard University Press, 2014), 236–244.
28. "China Punishes Xinjiang Official for Refusing to Smoke near Muslim Elders," *South China Morning Post*, April 11, 2017.
29. Shohret Hoshur, "Prominent Uyghur Intellectual Given Two-Year Suspended Death Sentence for 'Separatism,'" RFA, September 28, 2018.
30. Shohret Hoshur, "Xinjiang Authorities Arrest Uyghur Court Official Who Denounced Political Re-Education Camps," RFA, December 18, 2018.
31. Eset Sulaiman, "Xinjiang Authorities Ban Books by Uyghur Former Chairman of Region," RFA, August 15, 2017.
32. 引文出自 Mihray Abdilim, "Xinjiang's Kashgar University Students, Teachers Forced to Give up Muslim Dietary Restrictions," RFA, November 6, 2018。
33. Darren Byler, "China's Government Has Ordered a Million Citizens to Occupy Uighur Homes. Here's What They Think They're Doing," ChinaFile, October 24, 2018, http://www.chinafile.com/reporting-opinion/postcard/million-citizens-occupy-uighur-homes-xinjiang.
34. "China Is Putting Uighur Children in 'Orphanages' Even If Their Parents Are Alive," *Independent* (London), September 21, 2018.
35. 關於破壞紀錄的衛星影像，可參見 Bahram K. Sintash, *Demolishing Faith: The Destruction and Desecration of Uyghur Mosques and Shrines* (Washington: Uyghur Human Rights Project, 2019)。
36. Joanne Smith Finley, "'Now We Don't Talk Anymore': Inside the 'Cleansing' of Xinjiang," ChinaFile, December 28, 2018, http://www.chinafile.com/reporting-opinion/viewpoint/now-we-dont-talk-anymore.
37. Kurban Niyaz and Shohret Hoshur, "Xinjiang Authorities Convert Uyghur Mosques into Propaganda Centers," RFA, August 3, 2017.
38. Sintash, *Demolishing Faith*; Lily Kuo, "Revealed: New Evidence of China's Mission to Raze the Mosques of Xinjiang," *Guardian*, May 7, 2019. 後者的報導含有許多衛星影像。
39. Mihray Abdilim, "Authorities to Destroy Uyghur Cemetery in Xinjiang Capital,"

autonomous-region-regulation-on-de-extremification/ 譯文並非官方提供。

19. 引文出自 Adrian Zenz, "'Thoroughly Reforming Them Towards a Healthy Heart Attitude': China's Political Re-Education Campaign in Xinjiang," *Central Asian Survey* 38 (2019): 116。
20. 引文出自 Shohret Hoshur, "Chinese Authorities Jail Four Wealthiest Uyghurs in Xinjiang's Kashgar in New Purge," Radio Free Asia (RFA), January 5, 2018。
21. "Xinjiang's 'List of Forbidden Names' Forces Uyghurs to Change Names of Children Under 16," RFA (2017), https://www.rfa.org/english/news/special/uyghur-oppression/ChenPolicy6.html.
22. Timothy Grose, "'Once Their Mental State Is Healthy, They Will Be Able to Live Happily in Society': How China's Government Conflates Uighur Identity with Mental Illness," ChinaFile, August 2, 2019, https://www.chinafile.com/reporting-opinion/viewpoint/once-their-mental-state-healthy-they-will-be-able-live-happily-society.
23. Human Rights Watch, *"Eradicating Ideological Viruses": China's Campaign of Repression Against Xinjiang's Muslims* (New York: Human Rights Watch, 2018), 15.
24. BBC Urdu, November 18, 2018.
25. Uyghur Human Rights Project, "The Persecution of the Intellectuals in the Uyghur Region: Disappeared Forever?," Uyghur Human Rights Project, October 2018, https://docs.uhrp.org/pdf/UHRP_Disappeared_Forever_.pdf. 移居國外者經營著一個失蹤人士的線上資料庫。可參見 "Xinjiang Victims Database," https://www.shahit.biz/eng/。
26. John Sudworth, "China Uighurs: A Model's Video Gives a Rare Glimpse inside Internment," BBC News, August 4, 2020; Merdan Ghappar, "Wear Your Mask under Your Hood: An Eyewitness Account of Arbitrary Detention in Xinjiang during the 2020 Coronavirus Pandemic," trans. James A. Millward, Medium, August 4, 2020, https://medium.com/@millwarj/wear-your-mask-under-your-hood-an-account-of-prisoner-abuse-in-xinjiang-during-the-2020-3007a1f7437d; David Stavrou, "A Million People Are Jailed at China's Gulags. I Managed to Escape. Here's What Really Goes on Inside," *Haaretz*, October 17, 2019; Bruce Pannier, "Kazakh Man Recounts 'Reeducation' In Western Chinese Camp," *Qishloq Ovozi*, April 26, 2018, https://www.rferl.org/a/kazakh-recounts-

Jihad," *Atlantic*, March 19, 2019, https://www.theatlantic.com/international/archive/2019/03/us-uighurs-guantanamo-china-terror/584107/.

6. James Millward, "Does the 2009 Urumchi Violence Mark a Turning Point?" *Central Asian Survey* 28 (2009): 347–360.
7. "China Puts Urumqi under 'Full Surveillance,'" *Guardian*, January 25, 2011.
8. 引文出自 Andrew Jacobs, "After Deadly Clash, China and Uighurs Disagree on Events That Led to Violence," *NYT*, July 30, 2014。
9. Andrew Jacobs, "Imam in China Who Defended Party's Policies in Xinjiang Is Stabbed to Death," *NYT*, July 31, 2014.
10. "China: Unrest in Kashgar, Xinjiang, Leaves 15 Dead," BBC News, July 31, 2011.
11. Reuters, "China's President Warns against Growing Threats to National Security," April 26, 2014.
12. Austin Ramzy and Chris Buckley, "'Absolutely No Mercy': Leaked Files Expose How China Organized Mass Detentions of Muslims," *NYT*, November 16, 2019.
13. 相關作品圖像可參見 Darren Byler, "Imagining Re-Engineered Muslims in Northwest China," April 26, 2017, *The Art of Life in Chinese Central Asia* (blog), https://livingotherwise.com/2017/04/26/imagining-re-engineered-muslims-northwest-china/。
14. Mark Elliott, "The Case of the Missing Indigene: Debate over a 'Second-Generation' Ethnic Policy," *China Journal*, no. 73 (2015): 186–213. 亦可參見 James Leibold, *Ethnic Policy in China: Is Reform Inevitable?* (Honolulu, HI: East-West Center, 2013), and "Hu the Uniter: Hu Lianhe and the Radical Turn in China's Xinjiang Policy," *China Brief* 18, no. 16 (2018): 7–11。
15. 引文出自 Julia Bowie and David Gitter, "The CCP's Plan to 'Sinicize' Religions," *Diplomat*, June 14, 2018。
16. 我要感謝歐楊協助我區分其語義。
17. James Leibold, "More Than a Category: Han Supremacism on the Chinese Internet," *China Quarterly* no. 203 (2010): 539–559; Kevin Carrico, *The Great Han: Race, Nationalism, and Tradition in China Today* (Oakland: University of California Press, 2017).
18. "Xinjiang Uyghur Autonomous Region Regulation on De-Extremification," March 29, 2017, https://www.chinalawtranslate.com/en/xinjiang-uyghur-

trans. Cynthia Schoch (New York: Berghahn, 2015), 11.

5. Scott Radnitz, *Weapons of the Wealthy: Predatory Regimes and Elite-Led Protests in Central Asia* (Ithaca, NY: Cornell University Press, 2010), 63–64; Erica Marat, "Extent of Akayev Regime Corruption Becoming Clearer," *Eurasia Daily Monitor*, April 26, 2005, https://jamestown.org/program/extent-of-akayev-regime-corruption-becoming-clearer/.
6. Global Witness, "Blood Red Carpet," March 2015，可從此網址下載：https://www.globalwitness.org/en/reports/surrey-mansion-used-hide-suspect-funds/; Alexander Cooley and John Heathershaw, *Dictators without Borders: Power and Money in Central Asia* (New Haven, CT: Yale University Press, 2017), chap. 5。
7. Richard Pomfret, *The Central Asian Economies in the Twenty-First Century: Paving a New Silk Road* (Princeton, NJ: Princeton University Press, 2019), 71–72.
8. Joanna Lillis, *Dark Shadows: Inside the Secret World of Kazakhstan* (London: I. B. Tauris, 2019), 81.

## 第二十五章

1. Megha Rajagopalan, "This Is What a 21st-Century Police State Really Looks Like," BuzzFeed News, October 17, 2017, https://www.buzzfeednews.com/article/meghara/the-police-state-of-the-future-is-already-here; James Millward, "'Re-Educating' Xinjiang's Muslims," *New York Review of Books*, February 7, 2019, 38–41.
2. Gardner Bovingdon, *The Uyghurs: Strangers in Their Own Land* (New York: Columbia University Press, 2010), 123–128; James A. Millward, *Eurasian Crossroads: A History of Xinjiang* (New York: Columbia University Press, 2007), 325–328.
3. Permanent Mission of the People's Republic of China to the UN, "Terrorist Activities Perpetrated by 'Eastern Turkistan' Organizations and Their Links with Osama bin Laden and the Taliban," November 29, 2001, https://www.fmprc.gov.cn/ce/ceee/eng/ztlm/fdkbzy/t112733.htm.
4. Sean R. Roberts, *The War on the Uyghurs: China's Campaign against Xinjiang's Muslims* (Princeton, NJ: Princeton University Press, 2020), chaps. 2–3.
5. Richard Bernstein, "When China Convinced the U.S. That Uighurs Were Waging

Xinjiang," *Twentieth-Century China* 26 (2001): 95.

16. 這段關於香妃傳說的經典分析出自 James Millward, "A Uyghur Muslim in Qianlong's Court: The Meanings of the Fragrant Concubine," *Journal of Asian Studies* 53 (1994): 427–458。
17. Joshua Hammer, "Demolishing Kashgar's History," *Smithsonian Magazine*, March 2010, 24–33.
18. Jean-Paul Loubes, *La Chine et la ville au XXIe siècle: La sinisation urbaine au Xinjiang ouïghour et en Mongolie intérieur* (Paris: Éditions du Sextant, 2015), 119–134.
19. Tianyang Liu and Zhenjie Yuan, "Making a Safer Space? Rethinking Space and Securitization in the Old Town Redevelopment Project of Kashgar, China," *Political Geography* 69 (2019): 30–42.
20. Bayram Balci, *Islam in Central Asia and the Caucasus since the Fall of the Soviet Union* (London: Hurst, 2018).
21. Peter Boehm and Andrew Osborn, "Uzbekistan: 'In the Narrow Lane, the Machine Guns Clattered Remorselessly for Two Hours,'" *Independent on Sunday* (London), May 22, 2005; Human Rights Watch, "'Bullets Were Falling Like Rain': The Andijan Massacre, May 13, 2005" ( June 2005), https://www.hrw.org/report/2005/06/06/bullets-were-falling-rain/andijan-massacre-may-13-2005.
22. Igor Rotar, "Political Islam in Tajikistan after the Formation of the IS," CERIA Brief no. 8, October 2015, https://app.box.com/s/f8f5s98pd6pkd2l1xaxipdnnvzwnzrvq.
23. 引文出自 Rémi Castets, "The Modern Chinese State and Strategies of Control over Uyghur Islam," *Central Asian Affairs* 2 (2015): 237–238。

## 第二十四章

1. Gerry Shih, "Chinese Troops Sit on Afghan Doorstep," *Washington Post*, February 19, 2019.
2. Saparmyrat Turkmenbashy, *Rukhnama: Reflections on the Spiritual Values of the Turkmen* (Ashgabat, Turkmenistan, 2003), 9.
3. Sebastien Peyrouse, *Turkmenistan: Strategies of Power, Dilemmas of Development* (Armonk, NY: M. E. Sharpe, 2012), 146–154.
4. Boris Petric, *Where Are All Our Sheep? Kyrgyzstan, a Global Political Arena*,

6. Gardner Bovingdon, *The Uyghurs: Strangers in Their Own Land* (New York: Columbia University Press, 2010), chap. 3; Joanne Smith Finley, *The Arts of Symbolic Resistance: Uyghur Identities and Uyghur-Han Relations in Contemporary Xinjiang* (Leiden: Brill, 2013), chaps. 3–4.
7. Jay Dautcher, *Down a Narrow Road: Identity and Masculinity in a Uyghur Community in Xinjiang, China* (Cambridge, MA: Harvard University East Asia Center, 2009).
8. Herbert S. Yee, "Ethnic Consciousness and Identity: A Research Report on Uygur-Han Relations in Xinjiang," *Asian Ethnicity* 6 (2005): 35–50.
9. 引文出自 Bovingdon, *The Uyghurs*, 95，為 Bovingdon 所譯。
10. 引文出自 Smith Finley, *The Arts of Symbolic Resistance*, 193。我擅自略微修改了 Smith Finley 的翻譯。
11. Bovingdon, *The Uyghurs*, 100–101.
12. Ilham Tohti, "Present-Day Ethnic Problems in Xinjiang Uighur Autonomous Region: Overview and Recommendations," trans. Cindy Carter, April 22–May 19, 2015, China Change, https://chinachange.org/wp-content/uploads/2015/05/ilham-tohti_present-day-ethnic-problems-in-xinjiang-uighur-autonomous-region-overview-and-recommendations_complete-translation3.pdf; Andrew Jacobs, "Uighurs in China Say Bias Is Growing," *NYT*, October 7, 2013.
13. Emily Hannum and Yu Xie, "Ethnic Stratification in Northwest China: Occupational Differences between Han Chinese and National Minorities in Xinjiang, 1982–1990," *Demography* 35 (1998): 323–333; Ben Hopper and Michael Webber, "Modernisation and Ethnic Estrangement: Uyghur Migration to Urumqi, Xinjiang Uyghur Autonomous Region, PRC," *Inner Asia* 11 (2009): 173–203; Xiaogang Wu and Xi Song, "Ethnic Stratification amid China's Economic Transition: Evidence from the Xinjiang Uyghur Autonomous Region," *Social Science Research* 44 (2014): 158–172.
14. Information Office of the State Council, "History and Development of Xinjiang," May 26, 2003, http://en.people.cn/200305/26/print20030526_117240.html.
15. Ildikó Bellér-Hann, "The Bulldozer State: Chinese Socialist Development in Xinjiang," in *Ethnographies of the State in Central Asia: Performing Politics*, ed. Madeleine Reeves, Johan Rasanayagam, and Judith Beyer (Bloomington: Indiana University Press, 2014), 181; Gardner Bovingdon, "The History of History in

3. 關於塔吉克內戰，可參見 Tim Epkenhans, *The Origins of the Civil War in Tajikistan: Nationalism, Islamism, and Violent Conflict in Post-Soviet Space* (Lanham, MD: Lexington Books, 2016); Jesse Driscoll, *Warlords and Coalition Politics in Post-Soviet States* (Cambridge: Cambridge University Press, 2015)。
4. Minglang Zhou, "The Fate of the Soviet Model of Multinational State-Building in the People's Republic of China," in *China Learns from the Soviet Union, 1949–Present*, ed. Thomas P. Bernstein and Hua-Yu Li (Lanham, MD: Lexington Books, 2010), 488–490.
5. Agnieszka Joniak-Lüthi, "Roads in China's Borderlands: Interfaces of Spatial Representations, Perceptions, Practices, and Knowledges," *Modern Asian Studies* 50 (2016): 118–140.
6. Zhou, "The Fate of the Soviet Model," 492.
7. Nicolas Becquelin, "Xinjiang in the Nineties," *China Journal* 44 (2000): 69.
8. Stanley W. Toops, "The Demography of Xinjiang," in *Xinjiang: China's Muslim Borderland*, ed. S. Frederick Starr (Armonk, NY: M. E. Sharpe, 2004), 241–263.
9. Tom Cliff, *Oil and Water: Being Han in Xinjian*g (Chicago: University of Chicago Press, 2016).
10. Adeeb Khalid, *Islam after Communism: Religion and Politics in Central Asia* (Berkeley: University of California Press, 2007), chap. 6.

## 第二十三章

1. Rogers Brubaker, *Nationalism Reframed: Nationhood and the National Question in the New Europe* (Cambridge: Cambridge University Press, 1996), 83–84.
2. Laura L. Adams, *The Spectacular State: Culture and National Identity in Uzbekistan* (Durham, NC: Duke University Press, 2010).
3. 引文出自 Natalie Koch, *The Geopolitics of Spectacle: Space, Synecdoche, and the New Capitals of Asia* (Ithaca, NY: Cornell University Press, 2018), 47。
4. Henry E. Hale, *Patronal Politics: Eurasian Regime Dynamics in Comparative Perspective* (Cambridge: Cambridge University Press, 2014); Lawrence P. Markowitz, *State Erosion: Unlootable Resources and Unruly Elites in Central Asia* (Ithaca, NY: Cornell University Press, 2013).
5. Alexander Cooley and John Heathershaw, *Dictators without Borders: Power and Money in Central Asia* (New Haven, CT: Yale University Press, 2017).

12. Boris Rumer, "Central Asia's Cotton Economy and Its Costs," in *Soviet Central Asia: The Failed Transformation*, ed. William Fierman (Boulder, CO: Westview, 1991), 84–87.
13. William Fierman, "Political Development in Uzbekistan: Democratization?," in *Conflict, Cleavage and Change in Central Asia and the Caucasus*, ed. Karen Dawisha and Bruce Parrott (Cambridge: Cambridge University Press, 1997), 367.
14. Victoria Clement, *Learning to Become Turkmen: Literacy, Language, and Power, 1914–2014* (Pittsburgh, PA: University of Pittsburgh Press, 2018), 117–118.
15. Vladimir Babak, "The Formation of Political Parties and Movements in Central Asia," in *Democracy and Pluralism in Muslim Eurasia*, ed. Yaacov Ro'i (London: Frank Cass, 2004), 152–154.
16. Chingiz Aitmatov, *The Day Lasts More than a Hundred Years*, trans. John French (London: Futura, 1983), 126.
17. Fierman, "Political Development in Uzbekistan," 368.
18. 引文出自 Kirill Nourzhanov and Christian Bleuer, *Tajikistan: A Political and Social History* (Canberra: Australian National University Press, 2013), 178–179。
19. Bakhtiyar Babadjanov and Muzaffar Kamilov, "Muhammadjân Hindûstânî (1892–1989) and the Beginning of the Great Schism among the Muslims of Uzbekistan," in *Islam in Politics in Russia and Central Asia (Early Eighteenth to Late Twentieth Centuries)*, ed. Stéphane A. Dudoignon and Hisao Komatsu (London: Kegan Paul, 2001), 195–219.
20. Adeeb Khalid, *Islam after Communism: Religion and Politics in Central Asia* (Berkeley: University of California Press, 2007), 146.
21. *Pravda*, February 7, 1991. The translation is from *The Rise and Fall of the Soviet Union, 1917–1991*, ed. Richard Sakwa (London: Routledge, 1999), 471–473.

## 第二十二章

1. Bayram Balci, *Missionaires de l'Islam en Asie centrale: Les écoles turques de Fethullah Gülen* (Paris: Maisonneuve & Larose, 2003).
2. Muriel Atkin, "Thwarted Democratization in Tajikistan," in *Conflict, Cleavage and Change in Central Asia and the Caucasus*, ed. Karen Dawisha and Bruce Parrott (Cambridge: Cambridge University Press, 1997), 277–311.

其中有部分提及在阿富汗服役的經驗，可參見 Artemy Kalinovsky, Isaac Scarborough, Marlene Laruelle, and Vadim Staklo, "Central Asian Memoirs of the Soviet Era," Russian Perspectives on Islam, https:// islamperspectives.org/rpi/collections/show/18。

12. Yaacov Ro'i, *Islam in the Soviet Union: From the Second World War to Gorbachev* (New York: Columbia University Press, 2000), 560.

## 第二十一章

1. Yegor Ligachev, *Inside Gorbachev's Kremlin* (New York: Random House, 1993), 214.
2. Leslie Holmes, *The End of Communist Power: Anti-Corruption Campaigns and Legitimation Crisis* (New York: Oxford University Press, 1993), 101.
3. Riccardo Mario Cucciola, "The Crisis of Soviet Power in Central Asia: The 'Uzbek Cotton Affair' (1975–1991)," PhD diss., IMT School for Advanced Studies Lucca, 2017, 284.
4. Anne Sheehy, "Slav Presence Increased in Uzbek Party Buro and Secretariat," *Radio Liberty Research Bulletin*, February 24, 1986.
5. James Critchlow, "Prelude to 'Independence': How the Uzbek Party Apparatus Broke Moscow's Grip on Elite Recruitment," in *Soviet Central Asia: The Failed Transformation*, ed. William Fierman (Boulder, CO: Westview, 1991), 135–154.
6. Rafik Nishanov 告訴 Marina Zavade 和 Iurii Kulikov 的資訊，出自 *Derev'ia zeleneiut do metelei* (Moscow: Molodaia gvardiia, 2012), 258。
7. Cucciola, "The Crisis of Soviet Power in Central Asia," 360n.
8. Sergei P. Poliakov, *Everyday Islam: Religion and Tradition in Rural Central Asia*, trans. Anthony Olcott (Armonk, NY: M. E. Sharpe, 1992), 4.
9. Artemy Kalinovsky, *Laboratory of Socialist Development: Cold War Politics and Decolonization in Soviet Tajikistan* (Ithaca, NY: Cornell University Press, 2018), 226–227.
10. 引文出自 Patricia Carley, "The Price of the Plan: Perceptions of Cotton and Health in Uzbekistan and Turkmenistan," *Central Asian Survey* 8, no. 4 (1989): 23。
11. S. Rizaev, *Sharaf Rashidov: Shtrikhi k portretu* (Tashkent: Yozuvchi, 1992), 78–79.

(Shanghai: Shanghai renmin chubanshe, 1976), 74–75.
29. Gardner Bovingdon, "The Not-So-Silent Majority: Uyghur Resistance to Han Rule in Xinjiang," *Modern China* 28 (2002), 60–61.

## 第二十章

1. Odd Arne Westad, *The Global Cold War: Third World Interventions and the Making of Our Times* (Cambridge: Cambridge University Press, 2011).
2. *Pravda Vostoka*, March 12, 1925.
3. 引文出自 Hannah Jansen, "Peoples' Internationalism: Central Asian Modernisers, Soviet Oriental Studies and Cultural Revolution in the East (1936–1977)," PhD diss., University of Amsterdam, 2020, 127。
4. N. A. Mukhitdinov, *Gody provedënnye v Kremle* (Tashkent, 1994), 312.
5. S. Rizaev, *Sharaf Rashidov: Shtrikhi k portretu* (Tashkent: Yozuvchi, 1992), 24–28.
6. Vladislav M. Zubok, "The Mao-Khrushchev Conversations, 31 July–3 August 1958 and 2 October 1959," *Cold War International History Project Bulletin,* no. 12–13 (2002): 254.
7. Mao Tsetung, "On Khrushchov's Phoney Communism and Its Historical Lessons for the World" (July 1964), https://www.marxists.org/reference/archive/mao/works/1964/phnycom.htm.
8. 這些引文皆出自 Sergey Radchenko, "The Sino-Soviet Split," *Cambridge History of the Cold War*, ed. Melvyn P. Leffler and Odd Arne Westad, vol. 2 (Cambridge: Cambridge University Press, 2010), 356–357。
9. Artemy Kalinovsky, *A Long Goodbye: The Soviet Withdrawal from Afghanistan* (Cambridge, MA: Harvard University Press, 2011), chap. 1.
10. Steve Coll, *Ghost Wars: The Secret History of the CIA, Afghanistan, and Bin Laden, from the Soviet Invasion to September 10, 2001* (New York: Penguin, 2004), 104–105; Mohammad Yousaf and Mark Adkin, *The Bear Trap: Afghanistan's Untold Story* (London: Leo Cooper, 1992), 192–195.
11. 可參見 Marlène Laruelle and Botagoz Rakieva, *Pamiat' iz plameni Afganistana: Interv'iu s voinami-internatsionalistami Afganskoi voiny 1979–1989 godov* (Washington: Central Asia Program, George Washington University, 2015) 匯集的訪談。相關人士採集了一些塔吉克的回憶錄，而且可以在線上閱讀，

13. Gardner Bovingdon, *The Uyghurs: Strangers in Their Own Land* (New York: Columbia University Press, 2010), 199n.
14. David Brophy, "The 1957–58 Xinjiang Committee Plenum and the Attack on 'Local Nationalism'" (December 11, 2017), document 5, *Sources and Methods* (blog), Wilson Center, https://www.wilsoncenter.org/blog-post/the-1957-58-xinjiang-committee-plenum-and-the-attack-local-nationalism.
15. Abdulla Abduräkhman, *Tashkäntchilär*, 2 vols. (Ürümchi: Shinjang Khälq Näshriyati, 2004).
16. Zhihua Shen and Danhui Li, *After Leaning to One Side: China and Its Allies in the Cold War* (Washington: Woodrow Wilson Center Press, 2011), 142.
17. Brophy, "The 1957–58 Xinjiang Committee Plenum and the Attack on 'Local Nationalism,'" document 3.2.
18. Linda Benson and Ingvar Svanberg, *China's Last Nomads: The History and Culture of China's Kazaks* (Armonk, NY: M. E. Sharpe, 1998), 166.
19. McMillen, *Chinese Communist Power*, 142.
20. 引文出自 George Moseley, *A Sino-Soviet Cultural Frontier: The Ili Kazakh Autonomous Chou* (Cambridge, MA: Harvard East Asian Research Center, 1966), 105。
21. Bruce F. Adams, "Reemigration from Western China to the USSR, 1954–1962," in *Migration, Homeland, and Belonging in Eurasia*, ed. Cynthia J. Buckley and Blair A. Ruble, with Erin Trouth Hofmann (Washington: Woodrow Wilson Center Press, 2008), 191.
22. William Clark and Ablet Kamalov, "Uighur Migration across Central Asian Frontiers," *Central Asian Survey* 23 (2004): 167–182.
23. 引文出自 James A. Millward, *Eurasian Crossroads: A History of Xinjiang* (New York: Columbia University Press, 2007), 275。
24. Benson and Svanberg, *China's Last Nomads*, 185.
25. Ibid.
26. 引文出自 Minglang Zhou, *Multilingualism in China: The Politics of Writing Reforms for Minority Languages 1949–2002* (Berlin: Mouton de Gruyter, 2003), 301。
27. William Clark, "Ibrahim's Story," *Asian Ethnicity* 12 (2011): 216.
28. *Tianshan nanbei jin zhaohui: Xinjiang zai fanxiu fangxiu douzheng zhong qianjin*

Shokirov, *Alixonto'ra Sog'uniy* (Tashkent: Navro'z, 2014)。

## 第十九章

1. Milton J. Clark, "How the Kazakhs Fled to Freedom," *National Geographic Magazine* 106 (1954), 621–644; Godfrey Lias, *Kazak Exodus* (London: Evans, 1956).
2. Zhe Wu, "Caught between Opposing Han Chauvinism and Opposing Local Nationalism: The Drift toward Ethnic Antagonism in Xinjiang Society, 1952–1963," in *Maoism at the Grassroots: Everyday Life in China's Era of High Socialism*, ed. Jeremy Brown and Matthew D. Johnson (Cambridge, Mass.: Harvard University Press, 2015), 313.
3. Donald H. McMillen, *Chinese Communist Power and Policy in Xinjiang, 1949–1977* (Boulder, Colo.: Westview, 1979), 57–60.
4. 引文出自前注出處頁 114。
5. Xiaoyuan Liu, *Frontier Passages: Ethnopolitics and the Rise of Chinese Communism, 1921– 1945* (Washington: Woodrow Wilson Center Press, 2004), 64.
6. 引文出自 James Leibold, *Reconfiguring Chinese Nationalism: How the Qing Frontier and Its Indigenes Became Chinese* (New York: Palgrave Macmillan, 2007), 90。
7. 引文出自前注出處頁 91。
8. Ibid., 148.
9. "Memorandum of Conversation between Anastas Mikoyan and Mao Zedong" ( January 31, 1949), trans. Sergey Radchenko, Wilson Center, https://digitalarchive.wilsoncenter.org/document/112436.
10. Mao Zedong, "On the Ten Major Relationships" (April 25, 1956), in Mao Tsetung, *Selected Works of Mao Tsetung* (Peking: Foreign Languages Press, 1977), 5:295.
11. Zhiyi Zhang, *A Discussion of the National Question in the Chinese Revolution and of Actual Nationalities Policy (Draft)*, in George Moseley, *The Party and the National Question in China* (Cambridge, MA: MIT Press, 1966), 81–82.
12. Thomas S. Mullaney, *Coming to Terms with the Nation: Ethnic Classification in Modern China* (Berkeley: University of California Press, 2011).

Consumer Culture in Soviet Central Asia, 1945–1985," PhD diss., Harvard University, 2016, chap. 1.

3. Sergei Abashin, *Sovetskii kishlak: Mezhdu kolonializmom i modernizatsiei* (Moscow: NLO, 2015).
4. Gillian Tett, "'Guardians of the Faith'? Gender and Religion in an (ex) Soviet Tajik Village," in *Muslim Women's Choices: Religious Belief and Social Reality*, ed. Camillia Fawzi El-Solh and Judy Mabro (Oxford: Berg, 1994), 144.
5. Abdulla Qahhor, "To'yda aza," in Abdulla Qahhor, *Tanlangan asarlar* (Tashkent: G'afur G'ulom, 2007), 117–121. 這段引文和分析要歸功於 Dooley, "Selling Socialism, Consuming Difference," 351–353。
6. Jeff Sahadeo, *Voices from the Soviet Edge: Southern Migrants in Leningrad and Moscow* (Ithaca, NY: Cornell University Press, 2019).
7. Adrienne L. Edgar, *Intermarriage and the Friendship of Peoples: Ethnic Mixing in Soviet Central Asia*, forthcoming.
8. Shaken Aymanov, dir., *Zemlia ottsov/Atalar mekenĭ* (Almaty: Kazakhfilm, 1966).
9. Dooley, "Selling Socialism, Consuming Difference," 330–347.
10. Chingiz Aitmatov, *The Day Lasts More than a Hundred Years*, trans. John French (London: Futura, 1983), 21. 艾特瑪托夫在這部小說中的看法更加複雜，我們將在第二十一章再次提及本書，到時將進一步說明這一點，但這個論點依舊成立。
11. Ziyauddin Khan Ibn Ishan Babakhan, *Islam and the Muslims in the Land of Soviets*, trans. Richard Dixon (Moscow: Progress, 1980); Adeeb Khalid, *Islam after Communism: Religion and Politics in Central Asia* (Berkeley: University of California Press, 2007), chap. 4.
12. Bakhtiiar Babadzhanov, "O fetvakh SADUM protiv 'neislamskikh obychaev,'" in *Islam na postsovetskom prostranstve: vzgliad iznutri*, ed. Martha Brill Olcott and Aleksei Malashenko (Moscow: Tsentr Karnegi, 2001), 170–184.
13. 關於印度教授，可參見 B. M. Babadzhanov, A. K. Muminov, and M. B. Olkott, "Mukhamadzhan Khindustani (1892–1989) i religioznaia sreda ego epokhi (predvaritel'nye razmyshleniia o formirovanii 'sovetskogo islama' v Srednei Azii)," *Vostok*, 2004, no. 5: 43–49。他的弟子在他死後出版他的自傳 *Yodnoma: Hazrati Mavlono Muhammadjon Qo'qandiy (Hindustoniy) farzandlar, shogirdlar va do'stlar xotirasida* (Dushanbe, 2003)。關於艾力汗・吐烈，可參見 Uvaysxon

Hyman, 1989), 72.
15. Erika Weinthal, *State Making and Environmental Cooperation: Linking Domestic and International Politics in Central Asia* (Cambridge, MA: Harvard University Press, 2002), 82–102.
16. Nancy Lubin, *Labour and Nationality in Soviet Central Asia: An Uneasy Compromise* (London: St. Martin's Press, 1984), chap. 2; Kalinovsky, *Laboratory of Socialist Development*, 136 and 177.
17. Paul Stronski, *Tashkent: Forging a Soviet City, 1930–1966* (Pittsburgh, PA: University of Pittsburgh Press, 2010).
18. Philipp Meuser, *Seismic Modernism: Architecture and Housing in Soviet Tashkent* (Berlin: Dom, 2016).
19. Ronald D. Liebowitz, "Soviet Geographical Imbalances and Soviet Central Asia," in *Geographical Perspectives on Soviet Central Asia*, ed. Robert A. Lewis (London: Routledge, 1992), 122.
20. Nancy Lubin, "Implications of Ethnic and Demographic Trends," in *Soviet Central Asia: The Failed Transformation*, ed. William Fierman (Boulder, CO: Westview, 1991), 57.
21. *Uzbekistan–Nechernozem'iu* (Moscow: Politizdat, 1979).
22. Philip P. Micklin, "Aral Sea Basin Water Resources and the Changing Aral Water Balance," in *The Aral Sea: The Devastation and Partial Rehabilitation of a Great Lake*, ed. Philip Micklin, Nikolay V. Aladin, and Igor Plotnikov (Berlin: Springer, 2014), 125.
23. Philip P. Micklin, "Desiccation of the Aral Sea: A Water Management Disaster in the Soviet Union," *Science* 241 (September 2, 1988): 1170–1176.
24. Julia Obertreis, *Imperial Desert Dreams: Cotton Growing and Irrigation in Central Asia, 1860–1991* (Göttingen: V&R unipress, 2017), 343–347 and 448. 化學藥劑用量的數據出自 Lubin, "Implications of Ethnic and Demographic Trends," 56。

## 第十八章

1. Vincent Fourniau, *Transformations soviétiques et mémoires en Asie centrale: De l'indigénisation à l'indépendance* (Paris: Indes Savantes, 2019), 21.
2. Kathryn Dooley, "Selling Socialism, Consuming Difference: Ethnicity and

2. Claus Bech Hansen, "Ambivalent Empire: Soviet Rule in the Uzbek Soviet Socialist Republic, 1945–1964," PhD diss., European University Institute, 2013.
3. J. V. Stalin, "Toast to the Russian People at a Reception in Honour of Red Army Commanders Given by the Soviet Government in the Kremlin on Thursday, May 24, 1945," Stalin Archive, https://www.marxists.org/reference/archive/stalin/works/1945/05/24.htm.
4. 引文出自 Alexandre Bennigsen, "The Crisis of the Turkic National Epics, 1951–1952: Local Nationalism or Internationalism?," *Canadian Slavonic Papers* 17 (1975): 463–474。
5. Alan Barenberg, *Gulag Town, Company Town: Forced Labor and Its Legacy in Vorkuta* (New Haven, CT: Yale University Press, 2014).
6. *Regional'naia politika N. S. Khrushcheva: TsK KPSS i regional'nye partiinye komitety 1953–1964 gg.* (Moscow: Rosspen, 2009), 211–222.
7. Fedor Razzakov, *Korruptsiia v Politbiuro: Delo "krasnogo uzbeka"* (Moscow: Eksmo, 2009), 110–111.
8. 引文出自 Artemy Kalinovsky, *Laboratory of Socialist Development: Cold War Politics and Decolonization in Soviet Tajikistan* (Ithaca, NY: Cornell University Press, 2018), 34。
9. Sergei Abashin, *Sovetskii kishlak: Mezhdu kolonializmom i modernizatsiei* (Moscow: NLO, 2015), 351.
10. Robert Craumer, "Agricultural Change, Labor Supply, and Rural Out-Migration in Soviet Central Asia," in *Geographic Perspectives on Soviet Central Asia*, ed. Robert A. Lewis (New York: Routledge, 1992), 143–144.
11. Grey Hodnett, "Technology and Social Change in Soviet Central Asia: The Politics of Cotton Growing," in *Soviet Politics and Society in the 1970's*, ed. Henry W. Morton and Rudolf L. Tőkés (New York: Free Press, 1974), 62–64.
12. Russell Zanca, *Life in a Muslim Uzbek Village: Cotton Farming after Communism* (Belmont, CA: Wadsworth, 2011), 163; Shoshana Keller, "The Puzzle of the Manual Harvest in Uzbekistan: Economics, Status and Labour in the Khrushchev Era," *Central Asian Survey* 34 (2015): 296–309.
13. Craumer, "Agricultural Change, Labor Supply, and Rural Out-Migration in Soviet Central Asia," 147.
14. Boris Rumer, *Soviet Central Asia: "A Tragic Experiment"* (Boston: Unwin

Center, http://digitalarchive.wilsoncenter.org/document/121813.

28. Alptekin, *Esir Doğu Türkistan İçin*, 470.
29. Äkhmätjan Qasimi, "Uluschilar kimlär vä ular öz millitigä qandaq khiyanät qilidu?," in Äkhmätjan Qasimi, *Maqalä vä nutuqlar*, ed. Tursun Qahhariy (Almaty: Qazaqstan, 1992), 74.
30. 包爾漢生平的許多細節都謎團重重。關於這段敘述我採用的是這篇文章 Yulduz Khalilullin, "Kto vy, Burkhan Shakhidi?," *Tatarstan*, no. 11 (2002), http://tatmsk.tatarstan.ru/kto-vi-burhan-shahidi.htm。包爾漢在他的回憶錄中對於他在俄國的出生含糊其詞，原因不言自明（可參見 *Shinjangdiki 50 yilim*〔Beijing: Millätlär Näshriyati, 1986〕）。
31. Gasanly, *Sin'tszian v orbite sovetskoi politiki*, 329; İsa Alptekin, *Doğu Türkistan dâvâsı* (Istanbul: Otağ Yayınevi, 1973), 219; Alptekin, *Esir Doğu Türkistan İçin*, 534.
32. Gasanly, *Sin'tszian v orbite sovetskoi politiki*, 331.
33. "Ciphered Telegram No. 4159 from Filipov [Stalin] to Kovalev" (October 14, 1949), trans. Gary Goldberg, Wilson Center, https://digitalarchive.wilsoncenter.org/document/176342; Charles Kraus, "How Stalin Elevated the Chinese Communist Party to Power in Xinjiang in 1949" (May 11, 2018), *Sources and Methods* (blog): Wilson Center, https://www.wilsoncenter.org/blog-post/how-stalin-elevated-the-chinese-communist-party-to-power-xinjiang-1949.
34. Gasanly, *Sin'tszian v orbite sovetskoi politiki*, 319.
35. 引文出自前注。
36. 引文出自 Oidtmann, "Imperial Legacies and Revolutionary Legends," 55–57; Gardner Bovingdon, "Contested Histories," in *Xinjiang: China's Muslim Borderland*, ed. S. Frederick Starr (Armonk, NY: M.E. Sharpe, 2004), 354–357。不只有中國官方史料抱持這樣的態度，對於東突國的敘述也建立在這些假設之上，學者王大剛（David Wang）將其領袖視為蘇聯「溫順的棋子」（詳見 *Under the Soviet Shadow,* 18）。

## 第十七章

1. Togzhan Kassenova, "The Lasting Toll of Semipalatinsk's Nuclear Testing," *Bulletin of the Atomic Scientists*, September 28, 2009, http://thebulletin.org/lasting-toll-semipalatinsks-nuclear-testing.

Muslims to War," *Journal of the Economic and Social History of the Orient* 59 (2016): 256–257.

7. Ibid., 256–257.
8. *O'zbekiston tarixi (1917–1991 yillari)*, vol. 2 (Tashkent: O'zbekiston, 2019), 60.
9. Roberto J. Carmack, *Kazakhstan in World War II: Mobilization and Ethnicity in the Soviet Empire* (Lawrence: University of Kansas Press, 2019), 12.
10. G. F. Krivosheev, *Rossiia i SSSR v voinakh XX veka: Poteri vooruzhennykh sil. Statisticheskoe issledovanie* (Moscow: OLMA-Press, 2001), 238.
11. Charles Shaw, "Making Ivan-Uzbek: War, Friendship of Peoples, and the Creation of Soviet Uzbekistan, 1941–1945," PhD diss., University of California, 2015, chaps. 3–4.
12. N. E. Masanov et al., *Istoriia Kazakhstana: Narody i kul'tury* (Almaty: Daik-Press, 2001), 306–316; *O'zbekistonning yangi tarixi* (Tashkent, 2000), 2:445.
13. Moritz Florin, "Becoming Soviet through War: The Kyrgyz and the Great Fatherland War," *Kritika* 17 (2016): 495.
14. Brandon Schechter, "'The People's Instructions': Indigenizing the Great Patriotic War among 'Non-Russians,'" *Ab Imperio*, 2012, no. 3: 109–133.
15. "O'zbek xalqining jangchilariga ularning el-yurtlaridan maktub," *Pravda*, October 31, 1942.
16. "Pis'mo boitsam-tadzhikam ot tadzhikskogo naroda," *Pravda*, March 20, 1943.
17. Rustam Qobil, "Why Were 101 Uzbeks Killed in the Netherlands in 1942?," BBC News, May 9, 2017, http://www.bbc.com/news/magazine-39849088.
18. Mustafa Choqay to Vali Qayum-Khan, October 1941, Archives Mustafa Chokay Bey, Institut national des langues et civilisations orientales, Paris, carton 2, dossier 4, p. 8.
19. Ibid., 10.
20. *Millij Turkistan*, November 1942, 3，引文出自 Abdulhamid Ismoil, *Turkiston Legioni: Tarixning o'qilmagan varaqlari* (Bishkek: Vagant-Profit, 2007), 8。
21. Bakhyt Sadykova, *Istoriia Turkestanskogo Legiona v dokumentakh* (Almaty: Qaynar, 2002), 83–84.
22. Shaw, "Making Ivan-Uzbek."
23. 引文出自 Paul Stronski, *Tashkent: Forging a Soviet City, 1930–1966* (Pittsburgh, PA: University of Pittsburgh Press, 2010), 133。

digitalarchive.wilsoncenter.org/document/121892.

26. *Yängi häyat*, August 30, 1934.
27. Brophy, *Uyghur Nation*, 255.
28. *Xinjiang minzhong fandi lianhehui ziliao huibian* (Ürümchi: Xinjiang qingshaonian chubanshe, 1986), 51–53.
29. Bao Erhan [Burhan Shähidi], *Xinjiang wushi nian: Bao Erhan huiyi lu* (Beijing: Zhongguo wenshi chubanshe, 1994), 193–194.
30. Gasanly, *Sin'tszian v orbite sovetskoi politiki*, 72.
31. Brophy, *Uyghur Nation*, 257; Bao, *Xinjiang wushi nian*, 244.
32. 引文出自 Brophy, *Uyghur Nation*, 257。
33. 相關案例詳見 See, for instance, "Concerning the 36th Division of the NRA's Appeals to the Soviet Government" (September 1937), trans. Gary Goldberg, Wilson Center, http://digitalarchive.wilsoncenter.org/document/121870。
34. Forbes, *Warlords and Muslims in Chinese Central Asia*, 130.
35. Ibid., 141.
36. Ibid., 141–144（給英國領事館的便條引文出自第 143 頁）。
37. Gasanly, *Sin'tszian v orbite sovetskoi politiki*, 83–84.
38. "Translation of a Letter from Governor Shicai Sheng to Cdes. Stalin, Molotov, and Voroshilov" ( January 4, 1939), Wilson Center, http://digitalarchive.wilsoncenter.org/document/121890.

## 第十五章

1. Flora Roberts, "A Time for Feasting? Autarky in the Tajik Ferghana Valley at War, 1941–45," *Central Asian Survey* 36 (2017): 37–54.
2. David Motadel, *Islam and Nazi Germany's War* (Cambridge, MA: Belknap Press of Harvard University Press, 2014), 174.
3. Bakhtiyor Babadjanov, "Sredneaziatskoe Dukhovnoe Upravlenie Musul'man: Predystoriia i posledstviia raspada," in *Mnogomernye granitsy Tsentral'noi Azii*, ed. M. B. Olcott and A. Malashenko (Moscow, 2000), 66n.
4. RGASPI, f. 17, op. 162, d. 37, l. 79 ( June 10, 1943).
5. Amirsaid Usmankhodzhaev, *Zhizn' muftiev Babakhanovykh: Sluzhenie vozrozhdeniiu islama v Sovetskom Soiuze* (Nizhnii Novgorod: Medina, 2008).
6. Jeff Eden, "A Soviet Jihad against Hitler: Ishan Babakhan Calls Central Asian

11. David Brophy, "The Qumul Rebels' Appeal to Outer Mongolia," *Turcica* 42 (2010): 334 (Brophy's translation).
12. 堯樂博士在他 1969 年流亡台灣時出版了回憶錄。這段引文出自 Andrew D. W. Forbes, *Warlords and Muslims in Chinese Central Asia: A Political History of Republican Sinkiang, 1911–1949* (Cambridge: Cambridge University Press, 1986), 54（部分拼音修正）。
13. Tarim, *Turkistan tarikhi*, 27.
14. *Shärqiy Türkistan häyati*, July 28, 1933.
15. Abduqadir Haji, "1933-yildin 1937-yilghichä Qäshqär, Khotän, Aqsularda bolub ötkän väqälär," 53.
16. Bughra, *Sharqiy Turkistan tarikhi*, 600 有張東突厥斯坦共和國護照的影像。
17. "Qanun-i asasiy," *Istiqlal*, no. 1–2 (November 1933), 21–41. 在 Forbes, *Warlords and Muslims in Chinese Central Asia,* 255–258 可以找到從英文間接翻譯的部分憲法內容。
18. Forbes, *Warlords and Muslims in Chinese Central Asia*, 115.
19. Dzhamil' Gasanly, *Sin'tszian v orbite sovetskoi politiki: Stalin i musul'manskoe dvizhenie v Vostochnom Turkestane, 1931–1949* (Moscow: Nauka, 2015), 21–25.
20. Tarim, *Turkistan tarikhi*, 131.
21. James A. Millward, *Eurasian Crossroads: A History of Xinjiang* (New York: Columbia University Press, 2007), 200. 作者 Millward 引用了一份新疆文獻。其數據一如往常難以查明確認。當時的英國領事館估計死亡人數落在一千七百至兩千人間。可參見 Forbes, *Warlords and Muslims in Chinese Central Asia*, 122。
22. Judd C. Kinzley, *Natural Resources and the New Frontier: Constructing Modern China's Borderlands* (Chicago: Chicago University Press, 2018), 86–121.
23. "Letter of Governor Shicai Sheng to Cdes. Stalin, Molotov, and Voroshilov" ( June 1934), trans. Gary Goldberg, Wilson Center, http://digitalarchive.wilsoncenter.org/document/121894.
24. "Letter from Stalin to Cde. G. Apresov, Consul General in Urumqi" ( July 27, 1934), trans. Gary Goldberg, Wilson Center, http://digitalarchive.wilsoncenter.org/document/121898.
25. "Telegram from Cdes. Stalin, Molotov, and Voroshilov to G. Apresov, Consul General in Urumqi" (1936), trans. Gray Goldberg, Wilson Center, http://

20. *Report of Court Proceedings in the Case of the Anti-Soviet "Bloc of Rights and Trotskyites," Heard before the Military Collegium of the Supreme Court of the USSR ...: Verbatim Report* (Moscow, 1938).
21. Edgar, *Tribal Nation*, 127.
22. V. M. Ustinov, *Turar Ryskulov: Ocherki politicheskoi biografii* (Almaty: Qazaqstan, 1996), 399–405.
23. 引文出自 Terry Martin, *The Affirmative Action Empire: Nations and Nationalism in the Soviet Union, 1923–1939* (Ithaca, NY: Cornell University Press, 2001), 438。
24. A. Iu. Iakubovskii, *K voprosu ob etnogeneze uzbekskogo naroda* (Tashkent, 1941), 18–19.

## 第十四章

1. "Sharqiy Türkistan dävlät qurulishi," *Istiqlal*, no. 1–2 (November 1933), 14–15; *Erkin Türkistan*, November 15, 1933; Hamidullah Tarim, *Turkistan tarikhi* (Istanbul: Doğu Türkistan Dergisi, 1983), 151–153; Abduqadir Haji, "1933yildin 1937yilghichä Qäshqär, Khotän, Aqsularda bolub ötkän väqälär," *Shinjang tarikh matiriyalliri*, no. 17 (Ürümchi: Shinjang Khälq Näshriyati, 1986), 62–63.
2. "Milli gazetälär maqsadi," *Shärqi Türkistan häyati*, July 21, 1933.
3. 引文出自 Justin M. Jacobs, *Xinjiang and the Modern Chinese State* (Seattle: University of Washington Press, 2016), 65。
4. 引文出自 David Brophy, *Uyghur Nation: Reform and Revolution on the Russia-China Frontier* (Cambridge, MA: Harvard University Press, 2016), 218。
5. Muhämmät Shaniyaz, *Baldur oyghanghan adäm Abdukhaliq Uyghur* (Ürümchi: Shinjang Yashlar-Ösmürlär Näshriyati, 2001).
6. Abdukhaliq Uyghur, "Oyghan," in Abdukhaliq Uyghur, *Abdukhaliq Uyghur she'irliri*, ed. Mähmut Zäyidi, Mähmut Äkbär, and Ismayil Tömüri (Ürümchi: Shinjang Khälq Näshriyati, 2000), 8.
7. Uyghur, untitled poem, in Uyghur, *Abdukhaliq Uyghur she'irliri*, 90.
8. Uyghur, "Ghäzäp vä zar," in Uyghur, *Abdukhaliq Uyghur she'irliri*, 35.
9. Muhammad Emin Bughra, *Sharqiy Türkistan tarikhi* (Ankara, 1987 [orig. Srinagar, 1940]), 553.
10. Jacobs, *Xinjiang and the Modern Chinese State*, 82–83.

6. Adrienne L. Edgar, *Tribal Nation: The Making of Soviet Turkmenistan* (Princeton, NJ: Princeton University Press, 2004), 209–212; Turganbek Allaniiazov, *Krasnye Karakumy: Ocherki istorii bor'by s antisovetskim povstancheskim dvizhenii v Turkmenistane (mart–oktiabr' 1931 goda)* (Jezkezgan: 2006).
7. RGASPI, f. 558, op. 11, d. 46, l. 117 (March 13, 1934).
8. Sarah Cameron, *The Hungry Steppe: Famine, Violence, and the Making of Soviet Kazakhstan* (Ithaca, NY: Cornell University Press, 2018), 5.
9. Isabelle Ohayon, *La sédentarisation des Kazakhs dans l'URSS de Staline: Collectivisation et changement social (1928–1945)* (Paris: Maisonneuve & Larose, 2006), 218.
10. Niccolò Pianciola, "Stalinist Spatial Hierarchies: Placing the Kazakhs and Kyrgyz in Soviet Economic Regionalization," *Central Asian Survey* 36 (2017): 84.
11. Niccolò Pianciola, *Stalinismo di frontiera: Colonizzazione agricola, sterminio dei nomadi e construzione statale in Asia centrale (1905–1936)* (Rome: Viella, 2009), 392–393.
12. Cameron, *The Hungry Steppe*, chap. 5. 13.
13. Ibid., 170.
14. Yousof Mamoor, *In Quest of a Homeland: Recollections of an Emigrant* (Istanbul: Çitlembik, 2005), 92–113. 瑪穆爾是優素夫在移民過程中採用的姓氏，他一生都在遷徙，從喀什噶爾到白沙瓦，再到喀布爾，最終抵達紐約。
15. Joshua Kunitz, *Dawn over Samarkand: The Rebirth of Central Asia* (New York: Covici Friede, 1935), 13.
16. Langston Hughes, *A Negro Looks at Soviet Central Asia* (Moscow: Co-Operative Publishing Society of Foreign Workers in the USSR, 1934), 7–8.
17. Langston Hughes, "Letter to the Academy," in Langston Hughes, *The Collected Poems of Langston Hughes*, ed. Arnold Rampersad and David Roessel (New York: Knopf, 1994), 169.
18. 引文出自 Mambet Koigeldiev, "The Alash Movement and the Soviet Government: A Difference of Positions," in *Empire, Islam, and Politics in Central Eurasia*, ed. Tomohiko Uyama (Sapporo: Slavic Research Center, Hokkaido University, 2007), 170–171。
19. RGASPI, f. 17, op. 67, d. 480, l. 27 (October 1929).

5. Fitrat, "Yurt qayg'usi (Temur oldinda)," *Hurriyat*, October 31, 1917. This work also appears in Abdurauf Fitrat, *Tanlangan asarlar,* vol. 1 (Tashkent: Sharq, 2000), 33–35.
6. Fitrat, "Yurt qayg'usi," *Hurriyat*, July 28, 1917.
7. Fitrat, "Yurt qayg'usi (Temur oldinda)."
8. Adrienne L. Edgar, *Tribal Nation: The Making of Soviet Turkmenistan* (Princeton, NJ: Princeton University Press, 2004).
9. Daniel Prior, *The Šabdan Baatır Codex: Epic and the Writing of Northern Kirghiz History* (Leiden: Brill, 2013).
10. Rian Thum, *The Sacred Routes of Uyghur History* (Cambridge, MA: Harvard University Press, 2014).
11. David Brophy, *Uyghur Nation: Reform and Revolution on the Russia-China Frontier* (Cambridge, MA: Harvard University Press, 2016), 178–181.
12. Adeeb Khalid, *Making Uzbekistan: Nation, Empire, and Revolution in the Early USSR* (Ithaca, NY: Cornell University Press, 2015), 272.
13. Russian State Archive of Sociopolitical History (RGASPI), f. 62, op. 2, d. 101, ll. 1–4. 關於這份文件的翻譯，可參見 Adeeb Khalid, "National Consolidation as Soviet Work: The Origins of Uzbekistan," *Ab Imperio,* 2016, no. 4: 185–205。
14. 可在 RGASPI, f. 62, op. 2, dd. 100–110. Arne Haugen, *The Establishment of National Republics in Soviet Central Asia* (London: Palgrave Macmillan, 2003) 查閱逐字紀錄，提供了辯論過程的連貫描述。

## 第十三章

1. Robert Kindler, *Stalin's Nomads: Power and Famine in Kazakhstan*, trans. Cynthia Klohr (Pittsburgh, PA: University of Pittsburgh Press, 2018), 78–87.
2. Ingeborg Baldauf, *Schriftreform und Schriftwechsel bei den muslimischen Russlandund Sowjettürken (1850–1937): Ein Symptom ideengeschichtlicher und kulturpolitischer Entwicklungen* (Budapest: Akadémiai Kiadó, 1993).
3. Marianne Kamp, *The New Woman in Uzbekistan: Islam, Modernity, and Unveiling under Communism* (Seattle: University of Washington Press, 2006).
4. Adeeb Khalid, *Making Uzbekistan: Nation, Empire, and Revolution in the Early USSR* (Ithaca, NY: Cornell University Press, 2015), chap. 11.
5. Kamp, *The New Woman in Uzbekistan*, 187.

14. Brophy, *Uyghur Nation*, 206.
15. Maurice Meisner, *Li Ta-chao and the Origins of Chinese Marxism* (Cambridge, MA: Harvard University Press, 1967), 144.

## 第十一章

1. I. V. Stalin, "Nashi zadachi na Vostoke," *Pravda*, March 2, 1919.
2. 關於本章提到的主題更大篇幅的說明，可參見 Adeeb Khalid, *Making Uzbekistan: Nation, Empire, and Revolution in the Early USSR* (Ithaca, NY: Cornell University Press, 2015)。
3. Terry Martin, *The Affirmative Action Empire: Nations and Nationalism in the Soviet Union, 1923–1939* (Ithaca, NY: Cornell University Press, 2001).
4. Abdurauf Fitrat, "'Tadrij'ga qorshu," *Tong*, no. 3 (1920): 78–80.
5. *1921 yil yanvarda bo'lgan birinchi o'lka o'zbek til va imlo qurultoyining chiqorgan qarorlari* (Tashkent, 1922).
6. Marianne Kamp, *The New Woman in Uzbekistan: Islam, Modernity, and Unveiling under Communism* (Seattle: University of Washington Press, 2006).
7. Sharīfjān Makhdūm Ṣadr-i Żiyā, *Ríznāma-yi Ṣadr-i Żiyā: Vaqāyi'-nigārī-yi taḥavullāt-i siyāsī-ijtimā'ī-yi Bukhārā-yi sharīf*, ed. Muḥammadjān Shakūrī Bukhārāyī (Tehran: Markaz-i asnād va khidmāt-i pazhūhashī, 1382/2004), 290.
8. Fitrat, *Qiyomat: Xayoli hikoya* (Moscow: Markaziy Sharq Nashriyoti, 1923).
9. Fitrat, *Shaytonning tangriga isyoni* (Tashkent: O'rta Osiya Davlat Nashriyoti, 1924), 19–20. 我在拙作 *Making Uzbekistan* 的第七章曾提供對於這段和前注所引述之文本更詳盡的分析。
10. 引文出自 Khalid, *Making Uzbekistan*, 176。

## 第十二章

1. Malise Ruthven, *Historical Atlas of Islam* (Cambridge, MA: Harvard University Press, 2004), 103.
2. Olivier Roy, *La nouvelle Asie centrale, ou la fabrication des nations* (Paris: Seuil, 1997), 101 and 117.
3. J. V. Stalin, *Marxism and the National Question* (1913).
4. Juozas Vareikis to Stalin, March 27, 1924, in *TsK RKP(b)–VKP(b) i natsional'nyi vopros* (Moscow: Rosspen, 2005), 1:190.

2. Erez Manela, *The Wilsonian Moment: Self-Determination and the International Origins of Anticolonial Nationalism* (New York: Oxford University Press, 2007).
3. T. R. Ryskulov, *Sobranie sochinenii v trekh tomakh* (Almaty: Qazaqstan, 1997), 3:175.
4. 引文出自 Adeeb Khalid, *Making Uzbekistan: Nation, Empire, and Revolution in the Early USSR* (Ithaca, NY: Cornell University Press, 2015), 108。
5. Lev Trotsky to the Central Committee of the Russian Communist Party, August 5, 1919, in Jan M. Meijer, ed., *The Trotsky Papers, 1917–1922* (The Hague: Mouton, 1964), 1:625.
6. Richard H. Ullman, *Anglo-Soviet Relations, 1917–1921*, vol. 3: *The Anglo-Soviet Accord* (Princeton, NJ: Princeton University Press, 1972), 474.
7. Sherali Turdiyev, *Ular Germaniyada o'qigan edilar* (Tashkent, 2006).
8. Niccolò Pianciola, "Décoloniser l'Asie centrale? Bolcheviks et colons au Semirečé (1920– 1922)," *Cahiers du monde russe* 49 (2008): 101–144.
9. V. L. Genis, "Deportatsiia russkikh iz Turkestana v 1921 godu ('Delo Safarova')," *Voprosy istorii*, 1998, no. 1: 44–58.
10. A. Khalid, "Turkestan v 1917–1922 godakh: Bor'ba za vlast' na okraine Rossii," in *Tragediia velikoi derzhavy: Natsional'nyi vopros i raspad Sovetskogo Soiuza*, ed. G. N. Sevost'ianov (Moscow: Izd. "Sotsial'no-politicheskaia mysl'," 2005), 211–215.
11. 引文出自 Justin M. Jacobs, *Xinjiang and the Modern Chinese State* (Seattle: University of Washington Press, 2016), 62。
12. David Brophy, *Uyghur Nation: Reform and Revolution on the Russia-China Frontier* (Cambridge, MA: Harvard University Press, 2016), 146–150; Ablet Kamalov, "Links across Time: Taranchis during the Uprising of 1916 in Semirech'e and the 'Atu' Massacre of 1918," in *The Central Asian Revolt of 1916: A Collapsing Empire in the Age of War and Revolution*, ed. Aminat Chokobaeva, Cloé Drieu, and Alexander Morrison (Manchester: Manchester University Press, 2020), 245–249.
13. Michael Share, "The Russian Civil War in Chinese Turkestan (Xinjiang), 1918–1921: A Little Known and Explored Front," *Europe-Asia Studies* 62 (2010): 389–420; V. I. Petrov, *Miatezhnoe "serdtse" Azii: Sin'tszian. Kratkaia istoriia narodnykh dvizhenii i vospominanii* (Moscow: Kraft+, 2003), 278–283.

Alash, 2004), 1:219.

3. 關於 1917 年突厥斯坦事件的更完整討論，可參見 Adeeb Khalid, *Making Uzbekistan: Nation, Empire, and Revolution in the Early USSR* (Ithaca, NY: Cornell University Press, 2015), chap. 2。
4. Sharīfjān Makhdūm Ṣadr-i Żiyā, *Ríznāma-yi Ṣadr-i Żiyā: Vaqāyi ʻ-nigārī-yi taḥavullāt-i siyāsī-ijtimāʻī-yi Bukhārā-yi sharīf*, ed. Muḥammadjān Shakūrī Bukhārāyī (Tehran: Markaz-i asnād va khidmāt-i pazhūhashī, 1382/2004), 266.
5. 引文出自 F. Kasymov and B. Ergashev, "Bukharskaia revoliutsiia: Dorogu vybral kurultai," *Rodina*, 1989, no. 10: 33。
6. Niccolò Pianciola, "Scales of Violence: The 1916 Central Asian Uprising in the Context of Wars and Revolutions (1914–1923)," in *The Central Asian Revolt of 1916: A Collapsing Empire in the Age of War and Revolution*, ed. Aminat Chokobaeva, Cloé Drieu, and Alexander Morrison (Manchester: Manchester University Press, 2020), 177.
7. 引文出自 Khalid, *Making Uzbekistan*, 72。
8. Marco Buttino, *La rivoluzione capovolta: L'Asia centrale tra il crollo dell'impero Zarista e la formazione dell'URSS* (Naples: L'Ancora del Mediterraneo, 2003).
9. Cho'lpon, "Ozod turk bayrami," in Cho'lpon, *Asarlar*, vol. 1 (Tashkent: Sharq, 1994), 1:126–127.
10. *Alash qozghalïsï*, 1:472–482.
11. 引文出自 V. Semeniuta, "Golod v Turkestane v 1917–1920 godakh," *Chelovek i politika*, 1991, no. 12: 72–78。
12. Marco Buttino, "Study of the Economic Crisis and Depopulation in Turkestan, 1917– 1920," *Central Asian Survey* 9, no. 4 (1990): 61–69.
13. *Dekrety sovetskoi vlasti* (Moscow: Izd. Politisheskoi literatury, 1957), 113.
14. V. I. Lenin, *Polnoe sobranie sochinenii*, 5th ed. (Moscow: Izd. Politisheskoi literatury, 1965), 53:190（強調語氣的粗體為原文所加）。
15. 引文出自 Khalid, *Making Uzbekistan*, 93–94。
16. Dina Amanzholova, *Na izlome: Alash v etnopoliticheskoi istorii Kazakhstana* (Almaty: Taymas, 2009), 330.

## 第十章

1. Fitrat, *Sharq siyosati* (Tashkent, 1919), 40.

*the Modern Nation-State: Japan and China*, ed. Joshua A. Fogel (Philadelphia: University of Pennsylvania Press, 2005), 105–114。

5. 引文出自 David Brophy, *Uyghur Nation: Reform and Revolution on the Russia-China Frontier* (Cambridge, MA: Harvard University Press, 2016), 128。
6. Judd C. Kinzley, *Natural Resources and the New Frontier: Constructing Modern China's Borderlands* (Chicago: University of Chicago Press, 2018), 61.
7. Salavat M. Iskhakov, "Turkic Muslims in the Russian Army: From the Beginning of the First World War to the Revolutions of 1917," in *Combatants of Muslim Origin in European Armies in the Twentieth Century: Far from Jihad*, ed. Xavier Bougarel, Raphaëlle Branche, and Cloé Drieu (London: Bloomsbury, 2017), 95–120.
8. Mahmudxo'ja Behbudiy, "Rusiya va Turkiya arasinda harb," *Oyina*, November 6, 1914, 3.
9. Peter Rottier, "Creating the Kazak Nation: The Intelligentsia's Quest for Acceptance in the Russian Empire, 1905–1920," PhD diss., University of Wisconsin, 2005, 269–282.
10. Peter Gatrell, *A Whole Empire Walking* (Bloomington: Indiana University Press, 1999), 56.
11. Jeff Sahadeo, *Russian Colonial Society in Tashkent, 1865–1923* (Bloomington: Indiana University Press, 2007), 170–176.
12. 可參見 *Qaharlï 1916 jïl/Groznyi 1916-i god* (Almaty: Qazaqstan, 1998), 2:70–90 所匯集的文件。
13. Niccolò Pianciola, "Scales of Violence: The 1916 Central Asian Uprising in the Context of Wars and Revolutions (1914–1923)," in *The Central Asian Revolt of 1916: A Collapsing Empire in the Age of War and Revolution*, ed. Aminat Chokobaeva, Cloé Drieu, and Alexander Morrison (Manchester: Manchester University Press, 2020), 169–190. 關於一戰更廣泛的脈絡，亦可參見 Joshua A. Sanborn, *Imperial Apocalypse: The Great War and the Destruction of the Russian Empire* (Oxford: Oxford University Press, 2014), esp. 175–183。

## 第九章

1. Sirojiddin Maxdum Sidqiy, *Toza hurriyat* (Tashkent, 1917), 2.
2. *Alash qozghalïsï / Dvizhenie Alash: Sbornik dokumentov i materialov* (Almaty:

歷史與現場 351

# 被遺忘的中亞：
## 從帝國征服到當代，交織與分歧的中亞近代大歷史
## **Central Asia:** A New History from the Imperial Conquests to the Present

作者　阿迪卜．哈利德（Adeeb Khalid）
譯者　黃楷君
資深編輯　張擎
責任企劃　林欣梅
封面設計　許晉維
內頁排版　張靜怡
人文線主編　王育涵
總編輯　胡金倫
董事長　趙政岷
出版者　時報文化出版企業股份有限公司
108019 臺北市和平西路三段 240 號 7 樓
發行專線｜02-2306-6842
讀者服務專線｜0800-231-705｜02-2304-7103
讀者服務傳真｜02-2302-7844
郵撥｜1934-4724 時報文化出版公司
信箱｜10899 臺北華江橋郵局第 99 信箱
時報悅讀網　www.readingtimes.com.tw
人文科學線臉書　http://www.facebook.com/humanities.science
法律顧問　理律法律事務所｜陳長文律師、李念祖律師
印刷　家佑印刷有限公司
初版一刷　2024 年 2 月 16 日
初版二刷　2024 年 6 月 26 日
定價　新臺幣 780 元

時報文化出版公司成立於一九七五年，並於一九九九年股票上櫃公開發行，於二〇〇八年脫離中時集團非屬旺中，以「尊重智慧與創意的文化事業」為信念。



ISBN　978-626-374-764-7｜Printed in Taiwan

被遺忘的中亞：從帝國征服到當代，交織與分歧的中亞近代大歷史／阿迪卜．哈利德（Adeeb Khalid）著；黃楷君譯．｜ -- 初版．-- 臺北市：時報文化出版企業股份有限公司，2024.02｜592 面；14.8×21 公分．
譯自：Central Asia: A New History from the Imperial Conquests to the Present
ISBN　978-626-374-764-7（平裝）｜1. CST：中亞史｜734.01｜112021198